JOSEPH ALOIS SCHUMPETER

The European Heritage in Economics and the Social Sciences

VOLUME 1

Aim and Scope

The European heritage in economics and the social sciences is largely locked in languages other than English. Witness such classics as Storch's *Cours d'Economie Politique*, Wicksell's *Finanztheoretische Untersuchungen* and *Geld, Zins und Güterpreise* or Pareto's *Trattato di Sociologia Generale*. Since about 1937, partly caused by the forced exodus of many scholars from the German language countries and the international reactions to this event, English has become the undisputed primary language of economics and the social sciences. For about one generation, this language shift did not result in a loss of access to the European non-English sources. However, after foreign language requirements were dropped as entry pre-requisites for receiving the PhD at major research universities, the European heritage in economics and the social sciences has become largely inaccessible to the vast majority of practicing scholars.

In this series, we hope to publish works that address this problem in a three-fold manner. An aspect of the European heritage in a language other than English should be critically documented and discussed, reconstructed and assessed from a modern scientific point of view, and tested with respect to its relevance for contemporary economic, social, or political discourse.

We welcome submissions that fit this bill order to make the European heritage in economics and the social sciences available to the international research community of scholars in economics and the social sciences.

The titles published in this series are listed at the end of this volume.

Joseph Alois Schumpeter

Entrepreneurship, Style and Version

Edited by

Jürgen Backhaus
University of Erfurt, Germany

SPRINGER SCIENCE+BUSINESS MEDIA, LLC

A C.I.P. Catalogue record for this book is available from the Library of Congress.

ISBN 978-1-4419-5356-8 ISBN 978-0-306-48082-9 (eBook)
DOI 10.1007/978-0-306-48082-9

Printed on acid-free paper

Table of Contents

Introduction

Prof. Dr. Jürgen G. Backhaus Lic. Jur.
University of Erfurt, Krupp Chair in Public Finance and Fiscal Sociology, Nordhäuser Str. 63, 99015 Erfurt, Germany; E-mail: juergen.backhaus@uni-erfurt.de

The essays collected in this volume all deal with Schumpeter's work published in German before he left Bonn for Harvard in 1932. The mid-Thirties marked a water shed in the lives of many scholars who had originally published in German. By 1937, German had ceased to be the leading language of communication in economics and the other social sciences, English had taken its place. After his departure from Germany, Schumpeter used German only for private communications, and as a research language. While he had help with the (partial) translation of his *Theory of Economic Development* from German into English, the translator Redvers Opie makes an interesting observation in his "Translator's Note". He writes "My chief aim has been to convey meaning as accurately as possible, and to this end I have not hesitated to use a clumsy phrase in cases where there was no current English equivalent of the German word. [. . .] These are inadequacies which have nothing to do with the technical side of translation. To eradicate them would have meant rewriting the whole, and it did not seem expedient to do so. Professor Schumpeter is so much at home in the English language that he would inevitably have left his mark on the translation even if he had not given his time so freely as he did to the more difficult points involved." (Schumpeter 1934, p. VII) The observation points to a difficulty in working with Schumpeter's writing that can be easily overlooked. Although there is remarkable continuity in Schumpeter's work, when he writes in English he has to cast the argument differently in accordance with the different writing style, but also intellectual tradition. In his *History of Economic Analysis*, which by nature of the subject has to cover primarily non-English sources, he develops an indistinguishable writing style which is totally his own. His German work therefore poses difficulties that go beyond a simple language barrier. The writing is hard to comprehend for the non-native German speaker, as the complexity of the subjects introduced is reflected in the complexity of style and grammar. With this book, we try to provide an introduction to the German work, in order to overcome the difficulties in reception.

The book has twelve regular chapters in addition to this introduction, and in addition to a special contribution which forms its centr

One of the arguably most important contributions of Schumpeter's that up until now had only been available in German is now offered here to the

J. Backhaus (ed.), Joseph Alois Schumpeter, 1–4.

critical reader as both a reprint of the 1912 edition,[1] and the translation rendered by Ursula Backhaus. Two essays by Helge Peukert and Marcel van Meerhaeghe deal specifically with the contribution of the seventh chapter.

The first chapter by Alexander Ebner offers a reconstruction of Schumpeter's concept of entrepreneurship. Entrepreneurship is one of the three leading notions that span Schumpeter's work, the other two being vision, and style.

Peter Senn discusses the influence of the German writings of Joseph Schumpeter on the economic literature in English. The introduction explains the rationale for the organization and structure of the paper. The next section discusses the theory and measurement of influence and its meanings. Attention is paid to the importance of the language in which a contribution to the economic literature is made and that influence is time bound. A description of Schumpeter's life describes some of the possible paths of the influence of his writings in German into the mainstream economic literature in English. A short discussion of Schumpeter's influence after he died follows. The conclusion is that Schumpeter's writings in German had a substantial influence on the subsequent development of many parts of economics.

Mark Perlmann, the founding editor of the *Journal of Economic Literature*, offers a personal account of his application of Schumpeter in the history of economic thought.

In his virtually forgotten essay on "The Sociology of Imperialisms", Joseph A. Schumpeter presents his approach to the imperialismus debate starting at the beginning of the 20th century. In his paper Schumpeter absolves the capitalism from any connection with imperialism and provides considerable sociological and political aspects worth to be discussed. The article by Günter Krause shows that Schumpeter's "The Sociology of Imperialisms" plays a relatively modest role in academe and underlined that this modest role contrasts with the unquestionably important position accorded to it among his works by the author himself.

Several titles of publications by *J. A. Schumpeter* contain the word "sociology", among others, the article that had been published posthumously in 1970 as the second chapter of the book "Das Wesen des Geldes." Ulrich Busch's explains Schumpeter's in this treatise was to express a specific view of economic issues contrary to the economic understanding of the marginalists as well as to the at this time dominating positivism. *Schumpeter* continued a tradition of economics close to social-science conceiving certain categories and perspectives as sociological. This is especially true for *money* that today almost exclusively is regarded as a quantitative issue without any attempt to explore its nature. In contrast, *Schumpeter* regards money as an element of the general social process that means as a social-economic category and "social institution". Also, Schumpeter's innovator provided the economics profession with an attractive explanation of the nature and function of entrepreneurship.

Most economists assumed that the idea of the "innovating entrepreneur" popped from Schumpeter's head like Athena from the head of Zeus. The genesis of the "innovating entrepreneur" has been discussed by numerous economists for a long period of time. Alas, none of them had ever referred to Albert E. F. Schäffle's 1867 book, where he introduced the concepts of commercial and industrial innovations. Nicholas W. Balabkins' essay suggests that this Schäffle-Schumpeter nexus deserves professional attention.

In Günter Chaloupek's contribution the position of Mises and Schumpeter on the issue of socialization are discussed. After World War I, economists of the Austrian School became heavily engaged in economic policy debates. On the issue of socialization, Joseph Schumpeter and Ludwig Mises took opposite positions. Long before the publication of "Capitalism, Socialism and Democracy" Schumpeter, although cautious about concrete possibilities for socialism in Germany and in Austria, was convinced that capitalism would eventually transform into a socialist system. In his "Wesen des Geldes" (1932, published only 1970) he put forward the arguments about the theoretical feasibility of a socialist economy. Mises' thesis of the theoretical impossibility of socialism was first published in 1920.

In his writings on questions of economic policy published in the German weekly journal "Der deutsche Volkswirt" Schumpeter approached issues of tax policy, wage formation, monetary policy, causes and cures of the Great Depression in a pragmatic way. Recurrent economic crises before and after currency stabilization made Schumpeter sceptical whether capitalism was a viable economic order for Germany under the economic conditions of the Versailles peace treaty and with a fragmented party system. For Mises, economic problems were caused by state interventions. The Great Depression was a crisis of interventionism and of anti-capitalist politics. As regards their main contributions to Austrian School economics in the 20th century, Schumpeter and Mises/Hayek are not contradictory, but rather complementary.

Erik Reinert looks at Schumpeter's switch of languages raised above from a slightly different point of view. Both to his contemporaries at Harvard and in the context of the history of economic thought as studied today, Schumpeter's towering figure is perceived as being unique among 20th century economists on three counts: The originality of his thought, his perceived independence of the 20th century political axis from left to right and the perceived contradictions and paradoxes of his teachings. The contention in Reinert's essay is that these three phenomena are closely interrelated, and can be better understood in their entirety by studying the philosophical and historical roots of non-Anglo-Saxon economic thinking. Both Schumpeter's originality and his political independence from the standard 20th Century political axis from right to left are, to an important degree, explained by examining the Other Canon economic tradition in which Schumpeter, the Austrian, had his intellectual roots. Reinert argues that Schumpeter's academic schizophrenia was caused by his attempt at unifying two fundamentally incompatible world views, as they are contrasted in sections four and five of this chapter.

According to George M. Korres, Irene Lionaki and George Polichronopoulos, the importance of the diffusion of technology for economic growth has been emphasised in the economic literature. Much of the recent work on economic growth can be viewed as refining the basic economic insights of classical economists. The recent debate on the determinants of output growth has concentrated mainly on the role of knowledge, typically produced by a specific sector of the economy. This chapter attempts to examine the role of diffusion and technical change (research and development) on output growth according to Schumpeterian lines. Following the Schumpeterian tradition, this chapter starts from the recognition that there are two main patterns of innovations: the first one is the creative destruction pattern and the second one is a creative accumulation pattern. Also, it emphasizes the role and the impact of the diffusion of technology in the inter-country and international economic contexts. Finally, it attempts to analyze the empirical implementation of the diffusion models through epidemic, probit analysis and technological substitution models.

Peter Senn looks at that Schumpeter's role as a prophet. He argues that Schumpeter was within his rights to exclude Bellamy. The introduction briefly summarizes Schumpeter's views about Utopias. He may have made a mistake about the utopian work he thought highly of, Sir Thomas More's Utopia. After this comes a discussion of Bellamy's background and a short synopsis of the novel. Many of Bellamy's predictions are described and then analyzed with respect to their accuracy. Schumpeter's views on prophecy are stated. Although he sometimes hedged them, Schumpter made many predictions. Some of these are discussed. Most were wrong. The paper concludes with reasons both were so wrong and comments about attempts to foresee the future.

The chapter by Christos P. Baloglou aims to prove that Schumpeter's "Great Gap" thesis which concerns the economic thought in Hellenistic times does not hold anymore; to the contrary the Hellenistic period (323–31 B.C.) makes up a whole period of the history of economic thought, which is even today challenging for the historians of economic thought.

Finally, Karl-Heinz Schmidt asks why J. A. Schumpeter wrote his basic article on "The Crisis of the tax state" in 1917/18, the contents and interpretations of that article are object of a reinterpretation. It is based on recent contributions to the biographical literature, history of economic thought, public finance and economic and social policy. Schumpeter's view of the tax state is pointed out, in order to investigate, if – according to his vision – the tax state will go bankrupt necessarily or not. Furthermore, different views of the tax state which were developed after World War II, and called Neo-Schumpeterianism etc., are considered to some extent. Also, the impact of the tax state on the modern welfare state is pointed out. Finally, the results are summarized and exposed by conclusions. They demonstrate that Schumpeter's view of the Tax State still matters, because it is an analytical concept on the study of the long-term development of the economic system and the Welfare State.

Notes

1 Curiously, Schumpeter always refers to it as the 1911 edition.

Theorie der wirtschaftlichen Entwicklung

Dr. Joseph Schumpeter

Siebentes Kapitel. Das Gesamtbild der Volkswirtschaft. Leipzig, Duncker & Humblot. 1912.

Hypotheses non fingo.

Methodisch wie inhaltlich bildet der bisher vorgeführte Gedankengang eine Einheit; er soll eine in sich geschlossene Auffassungsweise einer Reihe miteinander eng verwandter wirtschaftlicher Erscheinungen darbieten. Um einen Gedankengang, eine Betrachtungsweise, eine Tatsachengruppe hat es sich für uns gehandelt. Allein es liegt in der Natur der Sache, daß bei jedem Schritte, den wir auf unserm Wege zurücklegten, jeweilig ein konkretes Problem im Vordergrunde stand und unser Interesse dem da zu erzielenden konkreten Resultate, der Erschließung des Verständnisses eines einzelnen Phänomens galt. Das Wesen der kapitalistischen Wirtschaft, des Unternehmergewinnes, des Zinses, der Krisen, das waren die hauptsächlichsten Einzelprobleme, um die es sich für uns handelte und um derentwillen die dargelegte Auffassungsweise zunächst entwickelt wurde. An ihnen hat sich dieselbe zu bewähren und ihrer Lösung sollten die im zweiten Kapitel aufgestellten Erklärungsprinzipien in erster Linie dienen. Aber immerhin hat die Sache – ebenso wie die statische Auffassungsweise – noch eine andre Seite, es haben die Konturen unsres Gedankenganges noch eine andre Bedeutung, und zwar nach der Richtung des Problems der wirtschaftlichen Entwicklung als solcher hin. Wir wollen nun also unsern Kurs etwas ändern und, wenn auch mit Reserve und in Kürze, einen Schritt nach dieser Richtung hin tun. Zu diesem Zwecke sollen die folgenden Erörterungen zunähest einige Punkte der vorhergehenden Ausführungen zusammenfassend präzisieren und ihnen sodann einiges Weitere ergänzend hinzufügen, jedoch im Rahmen derselben und auf ihre wesentlichen Elemente beschränkt bleiben. Das Folgende steht und fällt mit dem Vorhergehenden, bezieht sich überall darauf und geht nirgends weiter als es unser Zweck erfordert.

Der erste Schritt zu einer Analyse des gesamten Prozesses des Wirtschaftslebens wird durch die statische Theorie getan. Sie erklärt uns einen

J. Backhaus (ed.), Joseph Alois Schumpeter, 5–59.

Teil des wirtschaftlichen Getriebes, indem sie ihn uns als ein Streben nach jenem Zustande darstellt, in welchem jedes Wirtschaftssubjekt eine Summe von Bedürfnisbefriedigung realisiert, die durch weitre Tauschakte – in dem weiten Sinne genommen, in dem dieser Begriff auch Produktion einschließt – ohne Änderung der gegebenen Bedingungen nicht erhöht werden kann. Das Problem der Statik läßt sich stets in das folgende Schema bringen. Gegeben: Eine bestimmte Bevölkerung von bestimmten Anlagen und Bedürfnissen in einem gegebenen geographischen Milieu und in gegebener Weise sozial und wirtschaftlich organisiert, aasgestattet mit bestimmten Produktionsmethoden und Gütervorräten. Gesucht: Die Mengen und Preise aller Güter, die unter diesen Verhältnissen erzeugt und aasgetauscht werden. Dieses Problem läßt sich lösen, und es läßt sich auch die Eindeutigkeit der Lösung exakt nachweisen. Änderungen in dem Gleichgewichtszustande der Volkswirtschaft können nur von den Daten ausgehen und nur auf von außen kommende "Störungsursachen" zurückgeführt werden. Ihre Wirkungen werden wiederum untersucht, indem beobachtet wird, wie sich ein neuer Gleichgewichtszustand herstellt und wie er sich von dem frühern unterscheidet. Eine Theorie der Datenänderungen selbst wird nicht gegeben.[1] Stets lautet die Fragestellung: Wenn diese oder jene Störung eintritt, welche Folgen ergeben sich dann aus der Reaktion der Wirtschaft auf sie?[2] Auf solche Fragen ist die ganze Anlage des statischen Systems eingestellt. Sein Motto ist: Ein jeder richtet sich unter gegebenen Verhältnissen ein, so gut er kann. Und die Regeln dieses bestmöglichen Sichabfindens mit der schweren Masse der Daten macht den Inhalt der Statik aus. Nicht die Konstanz der Daten macht in letzter Linie das Wesen der Statik aus, sondern die Art des Wirtschaftsprozesses, die sie schildert.

Den zweiten Schritt zu einem Gesamtbilde der Volkswirtschaft tun wir, indem wir das Phänomen der Entwicklung untersuchen. Die Entwicklung stellt uns nach unsrer Auffassung das zweite große Problem der Wirtschaftslehre. Sie wird zum besondern Problem durch die Erkenntnis des statischen Charakters der Grundtatsachen des wirtschaftlichen Kreislaufs. Das Bild der Wirtschaft ändert sich im Laufe der Zeit. Betrachten wir eine Volkswirtschaft in einem beliebigen Zeitpunkte, so sehen wir ein geschäftiges Leben und Treiben. Die Statik sucht es uns vom Standpunkte des Strebens nach regelmäßiger Realisierung oder nach Wiederherstellung eines Gleichgewichtszustandes verständlich zu machen. Und zweifellos nicht einfach mit Unrecht. Betrachten wir dieselbe Volkswirtschaft in einem andern Zeitpunkte, so sehen wir dasselbe, und wieder bietet uns die Statik ihre Erklärung dar. Aber der Gleichgewichtszustand, nach dem die betrachtete Volkswirtschaft jetzt graviert, ist ein andrer wie im ersten Zeitpunkt. Die Wellen der Wirtschaft kehren nicht immer nach demselben Niveau zurück wie die Wellen des Meeres, sie oszillieren wohl immer um ein Niveau, aber nicht immer um dasselbe. Nicht nur die konkreten Tatsachen verändern, auch ihr Idealbild verändert sich. Lautete also das erste Problem der Ökonomie: Wie ergibt sich ein bestimmtes Niveau der Wirtschaft eines Volkes aus dessen gesamten Lebensverhältnissen? – so lautet dann ein zweites: Wie vollzieht eine Volkswirtschaft den Übergang von einem Niveau – das doch als Ziel- und Ruhepunkt gegolten hat – zu einem andern? Das ist die Frage nach dem Wesen der wirtschaftlichen Entwicklung.

Vor allem müssen wir uns über einen Punkt im Klaren sein. Wir sprechen hier von wirtschaftlicher Entwicklung. Man darf jedoch hinter diesem Ausdrucke nicht mehr suchen, als unsern Festsetzungen entspricht. Die Gesamtheit der Veränderungen in den wirtschaftlichen Verhältnissen der Nationen, von denen die Wirtschaftsgeschichte berichten besteht aus überaus komplizierten Phänomenen, in deren Wesen und Wechselwirkungen wir nur sehr geringe Einsicht haben. Wir hoben eine festumgrenzte Gruppe von Momenten heraus und fanden, daß auf dieselben eine einheitliche Betrachtangsweise anwendbar sei – und diese suchten wir darzulegen. Natürlich erschöpft dieselbe das Tatsachenmaterial der Wirklichkeit nicht. Sie erschöpft nicht einmal die wirtschaftliche Seite der Sache, soweit dieselbe eine gewisse Selbständigkeit hat. Noch viel weniger aber alle jene Phänomene, die sich aus der Wechselwirkung der Wirtschaft und des Nichtwirtschaftlichen im Völkerleben ergeben. Nicht umsonst haben wir im Vorhergehenden dem Worte "Entwicklung" so oft die Worte "in unserm Sinne" hinzugefügt, und aus gleichem Grunde sei auch noch an dieser Stelle eine Warnung ausgesprochen. Es empfiehlt sich viel- leicht auch, ausdrücklich hervorzuheben, daß hier keinerlei Anlehnung an irgendeinen andern Inhalt des so modernen Ausdrucks "Entwicklung" beabsichtigt ist und daß irgendwelche evolutionistische Analogien oder Theoreme hier weder gesucht wurden noch sich von selbst ergeben haben. So hat namentlich die Entwicklung in unserm Sinne, soviel ich sehen kann, weder formal noch materiell Beziehungen zu der biologischen Entwicklung irgendwelches organischen Körpers. Und sehr hüten wir uns davor, statt von "Entwicklung" von einem allgemeinen "Fortschritt" zu sprechen: Wir beschreiben Tatsachen, aber wir werten sie nicht.

Zwei Aufgaben müssen ferner auseinandergehalten werden. Die wirtschaftliche Entwicklung ist einmal ein Problem der Wirtschaftsgeschichte und -beschreibung. Da handelt es sich um den konkreten Entwicklungsgang in einer bestimmten Zeit und an bestimmten Orten, darum, was sich in der industriellen Organisation, in Produktionsweise und Produktionsmenge, in Technik und Wohlstand geändert hat, welche Industrien neu entstanden, welche zugrunde gegangen sind. Aber zweitens kann man sich noch eine andre Frage vorlegen, nämlich die folgende: Gleichgültig, welche konkreten Veränderungen vor sich gehen, wie kommen sie zustande und kann man in der Art, wie alles dieses Neue entsteht, Regelmäßigkeiten wahrnehmen, die sich allgemein formulieren lassen? Beide Probleme beziehen sich auf dieselben Tatsachen. Aber das erste auf den konkreten, individuellen Inhalt der wirtschaftlichen Entwicklungen der Völker, das andre, wenn man so sagen darf, auf deren Form. Beim ersten kommt es an auf das, was geschieht, beim zweiten auf die Art und Weise des Vorgangs. Das erste ist das deskriptive, das zweite das theoretische Problem,[3] die hier, sich ergänzend, nebeneinanderstehen, wie es auch sonst auf dem Gebiete der Nationalökonomie einen solchen Parallelismus gibt.[4] Das erste Problem ist, kurz gesagt, das der Darstellung konkreter Entwicklungen, das zweite das der Darstellung des Entwicklungsvorgangs überhaupt. Beim ersten kommt es auf die Angabe konkreter Umstände an, die eine bestimmte Entwicklung herbeigeführt haben, und auf den konkreten Inhalt dieser Entwicklung, beim zweiten auf die Art und Weise des Vorgangs, auf seinen Mechanismus.

Innerhalb der ersten, der historischen Aufgabe lassen sich noch zwei Dinge unterscheiden. Einmal gibt uns die Arbeit des Wirtschaftshistorikers unmittelbar das Bild individueller Vorgänge einer bestimmten Zeitperiode und eines bestimmten Orts. Sie schildert uns z.B. die Ringbildungen in Süddeutschland am Anfang des sechzehnten Jahrhunderts oder das Entstehen der Porzellanindustrie in Meißen oder den Übergang von der. Hand- zur mechanischen Weberei in den achtziger Jahren des achtzehnten Jahrhunderts in England. Aus dem Studium sehr vieler solcher Arbeiten kann sich aber auch ein Bild von größeren Zügen ergeben. Man könnte etwa zu dem Resultate kommen – ich sage natürlich nicht, daß sich ein solches Resultat wirklich ergibt – daß die Entwicklung, wo immer man sie beobachte, stets die gleichen Ursachen habe oder daß ihr konkreter Inhalt immer derselbe sei, etwa daß die wirtschaftliche Entwicklung nach immer weitrer Befreiung des Individuums oder umgekehrt nach immer größrer Sozialisierung des Wirtschaftsprozesses oder nach beidem abwechselnd tendiere. Solche zusammenfassende Untersuchungen, deren kühnste Formen die geschichtsphilosophischen Konstruktionen sind, nähern sich der theoretischen Arbeit, aber sie sind nicht einfach Theorie von der Art, wie wir sie hier betreiben. Sie stehen in der Mitte zwischen Theorie und eigentlicher Wirtschaftsgeschichte. Sie enthalten oft viele der Theorie entnommene Elemente. Ihre Resultate können gelegentlich denen der Theorie gegenfibergestellt werden. Aber ihrem Wesen nach fallen sie nicht mit theoretischen Analysen zusammen, die von den Grundtatsachen des Wirtschaftens ausgehen und nicht unmittelbar sondern nur auf dem Wege der Isolierung und Zerstücklung in die Dinge einzudringen streben.[5]

Eine theoretische Analyse der Entwicklung, ihren Mechanismus, ein Schema, dem sich die Tatsachen der Entwicklung allgemein einfügen sollen, wollte ich hier darlegen. Wir sehen zunächst eine allgemeine Ursache dafür, daß sich die Grundlage, das Niveau des wirtschaftlichen Kreislaufs verändert. Wir sehen diese Ursache darin, daß, wie wir es ausdrückten, neue Kombinationen durchgesetzt werden. Wir sahen, daß diese Durchsetzung neuer Kombinationen auf das Handeln eines besondern Typus von Wirtschaftssubjekten zurückzuführen ist den wir "Unternehmer" nannten und der sich wesentlich anders verhält als die übrigen Wirtschaftssubjekte, auf die wiederum das Schema paßt, das die statische Theorie für das wirtschaftliche Handeln des Menschen entwirft. Endlich lernten wir die verschiedenen Mittel kennen, mit denen der Unternehmer in unserm Sinne die neuen Kombinationen in den verschiedenen Organisationsformen der Volkswirtschaft durchsetzt, mit denen er jeweilig die Volkswirtschaft in neue Bahnen lenkt. Diese Mittel haben das Gemeinsame, daß mit ihrer Hilfe die statischen Wirtschaftssubjekte gezwungen werden, den neuen Zwecken zu dienen. Ihre Art gibt der

Wirtschaftsform ihr Gepräge, durch sie unterscheiden sich hauptsächlich die verschiedenen Organisationsformen – in viel höherm Grade als durch die gewöhnlich angeführten Momente. Und um die Art und Weise, wie die neuen Kombinationen durchgesetzt werden, ranken sich dann eine Reihe von Problemen, die wir zu lösen versuchten.

Unser wichtigstes Resultat ist, daß es eine solche wirtschaftliche Entwicklung wirklich gibt. Das heißt, daß sich das Bild jeder Volkswirtschaft auch dann verändern würde – und zwar in bestimmter uns nun bekannter Weise – wenn sich in der Welt des Nichtwirtschaftlichen nichts änderte. Diese Auffassung steht einer andern gegenüber, die sich dahin ausdrücken ließe, daß ein einmal hergestelltes wirtschaftliches Gleichgewicht sich erhält, solange nicht von außen eine Störung hereingetragen wird, woraus folgt, daß jede Veränderung des Zustandes der Volkswirtschaft auf andern Momenten als jenen beruhen muß, die man technisch als rein wirtschaftliche bezeichnet. So müßte sich die Entwicklung vom statischen Standpunkt aus erklären. Die Wirtschaft paßt sich danach stets in eindeutig bestimmter Weise einem in jedem Falle gegebenen sozialen geographischen, ethnologischen, allgemein kulturellen Milieu an und verändert sich nur dann und nur insoweit, als sich dieses Milieu selbst ändert. Die Ursachen und treibenden Kräfte auch der wirtschaftlichen Entwicklung liegen in diesem Milieu, diesen Bedingungen und Voraussetzungen der Wirtschaft oder, anders ausgedrückt, es gibt keine eigentliche wirtschaftliche Entwicklung, keine Entwicklung der Wirtschaft aus sich heraus, sondern nur eine einheitliche oder nicht einheitliche, aber jedenfalls außerwirtschaftliche soziale Entwicklung, die auch die Welt der Wirtschaft verändert, die sich auf allen Gebieten des nationalen Lebens äußert und auf jedem derselben eben die besondern jedem einzelnen eigenen Formen annimmt – deren Wirkungen auf jedem Gebiete durch die besondern Kategorien desselben ausdrückbar sind – oder endlich, deren Wellenschlag wie überall auch in der Wirtschaft fühlbar ist, ohne daß seine Ursachen aus der Wirtschaft selbst erklärbar wären. Nach dieser Auffassung spielt denn das Reinwirtschaftliche in der Entwicklung eine passive Rolle. Die rein ökonomischen Gesetze beschreiben ein bestimmtes Verhalten der Wirtschaftssubjekte, dessen Ziel Herbeiführung eines statischen Gleichgewichts und Wiederherstellung eines solchen Zustands nach jeder Störung ist. Wie die Gesetze der Mechanik uns sagen, wie sich schwere Körper unter dem Einflusse irgendwelcher "Kräfte" verhalten, aber ohne auf die Natur dieser letztern einzugehen; und wie die Mechanik davon ausgeht, daß die Körper, wenn keine solche Kraft von außen auf sie wirkt, eben nichts tun und keinerlei neue Phänomene mechanischer Natur erzeugen; so gibt uns die reine Ökonomie formale Gesetze über die Gestaltung der Wirtschaft unter dem Einflusse von von außen gegebenen Bedingungen und die Reaktionen der Wirtschaft auf von außen kommende Veränderungen dieser Bedingungen; und so schließt auch die reine Ökonomie nach dieser Auffassung eine "Entwicklung der Wirtschaft von innen" geradezu begrifflich aus.

Diese Auffassung wird nur selten ausdrücklich formuliert. Aber sie liegt sehr oft gerade dem Schweigen der Theoretiker über das Phänomen der Entwicklung zugrunde und entspricht dem Standpunkte vieler der Besten auf dem Gebiete der Theorie. Wir leugnen ihre Berechtigung nicht völlig. Diese Betrachtungsweise ist vielmehr das Grundprinzip der statischen Ökonomie. Sie allein ermöglicht die präzise Formulierung der statischen Gesetze und sie ist das Instrument, mit dem allein man die Einwirkungen nicht rein wirtschaftlicher Momente auf das Wirtschaftsleben erfassen kann. Jene statischen Gesetze sind die Grundlage wissenschaftlichen Verständnisses der Wirtschaft. Und jene Einwirkungen klarzulegen, ist eine wesentliche Aufgabe der theoretischen Ökonomie. Als Abstraktion ist also diese Auffassung berechtigt, ja unentbehrlich. Sehr viele wirtschaftliche Vorgänge sind tatsächlich Anpassungserscheinungen. Nur als Erklärung der tatsächlichen Entwicklung der Wirtschaft ist sie unzureichend. Es ist ja sehr verlockend die Tatsache, daß die Volkswirtschaft nach immer andern Gleichgewichtszuständen gravitiert, eben dadurch zu erklären, daß ihre Daten andre geworden sind. Für den, der nichts andres als die statischen Vorgänge sieht, ist diese Auffassung überhaupt selbstverständlich – diese Vorgänge sind essentiell immer dieselben, muß da nicht die Verschiedenheit des Resultats an den Daten liegen? An Verifikation kann es auch nie fehlen: Um konkrete Datenänderungen, auf die man ohne augenfällige, Absurdität hinweisen kann, dürfte man nie verlegen sein. Es kommt noch hinzu, daß diese Auffassung sich als tief und umfassend außerordentlich günstig präsentiert, so günstig, daß man eher in ihrer Ausarbeitung als in ihrer Ablehnung die wahre Aufgabe erblicken könnte. Und doch ist sie leer und nichtssagend, soweit sie richtig ist, und falsch, soweit sie etwas sagt. Sub specie aeternitatis gesehen bestimmen fremde Gewalten das Völkerleben und auch die Wirtschaft, Naturgewalten verschiedener Art. Aber dieser Satz ist ein Rahmen für ein erst zu malendes Bild. Uns kümmern hier nur engere, intimere, Zusammenhänge. Auch da ist es richtig, daß alle natürlichen und sozialen Faktoren die Wirtschaft gestalten, daß sie ein Teil des Lebens eines Volkes ist. Aber das ist selbstverständlich. Das nähere "Wie" dieser Beziehung ist das Interessante und dabei scheitert diese Auffassung. Denn sie hebt entweder hervor, daß die Wirtschaft von allen diesem Faktoren abhängt. Das ist richtig, aber das, was auf dem Gebiete der Wirtschaft geschieht, wirkt lebendig und gestaltend wieder auf jene Faktoren. Dann bleiben wir, wo wir waren, denn das wissen wir. Dann liegt eine Wechselwirkung vor, keine Kausalkette. Oder sie behauptet, daß die Wirtschaft nichts sei als Resultat, daß ihre Rolle lediglich passiv sei, daß sie nur geschoben werde und nicht auch schiebe, daß nur die übrigen Momente aktiv und alle wirtschaftlichen Vorgänge lediglich als deren Abklatsch zu verstehen seien. Das wäre der sozial-philosophische Aspekt der Statik, es wäre die Statik zur Wirtschaftsphilosophie ausgestaltet. Aber das ist falsch und würde von niemand gehalten werden. – Demgegenüber sehen wir ganz davon ab, daß bei dieser Auffassung wichtige wirtschaftliche Phänomene schlechthin unerklärt blieben.

Natürlich heißt das nicht, daß ich das Moment der Milieuänderungen oder seinen Einfluß auf die Wirtschaft leugne. Die Stellung, die wir ihm in unserm

Bilde anzuweisen haben, ist ganz klar. Es sind zwei Fälle zu unterscheiden: Entweder paßt sich die Volkswirtschaft den stets eintretenden Milieuveränderungen tatsächlich rein passiv an. Dann liegt eine statische Erscheinung vor, die wir mit den Mitteln der Statik voll verstehen können. Nur unterscheiden wir sie von dem, was für uns wirtschaftliche Entwicklung χατ'έξχυ ist. Diese ist etwas andres, beruht auf einem andern Prinzip, und sich darüber klar zu sein, hat, wie man leicht einsieht, auch dann gesunden Sinn, wenn in der Wirklichkeit stets beide Momente gleichzeitig auftreten und zusammengehen. Die Unterscheidung beider hat großen analytischen Wert auch jedem konkreten Falle gegenüber, und da wir das statische Moment kennen und nur die Entwicklung in unserm Sinne herausarbeiten wollen, so können wir das Milieu eben gleich als konstant betrachten, wenn auch ein vollständiges Bild der Wirklichkeit beide Momente enthalten müßte. Oder die Milieuveränderungen wirken nicht bloß statisch, sondern werden der Anlaß von neuen Dingen. Dann können sich diese neuen Dinge, wenn überhaupt auf wirtschaftlichem Wege, nur in der Form unsres Entwicklungsmechanismus durchringen und dann paßt unser Bild auf sie. Dann ist die Milieuveränderung nie die Ursache einer Entwicklung, sondern nur ein förderndes Moment.[6] Namentlich erklärt sie nie den betreffenden Vorgang erschöpfend. – Beide Möglichkeiten werden gleich an einein ähnlichen Gegenstande noch weiter ausgeführt werden.

Noch auf eine andre Erklärung der Entwicklung kann jeder hinweisen, der das herrschende Lehrsystem der Theorie vertritt. Sie ist die Erklärung der Klassiker, sie ist bis auf unsre Zeit herrschend geblieben, in der sie sogar erst bewußte und systematische Formulierung empfangen hat.[7] Sie ist noch einleuchtender und näherliegend als die gerade besprochene, mit der sie übrigens in keinem scharfen Gegensatze steht. Es ist höchste Zeit, uns mit ihr auseinanderzusetzen, da der Leser sicher im Laufe unsrer Erörterungen wiederholt an sie gedacht hat. In einem Sinne ist sie, kurz gesagt eine Erklärung der Entwicklung durch eine Theorie der ökonomischen Milieuelemente, durch die Auffassung, daß das statische Handeln selbst die Daten der Wirtschaft ändre. Es sind fünf Milieuelemente, die da in Betracht kommen: Bevölkerungsvermehrung, Zunahme des – irgendwie definierten – Kapitals, Fortschritt der Produktionsmethoden, Fortschritt in der ökonomischen Organisation der industriellen Gesellschaft und Entwicklung der Bedürfnisse. Danach geht die wirtschaftliche Entwicklung unter dem Impulse dieser Momente gleichsam automatisch und nach den Regeln der Statik vor sich. Die statische Theorie – also im Wesen die herrschende Ökonomie, überhaupt – wäre gar nicht bloß eine Theorie des stetigen Kreislaufs der Wirtschaft. Sie hätte noch einen zweiten, aber prinzipiell gleichartigen Teil: Die Untersuchung dieser Momente und ihres Einflusses auf den Kreislauf. In jedem Augenblicke gäbe es allerdings einen festen Gleichgewichtszustand. Aber jene fünf Momente würden die schwere Masse der Volkswirtschaft von jedem solchen Gleichgewichtszustand fort- und nach neuen Niveaus weiterstoßen.

In einem etwas andern Sinne können wir diese Auffassung als die Theorie vom organischen Wachstum der Volkswirtschaft betrachten. Dann gäbe es überhaupt keinen stationären Gleichgewichtszustand, sondern nur eine stete Bewegung im Gleichgewichte. Das jeweilige "Gravitationszentrum" wäre wenig mehr als eine Fiktion. Liest man etwa Marshalls großes Werk, so muß man auf den ersten Blick den Eindruck haben, daß unsre Auffassung von der starren Konstanz der statischen Wirtschaft einfach falsch sei. Marshall selbst sagt, daß es sich beim ökonomischen Gleichgewichte nicht um ein Phänomen ad instar des mechanischen, sondern eher des biologischen Gleichgewichtes handle. Das kann nur heißen, daß das Grundphänomen der Wirtschaft in einein steten Entfalten in wohlbalancierten Proportionen, nicht im Balancieren festeregebener Kräfte liege. Klar, wie gerade diese Nuance aus vielen Gründen jeden Nationalökonomen, dem fragentötende Schlagworte unwiderstehlich sind, locken muß. – Fragt man nach den Ursachen jenes Entfaltens, so kann nur mit der Aufzählung jener fünf Momente geantwortet werden, so dag sich beide Spielarten dieser Gesamtauffassung der wirtschaftlichen Entwicklung praktisch nicht unterscheiden.

Erklärte diese Auffassung, was sie soll, so dürfte man im Namen aller Prinzipien wissenschaftlichen Denkens die unsre nicht daneben dulden, denn man soll Erklärungen nicht häufen. In einer bescheidenen Funktion ist sie aber, wie wir sehen werden, mit der unsern bis zu einem gewissen Grade kompatibel. Ich gehe nun zunächst daran zu zeigen, daß sie als Erklärung der Entwicklung unzureichend ist. Nicht tiefe Gründe zeigt sie uns, sondern teils Oberflächen-, teils Begleit-, teils Folgeerscheinungen.

Kaum gibt es einen Ökonomen, der nicht in der Vermehrung der Bevölkerung einen Hebel ökonomischen Fortschritts sehen würde. Das ist immer das erste Moment, auf das der Blick fällt, wenn man nach Gründen wirtschaftlicher Entwicklung sucht. Das kann man in der wissenschaftlichen Literatur geradeso beobachten, wie in der populären Diskussion von Tagesfragen. Wie steht es nun damit? Vor allem muß man sich die Wirkungsweise des Momentes klar machen. Vermehrung der Bevölkerung bedeutet Zuwachs an Nachfrage nach Genußgütern und Zuwachs an Arbeitskraft: In nichts anderm kann der Einfluß derselben auf dem Gebiete der Wirtschaft liegen. Der Zuwachs an Arbeitskraft vermehrt einen ursprünglichen Produktionsfaktor, für den Geschäftsmann macht er ihn also billiger, der gesamten Volkswirtschaft macht er reichere Güterproduktion möglich. Mag der Lohn infolge des Zuwachses an Arbeitskraft noch so sehr sinken, so wird doch die Lohnsumme als Ganzes in der Regel steigen, mithin ein Plus an Nachfrage zweifellos vorhanden sein. Freilich kann die Lage des Arbeiterstandes dadurch verschlechtert werden, und der ökonomische Fortschritt, der durch die Bevölkerungsvermehrung erzielt wird, mag deshalb recht zweifelhaft aussehen. Das würde aber nicht hindern, daß man von wirtschaftlicher Entwicklung, von einer Veränderung des Bildes der Wirtschaft sprechen kann. Den Fortschritt zu beurteilen und zu werten, unternehmen wir ja nicht.[8] Nun ist es aber wesentlich, sich klar darüber zu sein, in welcher Weise der Zuwachs an Arbeit verwendet werden wird. Wenn nichts andres geschieht, als daß sich die

Bevölkerung vermehrt und das Angebot au Arbeit größer wird, so wird sich an den Grundlinien des volkswirtschaftlichen Wertsystems nicht viel ändern, man wird die zugewachsene Arbeit jenen Verwendungen zuführen, denen schon die bisher vorhandene diente, bzw. jenen andern bekannten Verwendungen, die sich ihrem Werte nach unmittelbar an die schon bisher geübten anschließen. Es wird also dasselbe statische Wertsystem im Großen und Ganzen erhalten bleiben, es wird nur der Grad der Bedürfnisbefriedigung für jene Wirtschaftssubjekte erhöht werden, welche von den niedrigen Arbeitspreisen Vorteil ziehen. Dieser Vorgang ist schon von den Klassikern sorgfältig und im Wesen richtig beschrieben worden. Es werden die Preise jener Produkte fallen, die hauptsächlich Arbeit enthalten, und es wird umgekehrt die Grundrente steigen, weil die neuen Arbeiter Nachfrage nach Bodenprodukten entfalten werden und weil auch andre Leute eine erhöhte Nachfrage nach Boden geltend machen müssen, z.B. alle jene Industriellen, die ihre Unternehmungen nun ausdehnen. An diese Wirkung dachten die Klassiker, und daß sie nur an diese Wirkungen dachten, beweist der Umstand, daß sie alle – und vor allem natürlich Malthus – die Bevölkerungsvermehrung über einen gewissen Punkt hinaus negativ werteten. Und ganz mit Recht denn wenn wirklich keine andern Wirkungen eintreten als die beschriebenen, dann müßte sich bald ein dumpfer Druck der Arbeitermassen gegen die vorhandene Produktionsorganisation geltend machen. Die Lage der Arbeiter würde durch Sinken des Lohnes und Steigen der Lebensmittelpreise doppelt verschlechtert, es müßte unzweifelhaft auf diese Art zu Konsequenzen kommen, wie sie Malthus geschildert hat. Und ebenso ist es unzweifelhaft, daß nur die Grundeigentümer eine wesentliche Verbesserung ihrer Lage erfahren würden.

Aber es kann ja noch etwas andres geschehen. Es kann die Bevölkerungsvermehrung ein Anstoß zu einer Neugestaltung der Wirtschaft werden, welche es dann mit sich bringen kann, daß sich die vermehrte Menschenmasse auf demselben Gebiete viel besser befindet als früher die geringere. Das ist ja auch daß, was wir in der Wirklichkeit beobachten und deshalb muß es hier noch eine andre Reihe von Wirkungen geben. Vor allem nun konstatieren wir, daß dieser Umstand, daß sich die Klassiker auf jene erste Reihe von Wirkungen beschränken, besser als alles beweist, daß sie sich auf statische Untersuchungen beschränken und daß eine andre als statische Wirtschaft überhaupt nicht vor ihrem Auge stand. Aber sodann ist es klar, daß es zu andern Wirkungen nur kommen kann, wenn die Wirtschaft sich nicht bloß passiv an die Bevölkerungsvermehrung adaptiert, wenn sie also nicht bloß statisch sich verhält, sondern aktiv reagiert, wenn es zu einer Entwicklung in unserm Sinne kommt. Nichts zeigt besser, daß sich unsre Auffassung, an die der Klassiker in letzter Linie welterbauend anschließt. Damit es zu jener andern Reihe von Wirkungen kommt, müssen Neugestaltungen in der Wirtschaft eintreten. Nicht von selbst treten diese Wirkungen ein, sie müssen erst durch den Mechanismus hervorgebracht werden, den wir geschildert haben. Der Unternehmer mag finden, daß ihm gewisse Dinge nun mehr durch das Sinken des Lohnes erleichtert sind und er mag dementsprechend zu Neugestaltungen vorgehen. Tut er es nicht, gibt es eine solche schöpferische Tätigkeit nicht, dann tritt in der Tat nichts andres ein als jener dumpfe Druck in der gesamten Volkswirtschaft. Die Fruchtbarkeit der Scheidung einer Statik und Dynamik innerhalb der wirtschaftlichen Vorgänge zeigt sich also auch hier.

Wir stehen also vor der folgenden Alternative: Wenn der Bevölkerungszuwachs nur statisch wirkt, dann kommt es zu keiner eigentlichen wirtschaftlichen Entwicklung, kommt es aber zu einer solchen, dann können ihre Vorgänge nur durch unsre Theorie und nicht bloß durch die Statik erklärt worden. Daraus folgt, daß die Bevölkerungsvermehrung der wirtschaftlichen Entwicklung nicht selbständig und direkt als eine Ursache gegenübersteht. Es kommt aber auch noch etwas andres hinzu. Wir haben im zweiten Kapitel bei der Erörterung der Bedeutung des Sparens gesagt, daß dieses Phänomen seine Wichtigkeit lediglich der schon in Gang befindlichen Entwicklung verdankt und daß viel weniger gespart werden würde, wenn es diese Entwicklung nicht schon gäbe. Etwas Analoges haben wir bezüglich der Bevölkerungsbewegung zu sagen. Die Zunahme der Bevölkerung wäre eine viel geringere als sie tatsächlich ist, wenn nicht der ökonomische Raum für neue Leute durch die wirtschaftliche Entwicklung jeweils schon vorher geschaffen würde. Die Entwicklung schafft immer neue Formen, immer neue Beschäftigungsgelegenheiten, immer reichere Gütervorräte, und die Bevölkerung wächst entsprechend diesen Möglichkeiten in die neuen Formen der Volkswirtschaft hinein. Wir sagen damit nichts Neues. Schon Marx hat den lapidaren Satz geprägt: "Der Kapitalismus hat Bevölkerungen aus dem Boden gestampft." So ist es in der Tat und der Kausalzusammenhang ist auch ganz klar zu überblicken. Die Entwicklung und teilweise ihre Rückwirkungen erleichtern die Gründungen von Familien im Großen und Ganzen, sie schaffen die Möglichkeiten, denen die einzelnen Individuen dann folgen. So ist es sicher bis zu einem gewissen Grade, und insoweit es so ist, ist die Bevölkerungszunahme Konsequenz und nicht Ursache der Entwicklung, wenigstens im Prinzipe. Sie kann dann zum Anstoße weitrer Entwicklung werden, aber daß ist dann wieder nur eine weitre Folge der schon vorhandenen Entwicklung, die auch sonst neue Entwicklungen aus sich zeugt. Soweit es aber nicht so ist, insoweit die Bevölkerung, abgesehen vom ökonomischen Spielraume, wächst, insoweit gilt eben daß vorher Gesagte. Unter allen Umständen also ergibt unsre Analyse, daß es sich bei der Bevölkerungszunahme nicht um eine originäre und prinzipiell interessante Ursache der wirtschaftlichen Entwicklung handelt.

Wir haben bereits von der Bedeutung der Kapitalzunahme infolge des Sparens gesprochen und verweisen hier auf das bereits Gesagte. In gleicher Weise haben wir gesehen, daß Erfindungen,[9] soweit sie für die Wirtschaft von praktischer Bedeutung sind, die wirtschaftliche Entwicklung richt hervorrufen, sondern eher ihre Folge sind. Die Erfindungen stellen sich ein, wenn der Unternehmer sie braucht, und steht nicht die Persönlichkeit des Unternehmers schon an ihrem Platze, um von jeder neuen Erfindung Gebrauch zu machen, so werden die Erfindungen niemals praktisch. Nicht die

Erfindungen haben den Kapitalismus, sondern der Kapitalismus hat sich die nötigen Erfindungen geschaffen. Der gegenteilige Anschein ergibt sich lediglich daraus, daß wir nur von einer entwicklungsvollen Volkswirtschaft wissen, und hier geht die Sache so schnell und prompt vor sich, daß wir Grund und Folge nicht immer scheiden können. Alle technischen und kommerziellen Voraussetzungen zur Verwertung einer neuen Erfindung liegen da schon bereit und es kann nicht schwer fallen, im einzelnen Falle konkrete industrielle Vorgänge auf eine Erfindung zurückzuführen. Das darf uns aber nicht über das Wesen der Sache täuschen und wäre nicht so auf primitiver Kulturstufe und innerhalb einer statischen Volkswirtschaft. Aber auch hier worden wir zu- geben, daß nur zum Teil der Reichtum an neuen Kombinationen, an neuen technischen Erfindungen eine Konsequenz der Entwicklung ist. Zu einem andern Teil natürlich vermehrt sich der Vorrat an technischem Wissen selbständig und selbsttätig, und er würde das auch in einer statischen Wirtschaft tun. Aber soweit neue Erfindungen dort überhaupt praktisch werden könnten, würde die Tatsache ihres Vorhandenseins nur den Anstoß zur Entwicklung, die Gelegenheit zu neuen Unternehmungen bieten, der Entwicklungsvorgang selbst und seine treibende Kraft wäre auch in diesem Falle anderswo, und zwar in der Persönlichkeit des Unternehmers zu suchen. Ohne Leute, die zur Führerrolle taugen, waren solche Erfindungen tot. Das wird tausendfältig bestätigt durch die Leidensgeschichte der Erfinder auf primitiver Kulturstufe. – Hierher gehört endlich auch noch der Fortschritt in der technischen und kommerziellen Organisation der Wirtschaft. Soweit darin ein unabhängiges Moment liegt, wird sich die Wirtschaft ihm in statischer Weise anpassen und soweit sie es nicht tut, liegt das nicht an jenem Fortschritte an sich, sondern an dem Unternehmer, bzw. au der schon in Gang befindlichen Entwicklung.

Wir sind also jetzt imstande, die Unzulänglichkeit einer Auffassung nachzuweisen, welche ausgesprochen und unausgesprochen zweifellos herrschend ist. Es ist die Auffassung, daß in diesem technischen und organisatorischen Fortschritt ein selbständiges Moment liegt, daß sein Entwicklungsgesetz in sich selbst trägt und wesentlich auf dem Fortschritte unsres Wissens beruht. Die Kombination, die nach dem Stande unsres Wissens jeweils die beste ist, bildet demnach gleichsam das Gravitationszentrum, um das die jeweiligen Kombinationen sich mehr oder weniger annähernd gruppieren und nach dessen Erreichung jedenfalls eine Tendenz besteht, eine automatische Tendenz, wie nach der. Erreichurig des Gleichgewichtszustandes in der statischen Wirtschaft nach unsrer Auffassung. Das ist nicht richtig. Es besteht kein automatischer Fortschritt oder er besteht nur in einem ganz unbedeutenden Maße. Gewiß, wenn ein klarer Vorteil unmittelbar vor dem Auge eines statischen Wirtschaftssubjektes steht, so wird dasselbe sich ihn zu sichern suchen und seine Wirtschaftsweise entsprechend abändern. Es wird Anstrengungen machen und auch Widerstände überwinden. Aber erstens stehen solche Vorteile vor dem Auge des einzelnen Wirtschaftssubjektes nur deshalb in unsrer Wirtschaft so zahlreich und so klar, weil die Entwicklung eine allen wohlbekannte Erscheinung ist, weil sie von ihr hören, sie sehen, ihre

Erfolge vor Augen haben. In einer ruhenden Volkswirtschaft würden solche Möglichkeiten sehr sporadisch vorhanden sein, und man würde weniger lebhaft nach ihnen greifen, wie wir dies ja heute an Handwerkern, bei Bauern und bei kleinen und veralteten Fabriken sehen. Zweitens leugnen wir ja nicht, daß eine solche Bewegung nach bessern Produktionsmethoden in der Volkswirtschaft auch im statischen Zustand bestünde, nur gleichen diese Bewegungen durchaus geologischen Veränderungen. Nur unendlich langsamer würde die Masse der statischen Wirtschaftssubjekte nach jenem Gravitationszentrum gleichsam hinsinken, und diese Bewegung fällt völlig unter den Tisch gegenüber der lebensvollen, die von einem kleinen Kreis von Persönlichkeiten ausgeht und die eben keine kontinuierliche Anpassung darstellt. Im übrigen verweise ich auf die Ausführungen des zweiten Kapitels.

Aber mehr als alle andern Momente scheint das der fortschreitenden Entwicklung der Bedürfnisse einen Hebel abzugeben, der geradezu für sich allein den wirtschaftlichen Fortschritt erklärt. Wenn dieser Hebel das leistet, was man auf den ersten Blick mit Recht von ihm erwartet, dann läßt sich eine Entwicklungstheorie auf derselben Grundlage errichten, auf der schon das Gebäude der Statik steht. Ihr Ausgangspunkt wäre dann ganz derselbe, wie der der statischen Theorie, es würde die Entwicklungstheorie lediglich darauf hinauslaufen, die Wirkungen der fortschreitenden Differenzierung und Ausbreitung der vorhandenen Bedürfnisse zu untersuchen. Jeder Theoretiker, der von dem Momente des Gebrauchswertes in der Statik ausgeht, wird ganz von selbst nach diesem Momente greifen. Den Klassikern allerdings konnte diese Versuchung nicht so naheliegen, wie wir denn auch finden, daß sie darauf keinen besondern Nachdruck gelegt haben. Der Theoretiker, der diesen Weg einschlagen wollte, würde um Stützen nicht verlegen sein. Die Psychologie bietet ihm ein Gesetz der Heterogonie der Zwecke.[10] Es ist oft hervorgehoben worden, daß es auf psychologischem Gebiet etwas dem Gesetze der Erhaltung der Energie Analoges nicht gäbe. Namentlich in sozialpsychologischen und soziologischen Untersuchungen ist dieses Moment sogar sorgfältig ausgearbeitet worden, und es braucht nur in die ökonomische Theorie eingeführt zu werden. Dann wurden wir aber ein selbständiges Erklärungsmoment der Entwicklung ebenso verfügen wie in unserm Falle, und die wirtschaftliche Entwicklung würde sich aus dieser psychologischen Tatsache ebenso erklären, wie der Ablauf der statischen Wirtschaft aus der einfachen Tatsache der Bedürfnisse selbst.

Auch an Tatsachen, die dieses Moment für die Wirtschaft verifizieren könnten, ist kein Mangel. Es ist offenbar nicht schwer zu sehen, daß in Wirklichkeit die Befriedigung eines jeden Bedürfnisses weitere neue Bedürfnisse an die Oberfläche bringt, daß immer, wenn ein Bedürfnis befriedigt ist, andre Bedürfnisse hervortreten, die man früher gar nicht gefühlt hat. Man könnte es als feststehend betrachten, daß die Befriedigung von Bedürfnissen gleichsam den wirtschaftlichen Gesichtskreis weitet und von selbst neue Bedürfnisse hervorruft, daß die Bedürfnisbefriedigung Situationen schafft, in denen man neue Möglichkeiten sieht und dementsprechend neue Bedürfnisse empfindet. Das Streben nach Besserung der wirtschaftlichen Lage, das wir ja in der alltäglichen Erfahrung um uns her überall wahrnehmen, zeigt in derselben Richtung und läßt sich auf dieselbe Weise erklären. Jemand, der in eine ökonomische Position hereinkommt, die ihm bisher fremd war, sucht sich zunächst in derselben, so wie sie ist, einzurichten. Dann aber wird er naturgemäß weiter und immer weiter blicken, noch das oder jenes an seiner Situation zu bessern bestrebt sein. Er kommt gleichsam in ein neues moralisches Milieu hinein, das ihm andre Bedürfnisse lehrt, und wenn man noch berücksichtigt, daß Bedürfnisse und der Anblick ihrer Befriedigung bei andern sofort eine ansteckende Wirkung auf die Wirtschaftssubjekte im Umkreise haben, so wird man wirklich schließlich glauben, daß dieses Moment zur Erklärung der wirtschaftlichen Entwicklung vollkommen ausreicht. Wenn wir nun dieses Moment diskutieren, so messen wir uns vor Augen halten, daß bei solchen Untersuchungen gegenwärtig ein ganz strikter, jede Einwendung ausschließender Beweis nicht möglich ist. Die letzte Entscheidung liegt immer bei dem gesamten Eindruck, den ein bestimmtes Bild der Wirklichkeit macht, in dem Gefühle, daß es wahrheitsgetreu ist oder nicht. Ein solcher Sachverhalt ist auf dem Gebiete der Sozialwissenschaften durchaus nicht selten. Man kann oft jemandem Gegengründe gegen seine Auffassung vorhalten, ohne doch ihn zwingen zu können, von ihr abzulassen, denn irgendwelche Argumente lassen sich unter allen Umständen für jede noch so unhaltbare Ansicht anführen.

Zunächst können wir dieser Auffassung jene Stütze entziehen, die sie aus der Psychologie und namentlich der Soziologie gewinnt. Das Gesetz der Heterogenie der Zwecke nämlich ist nicht etwa ein so sicher gestelltes Resultat wie etwa das Gesetz der Bedürfnissättigung. Es ist nicht so strikte beweisbar, sondern es beruht vornehmlich auf direkten sozialen Beobachtungen, einfach auf der Tatsache, daß sich die menschlichen Bedürfnisse im Lauf der Entwicklung ausgedehnt haben. Es ist kein Gesetz, das auf in letzte Gründe zurückgehender Analyse beruht, sondern lediglich der Ausdruck einer bestimmten sozialen Tatsachengruppe. Dann aber hat es keine größere Autorität, als ihn jene Tatsachengruppe geben kann und ist analytischen und andern Einwendungen ausgesetzt. Wir können damit unsre Erklärung ökonomischer Vorgänge deshalb nicht stützen, weil es selbst nur der Ausdruck ökonomischer und andrer sozialer Vorgänge ist. Zu sagen, daß wirtschaftliche Zwecke eine ihnen eigne originäre Entwicklungsfähigkeit haben, weil das Gesetz der Heterogonie der Zwecke gilt, ist daher eine petitio principii. Man hat von dieser möglichen Stütze auf ökonomischem Gebiete kaum Gebrauch gemacht und wir widerlegen nicht so sehr eine Einwendung, als wir einer solchen vorbauen.

Es bleiben also nur jene Tatsachen, auf welche sich diese Auffassung stützen kann, und sie bedürfen eben erst der Analyse. Zunächst ist es kaum richtig zu sagen, daß Bedürfnisbefriedigung neue Bedürfnisse "zeugt". Natürlich gilt das von den gewohnten Bedürfnissen. Nennt man die Bedürfnisse der nächsten Wirtschaftsperiode "neue" Bedürfnisse, dann natürlich zeugt

Bedürfnisbefriedigung neue Bedürfnisse. Aber hier heißen neue Bedürfnisse eben andersartige oder doch gesteigerte Bedürfnisse, also namentlich differenziertere, und diese zeugt die Bedürfnisbefriedigung an sich nicht. Wir können uns das in der folgenden Weise verdeutlichen: Wenn sich infolge irgendeines Umstandes das Einkommen eines Wirtschaftssubjektes vermehrt, dann kann es mehr Bedürfnisse befriedigen. Wenn es au diesen Zuwachs von Bedürfnisbefriedigung gewöhnt ist, dann sind seine Bedürfnisse dauernd gewachsen. Aber der Kern der Sache liegt ja doch nur darin, daß bereits vorhandene Bedürfnisse niedrigerer Intensität, die bisher nicht befriedigt wurden, infolge der vermehrten Mittel praktisch bedeutsam werden. Sie sind nicht neu gezeugt, sie treten nur erst jetzt äußerlich hervor, weil sie das infolge der Zunahme der Mittel, die das Prius ist, können. Diesen Vorgang nun nimmt man in der Entwicklung stets wahr, und dieser Vorgang liegt offenbar dem Gesetze der Heterogonie der Zwecke zugrunde. Die Entwicklung macht den Güterstrom tiefer und breiter, und immer mehr Bedürfnisse können praktisch werden, können befriedigt werden. Aber das heißt noch nicht, daß diese Bedürfnisse früher nicht existierten, erst durch die Befriedigung der alten Bedürfnisse gezeitigt und dann zur selbständigen Ursache der Entwicklung wurden. Daß dem so wäre, müßte erst nachgewiesen werden, bevor wir die Bedürfnisbefriedigung als selbständige Ursache erklären könnten. Noch ein andres Moment ergibt sich da: Wenn Wirtschaftssubjekte energische Entwicklung um sich herum sehen, und als deren Konsequenz erhöhte Bedürfnisbefriedigung mancher Wirtschaftssubjekte, dann kann dieser Eindruck allerdings zu einem Ansporn werden, der aber die Entwicklung nicht in letzter Linie erklärt, sondern höchstens zu sekundären Entwicklungserscheinungen führen kann.

Man sieht also, wo wir hinauswollen: Die Bedürfnisentwicklung, die wir in der Wirklichkeit wahrnehmen, ist ein Geschöpf der schon vorhandenen wirtschaftlichen Entwicklung, nicht ihr Motor. Die Tatsache jahrhundertelanger Konstanz der menschlichen Wirtschaft spricht mit entscheidendem Gewicht zu unsern Gunsten. Wenn die Entwicklung allerdings einmal im Gange ist, dann kann im konkreten Falle gewiß die Bedürfnisentwicklung vorausgehen und zum Anstoß spezieller wirtschaftlicher Vorgänge werden. Im Prinzip aber werden die Bedürfnisse von der wirtschaftlichen Entwicklung mitgezogen und von ihr erst wachgerufen. Die Bedürfnisausweitung ist eine Folge- und Begleiterscheinung der Entwicklung. Soweit neue Bedürfnisse als solche allein vorhanden sind, haben sie keine praktische Wirkung für die Wirtschaft, sie sind, wie wir es schon auseinandersetzten, völlig kraftlos. Aber selbst dann, wenn in der Bedürfnisentwicklung eine originäre Ursache läge, bedurfte es noch des Gestaltens und des energischen Handelns, um wesentlich Neues zu schaffen, so daß selbst die Annahme eines solchen Gesetzes der Heterogonie der sozialen Zwecke auf wirtschaftlichem Gebiete nicht viel bieten würde. Daß im einzelnen Falle eine konkrete Nachfrage eine ganze Industrie hervorrufen kann, ist zweifellos. So hat die Nachfrage der Großstaaten nach den Produkten der Stahlindustrie sicherlich die Industrie herangezogen. In diesem Falle liegt

Priorität der Nachfrage zweifelsohne vor und doch bedurfte es gewaltiger Führerpersönlichkeiten, um jene großen Unternehmungen zu schaffen, die wir heute vor unsern Augen sehen, und deren konkrete Form und Ganze Anlage lassen sich nicht bloß aus den Verhältnissen der Nachfrage erklären.

Also: Es ist nichts mit dieser Erklärung der Entwicklung, obgleich es an Scheinverifikationen auch für sie nicht gehlen kann. Zu viel größerm Teil, als man gluabt, stützt sie sich auf Tatsachen, die Wirkungen und Folgen der wirtschaftlichen Entwicklung in unserm Sinne sind. Daß sie ebenso wie die Milieutheorie wichtige Erscheinungen rein wirtschaftlichen Charakters unerklärt läßt oder, was noch schlimmer ist, die Schuld an ganz verunglückten Erklärungen mitträgt, ist demgegenüber Nebensache. Freilich mögen jene fünf Momente auch eine gewisse Eigenbewegung haben. Aber das stört unsre Auffassung nicht. Dann ist über sie, wie wir sahen, dasselbe zu sagen wie über die außerökonomischen Datenänderungen. Alle solchen Datenänderungen erzeugen in der Volkswirtschaft entweder statische Anpassungsbewegungen oder sie werden zum fördernden Anlaß für konkrete neue Kombinationen. Im ersten Fall ist ihr Einfluß als "Störungsursache" zu klassifizieren und zu verstehen. Das wird besonders dann der Fall sein, wenn die Datenänderungen nur klein sind oder doch allmählich auftreten.[11] Im zweiten Fall wirken sie nicht von selbst, sondern nur in der Hand des Unternehmers.

In keinem Falle erklärt sich die wirtschaftliche Entwicklung durch sie. Es gäbe vielmehr auch wirtschaftliche Entwicklung bei konstanten Daten. Aber es gäbe nicht die Entwicklung, die uns die Wirklichkeit zeigt ohne die Tatsachen, auf denen unsre Theorie ruht. Auf Schritt und Tritt stößt man auf das Tun und auf die Initiative des Typus, den wir "Unternehmer" genannt haben, und auf das Räderwerk unsres Mechanismus. Die Geschichte jeder Industrie fuhrt auf Männer zurück und auf energisches Wollen und Handeln, diese stärkste und glänzendste Realität des Wirtschaftslobens. Es wächst die Wirtschaft nicht von selbst in höhere Formen herein. Nicht wie bildsamer Ton wird sie von ihren Daten geknetet. Weder die Daten allein noch die katallaktische Logik auf Grund der Daten entscheiden das wirtschaftliche Schicksal der Volker. Die bloße Datenänderung bedeutet wenig. Die von ihr geschaffenen Möglichkeiten rauschen ungesehen und jedenfalls ungenützt an dem statischen Wirtschaftssubjekte vorüber. So haben Goldentdeckungen an sich den Entdeckern wenig geholfen. So schafft und vernichtet eine Änderung im Kurse der Volkswirtschaftspolitik nur selten eine Industrie.[12]

Und weil nun, erstens, es wirtschaftliche Entwicklung gäbe, auch wenn alle diese Momente fehlen würden, weil zweitens unsre Auffassung die Entwicklung der Wirklichkeit wesentlich erklärt, weil endlich, drittens, auch jene Ursachen von Entwicklung, die außerhalb unsres Bildes liegen, sich doch nur in jener einen Art durchsetzen können, soweit es sich nicht um bloße Anpassungserscheinungen handelt; so dürfen wir von jenen Momenten dann absehen – sie als konstant annehmen –, wenn es sich um das Wesen der Sache handelt. Und dann dürfen wir von dem von uns geschilderten Vorgang als der Entwicklung sprechen und uns sagen, daß wir mit unserm

Schema den Kern der Sache, das Wesentliche, Prinzipielle an den Dingen erfassen.

Deshalb und in diesem Sinne gibt es also eine wirtschaftliche Entwicklung als besondres Phänomen und als ein besondres rein wirtschaftliches Problem. Weder der große Gedanke, die Wirtschaft als Resultat der Unwelt zu begreifen, noch die Annahme einer der Wirtschaft immanenten – "organischen" könnte man sagen – Entwicklung vermag den zu erklärenden Tatsachen gerecht zu werden. Dagegen lassen sich die letztern in einheitlicher Weise durch andre theoretische Prinzipien beschreiben, und man kann neben das Gebäude der Statik eine Theorie der Entwicklung setzen, die von gleichem Wesen ist. Freilich – auch wie die Statik – erklärt sie nicht alle Tatsachen der Entwicklung überhaupt. Erstens nicht individuelle Tatsachen, denn unsre Entwicklungstheorie ist nur ein allgemeines, gedankliches Schema. Zweitens nicht alle Seiten der Tatsachen, auf die sie eingestellt ist, sondern nur jene, die von einem bestimmten Standpunkt aus sichtbar sind. Drittens nicht einmal alle Arten von Tatsachen, nicht die Tatsachen des Irrtums, jene rein ethischer Natur usw. Sie steht der Wirklichkeit gegenüber ganz wie die Statik. Wir müßten für sie alles wiederholen, was für die Statik in jahrhundertelangem Kampfe durchgesetzt worden ist. Aber all den notwendigen Abstraktionen und Einschränkungen, zu denen wir uns entschließen müssen, liegt doch nur das Bestreben zugrunde, ein reales und einheitliches Phänomen klar herauszuarbeiten und namentlich zu zeigen, daß die wirtschaftliche Entwicklung ihre Quelle zunächst in der Wirtschaft selbst und sonst nirgends hat.

Es folgt aus der ganzen Anlage unsres Gedankengangs, daß es kein dynamisches Gleichgewicht gibt. Die Entwicklung ist ihrem innersten Wesen nach eine Störung des bestehenden statischen Gleichgewichts ohne jede Tendenz, diesem oder überhaupt irgendeinem andern Gleichgewichtszustande wieder zuzustreben. Sie ändert den Daten der statischen Wirtschaft und zwar nicht durch organische Umbildung, sondern gerade durch Neugestaltung uns sozusagen unorganisch. Sie strebt aus dem Gleichgewichte heraus. Das was man organische Entwicklung nennen könnte, ist etwas andres, führt auf andern Bahnen anderswohin. Tritt dann auch wieder ein Gleichgewichtszustand ein, so geschieht das nicht durch die Triebfedern der Entwicklung selbst, sondern eben durch eine Reaktion gegen dieselbe, durch andre Kräfte, welche ihr gerade das Ende bereiten und eben dadurch die erste Voraussetzung für die Herstellung eines Gleichgewichts schaffen. Das erste dagegen, was eintritt, wenn es wieder zu einer Entwicklung kommt, ist die neuerliche Störung des Gleichgewichts der Volkswirtschaft. Entwicklung und Gleichgewicht, beides in unserm Sinne genommen, sind also Gegensätze, die einander ausschließen. Es wird nicht die statische Wirtschaft durch ein statisches und die dynamische Wirtschaft durch ein dynamisches Gleichgewicht charakterisiert, sondern es gibt überhaupt nur in der erstern ein Gleichgewicht. Das Gleichgewicht der Wirtschaft ist essentiell ein statisches. Das ist eine Konsequenz unsrer Darlegungen, die nur deshalb ein wenig befremdet, weil in andern gebieten, in denen die Ausdrucke Statik, Dynamik und Gleichgewicht vorkommen und aus denen wir diese Worte entlehnten, die Sache anders liegt oder besser gesagt, weil dort diese Begriffe völlig andern Sinn und völlig andre Verwendung haben.

Der dritte allgemeine Satz, der für das Phänomen der wirtschaftlichen Entwicklung gilt – der erste war, daß es eine rein wirtschaftliche Entwicklung in unserm Sinn wirklich gibt, der zweite, daß diese Entwicklung essentiell eine Störung des Gleichgewichts ist –, lautet: Die wirtschaftliche Entwicklung ist keine organische Einheit in ihrer Gänze, sondern sie besteht aus aneinander anschließenden, aber relativ selbständigen Teilentwicklungen. Wir knüpfen damit an das an, was wir im Kapitel über die Krisen gesagt haben. Danach vollzieht sich die Entwicklung der Wirtschaft gleichsam in Wellenform, wobei jede dieser Wellen ihr eigenes Leben fair sich hat. Gleichsam ruckweise verändert sich das Niveau der Volkswirtschaft, und das Gesamtbild der wirtschaftlichen Entwicklung eines Volkes wäre nicht durch eine stetig ansteigende, einem einheitlichen Gesetz gehorchende Kurve, sondern durch aneinander anschließende Kurvenstücke zu versinnlichen, deren jede ihre besondre Form hat, wenngleich es der ganze Charakter des Mechanismus der Entwicklung mit sich bringt, daß diese Formen einander ähnlich sein werden. In der Wirklichkeit würden politische und andre außerwirtschaftliche Ereignisse stets die vollständige Kontinuität der wirtschaftlichen Entwicklung unterbrechen. Aber auch dann, wenn es keine solchen Eingriffe von außen geben würde, wäre die Entwicklung nicht wie aus einem Stück, nicht wie aus einem Guß. Das schließt allerdings nicht aus, daß man, wenn man einen langen Zeitraum überblickt, eine einheitliche Richtung der Entwicklungen in unserm Sinn, die er umspannt, entdecken kann. Es ist, um bei unserm Bilde zu bleiben, ganz gut möglich, daß wenn man die Höhe- oder die Tiefpunkte der tatsächlichen Bewegung miteinander verbindet, die Verbindungslinie eine einheitliche durch ein Gesetz zu beschreibende Form zeigt. Far uns ist aber wichtig, daß Einheitlichkeit des Planes nur für jede Teilentwicklung besteht, daß im Bewußtsein der wirtschaftenden Menschen nur diese Einheit Realität hat, während jene andre größre Einheit nicht auf der Einheitlichkeit des Planes und nicht auf einheitlich gedachte Handlungen der Menschen zurückzuführen ist, sondern sich als besondres Phänomen eventuell, aber nicht notwendig hinterher dem Beschauer darbieten kann. Wenn wir also uns an das halten wollen, was realen Vorgängen und realen Absichten der Wirtschaftssubjekte entspricht, so können wir von der Gesamtentwicklung nicht als einer organischen Einheit sprechen, ebenso wie wir z.B. nicht von der Volkswirtschaft als einer Wirtschaftseinheit sprechen können. Ergäbe sich in dem letztern Falle, daß die Wirtschaft eines Volkes zu denselben Endergebnissen führt, wie wenn sie von einem Wirtschaftssubjekte bewußt geleitet würde, so läge auch darin erst ein empirisches Resultat, das vom Standpunkte der Grundlagen der Theorie ebensogut eintreten und nicht eintreten kann. Eine reale Tatsache ist, daß es eine einheitliche Aufwärtsbewegung innerhalb der Volkswirtschaft geben muß, und diese können wir vollständig erklären. Aber dann sehen wir, daß dieselbe unterbrochen wird und daß nach einiger Zeit eine wesentlich neue Aufwärtsbewegung beginnt, die der

Ausführung andrer Pläne gilt, von andren Faktoren ausgehen kann und möglicherweise ganz anders aussieht, als die frühere. Wir haben auch im sechsten Kapitel gesehen, daß es dem wirtschaftenden Menschen im allgemeinen durchaus unmöglich ist, Pläne über die einzelne Teilentwicklung hinaus zu entwerfen, daß vielmehr alle effektiven Unternehmungen sich mit der Entwicklungsphase, der sie angehören, erschöpfen. Wenn wir also nur beschreiben wollen, was wirklich geschieht, dann paßt nur das Bild der Wellenbewegung und nicht das der einheitlichen Kurve. Im Allgemeinen werden die aufeinander folgenden Wellenberge und Wellentäler höher sein, als die vorhergehenden. Denn jede weitere wirtschaftliche Entwicklung findet ja unter ihren Daten die Leistungen der frühern. Der Umstand, daß die einzelnen Entwicklungsphasen aneinander stoßen, wird also sicher dazu beitragen, sie einander ähnlich zu machen, aber das Wesen der Sache liegt doch darin, dag die Aufwärtsbewegung in kräftigen Volkswirtschaften nicht etwa einem großartigen Aufschwung entspricht, sondern nur unterscheidbaren und selbständigen Impulsen.

Die größern, mehr "säkulären" Auf- und Abbewegungen im Völkerleben sind eine Erscheinung, die wirtschaftlich nicht zu erfassen sein dürfte.[13] Sie stehen über dem Wechsel der wirtschaftlichen Entwicklungsphasen, die wir hier behandeln und die gegenwärtig nur weinige Jahre lang sind. Gewiß wirken sie sehr bestimmend wie überall so auch auf dem Gebiete der Wirtschaft. Sie sind es, die einerseits kräftige. Impulse zu neuen Taten auch auf wirtschaftlichem Gebiete zeugen und andererseits das langsame Absterben derselben bei manchen Völkern erklären. Die Entwicklung, ihre Wirkungen auf alle Beteiligten und ihre konkreten Äußerungen sind deshalb auch in noch viel höherm Maße national gefärbt als die Vorgänge des statischen Kreislaufs. Aber diese Auf- und Abbewegungen, an die der Historiker zunächst denkt, wenn von Entwicklung die Rede ist, fallen mit unsern Entwicklungsphasen nicht zusammen. Wir beschreiben nur einen wirtschaftlichen Vorgang, der an den Einzelheiten des wirtschaftlichen Lebens hängt.

Das ist die formale Natur des Vorgangs, der das industrielle Leben periodisch revolutioniert und neugestaltet. Er wirkt sich auf allen Gebieten aus, schafft überall neue Lebensformen. Sein innerster Sinn liegt in der Beschaffung neuer Güterarten und -mengen und in der Reorganisation der Volkswirtschaft in der Richtung immer größrer technischer und kommerzieller Zweckmäßigkeit. Darüber habe ich nichts weiter zu sagen. Nur sei man sich darüber klar, wie ganz formal dieser Satz zu verstehen ist. Ob die Entwicklung zu sozialem Wohlbefinden oder zu sozialem Elend, zur Entfaltung oder zur Verkümmerung des nationalen Lebens führt, das entscheidet ihr konkreter Inhalt, das was, konkret in jenen Formen vor sich geht, die wir schildern. Vor allem aber enthält unser Satz nicht schon ein Werturteil. Mag es auch einen Sinn geben, in dem Entwicklung und Fortschritt synonym sind, hier wird nur von "Entwicklung" gesprochen. Möchte auch ein außenstehender Beobachter in den Resultaten immer weitrer Entwicklungsphasen immer vollkommenere Erscheinungen sehen wir können präzise nur sagen, ob uns das Neue besser behagt als das Alte. Ich wende mich von diesem allgemeinen Aspekte, der einem erdenfremden Beobachter vor allem und vielleicht allein in die Augen fallen würde, ab und dem bescheidenern Ziele zu, die zwei wesentlichen Seiten des Einflusses der Entwicklung auf die ihm unmittelbar ausgesetzten Wirtschaftssubjekte zu schildern.

Notwendig bringt die Entwicklung Wertgewinne hervor. Fast immer auch Wertverluste. Und beides auch in der geschlossenen – nehmen wir an: kommunistisch organisierten – Volkswirtschaft. Stets neue Güterformen treten auf. Alte Produktionsprozesse werden zugunsten neuer ausgeschieden. Bessere Bezugsquellen werden weniger ergiebige verdringen. Das wird im Allgemeinen zur Entwertung bereits vorhandener Güter, oft zu ihrer Ausmusterung vor, ihrer Abnützung führen. Dieser Prozeß involviert Verluste. Dergleichen kommt natürlich auch innerhalb eines industriellen Betriebs vor: Der Unternehmer, der seine noch gebrauchsfähigen Maschinen als altes Eisen verkauft, um vollkommenere an ihre Stelle zu setzen, erleidet zunächst einen Schaden. Aber in diesen Fällen bleiben solche Wertverluste normalerweise rechnungsmäßige Größen, denn sie müssen natürlich durch die erwarteten Gewinne mehr als gutgemacht werden. In einer kommunistischen Volkswirtschaft tritt also infolge der Entwicklung nur ein Gewinn hervor. Die Verlustgröße ist zwar durchaus reell und hat auch eine Rolle in der Bilanz der Wirtschaft, aber niemand hat eine Ursache, sie zu bedauern – das hätte ebensowenig Sinn, als zu bedauern, daß man, um einen Eierkuchen zu machen, die Eier zerschlagen muß. Wenn überhaupt, so könnte man hier von Fortschritt sprechen.

In der Verkehrswirtschaft, namentlich aber in der kapitalistischen Wirtschaft, ist die Sache anders. Schon der Begriff “Reorganisation in der Richtung Zweckmäßigkeit” hat hier einen etwas andern Inhalt. Die Zweckmäßigkeit ist hier gegeben durch den Standpunkt des Unternehmers. Das hat nicht jene Folgen, die das populäre Vorurteil annimmt. Der Unternehmer gelangt in der Regel nur dadurch zu seinem Gewinne, daß er der Volkswirtschaft, repräsentiert durch das Konsumenteninteresse, dient, Höhergewertetes produziert oder Kosten spart. Aber es gibt eine Ausnahme. Die Tat des Unternehmers kann auch darin bestehen, daß er einen Industriezweig monopolistische organisiert. Was immer für kompensatorische Momente das mit sich bringen mag, unmittelbar bedeutet es eine Schädigung des Konsumenteninteresses. Im Folgenden sei davon abgesehen, denn dieser Punkt ist genug bekannt und diskutiert. Noch sei hervorgehoben, daß auch in einer andern Hinsicht die Zweckmäßigkeit in der Verkehrswirtschaft anders wirkt als in der kommunistischen. Sie ist nicht bloß an den Bedürfnissen der Konsumenten orientiert, sondern auch an deren Mitteln eine Nachfrage zu entfalten, während in einer kommunistischen Wirtschaft offenbar die Bedürfnisse aller Mitglieder gleichmäßig geachtet würden. Abgesehen davon aber ist die Rentabilität stets ein Index volkswirtschaftlicher Produktivität.

Dann aber fallen hier Gewinn und Verlust nicht immer, ja meist nicht, derselben Wirtschaft zu und endlich ist das Schicksal vieler Wirtschaftssubjekte an die alten Produkte, besonders jedoch an die überwundenen Betriebsformen und Produktionsmethoden geknüpft. Gewinn und Verlust treten daher gesondert hervor und werden zur Basis zweier gesonderter Bewegungen in der Lage der Wirtschaftssubjekte, einer Aufwärts- und einer Abwärtsbewegung. Die Aufwärtsbewegung wird von jener Wertwelle getragen, der Unternehmergewinn und Kapitalzins entspringen. Sie ist es vor allem, die neue Wirtschaftssubjekte nach den Höhen der industriellen Gesellschaft führt. Sie ist die treibende ökonomische Kraft eines Prozesses, den uns die unmittelbare Beobachtung in jeder modernen Volkswirtschaft zeigt, der Bildung des kapitalistischen Reichtums mit allen seinen bekannten äußern Folgeerscheinungen, die in Zentren des wirtschaftlichen Lebens zu Zeiten so rasch und so markant hervortritt.

Unternehmergewinn und Zins sind die unmittelbaren Früchte des Entwicklungsprozesses. Alle andern Gewinne, die aus ihm fließen und die schließlich auch alle diese "Früchte" absorbieren, bilden in ihrer Gesamtheit das, was man Wertzuwachs, unearned increment nennt. Freilich wendet man diesen Ausdruck nur auf den Zuwachs an Renten und Quasirenten an und nicht auch auf den Zuwachs am Arbeitslohn, von dem wir gleich sprechen werden. Aber dem ökonomischen Wesen nach liegt in allen diesen Fällen dasselbe Phänomen, dieselbe Ertragssteigerung ohne persönliches "Verdienst" vor. Das Phänomen des Wertzuwachses beruht also auf zwei Momenten: auf dem eben genannten und auf dem Momente des statischen Wachstums der Volkswirtschaft, das allerdings nur zugunsten der Erträge aus Naturgaben und nicht auch zugunsten der Arbeit wirkt. Die populäre Meinung in bezug auf das unearned increment ist richtig: Es ist nicht Prämie für Leistung, es ist nur eine Folgeerscheinung von Vorgängen, die seine Erzielung nicht zur Voraussetzung haben. Das nur nebenbei. Gehen wir in unserm Gedankengang weiter.

Zwar sind diese Wertwellen nicht dauernd und der Unternehmer zum mindesten vermag an keiner unbegrenzten Anzahl von ihnen zu partizipieren. Aber seine Gewinne werden ja zu Vermögen, die noch fortbestehen, wenn ihre Quelle schon versiegt ist. Zwar kann jeder Unternehmer und jeder Kapitalist durch das Auftreten andrer Unternehmer und Kapitalisten geschädigt werden. Teilweise ist das sogar unvermeidlich. Aber trotzdem verdanken Unternehmer und Kapitalisten der Entwicklung alles, was sie haben, wir könnten sagen, daß sie ihnen nur Vorteil bringt. Ohneweiters sind ihnen jene Leute anzuschließen, denen die Rückwirkungen der Entwicklung Gewinne zuwerfen.

Schon ehe die Unternehmer ihren Gewinn erworben haben, müssen nach unsrer Theorie die Arbeiter zu einem höhern Lohn, die Grundherren zu einer höhern Grundrente gelangt sein. Und das muß die Folge gehabt haben, dag die Preise der Güter, die Arbeiter und Grundherren wünschen, gestiegen sind. In der Tat, unsre Theorie fuhrt zu dem Resultate, daß jede Aufschwungsperiode mit einem steigenden Preisniveau – und hohem Zinse – Hand in Hand gehen muß. Und jedermann weiß, daß dieses Resultat durch die Tatsachen schlagend bestätigt wird, so schlagend, als jemals Tatsachen ein abstraktes

Gedankenbild bestätigen können, und schlagender als es nötig wäre, um uns von der Wirklichkeitstreue unsres Bildes zu überzeugen. Die Diskrepanz, die man bei der Grundrente finden könnte, erklärt sich ungezwungen und so einfach, daß ich darauf nicht eingehe.

Nun enthält dieser Vorgang ein Gewirre von Wirkungen die einander zum Teile entgegenarbeiten, so daß die endlichen Preisänderungen vielfach nur nominelle Bedeutung haben. Es stehen den größern Geldeinkommen zunächst ja keine größern Gütermengen gegenüber, namentlich dann nicht, wenn es sich um eine isolierte Volkswirtschaft handeln würde. Und es sei gleich gesagt, daß tatsächlich die gehobene Stimmung, die aber Aufschwungsperioden liegt, viel eher durch die Massenwirkung erregender Tätigkeit, schöner Visionen und durch Täuschung durch das höhere Preisniveau zu erklären ist als durch reale Wohlstandsvermehrung. Andererseits ist die Steigerung von Lohn und Rente nicht rein nominell. Abgesehen davon, daß sich beide Einkommenszweige gegeneinander verschieben können, gibt es in jeder konkreten Volkswirtschaft feste Einkommen, mehr oder weniger dauerbare Erträge, deren reale Bedeutung durch die Preissteigerung komprimiert werden kann. In der Wirklichkeit funktioniert der Mechanismus, den wir schildern, ja nicht prompt. Da gibt es Rudimente der Wertschwellungen früherer Entwicklungen, Reste und Nachlesen früherer Unternehmergewinne, Quasirenten an produzierten Gütern, Überschüsse jeder Art, die die Konkurrenz in Wirklichkeit nicht sofort wegfegt. Dann gibt es Einkommen, die dem Impulse der Entwicklung nur langsam folgen, die Einkommen von Staatsbeamten z.B. und viele andre. Staatsgläubiger und Hypothekargläubiger können an der Zinssteigerung bezüglich der bereits festgelegten Summen nicht partizipieren usw. Auf Kosten aller dieser Elemente kann sich der Anteil der Arbeiter und "Grundherren" in praxi realiter und erheblich erhöhen.

Es kommt noch hinzu, daß die Entwicklung in Wirklichkeit mindestens zunächst nur in lokal sehr begrenzten Gebieten einsetzt und Lohn-, namentlich aber Rentensteigerungen nur einer Minorität von Arbeitern und Grundherren zugute kommen, während die entsprechenden Preissteigerungen zwar auch nicht sofort und durchgreifend, aber doch mehr als jene Einkommenssteigerungen dem Einflusse von Zufuhren ausgesetzt sind. So zeigen sich denn in solchen Gebieten bald die Symptome eines allgemeinen Aufschwungs.

Diese Tatsache ist – und war von jeher – genau bekannt. A. Smith drückt sie im achten Kapitel des ersten Buches des Wealth mit den folgenden Worten aus: It deserves to be remarked, perhaps, that it is in the progressive state, when the society is advancing to further acquisition, rather than when it has acquired its full complement of riches, that the condition of the labouring poor . . . seems to be the happiest and the most comfortable. It is hard in the stationary, and miserable in the declining state, the progressive state is in reality the cheerful and the hearty state to all the different orders of society. The stationary is dull, the declining melancholy (p. 83 ed. Cannan). Welche hübsche kraftvolle Fassung der Tatsache! Aber wie charakteristisch für das Werk Smith', von dem ein Denker, der in der Tiefe geschürft hat, schon im Jahre 1834 – zu streng, aber nicht ohne Recht – sagte: "Sein Vorgehen gleicht dem eines Naturforschers, der das Wesen des Windes untersuchen will und es dabei als bereits bekannt annimmt und seine Aufgabe nur darin sieht, die verschiedenen darauf bezüglichen Erscheinungen, die die tägliche Erfahrung vertraut gemacht hat, zu verknüpfen und zu ordnen."[14] Erstens überschätzt Smith die Beobachtung, deren reale Basis, wie wir sahen, eine recht schmale ist. Zweitens verkennt er das Wesen der Tatsache völlig, weshalb er sie in einen Zusammenhang mit ganz andern Dingen stellt, unter denen sie verloren geht. Er versteigt sich zu den Sätzen – p. 71 fg. ibidem –: "It is not the actual greatness of national wealth, but its continual increase, which occasions high wages. . . . Though the wealth of a country should be very great, yet if it has been long stationary, we must not expect to find wages of labour very high in it." Zunächst hat das nichts mit unsrer Tatsache zu tun, an die auch Smith denkt, denn hier ist nicht an Aufschwungsperioden gedacht – welche doch allein zu ihr führen –, sondern an eine "säkuläre" Aufwärtsbewegung. Sodann beweist der Verifikationsversuch an den Beispielen von Amerika und China nichts oder vielmehr wieder nur, daß keine durchdringende Analyse, sondern unmittelbare, und zwar oberflächliche, Beobachtung jene allgemeinen Sätze ver- anlaßt hat. Denn der Hochstand des Lohnes in Amerika kommt und kam offenbar von der Seltenheit der Arbeit im Vergleiche zur Nachfrage und nicht vom Steigen derselben – umgekehrt in China. Weiters ist nicht so sehr der "Reichtum" – Gütervorrat – einer Volkswirtschaft als der Grad der Unternehmertätigkeit entscheidend. Endlich sind jene Sätze nur unter der Annahme überhaupt richtig, daß sich bei höhern Löhnen die Arbeiter entsprechend vermehren. Das mag richtig sein oder nicht, sicherlich erschlägt es unsre Tatsache in ihrer Eigenart. So macht Smith es oft. Auf Schritt und Tritt findet man bei ihm Tatsachen des geschäftlichen Lebens mit geschicktem Griffe erfaßt und in das Herbarium der Wissenschaft gebracht. Und seine Nachfolger haben seinen Reichtum nicht auszunützen verstanden, so daß es erst eine Aufgabe der Zukunft ist, manchem verdorrten Zweiglein vom Baume A. Smith' neues Leben einzuflößen. Die Theorie hätte vielleicht andre Wege genommen, jedenfalls wäre sie praktisch viel fruchtbarer geworden, wenn sie sich die ganze breite Basis des Wealth bewahrt hätte, statt einige wenige Tatsachengruppen ausschließlich zu bearbeiten. Aber Smith selbst hat in den Nebendingen wenig mehr getan, als die geschäftlichen Alltagserfahrungen, oft in falscher Perspektive, aneinanderzureihen. Manches erklärt er gar nicht, andres ritzt er nur an der Oberfläche, sehr vieles erklärt er ganz unbefriedigend, wo nicht falsch.

Ich hätte diese Bemerkungen auch an ein andres von den vielen Beispielen knüpfen können, die sich aus A. Smith dafür anfahren lassen, daß eine frische und ursprüngliche Beobachtung unsre Theorie in tausend kleinen Zügen bestätigt. Aber sicher hindert schon der formale Charakter unsres Bildes, daß man allzuviele konkrete Vorgänge damit erklären kann. Deshalb glaube ich auch nicht etwa eine Theorie des Lohnniveaus zu geben, das natürlich von konkreten, in unserm Bilde nicht enthaltenen Momenten abhängt. Ich behaupte bezüglich des bisher Gesagten nur, daß innerhalb der angegebenen Grenzen die von uns überhaupt ins Auge gefaßten Tatsachen zu einer Steigerung führen müssen. Selbstverständlich könnte ihr Einfluß von dem andrer Tatsachen überschattet werden. Kehren wir zu unserm Gedankengang zurück.

Soweit also gewinnen Arbeiter und Grundherren durch die Entwicklung, wenn auch meist nicht sehr viel. Die Wirtschaftssubjekte, die ihnen bisher Arbeit und Bodenleistungen abgenommen haben, verlieren einerseits durch Lohn- und Rentensteigerung, und gewinnen andererseits durch die allgemeine Preissteigerung, die sich auch auf ihre Produkte – mit leicht zu erratenden Ausnahmen – erstreckt. Diese Gewinne und Verluste kompensieren sich beim einzelnen Wirtschaftssubjekte nur ausnahmsweise, fallen vielmehr in der Regel auseinander. Von ihnen gehen wieder entsprechende Reflexe auf Lohn und Rente aus, auch noch weiter. Doch wollen wir hier nicht in Einzelheiten eingehen, uns vielmehr mit der Feststellung begnügen, daß es schon, ehe die Produkte der neuen Unternehmungen auf dem Markte erscheinen, Verluste verschiedener Art in der Volkswirtschaft gibt.

Das Auftreten dieser neuen Produkte nun macht allen vorhandenen Gütern entweder direkt Konkurrenz, soweit es sich um gleichartige handelt oder doch solche, die denselben Bedürfnissen zu dienen geeignet sind, oder indirekt, indem sich die Nachfrage den neuen zuwendet, mithin die Nachfrage nach den alten eingeschränkt werden muß. Natürlich wirkt diese neue Konkurrenz auf die altgewohnten Güter in sehr verschiedener Weise. Doch wollen wir das nicht näher untersuchen, obgleich die Preistheorie uns die Mittel dazu bietet. Nur die Ausnahme sei erwähnt, daß neue Güter mit alten komplementär sind und daher das Auftreten der erstern die Nachfrage nach den letztern sogar hebt. Das ändert aber umso weniger au den großen Zügen der Sache, als dann die Wirkung auf andre alte Güter, die nicht in diesem Falle sind, umso schärfer sein muß.

Eine Senkung des Preisniveaus muß die Folge sein. Wir haben kein Recht zu erwarten, daß wir sie in der Preisstatistik wiederfinden werden. Denn erstens hängt das Preisniveau von zuviel andern Momenten ab, die ganz "von außen" in die Wirtschaft wirken.[15] Zweitens aber vollzieht sich der ganze Prozeß ja nicht in so scharf gesonderten Tempi, namentlich kommen die neuen Produkte schon in der Aufschwungsperiode auf den Markt, auch werden sie ja in der Wirklichkeit von vielen Reservoirs störungslos aufgenommen. Aber tatsächlich spricht die Wirklichkeit nicht gegen uns. Wenn nun keine weitre Entwicklung erfolgte, sondern sich die neuen Unternehmungen einfach in den statischen Körper der Volkswirtschaft einordnen wurden, so wäre jene Senkung dauernd. Das Preisniveau wäre tiefer als vor der Entwicklungswelle. Denn es stünden nun mehr Güter derselben Geldmenge – denn die Unternehmer, das wird vorausgesetzt, würden ihre Wechsel usw. einlösen und diese würden kassiert und nicht erneuert – gegenüber.

Diese Preissenkung ist das Symptom der Erfüllung dessen, was die Entwicklung versprochen hat. Sie realisiert deren Errungenschaften und ist – mit einer Reserve ist das zu sagen, die gleich folgen wird – das wesentliche

Moment, das die Entwicklung für Arbeiter und Grundherren zu etwas Vorteilbringendem macht, viel wichtiger als die Steigerungen ihrer Geldeinkommen in der Aufschwungsperiode. Beide gewinnen durch die Entwicklung vor allem als Konsumenten. In dieser Hinsicht fallen die Veränderungen ihrer Lage in die Gruppe der Aufwärtsbewegungen, die die Entwicklung zur Folge hat. Wenn wir uns für einen Augenblick der bekannten klassischen Auffassungsweise bedienen, so können wir sagen, daß nun die Werte aller Güter sinken, da infolge der Verbesserungen der Produktionsmethoden weniger Arbeit zu ihrer Erzeugung nötig ist, und daß mehr Güter als früher zum Kaufe derselben Arbeitsmenge gehören. Im weitern Verlaufe der Dinge fallen dann auch die neuen Güter auf den Kostensatz – so daß die Wertgröße des Unternehmergewinns ebenfalls den Konsumenten zugute kommt. Tatsächlich ist das der wesentliche Inhalt der Wohlstandssteigerung der untern Schichten der Volkswirtschaft im Gegensatz zur wesentlich anders zu verstehenden Reichtumsbildung der Unternehmerkreise. Es ist das Moment, das – soweit das überhaupt zutrifft – bewirkt, daß auf höhern Stufen der Entwicklung, wie ein altes populäres Schlagwort sagt, der Arme besser lebt, als der Reiche zuvor.

Das ist die eine, die Aufwärtsbewegung. Ihr steht eine Abwärtsbewegung in der Lage vieler Wirtschaftssubjekte gegenüber. Sie ankert in den statischen Produktionen, die abgesehen von dem Falle, wo ihnen Produktionsmittel infolge der Entwicklung billiger geliefert werden als bisher, durch die Preissenkung leiden müssen. Wir haben das im Krisenkapitel bereits besprochen, dabei auch gesehen, daß diese Wirkungen obgleich stetig, doch in ihrer schärfsten Form in besondern Zeitperioden lokalisiert sind.[16] Alte Betriebsformen und Produktionsprozesse, alle Güter von längrer Lebensdauer werden nun auch aus diesem Grunde – und nicht bloß durch die Kostensteigerung der Aufschwungsperiode – entwertet. Das trifft alle statischen Betriebe mehr oder weniger und wird nur ausnahmsweise durch Rückwirkungen kompensiert. Die statischen Wirtschaftssubjekte leiden also als Produzenten und werden mehr und mehr zurückgedrängt. Auch die Führer von gestern sind oft in diesem Falle, sinken von ihrer Stellang oft bald zur Bedeutungslosigkeit herab. Dieser Prozeß würde auch bei promptester Reaktion durchdringen, aber er wird viel böser durch die Tatsache, daß weitaus die meisten statischen Wirtschaftssubjekte nicht schnell und nicht vollständig darauf reagieren. Meist fehlen Intelligenz und Mittel: Der Handwerker kann nicht jeden technischen Prozeß nachahmen, der Fuhrwerksbesitzer nicht eine zweite Eisenbahn neben der bauen, die sein Geschäft vernichtet. Oft auch die Neigung: Der selbständige Meister wird nicht ohneweiters zum Fabrikarbeiter, der Fabrikherr nicht zum Angestellten einer neuen Großunternehmung, auch wenn das das Richtigste wäre. Deshalb ist vielfach das Wohl und Wehe von Wirtschaftssubjekten mit einer bestimmten Betriebsform oder Produktionsmethode unzertrennlich verbanden und mit deren Verdrängung auch ihr Niedergang entschieden. Das gibt dem Ersatze des Unzweckmäßigen durch das Geeignetere einen besondern Charakter in der

Verkehrswirtschaft. Dadurch erscheint die unvermeidliche Entwertung des Vorhandenen durch die Entwicklung in einem andern Lichte.

So geht ein Prozeß der Verkümmerung, der Deklassierung weiter Kreise mit der Aufwärtsbewegung Hand in Hand. Eine Menge Friktionsgewinne verschwinden, die zwar nur eine Folge von Mängeln im Mechanismus der Konkurrenz waren, an die sich die Volkswirtschaft aber angepaßt hatte und die die Grundlage vieler Existenzen waren. Weiten Kreisen wird durch die Entwicklung der Boden weggezogen, auf dem sie stehen. Nicht plötzlich freilich, sondern langsam. Die Betroffenen fristen durch Generationen ein immer kümmerlicheres Dasein voll immer klarerer Hoffnungslosigkeit. Sie verlieren langsam an moralischem und intellektuellem Niveau, je mehr sich die ökonomische Atmosphäre um sie herum verdüstert. Ihre Betriebe werden immer ärmlicher, rücken in immer ungünstigere Lagen, werden zu Herden sozialer Mißstände und gehen in die Hände immer tieferstehender Typen über. Sie vertrocknen und verkommen. Ein erdenfremder Beobachter würde diese Erscheinungen über der Größe der Entwicklung kaum beachten. Die Verluste sind ja nur deren Reversseite. Sie kommen eben daher, daß die Dienste, aus denen diese Wirtschaftssubjekte ihr ökonomisches Leben sogen, nunmehr besser geleistet werden. Ja selbst die Leiden, die sie zeugen, haben ihre Funktion in der schnellern Beseitigung des Veralteten, im Antriebe zum Handeln. Aber die das Drama selbst spielen und auch die ihnen nahestehenden Beobachter denken anders darüber. Sie müßten das auch dann, wenn sie, was meist nicht der Fall ist, sich über die Natur des Vorgangs ganz im Klaren wären. Sie können ihre Ohren dem Geschrei der Zermalmten nicht verschließen, über die die Räder des Neuen gehen.

Von dieser Deklassierung vieler Betriebe geht natürlich eine ungünstige Wirkung auf Lohn und Rente aus. Auch sind ja die Subjekte dieser Betriebe entweder Arbeiter oder Rentenherren, so daß die Entwertung schlechthin auf Arbeit und Boden zu fallen scheint. Wenn wir das trotzdem nicht sagen, so kommt das daher, weil diese Arbeiter und Grundherren ihren Niedergang nicht ohneweiters den übrigen mitteilen vielmehr in diesem Betrachte eine besondre Gruppe bilden, die fester an überkommene Betriebsweisen gebunden ist, als die andern, außerdem daher, weil diese Wirtschaftssubjekte zwar wesentlich Arbeiter oder "Grundherren" oder beides sind, aber nicht ausschließlich. Denn es kommen ihnen ja noch monopolartige Gewinne, Quasirenten and sonstige Friktionserträge zu. In diesem Sinne sage ich, daß nach dem bisher Vorgeführten Arbeiter und Grundherren durch die Entwicklung vornehmlich gewinnen. Die Gegenbewegungen sind von geringerer Bedeutung und soweit der Übergang zu andern Verwendungen ihnen Schwierigkeiten macht – worauf Marx soviel Gewicht legt –, so liegt darin eine Erscheinung ökonomischer Reibung, die im einzelnen Falle vom größten praktischen Interesse sein kann, aber dort gar keine Bedeutung hat, wo es sich um die prinzipielle Erfassung der Wirklichkeit handelt. Die Grundtatsache, von der aus man den Einfluß der Entwicklung auf Lohn und Rente verstehen muß, ist soweit doch immer, daß durch sie Arbeit und Boden mehr Güter erzeugen und deshalb schließlich

Lohn und Rente in ihrem Nominalbetrage mehr Güter umfassen messen, daß ihnen schließlich alle dauernden Errungenschaften der Entwicklung zufallen. Wie der Leser weiß, ändert die Tatsache des Zinses nichts an diesem Resultat, denn auch er fließt immer nur aus den ersten Wertwellen jeder Quelle der Entwicklung.

Aber ein Spezialfall des Phänomens der Deklassierung kann sich allerdings an den ursprünglichen Produktionsfaktoren zeigen. Diese Art der Deklassierung knüpft unmittelbar an die Reorganisation der Volkswirtschaft in der Richtung der Zweckmäßigkeit, an die "kostensparende" Funktion der Entwicklung an. Da können die neuen Unternehmungen entweder direkt so angelegt sein, daß sie Kosten d.h. Arbeits- und Bodenleistungen sparen,[17] z.B. infolge ihrer zweckmäßigern Organisation, oder sie können neue Produktionsmittel produzieren, welche dann sparend wirken. In beiden Fällen findet zunächst eine Steigerung der Nachfrage nach Arbeits- und Bodenleistungen statt, denn die neuen Güter müssen produziert werden, während die Produktion in den statischer Betrieben in der bisherigen Weise vor sich geht. Im ersten Falle aber wird etwa die zweckmäßigere Organisation schließlich allgemein eingeführt werden, im letztern werden jene Produktionsmittel in Betrieb gestellt und "konkurrieren" dann mit den Arbeits- und Bodenleistungen. Dadurch leidet die Nachfrage nach diesen und dadurch verletzt offenbar die, kostensparende Funktion der Entwicklung das Produzenteninteresse der Arbeiter und Grundherren in einer Weise, die der Verletzung des Interesses des Besitzers alter dauerbarer Guter sehr analog zu sein scheint.

Dieser altbekannte Zusammenhang wird in der Ökonomie unter dem Titel der "Wirkungen der Verwendung von Maschinen", on machinery, regelmäßig, aber ziemlich isoliert vom übrigen Körper der Theorie untersucht. Einzelheiten können uns hier nicht kümmern, ich will nur einige fair uns wichtige Punkte und namentlich das Endresultat, das sich aus unsern Erörterungen ergibt, hervorheben.[18] Zunächst sprechen wir nicht nur von der Wirkung von Maschinen, das ist vielmehr nur ein Spezialfall dieses Spezialfalles des großen Deklassierungsprozesses. Sodann nicht nur von Wirkungen auf die Arbeiter, sondern auch auf die Grundeigentümer. Dabei bin ich mir natürlich nicht darüber im Unklaren, daß tatsächlich alle die Wirkungen, bei deren Untersuchung ich Arbeits- und Bodenleistungen nebeneinanderstelle infolge konkreter Umstände beide in sehr ungleichem Maße und in unserm Falle technische Fortschritte tatsächlich die Arbeiter härter treffen. Aber das Prinzip ist dasselbe, ebenso wie bei der Vergiftung eines Monarchen und einer Ratte das chemische und physiologische Prinzip dasselbe sein kann, wenngleich beide Ereignisse auch sehr verschiedene Bedeutung haben. Übrigens gibt es für die Grundeigentümer eine Art von neuen Unternehmungen, die wieder sie viel härter treffen als die Arbeiter, nämlich die Einfuhr aus neuen Ländern. Endlich hat ja bereits Ricardo richtig gesehen, daß Verbesserungen der landwirtschaftlichen Betriebstechnik auf die Grundrente drücken können.

Fassen wir jetzt das Problem schärfer. Die relevante Erscheinung ist nicht die Tatsache der technischen Kostenersparung überhaupt, sondern das sich daran schließende Sinken der Nachfrage nach Arbeit und Boden. Denn man muß zwei Dinge auseinanderhalten: Erstens ist es selbstverständlich, daß die nach Einführung der Verbesserungen verwendeten Mengen von Arbeits- und Bodenleistungen geringer sind, als jene Mengen, die zur Erzeugung derselben Produktmengen nötig waren, wenn diese ohne die Verbesserungen, also in der alten Weise, produziert werden sollten. Zweitens kann – das ist aber nicht selbstverständlich – die nach Einführung der Verbesserungen verwendete Menge von Arbeit und Boden geringer sein als die vorher, zur Produktion einer kleinern Menge jedoch in der alten Weise, verwendete. Nur die letztre Erscheinung hat Interesse.[19] Durch die erste werden niemandes Interessen verletzt, da die größre Produktmenge eben ohne jene Verbesserungen nie produziert worden wäre. Wie steht es also darum?

Da ist es ganz entscheidend, das Moment der technischen Verbesserungen in seinem natürlichen Zusammenhange zu lassen. Es handelt sich um eine Erscheinung der Entwicklung, die nur von einer Theorie, derselben voll erklärt und nur als Tropfen ihres Stromes in ihre Wirkungen verfolgt werden kann. Zu sagen, daß wenn der Unternehmer einen Teil seiner Arbeiter zur Erzeugung einer Maschine verwendet, die diesen Teil derselben dann überflüssig macht, eine Arbeiterentlassung möglich wird, hat nur dann – und da nur innerhalb gewisser Grenzen – gesunden Sinn, wenn dieser Unternehmer eine Monopolstellung hat. Sonst gehört es zum Wesen des Phänomens, von dem man nur um den Preis einer Entstellung der Wirklichkeit abstrahieren kann, daß die Sache nicht dabei stehen bleibt. Zunächst wird im Allgemeinen der Unternehmer gleich mehr produzieren, so daß ein Überflüssigwerden von Arbeitern nicht einzutreten braucht. Abgesehen davon aber werden das Konkurrenten tun. Inwieweit das eintritt, hängt von der Elastizität der Angebots- und Nachfragekurve für das betreffende Gut ab. Es läßt sich nicht allgemein sagen, ob, nachdem sich die neue Produktionsmethode eingelebt hat, ebensoviel, weniger oder mehr Arbeiter in dem betreffenden Industriezweige tätig sein werden. Eine Schädigung der Produzenteninteressen der Arbeiter – und Grundeigentümer – ist also soweit möglich. Aber nicht notwendig. Bestünde auch die ganze Entwicklung in nichts andrem als in der Einfahrung von neuen Produktionsmethoden, die ursprüngliche Produktionsmittel sparen, und würden stets neue und stets neue "sparende" Maschinen erzeugt, so brauchte keine Schädigung einzutreten. Sie würden schließlich Arbeits- und Bodenleistungen überflüssig machen, die nie existierten. Das gibt das richtige Gewicht auch dem Argumente, daß die Erzeugung jener Maschinen oder die Durchführung zweckmäßigerer Organisationen Arbeiter und Boden erfordere. Darauf kann man nicht einfach entgegnen, daß das nur temporär sei und endlich das Übel verschlimmern müsse.

Die Entwicklung schränkt aber nicht nurselbst die durch sie gegebene Möglichkeit der Freisetzung von ursprünglichen Produktionsmitteln und eines dadurch verursachten Druckes auf Lohn und Rente ein, sondern bietet ein Gegengewicht für trotzdem erfolgten Druck. Beim Zinse sahen wir, daß jedes

Sinken desselben notwendig neue Unternehmer auf den Plan führen und notwendig neue Kombinationen möglich machen und zur Verwirklichung bringen müsse. Ähnlich muß aus demselben Grunde ein Sinken der Preise der ursprünglichen Produktionsmittel wirken und das ist eine wirksame Bremse für dieses Sinken. Allerdings kann dieses Moment die Preissenkung nie ganz wettmachen. Das ist selbstverständlich. Aber es kann sie auf ein Minimum herabdrucken. Wenn man die Betrachtung abbricht, ehe diese Gegenwirkung eingetreten ist, dann freilich sieht die Sache anders aus. Dann aber verstümmelt man auch das Phänomen, zu dessen Wesen sie gehört. Wenn ferner eine mit solchen sparenden Methoden arbeitende Industrie von außen in eine ganz statische Wirtschaft hineingestellt würde, dann könnte unsre Gegenwirkung nicht eintreten und es bliebe nur das weniger wichtige Moment der Expansion der statischen Produktion, die jene Preissenkung ja auch zur Folge hat. Aber so liegen die Dinge in Wirklichkeit nicht. Die Produktionsfortschritte können aus dem Ganzen einer entwicklungsvollen Volkswirtschaft, in dem allein sie vorkommen, nicht herausgerissen werden.

Da also ein Sinken der Nachfrage nach ursprünglichen Produktionsmitteln infolge der Entwicklung nicht einzutreten braucht und über ein Minimum auf einige Dauer nicht hinausgehen kaum, so werden wir diesen Spezialfall des Deklassierungsprozesses im Allgemeinen keine große Bedeutung zuschreiben. Gelegentlich, und namentlich lokal, kann er gewiß sehr heftig auftreten, und besonders dann wird er sehr böse aussehen, wenn man von den zwei Perioden in die die Erscheinung zeitlich zerfällt nur die erste beachtet. Trotzdem werden wir die Besitzer der ursprünglichen Produktionsmittel auch dem Produzenteninteresse nach zu denen zählen die infolge der kapitalistischen Entwicklung, absolut genommen, gewinnen. – Ich möchte noch darauf hinweisen, daß die klassische Analyse, soweit sie unbefriedigend ist, wesentlich daran krankt, daß sie ein essentiell dynamischer Phänomen mit dem Apparate der Statik zu behandeln unternimmt. Viel leichter und vollständiger fließt der Inhalt der alten Theorie "on machinery" aus der hier vorgetragenen Gesamtauffassung.

Daraus folgt unmittelbar, daß sich das Phänomen der Arbeitslosigkeit[20] mit den Mitteln der reinen Theorie, d.h. also aus dem Wesen des wirtschaftlichen Mechanismus, nicht restlos erklärt. Würden zwar Arbeiter infolge des Fortschritts der Produktionsmethoden notwendig arbeitslos, so wäre eine Basis zur Erklärung des Phänomens allerdings gewonnen. Ja dann müßte man sich sogar weniger über die Arbeitslosigkeit als darüber wundern, daß sie nicht noch viel weiter greift als sie es tatsächlich tut. Allerdings könnten keine Arbeiter, die infolge der Einführung von Maschinen ihre Arbeitsgelegenheit verlieren, dauernd beschäftigungslos bleiben. Denn auf keinem Markt kann es vorkommen, daß ein Teil des Angebots eines Guts keine ihm entsprechende Nachfrage findet, während der Rest zum gewohnten Preis abgesetzt wird. Die freigesetzten Arbeiter würden auf den Lohn drücken, müßten jedoch zu dem geringern Lohn Beschäftigung finden. Allein wenn infolge von Einfahrung immer neuer Maschinen immer neue Arbeiter entlassen würden, so wäre immer eine Anzahl beschäftigungsloser Arbeiter in der Volkswirtschaft vorhanden, und zwar eine mit der Entwicklung immer steigende Anzahl. Nun hat aber die Entwicklung keine solche Tendenz, Arbeitsleistungen überflüssig zu machen, sie hat im Gegenteil die Tendenz, immer mehr Nachfrage nach ihnen zu schaffen. Nur temporäre Arbeitslosigkeit von geringem Umfange und höchstens lokaler Bedeutung ergäbe sich eventuell.

Freilich haben wir ja noch eine zweite Ursache von Arbeitslosigkeit kennen gelernt. Bei Krisen werden immer und im normalen Liquidations- und Reorganisationsprozeß so gut wie immer Arbeiter beschäftigungslos. Allein an dem temporären Charakter dieser Art von Arbeitslosigkeit zweifelt niemand. Sie ist oft sehr ernst. Sie ist praktisch viel wichtiger als die zuerst erwähnte. Aber sie ist nur ein Spezialfall der alle Schichten der Gesellschaft in prinzipiell gleicher Weise umfassenden Wirkungen der Depression und verschwindet von selbst mit dieser.

Die Sache steht also so: Jene Ursache dauernder – und immer schlimmer werdender – Arbeitslosigkeit existiert als solche einfach nicht und begründet nur temporäre Arbeitslosigkeit. Die Ursache, die praktisch sehr auffallende Arbeitslosigkeit zeugt, ist essentiell und von vornherein temporär. Daher können wir nur vorübergehende Arbeitslosigkeit erklären – und zwar hauptsächlich als Friktionserscheinung – andre aber nicht. Dieses Resultat ist nicht ausreichend, aber es ist nicht wertlos. Es erklärt zweifellos ein gutes Stück des Phänomens der Arbeitslosigkeit, m.E. dessen größere Hälfte. Aber auch seine negative Bedeutung ist beachtenswert. Daraus nämlich, daß sich die Arbeitslosigkeit aus der Theorie nicht völlig erklärt kann man schließen, daß sie, insoweit sie das nicht tut, auf andern Ursachen als den im Wesen des Wirtschaftsprozesses gelegenen beruht. Wollten wir das Problem der Arbeitslosigkeit untersuchen, so würden wir nunmehr nach andern Ursachen direkt im gegebenen Tatsachenmaterial spähen. Wir würden nicht erwarten, ein großes, alles erklärendes Prinzip zu finden, sondern eine Menge örtlich und zeitlich verschiedener Erklärungen. Wir würden fortan in der Arbeitslosigkeit überhaupt keine einheitliche Erscheinung, sondern ein Gemenge ganz verschiedener Phänomene vermuten. Und damit wurden wir zu der Auffassung gelangen, die die Spezialforschung dieses Gegenstands nunmehr schon seit langem vertritt.

Nun wollen wir die statische und die dynamische Theorie definitiv zueinander in Verhältnis setzen. Ist die Entwicklungstheorie eine Korrektur des Bildes der statischen Wirtschaft muß das letztre ausgelöscht werden, um einer neuen gedanklichen Nachbildung der Wirklichkeit Platz zu machen? Ist die Statik vom Charakter einer ersten Annäherung, einer Abstraktion, die von der Dynamik eine Ergänzung erfährt, einen Anstoß nach der Lebensfülle der Wirklichkeit hin? Oder endlich – beschreiben beide gesonderte Tatsachen? Wir wissen schon: Wenn man erkannt hat, daß im tiefsten Innern die heutige systematische Theorie auf statischen Pfeilern ruht, und dann sieht, wie sie von diesem Standpunkte aus Dinge zu erklären sucht, nach denen aus dieser Position kein Weg führt, wie vor allem das erfahrungsgemäß gegebene

Phänomen des Wertüberschusses der Produkte über die Werte der Produktionsmittel, so sieht man auch, daß die Dynamik manches niederzureißen und manches zu korrigieren hat. Doch sind das nur Vorwerke, Zubauten. Der Kern der statischen Theorie soll nicht durch die von der Entwicklung beherrschte Auffassung ersetzt werden. Nur als Gesamtanalyse des wirtschaftlichen Geschehens überhaupt und als Sozialphilosophie ist die Statik unbrauchbar.

In einem bestimmten Sinne ist auch die zweite Frage mit Ja zu beantworten. Die Statik ist nicht nur überhaupt ein abstraktes Gebilde, sondern sie abstrahiert auch von wesentlichen Tatsachen der Entwicklung. Das gibt ihren Resultaten die schöne Allgemeingültigkeit, das befähigt sie namentlich, die ökonomischen Vorgänge ohne Rücksicht auf konkrete Organisationsformen zu beschreiben. Namentlich wird sie dadurch zu einer Maschine zur Lösung einer bestimmten Klasse von Problemen, nämlich jener, die sich im weitesten Sinn um das Preisphänomen gruppieren lassen. Wenn man ihre Sätze da ganz streng formuliert, so kann man, indem man von den menschlichen Motiven ganz absieht, erreichen, daß sie auch auf das Verhalten des Unternehmers auf dem Markte passen. In diesem Sinne stellt dann die- Entwicklungstheorie eine Ergänzung und eine Annäherung der Ökonomie an die Wirklichkeit durch Einfahrung neuer Tatsachen dar. Aber auch die dritte Frage bejaht sich, wie wir wissen. Die statische Theorie steht von der Gesamtheit der wirtschaftlichen Tatsachen nicht an allen Stellen gleichweit ab. Sie paßt an manchen Punkten prinzipiell genau, d.h. sie gibt uns da den Schlüssel des Verständnisses, an andern nicht. Sie hat so gleichsam einen Doppelcharakter, in einer Fassung ist sie eine allgemeine Katallaktik, in einer andern Fassung eine weitergehende Beschreibung, einer besondern Type von wirtschaftlichen Vorgängen.[21]

In dieser letztern Beziehung interessiert sie uns hier. Wir wollen die Fälle, in denen diese Type vorkommt, nochmals zusammenfassend aufzählen. Zunächst umfaßt dieselbe die große graue Masse der kleinen und kleinsten wirtschaftlichen Vorgänge des Alltags, des wirtschaftlichen Kreislaufs, die überhaupt die Basis und die große Verifikation der theoretischen Nationalökonomie bilden.[22] Sie alle sind vom hedonischen Impulse getragen und durch die Gleichgewichtsbedingung charakterisiert. Sie alle streben nach der Verwirklichung des Ideals, sich unter gegebenen Verhältnissen so gut einzurichten als diese Verhältnisse es gestalten. Es wäre müßig, auf diesem Felde nach prinzipiell relevanten individuellen Unterschieden suchen zu wollen. Dann aber gibt es Zeiten im wirtschaftlichen Leben der Völker, wo alle Vorgänge durch das Streben nach einem Gleichgewichtszustande charakterisiert sind. Das sind, wie wir aus unsrer Untersuchung des Krisenphänomens wissen, die Zeiten der Reorganisation des Wert- und Preissystems der Volkswirtschaft, die sogenannten Depressionsperioden. In diesen relativen Ruhepunkten erklärt die Statik wirklich alles, was es zu erklären gibt. Da verschwinden die Erscheinungen, die sich dem Bilde der statischen Wirtschaft so gar nicht einfügen wollen und da wird dieses Bild zum Gesamtbilde der Volkswirtschaft. Und auch da gibt es keine wesentlichen

Unterschiede im Verhalten der Wirtschaftssubjekte. Endlich aber ist die Statik das getreue Ebenbild eines bestimmten Typus von Wirtschaftssubjekten. Es gibt Wirtschaftssubjekte, wie wir sahen, deren Verhalten durch den hedonischen Impuls definitiv charakterisiert ist, Wirtschaftssubjekte, die man als "statisch" χατ' ἐξοχήν bezeichnen kann. Solche gibt es immer und überall. Sie bilden sogar weitaus die große Mehrheit. Es mag Massen von ihnen geben, die vom Strome der Entwicklung völlig unberührt sind. Aber auch wo das nicht der Fall ist, treten die Konturen ihres Seins scharf genug hervor und zeigen sich die Ergebnisse ihres Handelns in der Volkswirtschaft mit voller Deutlichkeit. Auch da beschreibt die hedonische und statische Auffassungsweise eine unmittelbar zu beobachtende und keines weitern Erklärungsprinzips bedürftige Realität.

Da aber die Tatsachen der Entwicklung ihrerseits nicht einfach in das Gebäude der Statik ergänzend eintreten sondern sich zum Teile außerhalb desselben als besondres und einheitliches theoretischer Ganzes konstituieren, so handelt es sich in der Nationalökonomie essentiell um zwei verschiedene Tatsachengruppen, nicht etwa nur um zwei Auffassungsweisen. Wir erkennen also daß sich das wirtschaftliche Leben eines Volkes aus zwei verschiedenen Arten von Vorgängen zusammensetzt, die nicht nur theoretisch, sondern auch in der Wirklichkeit unterscheidbar und gleich real sind. Sie greifen ineinander über und wirken aufeinander, zweifellos. Aber sie verschwimmen nie, nicht etwa nur begrifflich, sondern vor allem auch gegenständlich nicht. Das ist für uns sehr wichtig. Man könnte uns leicht ein müßiges Spiel mit Begriffen vorwerfen, wenn das nicht der Fall wäre. Selbst eine theoretisch gerechtfertigte Scheidung, die zwar zum Verständnisse beitrüge, aber sich doch nur auf die wissenschaftliche Erfassung der Dinge bezöge, wäre von einem Werte, über den man streiten könnte. Wir sind in einer günstigern Lage. Bei jeder Tatsache, jedem Zeitungsberichte über wirtschaftliche Vorgänge kann man, wenn die Information ausreichend genau ist, sagen, ob es sich um einen statischen oder um einen dynamischen Vorgang handelt, im erstern Falle wiederum, ob es sich um ein Stück des normalen Kreislaufes der statischen Wirtschaft oder eine Reaktion auf einen Entwicklungsanstoß handelt, im letztern, ob ein eigentlicher Entwicklungsvorgang vorliegt oder eine Rückwirkung der Entwicklung. Und stets ist die Klarheit darüber nicht etwa bloß eine theoretische Befriedigung, sondern essentiell zum richtigen Verständnisse.

Damit kommen wir der Wirklichkeit tatsächlich näher. Besonders gewinnen wir einen klarern Einblick in das eigentümliche Gemisch von Bedingtheit und Freiheit, das uns das Wirtschaftsleben zeigt. Der statische Kreislauf und die statischen Anpassungserscheinungen sind von einer Logik der Dinge beherrscht, die für das Problem der Willensfreiheit zwar ganz irrelevant ist, aber praktisch – bei fest gegebenen sozialen Verhältnissen – so gut wie keinen Spielraum für individuelle Willkür läßt. Das ist nachweisbar und war doch stets ein Stein des Anstoßes, da man das individuelle freie Schaffen ganz deutlich am Werke sah. Wir wissen nun, daß die letztre Beobachtung richtig ist und doch den Theoremen der Statik nicht widerspricht, wir vermögen präzise Platz und Funktion dieses Schaffens anzugeben. Natürlich fehlt auch in der Entwicklung die Logik der Dinge nicht; und ebensowenig man mit der statischen Auffassung etwas für philosophischen Determinismus beweisen kann, kann man mit der dynamischen etwas gegen ihn ausrichten. Aber dennoch haben wir ein durch sachliche Bedingungen nicht erklärbares Element in der Wirtschaft nachgewiesen und mit diesen sachlichen Bedingungen in eine präzise Beziehung gebracht.[23]

Diese Zweiteilung, oder richtiger gesagt, diese Erkenntnis von der Zweifachheit des Wirtschaftsprozesses bildet den Grundstein jenes Neuarrangements seines theoretischen Schemas, das sich aus unsrer Theorie ergibt. Genauer besteht er, wie nochmals betont werden soll, aus den folgenden Elementen. Der statische Kreislauf – erstens –, der das Zentrum der Sache bildet, ist gleichsam umklammert von – zweitens – Erscheinungen der Entwicklung. Vorgänge der Art, die wir unter dem Begriffe der Entwicklung zusammenfassen, haben ihn überhaupt geschaffen,[24] soweit er wirtschaftlich und nicht durch außerwirtschaftliche Momente und soweit er nicht "reaktionell" zustande kam. Außerdem aber geht von der- selben sachlichen Basis, auf der er selbst ruht eine Entwicklungsphase aus mit allen ihren – drittens – Wirkungen und Rückwirkungen. Viertens gibt es dann die verschiedenen sekundären statischen Strömungen, die sich als Reaktionen auf die Entwicklung und deren Wirkungen einstellen. Und um das Bild vollständig zu machen, könnten wir noch anführen: Fünftens die "Eigenbewegung" der Bevölkerung, der Technik, der Bedürfnisse und des Kapitals mit den Wirkungen, die sie hervorrufen, und endlich – sechstens – die etwa vorkommenden äußern Ereignisse, wie Kriege, Glücks- und Unglücksfälle, politische Eingriffe u. dgl.

Es empfiehlt sich auch, die andern Punkte des Neuarrangements aufzuzählen. Wir lösen den Unternehmer radikal ab vom Kapitalisten, vom Risikoträger, vom einfachen technischen oder kommerziellen Betriebsleiter und vom für eigne Rechnung arbeitenden statischen Wirtschaftssubjekte. Wir trennen den Kapitalisten vom Besitzer von Sachgütern, namentlich vom Lieferanten der Produktionsmittel, und weisen ihm eine Stellung zwischen dem Unternehmer und den Produktionsmitteln an. Beider Rollen beschränken wir auf die Entwicklung, die des Kapitalisten außerdem auf die kapitalistische Entwicklung. Innerhalb dieses Kreises aber halten wir den Standpunkt des Unternehmers – und den Kapitalbegriff des einzelnen Kapitalisten – für die wissenschaftliche Betrachtung deshalb für entscheidend, weil nur ihm, etwas Reales entspricht und nur er auf die realen Vorgänge eingestellt ist. Ein zusammenfassender volkswirtschaftlicher Standpunkt hat dort keinen Sinn, wo es sich um die Erklärung von Zusammenhängen handelt, die nur aus dem individuellen Handeln unmittelbar zu verstehen sind, zu dein eben nur der individuelle Standpunkt den Schlüssel liefert. Außer Unternehmern und Kapitalisten sind alle Wirtschaftssubjekte als Arbeiter und "Grundherren" – Besitzer natürlicher Produktionsmittel – zu qualifizieren. Die letztern sind, soweit sie sich auf ihre Rolle als Arbeiter oder Grundherren beschränken, essentiell statisch-hedonisch und wirtschaftlich ein passives Element. Wirtschaftlich schieben sie nicht, sondern werden sie geschoben – politisch mögen sie ja Datenänderungen durchsetzen, wie Schutzzölle, Arbeiterschutz, oder von Führern, die aber keinen Unternehmercharakter tragen, zu monopolartigen Kombinationen organisiert werden. Das gleiche gilt von den Kapitalisten. Nur soweit sie ihr Einkommen aus einer Funktion gewinnen, die der Entwicklung dient, nehmen sie eine Mittelstellung ein. Aber dem Typus ihres wirtschaftlichen Verhaltens nach gehören sie eher hierher, obgleich sie ja den Unternehmer in bestimmter Weise beeinflussen. Sie sind quasistatische Wirtschaftssubjekte.

In der Stellung, die wir den Arbeits- und Bodenleistungen anweisen, schließen wir uns der Analyse v. Böhm-Bawerks an. Auch darin, daß wir die produzierten Produktionsmittel nicht als selbständigen Produktionsfaktor konstituieren. Wir sehen in ihnen überhaupt weder als arbeitersparende, noch als arbeitunterstützende, noch arbeitbeschäftigende, noch als überproportionale Resultate produzierende, noch Ausbeutung ermöglichende Güter, noch in sonst einer Hinsicht die Träger einer prinzipiell besondern Funktion, sondern lediglich weiter nicht interessante Durchgangsstadien der Produktion. Auch Genußgütervorräte haben keine produktive Funktion, weder eine arbeitererhaltende noch eine zeitüberbrückende. Beide Güterkategorien können höchstens Träger temporärer Zwischengewinne ihrer Besitzer sein entweder des Unternehmergewinnes oder eines durch die Nachfrage des Unternehmers hervorgerufenen Preiszuschlags. Sie werden nirgends in der Volkswirtschaft zu andern Zwecken aufgehäuft, als um stetigen Absatz sicherzustellen oder Cornerspekulationen zu ermöglichen. Namentlich ist in der kapitalistischen Wirtschaft ihre Aufhäufung durch den Unternehmer oder Kapitalisten nicht Voraussetzung dafür, daß man an eine bestimmte Produktion gehen könne. Sie werden, soweit vorhanden, vom Strome der Volkswirtschaft von selbst dargeboten.

Dieser Disposition der Wirtschaftssubjekte und Güter entsprechen dann die vorhandenen Vorgänge. Die Funktion der Güteraufhäufung fällt in der kapitalistischen Wirtschaft einfach weg. Außerhalb derselben ist sie zwar nötig, bildet aber ebenfalls nicht das entscheidende Moment, oder überhaupt ein Moment, das besonderer Berücksichtigung bedürfte. Damit fallen auch die Kausalzusammenhänge, in die man diese Gütervorräte stellte. An die Stelle der Güteraufhäufung tritt in unserm Bilde der Wirklichkeit der Güterentzug mit einer charakteristischen Preissteigerung der Güter in seiner Folge.[25] Damit tritt auch das Moment des Sparens in den Hintergrund, um einer andern Theorie der Kapitalentstehung und Vermögensbildung Platz zu machen. Das Moment der Abstinenz und das des Geringersehens künftiger Genüsse wird auf das Feld der Entwicklung beschränkt und selbst dort auf eine sehr sekundäre Rolle, was meines Erachtens durch die Macht der Tatsachen mehr als bestätigt wird. Die Arbeits- und Bodenleistungen in den statischen Betrieben werden aus dem Erlöse der vorhergegangenen Wirtschaftsperiode bezahlt – und nur hier hat der Satz, daß die Arbeiter vom Konsumenten bezahlt werden, volle Geltung und einen Sinn, der über einen Truismus hinausgeht. Die gleichzeitig in neuen Unternehmungen verwandten Arbeits- und Bodenleistungen aber werden aus dem Kapitale bezahlt, aber nicht aus einem irgendwie entstandenen Genußgütervorrate, sondern aus dem von uns geschilderten Fonds von Kaufkraft. Ein Vorschießen von Gütern an Arbeiter und Grundherren oder sonstwen findet nirgends statt. Das Paradoxon, das darin zu liegen scheint, daß eine Summe zugleich Einkommen und Kapital sei, verschwindet vollständig, wenn man sich dessen erinnert, daß das Kapital eine Erscheinung der Wirtschaft des kapitalistischen Unternehmers ist und der Begriff außerhalb derselben überhaupt keinen Sinn hat. Nur mit einer Einschränkung endlich erkennen wir die Suprematie der Nachfrage in der Volkswirtschaft an.

Diese kurze und unvollkommene Skizze des äußern Verlaufes des Wirtschaftprozesses hatte den Zweck, zwei Dinge hervorzuheben. Einmal, daß die einzelnen Momente, auf denen unser Neuarrangement beruht, durchaus nicht weit hergeholt, vielmehr fast alle in der überkommenen Theorie bereits vorhanden sind. Zweitens, daß unsre Auffassung viel wirklichkeitstreuer und einfacher ist als die übliche und ein ganzes Gerüst von Fiktionen und Hilfskonstruktionen überflüssig macht und viele vernachlässigte Erscheinungen erklärt. Die konkreten Einzelprobleme, die die reine Ökonomie überhaupt behandelt, können mit ihrer Hilfe in vollkommener Weise gelöst werden – und manche neue dazu –, mit Ausnahme jener, die der Preistheorie im engsten Sinne angehören und deren Behandlung unsre Theorie nichts hinzuzufügen hat. Allein hier handelt es sich uns nur um Grundprinzipien. Nur was für diese relevant ist kann im Rahmen dieser Arbeit Platz finden.

Wie steht nun diese Auffassung z.B. zur alten Lohnfondstheorie? In einer statischen Wirtschaft ist die Summe der zu zahlenden Löhne ebenso eindeutig bestimmt, wie die Preissumme jeder andern Güterart.[26] Insofern müßte man also der Lohnfondstheorie entgegenhalten, daß sie bei der Erklärung der Lohnhöhe ein Moment besonders hervorhebt, das keine Hervorhebung verdient. Aber unterhalb der zweifellos mangelhaften theoretischen Konstruktion lag bei den Klassikern eine wichtige Tatsache, deren Hervorhebung von großer praktischer Bedeutung war. In einer statischen Wirtschaft wird die Vermehrung der Zahl der Arbeiter keineswegs die Lohnsumme ohneweiters proportional vermehren, sondern sie wird entsprechend auf den Lohn drücken und jede Maßregel, welche das Lohnniveau willkürlich zu heben strebt, wird in bekannter Weise Gegenwirkungen auslösen, welche dem gewünschten Resultate entgegenarbeiten werden. Das drücken nun die Klassiker in der Weise aus, daß sie sagen, der Lohnfonds sei eine festbestimmte Größe, in die sich die Arbeiter, was immer ihre Zahl sei, unter allen Umständen teilen müßten. Das ist in dieser Form natürlich nicht richtig, aber die große Wahrheit hat die hier einen verzerrten Ausdruck findet, ist, daß unter gegebenen Umständen die gesamte Summe der zu zahlenden Löhne einer Bestimmung durch sachliche Notwendigkelten unterliegt. Diese Wahrheit hat eine Menge Ausnahmen, aber trotzdem bildet sie eine Grundtatsache, die hervorgehoben zu haben ein Verdienst ist. Allein in zwei Beziehungen haben die Klassiker auch noch in der Verwertung dieser Tatsache gefehlt. Erstens haben sie die Lohntheorie mit der Bevölkerungstheorie in einen viel zu engen Zusammenhang gebracht. Auch in diesem Zusammenhange ist sicherlich etwas Wahres, aber auf der Jagd nach diesem Körnchen Wahrheit geriet die Lohntheorie unzweifelhaft auf einen Holzweg. Doch wollen wir das nicht näher erörtern. Zweitens aber sagen die Klassiker weiter, daß der Fonds der Lohnzahlung im Kapital zu suchen sei. Da war es nun nicht schwer nachzuweisen, daß das Kapital nur einen durchlaufenden Posten bildet und daß das Einkommen der Konsumenten und die Richtung ihrer Nachfrage das endlich entscheidende und erklärende Moment bildet. Übrigens muß man sich auch hier hüten, den Klassikern und ihren Nachfolgern Unrecht zu tun. Soweit sie das Kapital als Summe der produzierten Produktionsmittel definierten und an dieser Definition festhielten, ist es sicherlich wahr, allerdings auch selbstverständlich, daß die einmal vorhandenen Güter einen nach Menge und Art ganz bestimmten Zusatz von Arbeit erfordern und daß die unmittelbaren Ursachen für die Größe der Nachfrage nach Arbeit zweifellos durch eine technische Notwendigkeit gegeben sind. Das ist keine auf den Grund gehende Analyse, aber es ist nicht falsch und kann mitunter ganz wertvoll sein. Soweit jedoch die Klassiker unbewußt eigentlich an Geldkapital dachten, wenn sie von Kapital sprachen, dann allerdings trifft die Einwendung, daß es sich da nur um einen durchlaufenden Posten handle, ohneweiters zu, aber nur für die Statik. In der Entwicklung ist die Sache wesentlich anders. Das Mehrerfordernis an Arbeitslohn oder die Mehrkosten der Arbeit, die sich durch die, Nachfrage des Unternehmers für neue Unternehmungen erklären, haben ihren Fonds sicherlich im Kapital des Unternehmers. Der Unternehmer tritt mit seiner ausgeliehenen Kaufkraft auf dem Produktionsmittelmarkte auf, bevor noch die Konsumenten, die schließlich die neuen Güter konsumieren werden, aus ihren Einkommen irgend etwas zu seinen Plänen beigesteuert haben und bevor es noch feststeht, in welcher Weise sich die neuen Güter unter die Konsumenten vertellen werden. Die Lohnzuwächse, welche dein Arbeiter aus der Nachfrage des Unternehmers erwachsen, fließen also zunächst sicherlich aus dessen Kapital. In unserm Sinne ist nur dieses Kapital nicht bloß ein Lohn-, sondern ein Lohn- und Rentenfonds, aber zur Beantwortung der Frage, wie er sich zwischen Arbeitern und Grundherren verteilt, haben wir ja die theoretische Antwort ohneweiters bereit. Es hätte nun in diesem Falle keinen praktischen Wert zu sagen, daß auch hier das Einkommen der Konsumenten in letzter Linie die Quelle jener Zuwächse an Lohn und Rente darstellt, denn damit diese Zuwächse wirklich werden, ist eben Unternehmertätigkeit von bestimmter Art und Intensität nötig. Davon, daß Unternehmer auftreten und davon, daß sie sich die nötige Kaufkraft verschaffen können, endlich davon, zu welchen konkreten Produktionsplänen sie sich entschließen, hängt wirklich die Existenz und die Große jener Zuwächse ab, und im Sinne unsrer Auffassung müßten wir sagen, daß hier eine besondre selbständige Ursache mit Eigenwirkung liegt. Denn der Unternehmer handelt nicht passiv wie der statische Leiter eines Betriebs, sondern er fügt etwas Persönliches, Selbständiges der Wirtschaft hinzu. Während also in der Statik die Lohnzahlungen auch dann, wenn man annimmt, daß sie in irgendeinem Sinne vom Kapital ausgehen, nur einen durchlaufenden Posten bilden würden, der das Wesen der Vorgänge nicht ändert und ihm nichts hinzufügt, so kann man das für die Entwicklung nicht behaupten. In der Entwicklung ist wirklich und wahrhaft das Kapital ein Renten- und Lohnfonds. Allerdings, von einem Vorschuß an Arbeiter und Grundherren ist auch hier nicht die Rede, es wird ihnen nicht Geld "vorgeschossen", sondern es werden ihnen ihre Produktivleistungen abgekauft, und es werden ihnen nicht Genußguter vorgeschossen, sondern sie verschaffen sich dieselben durch Kauf auf dem Genußgütermarkte, indem sie die bisher schon vorhandene Nachfrage um so viel zusammendrücken.

Ich glaube nun, daß man die ganze Kontroverse über die Lohnfondstheorie[27] in zwei Teile zerlegen kann. Einmal hat man versucht, gewisse Mängel des klassischen Gedankengangs zu korrigieren, indem man z.B. darauf hinwies, daß die Summe, die zu Lohnzahlungen verwendet werden kann, nicht absolut unelastisch ist usw. Sodann aber läßt sich ein großer Teil dieser Kontroverse schlechthin auflösen und erledigen durch die Scheidung von Statik und Dynamik der Wirtschaft in unsrem Sinne. Der Einwurf z.B., daß der Lohnfonds im besten Fall nur ein durchlaufender Posten sei, ist richtig für die Statik, für die Dynamik dagegen ist die Auffassung der Klassiker richtig, daß hier eine selbständige Ursache vorliegt. Die Vorschußtheorie ist jedenfalls verfehlt, aber im Sinne der Klassiker genommen, liegt ihr doch eine reale Beobachtung zugrunde, nämlich daß die Zahlung von Lohn- und Grundrente in der Entwicklung aus dem Kapital erfolgt.

Wir werden also im Allgemeinen sagen, daß die Summe der Lohnzahlungen in der Volkswirtschaft zu jeder Zeit von zwei Umständen abhängt. Erstens von der Summe der statischen Löhne und zweitens von dem Kapital, daß sich die Unternehmer zur Durchsetzung ihrer Pläne verschaffen können. Und in der Tat kann dann aus ökonomischen Gründen der Lohn nur wachsen, wenn die Kaufkraft, die dem Unternehmer zur Verfügung gestellt wird, wächst. Wir kommen da auf den alten Satz von Smith, daß das Steigen des Lohnes wesentlich von der Lebhaftigkeit der in einer Volkswirtschaft herrschenden Entwicklung abhängt, von dem wir bereits sprachen. Auch die Lohnfondstheorie beruht auf einem tiefen Einblick in die Notwendigkeiten der Wirtschaft. Sie hat auch ganz gute Dienste geleistet und eine bestimmte sachliche Bedingung des Wirtschaftslebens scharf formuliert.

Wir betonen nochmals, daß auch hier die ökonomische Lage der Grundherren prinzipiell dieselbe ist, wie die der Arbeiter und daß sie ihr Einkommen in prinzipiell derselben Art und aus derselben Quelle erhalten, wie diese. Wir werden daher im Allgemeinen finden, daß Grundrente und Lohn zusammen steigen und zusammen fallen werden.[28] Natürlich heißt das nicht, daß sie immer gleichzeitig absolut genommen hoch oder niedrig stehen müssen. In einem neuen Lande wird die Grundrente vielleicht Null sein und der Lohn hoch stehen. Wir meinen nur, daß dieselbe Kraft, die auf die Erhöhung des Lohnes hinarbeitet, auch die der Grundrente herbeizuführen tendiert und umgekehrt. Mit diesem Theorem steht es nicht in Widerspruch, daß Lohn und Grundrente sich ihrer relativen Höhe nach auch gegeneinander verschieben können. Man könnte sogar in einem ähnlichen Sinn sagen, daß die Rente nur auf Kosten des Lohns and der Lohn nur auf Kosten der Rente steigen könne, wie die Klassiker, mit besonderm Nachdruck Ricardo, behaupteten, daß der Profit – Kapitalzins – nur auf Kosten des Lohns und der Lohn nur auf Kosten des Profits steigen könne. Wenn zwei Röhren aus einem Wasserbecken führen, so kann bei gegebener Wassermenge im Becken jene Wassermenge, die durch die eine Röhre abfließt, gewiß nur auf Kosten der Wassermenge steigen, die ohne dieses Steigen durch die andre abfließen würde. Wenn aber die Wassermenge im Becken überhaupt zunimmt, so werden auch die Wassermengen, die durch die Röhren fließen, zunehmen, wenn auch nicht notwendig um den gleichen Betrag. Und wenn die Wassermenge im Becken abnimmt, so werden auch die durch die Röhren fließenden Wassermengen abnehmen. In diesem Sinne also steigen und fallen diese Wassermengen gemeinsam.

So ist das auch mit Lohn und Rente. Wenn in einer statischen Wirtschaft der eine der beiden Produktionsfaktoren aus irgendeinem Grunde seltener wird, z.B. die Arbeit infolge von Auswandrung, so wird dadurch das Sozialprodukt geringer. Von dem geringern Sozialprodukt aber werden die Arbeiter einen größern Anteil erhalten als früher vom größern. Der Lohn wird infolge Verringerung des Angebots steigen, mithin die Produktionskosten, was die Folge haben muß, daß die Grenzbetriebe unrentabel werden und wegfallen, daher die Produktmenge sinkt. Ipso facto ist dabei die Nachfrage nach Bodenleistungen, folglich auch ihr Preis gesunken, mithin ihr relativer Anteil an dem verringerten Produkt – der Lohn ist "auf Kosten" der Rente gestiegen. Aber solche Vorgänge ändern nichts daran, daß abgesehen davon, im Prinzip jede Vermehrung des Sozialprodukts beiden nützt, jede Verminderung beiden schadet und daß es keine Vermehrung oder Verminderung des Sozialprodukts gibt, in deren Wesen es läge, nur dem Lohne oder nur der Rente zu nützen oder zu schaden, und daß sie deshalb im Laufe der Entwicklung zusammen steigen und fallen müssen.

Zwischen Unternehmergewinn und Zins besteht zunächst eine ähnliche Gemeinschaft. Auch sie fallen und steigen zusammen und jeder der beiden kann bei gegebener Gesamtsumme dadurch steigen und sinken, daß der andre sinkt oder steigt. Aber auch beide Gruppen von Erträgen bewegen sich in gleicher Richtung: Mit Unternehmergewinn und Zins steigen auch Lohn und Rente und mit Unternehmergewinn und Zins fallen sie. Das ist zunächst ein Resultat unsres Gedankenganges, wird aber unmittelbar von der Erfahrung bestätigt. Alle vier Kategorien von Erträgen steigen und fallen also immer zusammen, wenn nicht ein besondrer Umstand eine derselben affiziert. Sinkt z.B. der Zins aus einer besondern Ursache, z.B. weil die betreffende Volkswirtschaft aus irgendeinem Grunde ihre auswärtigen Investitionen aufgibt, so ermöglicht das gesteigerte Unternehmertätigkeit, mithin höhere Unternehmergewinne, Löhne und Renten. Aber eben diese Konsequenz niedrigen Zinsstandes muß ihm notwendig ein Ende bereiten – die Steigerung der übrigen Ertragsarten muß eine Steigerung des Zinses nach sich ziehen. Eine unrichtige Analyse kann da leicht zu der Annahme entgegengesetzter Bewegungstendenzen der vier Ertragsarten führen. Und tatsächlich besteht eine derartige populäre Meinung. Es ist wohl zur Genüge klar, daß daraus keine Einwendung gegen unsre Behauptung erwächst. Jede der vier Ertragsarten bremst durch ihr Steigen die andern, aber eben dadurch auch sich selbst. Jede der Ertragsarten hebt durch ihr Sinken die andern, aber dadurch findet ihr Sinken ein Ende. Und keine der Ertragsarten hat ihrem Wesen nach die Tendenz sich in entgegengesetzter Richtung zu bewegen wie die andern. Die Klassiker behaupteten das von der Grundrente. Aber eben nur infolge ihrer Grundrententheorie. Sie hatten praktisch nicht völlig Unrecht, jedoch nur infolge besondrer Umstände, die nicht zum ökonomischen Wesen der Sache gehören.

Nur geduldige deskriptive Kleinmalerei kann uns Verläßliches über Struktur und Leben der Gesellschaft lehren. Aber wie für festes Ergreifen der Verteilungsvorgänge eine gedankliche Basis unentbehrlich ist, so brauchen wir auch ein theoretisches Gerüste zum Verständnisse der Einzelheiten der sozialen Struktur. Und dafür kann der Abdruck nicht gleichgültig sein, den die geschilderten wirtschaftlichen Vorgänge am Körper der Gesellschaft einprägen müssen. Deshalb wollen wir uns noch seine großen Züge vergegenwärtigen und zwar im Anschluß an unser Schema der Produktion.

Nicht nur wirtschaftlich, auch sozial muß der Unternehmer an der Spitze der gesellschaftlichen Pyramide stehen. Das schon deshalb, weil in der außerkapitalistischen Wirtschaft die Unternehmerstellung eine weitgehende Befehlsgewalt voraussetzt und niemand, der sie nicht hat, überhaupt Unternehmer in unserm Sinne sein kann. Auf primitiven Kulturstufen z.B. muß er der Häuptling oder in einem kommunistischen Gemeinwesen das Zentralorgan sein. Seine Überordnung ist durch das Wesen der Sache und durch die Notwendigkeiten der Organisation gegeben, wie die des militärischen Führers. In der kapitalistischen Wirtschaft steigt der Unternehmer zu einer ähnlichen Stellung, die er hier vom Anfang an allerdings nicht hat, empor. Seine Umrisse heben sich kräftig aus der Menge heraus. Seine Taten erobern der Wirtschaft einen größern Raum in der öffentlichen Aufmerksamkeit – und damit auch seiner Persönlichkeit. Von ihm hängt soviel und hängen soviel ab. Unausgesetzt hat man Anlaß, sich mit ihm zu beschäftigen, ihn zu diskutieren. Sein Erfolg imponiert und fasziniert. Er erhebt ihn sozial über die Stellung, die durch die organisatorische Notwendigkeit gegeben ist. Hatte der primitive Führer an sich schon eine mehr oder weniger universale Stellung in der Gesellschaft, so gewinnt der Führer der kapitalistischen Wirtschaft nach und nach eine ähnliche. Der wirtschaftliche Erfolg sichert, eben als Erfolg überhaupt ihm Einfluß auch auf andern Gebieten. Man hört seine Stimme in den politischen Angelegenheiten. Man muß es tun, muß dem Gewichte seiner

Persönlichkeit nachgeben. Man kann ihn nicht auf die Dauer von der Leitung der Vorgänge ausschließen, die sich mehr und mehr von selbst nach seinen Interessen und denen der Leute, die er unmittelbar führt, orientieren. So wird er zu einer politischen und sozialen Macht. Kunst und Literatur – überhaupt das ganze soziale Leben – reagieren auf ihn, wie sie im Mittelalter auf den Ritter reagierten. Ob sie ihn feiern oder bekämpfen, jedenfalls arbeiten sie mit seinem Typus und den von ihm geschaffenen Verhältnissen. Das soziale Leben stellt sich auf seine Bedürfnisse und Richtungen ein. Die Merkmale seiner Lebensverhältnisse gewinnen eine Art Allgemeingültigkeit. Unter anderm tritt eine andre soziale Wertschätzung wirtschaftlicher Tätigkeit überhaupt ein, Gelderwerb ganz im Allgemeinen wird zu einem Berufe, der auch aus dem Wunsche nach sozialer Auszeichnung ergriffen werden kann und seine Romantik hat. Geldbesitz wird zum Index sozialer Stellung, eine von den Bedingungen der Unternehmerfunktion geformte Lebensführung und Geschmacksrichtung wird bis zu einem gewissen Grade zu einem Ideale. Was die Führenden werten, wird stets zu den Werten der Massen.

Davon ist die direkte Macht des Geldes und die unmittelbare Macht des Unternehmers über Kunden, Arbeiter usw. zu scheiden. Natürlich erleichtert sie es ihm aber sehr, sich zur Geltung zu bringen. Doch kann man die Stellung des Führers in der kapitalistischen Wirtschaft aus der unmittelbaren Macht seines Geldes sowenig erklären, wie die Herrschaft der Staatsgewalt über die Staatsangehörigen durch die Macht der Bajonette. Sowenig ein Souverän hinter jeden Untertan einen Gendarmen stellen kann, sowenig kann der Unternehmer einen jeden, dessen Kooperation im sozialen und politischen Leben er braucht, bezahlen. Noch ein andres Moment ist von der Wirkung des Erfolges auf die Psyche der Gesellschaft zu unterscheiden. Ich sagte, daß das kulturelle Leben den Einfluß der Persönlichkeiten, die über die nationale Wirtschaft herrschen, fühlen muß, bloß durch deren soziale Schwere. Auch wenn niemals ein Unternehmer sich ein Haus bauen und es nach seiner Art schmücken ließe, würde doch der allgemeine Eindruck des Tuns und Denkens der Unternehmer einen Einfluß auf die Architektur ihrer Zeit üben. Allein außerdem tun sie das. Sie entfalten eine Nachfrage nach Genußgütern bestimmter Kategorien und Typen, der das Angebot bald folgt. Und damit greifen sie unmittelbar in das kulturelle Leben ihrer Nation ein.

Das alles sind Tendenzen. Wir werden nicht erwarten, den Unternehmer allein an der Spitze der sozialen Pyramide zu finden. Denn es gibt noch andre Führer des nationalen Lebens außer ihm. Wir werden davon noch sprechen. Aber sonst müßten die Unternehmer diese Stellung tatsachlich innehaben. Das ist auch der Fall in Volkswirtschaften, die keine vorkapitalistische Vergangenheit haben oder doch keine wesentliche. In allen andern wirken die sozialen Machtverhältnisse früherer Epochen nach, so daß die soziale Pyramide da gleichsam nicht aus einem Stücke besteht, sondern aus einem historisch gegebenen Grundstocke und einem ihn stetig durchsetzenden neuen Gebilde. Einmal regt sich die kapitalistische Entwicklung zunächst nur in einem kleinen Teile der Volkswirtschaft. In ihren breiten Massen bleibt diese lange wie sie war und damit auch die soziale Stellung ihrer Höhen und Tiefen. Sodann behalten mitunter die einzelnen statischen Wirtschaftssubjekte ihre Stellung auch in der kapitalistischen Wirtschaft – so oft die großen Grundherren. Sie treten oft nur relativ zurück. Endlich aber ändern sich die Massengefühle, die sich um die soziale Organisation ranken, nur sehr langsam. Nichts ändert sich so schwer als Ideen und Dispositionen. Auch eine ganz depossedierte Feudalaristokratie würde selbst dann noch lange ihr soziales Prestige bewahren, wenn sie nicht, wie es oft vorkommt, ihre Führerrolle auf andern Gebieten bewahren würde. Abgesehen davon hat auch ihr festgefügtes Wertsystem auf allen Gebieten eine nur überaus langsam zu überwindende Macht. Lange assimiliert es die Denkweise der Emporkömmlinge.

Wenn man aber diese Umstände berücksichtigt, dann sieht man die Spuren vom Stahl des Unternehmertypus an der sozialen Struktur deutlich genug. Nicht nur ein wirtschaftlicher, auch ein sozialer Reorganisationsprozeß geht von ihm aus. Im Allgemeinen entspricht jedoch nicht jedem Teile unsres Schemas des Produktionsprozesses einfach ein sozialer Kreis. Die soziale Pyramide besteht nicht aus ökonomischen Bausteinen. Ökonomisch ist ein erfolgreicher Arzt als Arbeiter zu klassifizieren. Sozial aber gehört er nicht ohneweiters zur Arbeiterklasse. Ökonomisch stehen Arbeiter und Grundeigentümer als Lieferanten der Produktionsmittel und als statische Wirtschaftssubjekte in vieler Hinsicht nebeneinander. Sogar gemeinsame Interessen fehlen nicht ganz. Das macht sie aber nicht zu einer sozialen Klasse. Freilich ist es nicht unmöglich, einen gewissen Parallelismus zwischen unsern wirtschaftlichen Typen und den sozialen Klassen zu entdecken und von einer Arbeiter-, Grundeigentümer-, namentlich aber einer Kapitalistenklasse zu sprechen. Aber er geht nicht sehr weit und verliert seinen Inhalt bei näherm Zusehen. Auch das Moment gleichen wirtschaftlichen Niveaus bietet nicht allzuviel. Gewiß ist dazu, daß eine Gruppe von Wirtschaftssubjekten sozial und besonders politisch als Klasse erscheint, ein gegenseitiges Sichverstehen und Miteinanderfühlen erforderlich, das durch ähnliche Lebensgewohnheiten sehr erleichtert wird, die wiederum einige Ähnlichkeit im wirtschaftlichen Niveau voraussetzen, auch dadurch zum Teile herbeigeführt werden. Aber dann ist eben jenes Gemeingefühl das entscheidende Erklärungsmoment und nicht unmittelbar die wirtschaftliche- Lage, die vielmehr nur einer von vielen dabei in Betracht kommenden Umständen ist. Die soziale Klasse ist ein kompliziertes, sicher nicht rein wirtschaftliches und vielleicht überhaupt kein einheitliches Phänomen. Wenn wir daher von einer sozialen Struktur der kapitalistischen Wirtschaft sprechen, so meinen wir damit nicht, daß die wirtschaftliche Organisation die soziale ohneweiters bis auf den Grund erklärt, sondern wir meinen nur eine Oberflächenerscheinung, deren Vorhandensein von niemand geleugnet wird und deren allgemeine Züge dem Leser ohne weitere Ausführung genügend bekannt sein dürften.

Zum Verständnisse der sozialen Struktur der kapitalistischen Wirtschaftsform ist es wesentlich, sich darüber klar zu sein, daß alle die sozialen

Positionen, die die kapitalistische Entwicklung in unserm Sinne den Unternehmern anweist auf persönlichen Leistungen beruhen. Sie beruhen nicht notwendig auf Arbeit im engsten und technischen Sinne. Aber sie beruhen auch nicht darauf, daß ein auch sonst vorhandenes Produktionsmittel okkupiert worden wäre. Der Unternehmer setzt seine Persönlichkeit ein und nichts andres als seine Persönlichkeit. Seine Stellung als Unternehmer ist an seine Leistung geknüpft und überlebt seine Tatkraft nicht. Sie ist essentiell nur temporär, namentlich auch nicht vererbbar: Die soziale Stellung entgleitet dem Nachfolger, der mit der Beute nicht auch die Klaue des Löwen geerbt hat. Der Betrieb, die darin vorhandenen Güter sind nur eine tote Hülle der treibenden Kraft. Ihre Übertragung, z.B. bei einer Verstaatlichung, überträgt keine dauernde Ertragsquelle – wenn es sich nicht um ein Monopol handelt und abgesehen von Grund und Boden. Denn das Gehirn des Schöpfers des Betriebs kann man nicht mitverstaatlichen. Das ändert die ganze soziale Natur der Unternehmerstellung. Wir finden immer neue Leute in ihr, einen steten sozialen Auftrieb und ein stetes Herabsinken. Man kann von einer Unternehmerklasse nicht in demselben Sinne sprechen und von ihr nicht ganz dieselben sozialen Erscheinungen aussagen, wie von jenen Gruppen, in denen dieselben Leute und ihre Nachkommen durch lange Zeit bleiben. Gewiß befinden sich alle, die in einem Zeitpunkte Unternehmer sind, in Lagen, die genug Gemeinsames haben, um ihnen paralleles Handeln, selbst bewußtes Zusammenhandeln nahezulegen. Aber das ist in viel geringerm Maße der Fall und führt viel weniger zur Bildung gemeinsamer Dispositionen und eines gemeinsamen moralischen und allgemein kulturellen Milieus als bei andern "Klassen". Deshalb, weil die Industrie keine dauernde Ertragsquelle darstellt, ist auch eine Sozialisierung derselben schon begrifflich eine ganz andre Sache als etwa eine Sozialisierung von Grund und Boden.

Wenn alle produzierten Produktionsmittel, ja überhaupt alle Güter, mit Ausnahme des notwendigsten Unterhalts für eine gewisse Zeit, verschwänden, und nur die natürlichen Möglichkeiten und die Organisation der Volkswirtschaft erhalten blieben – das Unglück wäre nicht so groß als man glauben könnte. Wenn die Führer ihre Autorität behielten und auf dem verwüsteten Gebiete alle und alles in vollster Ordnung wieder an produktive Arbeit gingen, so wären die Spuren der Katastrophe bald wieder verwischt. Denn der Vorrat produzierter Güter bedeutet nicht so viel. Viel mehr bedeutet die Hierarchie, das System von Über- und Unterordnung der Angehörigen einer Volkswirtschaft, ihre Dispositionen zum Handeln und dessen Energie und Ziele. Kein ungeheuerliches Paradoxon liegt in unsrer Behauptung. Sie wird verifiziert durch die Tatsache, daß Kriege und andre Katastrophen überall dort, wo sie nicht die Folge haben, daß die wirtschaftliche Organisation zusammenbricht, keine dauernden Spuren zurücklassen, daß da vielmehr alle Konsequenzen solcher Verwüstungen wirklich überraschend schnell verschwinden. Etwas Ähnliches hat J. St. Mill gesagt im siebenten Paragraph des fünften Kapitels seines ersten Buchs, der "Why countries recover rapidly from a state of devastation" betitelt ist – nur daß er die Beobachtung herzlich unbefriedigend begründet.[29]

Die vorhandenen Güter, die Gebäude und Maschinen in den Betrieben, sind nur die Schalen der Industrie. Daraus folgt unmittelbar, wie schief die Auffassung ist, die in ihnen die wirtschaftlichen Grundlagen der Existenz der obern Schichten der industriellen Gesellschaft sieht. An einem ganzen Haufen von Vorurteilen, die in dieser Auffassung wurzeln, gleiten wir in diesem Augenblick vorbei. Suchte ich äußern Erfolg und wollte ich um seinetwillen die Schranken der Wissenschaft verachten, so fiele es mir hier nicht schwer, weittragende absolute Sätze auszusprechen und meine Worte um große Fragen der Zeit glitzern und rauschen zu lassen. Ich will das aber nicht und halte meine Bemerkungen bewußt und absichtlich kurz und geradeso unbestimmt, wie es die Tatsachen sind.

Vererbbare und mehr oder weniger dauerbare soziale Positionen können nur auf Quasirenten, Ertragssteigerungen infolge von Rückwirkungen der Entwicklung, auf Zinseinkommen aus realisierten und angelegten Unternehmergewinnen und Ersparungen beruhen, soweit solche Positionen aus der Entwicklung kommen. In der Tat sind diese Erträge die Balken, die ein eigentliches soziales Stratum, eine eigentliche kapitalistische Klasse tragen, in der sich besondre speziell kapitalistische Interessen, Lebensformen und Ideenrichtungen vom Charakter von Traditionen bilden. Sehr dauerbar sind die individuellen Elemente dieser Klasse aber teils aus ökonomischen und teils aus andern hier nicht zu erörternden Gründen auch nicht. Immerhin bilden diese Erträge zusammen mit den weniger in Betracht kommenden Monopolgewinnen und den viel wichtigern, in der Entwicklung auch meist steigenden Erträgen natürlicher Produktionsmittel die ökonomische Basis für den Teil der Gesellschaft, der als müßig im wirtschaftlichen Sinne bezeichnet zu werden pflegt, an den der populäre Glaube an das Nichtstun der obern Schichten vor allem anknüpft. Doch würde es zu weit führen, hier eine vollständige Theorie dieser Spezialisten der Lebensformung zu entwickeln.

Wir werden schon nach dem bisher Gesagten nicht erwarten, daß unser Bild der Wirtschaft auch schon ein Bild des sozialen Lebens sei, daß sich die sozialen Beziehungen in ökonomische Interessengegensätze und Interessengemeinschaften auflösen lassen. Freilich ist das Gewebe der wirtschaftlichen Beziehungen so dicht, dag so gut wie jedem sozialen Zusammenhang auch eine Interessengemeinschaft, so gut wie jedem sozialen Gegensatze au eh ein Interessengegensatz entsprechen wird. Aber wir können nicht etwa a priori angeben, welche Interessengemeinschaften klassenbildend wirken, welche Interessengegensätze zu sozialen Antagonismen führen müssen. Vom ökonomischen Standpunkte allein kann man die Parteistellungen im sozialen Kampfe nicht bestimmen. Es kann oft ebensogut die eine Beziehung wie eine andre entscheidend werden, ebensogut eine freundliche wie eine feindliche. Allerdings werden ferner die sozialen Antagonismen meist um wirtschaftliche Fragen ausgefochten. Aber die konkrete Frage, von deren Entscheidung Sieg und Niederlage abhängig gemacht wird, ist für das Wesen und die tiefsten Ursachen des sozialen Kampfes so wenig entscheidend, wie die konkrete Hügelkette, um die zwei Heere streiten. Wie diese um einen bestimmten

Kampfplatz, so müssen die sozialen Parteien um praktische Fragen kämpfen. Aber weder der Besitz des Schlachtfeldes, noch die Entscheidung der gewählten Frage ist das Ziel und die Ursache der Entzweiung.

Es wäre überhaupt schwer, präzise große Klassengegensätze ökonomischer Natur anzugeben, ja auch nur zu definieren, was als ökonomischer Klassengegensatz zum Unterschiede von dem ja in bestimmtem Sinne universellen individuellen Interessengegensatz zu bezeichnen wäre. An sich haben die ökonomischen Gegensätze überhaupt nicht Klassencharakter. Gewiß würde der Arbeiterstand gewinnen, wenn ihm die Grundrente und der Stand der Grundeigentümer, wenn ihm ein Teil der Lohnsumme überwiesen würde. Aber ebenso würde jeder Teil der Grundeigentümer gewinnen, wenn ihm die Grundrente der übrigen und jeder Teil der Arbeiterschaft, wenn ihm der Lohn der übrigen gegeben würde. Soweit steht also jeder Teil dieser Klassen und schließlich jeder einzelne Angehörige derselben zu seinen Klassengenossen in keinem andern Gegensatze als zu den Angehörigen der andern Klasse. Und wären Grundherren und Arbeiter nicht sozial miteinander enger verbunden als mit den Angehörigen der andern Klasse, so würden sie gerade so leicht an die Expropriation andrer Grundherren bzw. andrer Arbeiter denken als an Bedrückung der Arbeiter bzw. Expropriation der Grundherren, wenn jeder nur darüber beruhigt wäre, daß die Expropriation der andern nicht auch seine eigene nahelegen könnte. Trotzdem ist es natürlich nicht unmöglich, zu einer Fassung des Begriffs des ökonomischen Gegensatzes zu kommen, der sich als brauchbares Instrument der Analyse erweisen kann. Aber ohneweiters ergibt sich eine solche nicht aus dem theoretischen Bild des wirtschaftlichen Geschehens. Mit dieser Feststellung begnügen wir uns hier. Es liegt kein Anlaß vor, unsre Darstellung mit Untersuchungen nach dieser Richtung zu belasten, die uns am Schluß unsres Weges noch weit abführen würden.

Nur eines noch: Wie wenig die soziale Parteistellung durch ökonomische Momente restlos zu erklären ist, zeigt nichts deutlicher als das Verhältnis zwischen Unternehmern und Arbeitern. Nirgends wird in der sozialen Welt ein heftigerer Kampf geführt. Und doch sahen wir, daß der ökonomische Interessengegensatz zwischen beiden keineswegs so sehr scharf ist. Er besteht. Aber er ist nur von der Natur des Interessengegensatzes zwischen zwei Tauschenden. Und die reale Interessengemeinschaft ist daneben nicht zu übersehen. Beide sind typische Feinde der gegebenen Besitzverhältnisse au den vorhandenen Gütern. Beide gewinnen und verlieren in sehr vielen Fällen gemeinsam. Die Unternehmer sind die besten Kunden der Arbeiter. Von ihnen geht eine stete Verbesserung der Lage der Arbeiter aus. Daß diese Seite der Sache so gar nicht, die andre so ausschließlich hervortritt, zeigt deutlich, daß hier auch andre als ökonomische Momente wirken müssen. Soweit ein Interessengegensatz besteht, ist er nicht größer als der Interessengegensatz zwischen Unternehmer und Kapitalisten: Nicht weniger als an niedrigem Lohne ist der Unternehmer an niedrigem Zinse interessiert. Schädigt sein Tun im Einzelnen sehr oft die temporären Interessen von Arbeitern, so ist das Gleiche auch bezüglich der Interessen der Kapitalisten der Fall. Und doch kommt es hier nicht zum sozialen Kampf. Aber wir können unmittelbar sehen, woher die Schärfe, des Gegensatzes zwischen Unternehmern und Arbeitern kommt. Sie kommt aus dem Verhältnis der Über- und Unterordnung, aus den täglichen Reibungen, die dasselbe mit sich bringt. Die Arbeiterbewegung richtet sich viel weniger gegen die wirtschaftliche Funktion des Unternehmers als gegen den absoluten Monarchen des Betriebs, der dem einzelnen Arbeiter nach Gefallen übel mitspielen konnte und ihm einen Teil seiner persönlichen Freiheit entzog.

Aus ähnlichen Quellen fließt auch die moralische Atmosphäre der kapitalistischen Wirtschaft. Auch hier haben wir etwas Negatives zum Verständnisse der Dinge beizutragen: Diese Atmosphäre erklärt sich nämlich nicht einfach aus den realen wirtschaftlichen Vorgängen. Denn sie steht in einem sehr groben Maße unter dem Einflusse des Deklassierungsprozesses, den wir beschrieben haben. Das könnte sie nicht so sehr, wenn sie nur Abdruck der wirtschaftlichen Wirklichkeit wäre. Da müßte sie viel heller sein. Aber der Deklassierungsprozeß ist nicht nur ein wirtschaftliches, er ist auch ein sozialpsychisches Phänomen, und als solches reicht er viel weiter. Nicht nur wer aktuell zermalmt oder doch geschädigt wird, reagiert mißgünstig auf die kapitalistische Entwicklung, sondern auch jeder, dessen ökonomische Bedeutung ohne daß sich seine Lage absolut verschlechterte, relativ sinkt und ferner jeder, dessen soziale. Stellung durch das Emporkommen neuer Elemente leidet. Der Besitzer einer in den statischen Kreislauf eingefügten Fabrik, auch der Kapitalist ältern Typus blicken kritisch auf die neuen Männer und ihr Tun und vergessen dabei ganz, daß eine jede Entwicklungsphase ihre ökonomischen Flegeljahre hat. Der feudale Grundherr mag der Entwicklung – besonders wenn sein Grundbesitz in einer Stadt liegt – Reichtum verdenken, den Unternehmer wird er doch mit Abneigung und Mißbilligung betrachten. Der Arbeiter mag auf eine Kulturstufe gehoben worden, die ihn zu einem andern Menschen macht, deshalb wird er doch den Gewinn des Unternehmers als Raub am Seinigen betrachten, zumal ihm wie den meisten Leuten dessen Wesen und Entstehung nicht leicht verständlich ist. So begleitet ein dumpfes Grollen in fast allen sozialen Schichten den Gang der Entwicklung. Es kommt hinzu, daß den neuen Mann nicht der blendende Glanz alter Assoziationen und sein Tun nicht der schatzende Wall zeitgeheiligter Gewohnheit umgibt. Hoch ragt der Feudalherr von alters her über seine Umgebung empor. Der Unternehmer vermag auch seine bescheidenere Stellung nicht zu behaupten.

Wir alle treten stets mit überlieferten, festgeformten Maßstäben an das Neue heran, mit Maßstäben, die vergangene Verhältnisse geschaffen haben. Besonders bei sozialen Erscheinungen. Uns selbst unbewußt sitzt die Vergangenheit stets über die Gegenwart zu Gericht. Und sie ist der parteiischste, subjektivste Richter. So kann das Neue nicht leicht gut wegkommen, nicht bei den Handelnden und Kämpfenden – das ist selbstverständlich – aber auch nicht beim Beobachter, der sich für kühl und unbefangen hält. Das gilt für die speziellen Erscheinungen jeder einzelnen

Entwicklungswelle, aber gegenwärtig auch für die Kategorien und allgemeinen Vorgänge der kapitalistischen Wirtschaft.

Für den geschilderten Prozeß der Entwicklung gibt es, wie schon im zweiten Kapitel betont wurde, beachtenswerte Analogien auf andern Gebieten des sozialen Lebens, die zunächst dazu beitragen kennen, unsre Auffassung weiter zu beleuchten und zu zeigen, daß Sein und Geschehen auf diesen andern Gebieten sich mit einer der unsern parallelen Betrachtungsweise erfassen läßt. Was sind diese "andern Gebiete"? Nun, beispielsweise die Gebiete der Politik, der Kunst, der Wissenschaft, des geselligen Lebens, der moralischen Anschauungen usw. Auf eine vollständige Aufzählung oder eine nähere Analyse kommt es hier nicht an. Aber mit welchem Rechte unterscheiden wir sie hier voneinander? Da muß bemerkt werden, daß in der Unterscheidung solcher verschiedener Gebiete des sozialen Lebens nicht bloß eine Abstraktion liegt. Allerdings ist jedermann auch Wirtschaftssubjekt und allerdings ist so gut wie niemand bloß Wirtschaftssubjekt. Alle die angedeuteten Interessen berühren jedermann mehr oder weniger und so gut wie nie füllt eines derselben jemand vollständig aus. Trotzdem bedeutet unsre Trennung derselben nicht bloß die Sezierung tatsächlich einheitlicher Erscheinungen, und zwar aus den folgenden beiden Gründen: Einmal finden wir auf jedem dieser Gebiete Leute, deren Haupttätigkeit auf ihm liegt. Auf dem Gebiete der Wirtschaft finden wir eben die Angehörigen der wirtschaftlichen Berufe im eigentlichen Sinne, jene Leute, deren Beruf das Wirtschaften ist. Also Arbeiter, Industrielle, Kaufleute, Bauern usw. Wer eine Wirtschaftsgeschichte schreibt, stößt auf diese Leute zunächst, das ist ja klar. Aus dem Bilde ihrer Lage und ihres Verhaltens besteht die Darstellung eines individuellen Zustandes der Volkswirtschaft vornehmlich. Auf dem Gebiete der Kunst stößt man ebenfalls auf konkrete Individuen, aus deren Tun die Entwicklung und jeder konkrete Zustand der Künste besteht. Im Großen und Ganzen weiß man in jedem Falle, was unter dem Begriffe, der Künstler zu verstehen ist. Auch auf dem Gebiete der Politik gilt dasselbe. Auch hier finden wir Leute, deren Hauptinteresse, deren Berufsinteresse können wir sagen, da wurzelt und die eben dadurch charakterisiert werden. Selbst jene Leute, die z.B. die Vertretung einer wirtschaftspolitischen Richtung zum Felde ihrer Tätigkeit gewählt haben, brauchen dem daran interessierten Kreise von Wirtschaftssubjekten nicht anzugehören und brauchen noch weniger innerhalb z.B. der betreffenden Industrie dieselbe Bedeutung zu besitzen, wie in der Politik. Das ließe sich leicht noch näher ausführen. Doch genug. Was wir sagen wollen, ist, daß, wie schon angedeutet, den von uns unterschiedenen Gebieten reale und im Allgemeinen auch voneinander verschiedene Menschengruppen entsprechen. Und auch wenn sich z.B. der Industrielle von politischen oder der Künstler von wirtschaftlichen Motiven leiten läßt, so erklärt sich darum noch nicht das konkrete Vorgehen des erstern schlechthin politisch, das des letztern schlechthin wirtschaftlich. Nicht nach politischen Prinzipien wird eine Maschine gebaut und nicht nach dem Grenznutzengesetze ein Bild gemalt.

Verschiedene Menschengruppen und verschieden zu erfassende Vorgänge charakterisieren die von uns getrennten Gebiete.

Sodann aber ist diese Trennung auch in jenen Fällen nicht bloß eine Abstraktion, in denen ein und dasselbe Individuum auf verschiedenen Gebieten tätig ist. Mag es auch die Spuren seiner Tätigkeit auf einem Gebiete verraten, wenn es auf einem andern tätig ist, so haben doch beide Tätigkeiten tatsächlich Unabhängigkeit genug, um unsre Trennung gerechtfertigt erscheinen zu lassen. Die Einheit der Persönlichkeit ist nicht einmal stark genug, um Widersprüche zwischen dem Tun eines und desselben Individuums auf verschiedenen Gebieten auszuschließen. Auf alle Fälle ist es klar, daß sich die Tätigkeit eines Kaufmanns in seinem Kontor und das Verhalten desselben Kaufmanns als Kunstjünger ohne Schwierigkeit begrifflich auseinanderhalten läßt. Diese Momente nun, teilweise Verschiedenheit der Menschen, die sich in den einzelnen Richtungen betätigen, und die Verschiedenheit dieser Richtungen selbst, ermöglichen es uns, jene angedeuteten "andern Gebiete" für unsern Zweck neben das der Wirtschaft zu stellen.

Die Analogie nun, auf die wir kommen wollen, besteht darin: Jedes dieser Gebiete des sozialen Lebens steht in jedem Zeitpunkte unter dem formenden Einflusse von Daten, welche denen analog sind, die eine Volkswirtschaft in jedem Zeitpunkte nach der Betrachtungsweise der Statik bestimmen. Diese Erkenntnis bedeutete das Morgenrot wissenschaftlicher Erfassung menschlicher Dinge. Sie ist heute Gemeingut – und Gemeinplatz – geworden. Das zu lösende Problem ist nur, noch einmal in jedem einzelnen Falle diesen Zusammenbang zu zeigen und sodann die Art desselben allgemein zu präzisieren. Das erste ist ein historisches, das zweite ein theoretisches Problem. Nur für das Gebiet der Wirtschaft ist es gegenwärtig befriedigend gelöst, im Übrigen sind wir über jene Erkenntnis noch wenig hinausgekommen. Allein für unsern Zweck genügt das. Um ein Beispiel zu wählen: Die Kunst einer Zeit ist ein Kind derselben. Das geographische Environment, die Umstände, die man als Volkscharakter oder ähnlich bezeichnet, die soziale Struktur, die wirtschaftliche Lage, die herrschenden Ansichten über das, was groß und wünschenswert, was niedrig oder verwerflich ist – diese Momente formen die Kunst in jedem Zeitpunkte. Der moderne Historiker strebt danach, das im Einzelnen nachzuweisen. Und der Stand des künstlerischen Lebens läßt sich aus jenen Momenten, die ihm gleichzeitig die Aufgaben und die Mittel und Bedingungen geben, erklären. Nicht ganz exakt zwar – aber jeder fühlt, daß hier eine große Wahrheit liegt. Begnügt man sich damit, betrachtet man die Dinge aus genügender Entfernung und sub specie aeternitatis, so können wir sagen, daß es auch für das Gebiet künstlerischen Schaffens eine Statik gibt, eine Auffassungsweise, die dasselbe ähnlich erklärt, wie die Nationalökonomie das wirtschaftliche Leben.

Das ist die eine Analogie – in jedem gegebenen Zeitpunkt kann man irgendeine Seite des sozialen Lebens wissenschaftlich als das Resultat von gegebenen Daten betrachten. Und das ist in der Tat der erste Schritt an die Wirklichkeit heran und leistet viel. Aber jene Analogie scheint noch weiter zu gehen. Klarer noch als bei der Betrachtung des Wirtschaftsleben ist es bei dem gewählten Beispiele, daß eine Entwicklungstheorie der Kunst auf einer solchen Basis, wenn auch keineswegs schlechthin falsch, ganz unzureichend wäre. Auch eine Gesamtauffassung aller Gebiete sozialen Geschehens kann man so nicht erringen. Denn – was den ersten Punkt betrifft – es springt in die Augen, daß sich auf dem Gebiete künstlerischen Tuns selbst besondre Kräfte regen, daß es in seiner Entwicklung nicht bloß passiv im Schlepptau äußrer Einflüsse liegt und nicht nur von den Veränderungen des Milieus mitgezogen wird. Dieses Gebiet hat auch eine ihm eigentümliche Entwicklung von derselben relativen Selbständigkeit, die auch der wirtschaftlichen Entwicklung zukommt. Und ebenso wie bei dieser werden wir ferner sagen, daß selbst der unleugbare Einfluß der äußern Veränderungen nicht schon direkt die Gestaltung des künstlerischen Lebens bestimmt, sondern daß derselbe nur in der Weise wirkt, daß er den auf diesem Gebiete vorhandenen, demselben eigentümlichen Faktoren den Anlaß und die Bedingungen zu ihrem Verhalten gibt, von dessen Art und Weise es abhängt, welches die endlichen Resultate jenes Einflusses sein werden. Jeder weiß das. Jeder kombiniert nach seiner Weise jene zwei großen realen Tatsachen der Abhängigkeit und relativen Selbständigkeit in solchen Fragen der Betrachtung sozialen Geschehens. Auch der Historiker tut es. Bei der Schilderung sozialer Zustände legt er vornehmlich Gedankengänge zurück, welche einem Schema der Statik entsprechen, wenn sie auch naturgemäß meist nicht theoretisch vollständig sind. Und bei der Schilderung von Entwicklung gibt er dem, was jedem Gebiete an Faktoren der Entwicklung eigentümlich ist, sein volles Recht und oft sogar mehr als das. Von dieser Seite her gesehen wird der den Historikern meist eigene Indeterminismus verständlich: Es liegt dieser Tendenz oder dieser Disposition bewußt oder unbewußt die Erkenntnis zugrunde, daß sich nicht alles durch äußere Daten erklären läßt, vielmehr manche sehr wichtige Erscheinungen auf allen Gebieten eine eigentümliche Selbständigkeit zeigen. Solange nun deren Gründe nicht exakt angegeben werden können, solange ist jener Indeterminismus methodologisch auch für denjenigen geboten, der im Prinzipe überzeugt ist, daß es auch für diese Dinge allgemein angebbare Regeln gibt – ganz abgesehen davon, daß außerhalb des Gebietes der Wirtschaft auch die statische Erklärung noch in den Kinderschuhen steckt. Was wir also dieser Erkenntnis hinzufügen, ist nur eine Präzisierung, nur die Angabe der Stelle, wo die Erklärung mittelst äußerer Gründe versagt, nämlich beim Phänomen der Entwicklung. Und das ist notwendig, weil trotz vielfach richtigen Verfahrens im einzelnen Falle man die Sachlage ungenügend übersieht und, wenn man im Prinzipe auf sie zu sprechen kommt, meist unrichtig formuliert. Bald legt man sich auf ein Programm des Determinismus, bald auf ein Programm des Indeterminismus fest, und stets, ist man geneigt, diese Differenz auf metaphysische Anschauungen zurückzuführen und mit halbphilosophischen Argumenten zu verteidigen. Unsere Erwägungen scheinen demgegenüber zu zeigen, daß das überflüssig ist, daß hierin überhaupt nicht das Wesen der Sache liegt, daß es vielmehr möglich ist, beide Auffassungen als methodologische Maßregeln gegenüber verschiedenen Tatsachengruppen zu begreifen und so wesentlich klarer zu sehen.

Nicht nur für die Theorie des Wirtschaftslebens, sondern auch für die Untersuchung aller der andern Gebiete, die sich im Leben einer Nation unterscheiden lassen, gibt es also zwei verschiedene Probleme: Das der Erklärung eines Zustandes und das der Entwicklung. Genauer gesagt: Ein Problem ist anzugeben wie sich unter gegebenen Verhältnissen die Dinge jedes dieser Gebiete gestalten, d.h. in welcher Weise ein bestimmtes Environment eine bestimmte Gestaltung des Gebietes erzwingt. Das andre Problem ist das des Mechanismus der Entwicklung, wie wir kurz sagen können. Sie beide entsprechen verschiedenen Tatsachengruppen, und ihre Lösung erschöpft die Aufgabe der gedanklichen Rekonstruktion des wirklichen Geschehens.

Was nun den zweiten Punkt betrifft – die Gesamtauffassung des sozialen Handelns und Leidens –, so erweist sich jenes Vorgehen, das wir als den ersten Erfolg wissenschaftlichen Denkens bezeichneten, gleichfalls als unzureichend. Das ist leicht einzusehen. Das Wesen jenes Vorgangs liegt darin, daß man die Zustände jedes Gebietes als die Resultate von Daten betrachtet, die als unveränderlich angenommen werden. Zu diesen Daten gehören auch die Zustände aller andern Gebiete des sozialen Lebens. Die so aufgestellte Kausalkette erweist sich zunächst, wie gesagt, als fruchtbar. Aber ihr allgemeiner Erkenntniswert wird durch die Tatsache sehr herabgedrückt, daß man sie eben auf alle diese Gebiete anwenden, insbesondere auch umkehren kann. Hat man z.B. die Wirtschaft einer Epoche erklärt aus Daten, unter denen sich die soziale Struktur der Gesellschaft befindet, so kann man auch diese letztre analog erklären aus Daten, unter denen sich das Niveau der Volkswirtschaft befindet, das in diesem Falle dann seinerseits als unveränderlich angenommen ist. Man wird es verstehen, wenn wir sagen, daß diese Tatsache die Kausalkette, von der wir sprachen, zu einer Funktionalbeziehung herabdrückt. In der Tat ist der nächste Schritt der Erkenntnis der, die "Kausalkettenbetrachtung" durch das Moment der "allgemeinen Interdependenz" zu ersetzen.[30] Für die Theorie der statischen Tatsachen ist das ein ungemischter Vorteil, ein entschiedener Fortschritt. An die Stelle der Auffassung jedes Gebietes als Resultat der andern tritt die Auffassung des Gesamtzustandes des sozialen Lebens als Resultat des Gesamtzustandes in dem der Betrachtung vorhergehenden Zeitpunkte. Und das bedeutet eine Erweiterung unsres theoretischen Gesichtskreises. Aber die Theorie der Entwicklung verliert dabei den Boden unter den Füßen. Da nämlich der Übergang von einem Zustande zum andern nur nach statischen Regeln erfolgen kann und diese sich nur auf Tatsachen beziehen, die den Charakter von Anpassungserscheinungen tragen, so bleiben als Erklärungsgründe des sozialen Lebens eines Volkes nur Eingriffe von außen und Änderungen der natürlichen Daten. Denn während wir bei der Kausalkettenbetrachtung annehmen konnten, daß die Zustände der nicht gerade untersuchten Gebiete irgendwie, also auch auf nichtstatische Weise zustande kamen, so geht das nicht mehr, wenn wir sie alle zusammen statisch überblicken wollen und es ergäbe sich eine Entwicklungstheorie, die die größten Erscheinungen übersähe.

Deshalb also ist diese Betrachtungsweise auch in dieser Beziehung unzulänglich. Und nun kommen wir zu dem letzten Schritte auf unserm Wege. Es gibt noch eine weitre Analogie zwischen dem, was wir zunächst für das Gebiet der Wirtschaft darlegten, und den Vorgängen auf den andern Gebieten des sozialen Lebens. Sie betrifft den Mechanismus der Entwicklung, jener relativ selbständigen Entwicklung, die einem jeden Gebiete des sozialen Lebens eigentümlich ist. Wir haben gesagt, daß jedes dieser Gebiete durch eine reale Gruppe von Individuen charakterisiert, deren Haupttätigkeit ihm gilt, mögen diese Individuen daneben auch noch auf andern Gebieten wirken, z.B. Angehörige der wirtschaftlichen Berufe auch Politiker oder Kunstinteressenten oder Politiker und Künstler auch Wirtschaftssubjekte sein. Ferner, daß diese Gruppen auch Leute enthalten, deren Hauptinteresse anderswo liegt, ohne daß uns das hindern würde, sie in ihrer Eigenschaft als Angehörige jeder einzelnen Gruppe zu betrachten, wie wenn sie keiner andern angehörten. Das künstlerische Publikum ist für uns das künstlerische Publikum, was immer die unter diesem Namen zusammengefaßten Individuen sonst noch sein mögen. Wir sehen uns also auf jedem Gebiete einer konkreten, realen Masse von Leuten gegenüber, wobei es nichts verschlägt, daß die Massen andrer Gebiete ganz oder teilweise aus denselben Individuen bestehen.

Nun zerfallen diese Gruppen auf jedem Gebiete geradeso in zwei deutlich zu unterscheidende Abteilungen, wie die wirtschaftenden Menschen. Das wurde bereits angedeutet.[31] Auf jedem Gebiete gibt es statisch, disponierte Individuen und Führer. Die erstern sind dadurch charakterisiert, daß sie im Wesen das tun, was sie lernten, daß sie sich im überkommenen Rahmen bewegen und in ihren Anschauungen, ihren Diapositionen und ihrem Tun unter dem bestimmenden Einflusse der gegebenen Daten ihres Gebietes stehen. Die letztern sind dadurch charakterisiert, daß sie Neues sehen, daß sie den überkommenen Rahmen ihrer Tätigkeit und die gegebenen Daten ihres Gebietes abändern. Es sei kurz bemerkt, daß wir überall auf dieselben Schwierigkeiten bei der Abgrenzung der zwei Typen stoßen wie in der Untersuchung des Wirtschaftslebens, ohne daß diese Schwierigkeiten die Fundamente des so realen Unterschiedes zwischen ihnen erschüttern könnten. In Kunst, in Wissenschaft, in Politik beobachten wir diesen Unterschied, überall tritt er mit der gleichen Klarheit hervor. Überall sind diese Typen durch alle die starken Linien geschieden, die jene Geister, die neue Kunstrichtungen, neue "Schulen", neue Parteien schaffen, von jenen abheben, die von den Kunstrichtungen, "Schulen" und Parteien geschaffen werden. Immer finden wir diese Analogie zwischen dem Vorgehen der Mehrzahl auf diesen Gebieten und dem der Wirtschaft, welches Vorgehen darin besteht, daß man eine gegebene Sachlage materieller und ideeller Natur übernimmt, anerkennt und sich ihr anpaßt, einerseits und dem Vorgehen einer Minorität auf diesen Gebieten wie dem der Wirtschaft, dessen Charakteristikon darin liegt, daß man diese gegebene Sachlage selbst verändert, andererseits.

Auch in der Art, wie das Neue durchgesetzt wird, tritt unsre Analogie hervor. Der bloße neue Gedanke allein genügt nicht und setzt sich nie "von selbst" durch, d.h. in der Weise, daß er von den Beteiligten ohneweiters ernstlich erwogen und durch freien Entschluß akzeptiert wird. In drastischer Weise zeigt das die Geschichte der Wissenschaft. Der Vorgang ist vielmehr in der Regel der, daß der neue Gedanke von einer kraftvollen Persönlichkeit aufgegriffen und durch ihren Einfluß durchgesetzt wird. Diese Persönlichkeit braucht nicht der Schöpfer des Gedankens zu sein, ebensowenig wie der Unternehmer z.B. die neue Produktionsmethode, die er einführt, selbst erfunden haben muß. Was den Führer charakterisiert, ist wie hier, so überall die Energie der Tat und nicht die des Gedankens. Und diese Funktion ist wesentlich für die Entwicklung auf allen Gebieten. Der gleichsam schutzlose neue Gedanke würde so gut wie nie beachtet werden. Er bliebe unbekannt oder doch unverstanden – denn zu der Aufnahme von etwas Neuem ist ein Prozeß des Umdenkens für alle in statischen Bahnen Hingleitenden nötig –, er würde auf Ablehnung oder doch nur auf jene matte, vage Art der Zustimmung stoßen, die zu wirklicher Fruchtbarkeit nie führen kann.[32] So gut wie nie würde ein neuer Gedanke ohne die Tätigkeit eines Führers als eine Realität empfunden werden, mit der man rechnen, die man anerkennen, der man sich anpassen muß. Er ginge unter im statischen Werktage, er gelangte nie zu lebendigem Wirken, er würde nie lebendig und zwingend an das Bewußtsein appellieren, wenn gehandelt werden soll; er würde es höchstens zu der Rolle eines Spielzeugs für Mußestunden bringen, zur Rolle einer schönen Utopie. Denn als wirklich wird nur empfunden, was man oft wirken gesehen hat – im allgemeinen also der Komplex der statischen Vorgänge und Ideen. Jahrhundertelang kann eine neue Möglichkeit, trotzdem daß sie in recht weiten Kreisen bekannt ist, ein unfruchtbares Schattendasein führen, ohne irgendeine Wirkung nach außen zu haben.

Diesem Schattendasein entreißt sie die Führerpersönlichkeit. Und auf allen Gebieten in einer Weise, die der Art, wie sich Neues in der Wirtschaft durchsetzt, sehr analog ist. Niemals geschieht es als Reaktion auf vorhandene oder geäußerte Bedürfnisse. Immer handelt es sich um ein Aufdrängen des Neuen, das kurz vorher noch verspottet oder abgelehnt oder eben unbeachtet war. Immer wird ein Zwang auf eine widerstrebende Masse ausgeübt, die eigentlich von dem Neuen nichts wissen will, oft gar nicht weiß, worum es sich im Grunde handelt. Zweifellos hat jedes Gebiet des sozialen Lebens seine eignen Mittel und Hebel dieser Durchsetzung des Neuen. Die Analogie darf nicht übertrieben werden. Aber der Grundzug ist derselbe. Mag rein persönlicher Einfluß einerseits oder äußere Macht andererseits auf verschiedenen Gebieten verschiedene Rollen spielen, nie fehlen diese Momente. Der Führer versammelt Anhänger um sich, mitunter lediglich durch seine persönliche Kraft, mitunter mehr mittelst andrer Mittel, er bildet irgendwie eine Schule, eine Parteiorganisation, deren Gewicht dann seine Ziele verwirklicht. Es ist die Persönlichkeit, die sich durchsetzt und erst in zweiter Linie jenes Neue, das sie vertritt. Erst im Panzer der Schule oder der Partei wird die neue Tendenz selbst zu einer Macht, kann sie Beachtung, Diskussion und endlich den Sieg erzwingen – zu einer Realität werden, mit der man sich abfinden und die man den übrigen Erfahrungstatsachen einordnen muß.[33]

Das genügt für unsern Zweck. Jedermann findet auf seinem Gebiete Beispiele genug, die das Gesagte verifizieren und illustreren können. Wir sagen also, da jedes Gebiet sozialen Lebens seine eigne Entwicklung hat und daß der Mechanismus dieser Entwicklungen in gewissen Grundzügen überall derselbe ist. Es erübrigt nur noch eine Frage. Wie kommt es, daß es trotz dieser relativen Selbständigkeit aller Einzelgebiete eine große Wahrheit ist, eine Wahrheit allerdings, die wir mehr fühlen als streng nachweisen können, daß jedes Element jedes Gebietes in jedem Zeitpunkte mit jedem Elemente jedes andern Gebietes in einem Zusammenhang steht, daß alle Zustände aller Gebiete einander bestimmen und zueinander gehören? Nennen wir die Gesamtheit dieser Gebiete die soziale Kultur eines Volkes und den Inbegriff aller ihrer Entwicklungen die soziale Kulturentwicklung, so können wir fragen, wie erklärt es sich nach unsrer Betrachtungsweise, daß die soziale Kultur eines Volkes in jedem Zeitpunkte eine Einheit ist und die soziale Kulturentwicklung jedes Volkes stets eine einheitliche Tendenz hat?

Diese Erklärung der organischen Einheit der Kultur einer Zeit, die also noch unsrer Analyse hinzuzufügen ist, ergibt sich ohneweiters. Bedienen wir uns der Auffassungsweise, die uns bei der Untersuchung des Wirtschaftslebens wesentliche Dienste leistete, und gehen wir von einem statischen Zustande der sozialen Kultur eines Volkes in dem definierten Sinne aus, so haben alle von diesem Zustande ausgehenden Entwicklungen zunächst den Berührungspunkt, daß sie alle von einem und demselben Niveau starten, dessen Einheitlichkeit uns eben statisch verständlich ist. Denn wir sahen, daß in einem statischen Zustande die Vorgänge und Verhältnisse auf jedem Gebiete des sozialen Lebens mitbestimmt sind durch die Vorgänge und Verhältnisse auf jedem andern Gebiete. Einmal gibt es Daten, die allen Gebieten gemeinsam sind – geographisches Milieu usw. –, und im übrigen ist der Zustand. jedes Gebietes Resultat der Zustände aller andern, kraft der allgemeinen Wechselwirkung, die zwischen ihnen besteht. In dieser Auffassung dürfte die Lösung des Problems des statischen Kulturniveaus liegen. Es ist das die theoretische Formulierung der Erkenntnis von der wir soeben sprachen, der Erkenntnis nämlich, daß alle Elemente des Kulturniveaus einer Zeit einander bedingen und zueinander gehören.

Die Entwicklungen auf den einzelnen Gebieten des sozialen Lebens aber sind zunächst keine Einheit, sondern haben nach unsrer Auffassung eine relative Selbständigkeit, die darin begründet ist, daß die führenden Gruppen in jedem Kreise aus verschiedenen Leuten bestehen, deren Tun bis zu einem gewissen Grade nicht notwendig gleichgerichtet ist, vielmehr je nach deren Beschaffenheit variieren kann. Das entspricht auch, wie ich glaube, vollkommen der Erfahrung. In unserm Bewußtsein findet sich neben der Erkenntnis von der statischen Einheit des Kulturniveaus, noch die weitre, daß es ein unerklärtes Etwas gibt, dessen Existenz es mit sich bringt, daß jene Erkenntnis nicht das

Ganze des sozialen Geschehens erschöpft. Allein alle diese einzelnen Entwicklungen gehen, wie gesagt, in jedem konkreten Falle von einem einheitlichen Niveau das die Bedingungen für sie alle enthält. Und sodann wirkt alles, was auf den Einzelgebieten geschieht, auf alle andern Gebiete hinüber und trägt etwas zur Bildung eines neuen einheitlichen Kulturniveaus bei. Wir haben schon gesehen, daß die wirtschaftliche Entwicklung auch soziale Veränderungen nichtwirtschaftlicher Art nach sich zieht. Das ist aber nur ein Fall einer allgemeinen Erscheinung. Mehr oder weniger wirkt Erfolg in jedem Gebiete auf die andern Gebiete hinüber. Erfolg in jedem Gebiete hat zunächst jene Wirkung auf die soziale Organisation, indem er die Stellung, des erfolgreichen "Führers" hebt und ihn in größerem oder geringerem Maße zu einer sozialen Machtstellung verhilft. Erfolg in jedem Gebiete hat Einfluß auf die sozialen Werte im Allgemeinen, auf das, was beachtet, für groß oder für wünschenswert gehalten wird. Und so wirken Leistungen in jedem Felde sozialer Tätigkeit schließlich beeinflussend über alle Gebiete des sozialen Lebens hin und verändern die Voraussetzungen und Bedingungen des menschlichen Tuns auf allen Gebieten. Die Kunst einer Zeit hat ihren, politischen Einfluß, wie die Politik ihren künstlerischen und so entsteht durch das Zusammenwirken relativ selbständiger Entwicklungen das, was von genügender Entfernung gesehen als eine einheitliche Kulturentwicklung erscheint. Damit lösen wir die Dinge aus starren Kausalketten und geben ihnen ihr Leben zurück. Und in dieser Gesamtauffassung der Kulturentwicklung hat auch die Wirtschaft ihren bestimmten Platz.

Wir wollen keine weitre Analyse des Kulturphänomens versuchen. Namentlich können wir nichts über die Triebfedern der Kulturentwicklung sagen, über letzte Gründe derselben. Nur soviel ist klar, daß wir sie nicht, wie es wiederholt geschah, auf einem ihrer Teilgebiete lokalisieren dürfen. Auch eine exakte Ableitung eines Kulturzustandes aus dem vorhergehenden ist nicht möglich, wenigstens nicht restlos. Denn das würde voraussetzen, daß wir in dem letztern irgendwelche latente Energien annehmen könnten, was nur dann Sinn hätte, wenn wir etwas über dieselben wüßten, namentlich wenn eine Messung möglich wäre. Da das Gegenteil der Fall ist müssen wir uns mit einer indeterministischen Auffassung zweifellos begnügen. Aber wir können wenigstens angeben, in welchen Punkten Determiniertheit und in welchen Unbestimmtheit vorhanden ist und sodann, in welcher Art und Weise der Prozeß der Entwicklung vor sich geht. Soviel ist sicher, mit einfachen Kausalketten geht es hier nicht. Inwieweit sie fruchtbar sind und wo und warum sie versagen, haben wir gezeigt. Weiter ist es ein Vorteil unsrer Betrachtungsweise, daß sie auf greifbaren Tatsachen beruht und nicht auf Momenten von der Art der "Macht der Ideen" einerseits und solchen andererseits, deren Wirkungsweise sich nicht im Einzelnen nachweisen läßt. Aber vor allem liegt der Beweggrund dafür, daß ich die Ausführungen der letzten Seiten überhaupt vorbrachte, darin, daß sie das letzte Glied eines Gedankenganges bilden, der bei jedem Schritt auf Tatsachen fußt und dessen erste Glieder in elementaren, allgemein be- und anerkannten Erfahrungen einerseits und in wissenschaftlich schon seit solange verarbeiteten Lehrsätzen andererseits ankern, ein Umstand, der der soeben versuchten Verknüpfung von Tatsachen eine Basis gibt, die geschichtsphilosophischen Leistungen sonst meist fehlt. Unsre Auffassung ist kein Schlagwort, auch nicht das Resultat von ad hoc angestellten Betrachtungen, sondern das Resultat einer Methode, die sich bereits bewährt hat.

Notes

1 Die wenig befriedigenden, meist nur aphoristischen Anlaufe dazu, die sich im üblichen Lehrgebäude finden, stehen außerhalb des Körpers der Theorie des Kreislaufs.
2 Vgl. "Wesen" IV. Buch.
3 Die obige Behauptung ist nicht so zu verstehen, dag die Existenz eines prinzipiellen Unterschiedes der beiden Methoden behauptet würde. Beide beschreiben Tatsachen, nur tun sie das in verschiedener Weise und legen sie auf verschiedene Dinge das Hauptgewicht. Vgl. darüber "Wesen und Hauptinhalt der theor. Nationalökonomie". 1. Teil.
4 Preistheorie und Preisgeschichte bieten ein Beispiel. Vgl.. das über die beiden Aufgaben Gesagte in "Wesen" IV. Buch.
5 So gibt z. B. Marx einmal eine geschichtsphilosophische Konstruktion, die außerhalb seines übrigen Gebäudes steht und sodann noch, innerhalb desselben, eine Entwicklungstheorie der Wirtschaft, nämlich mit Hilfe der Momente der Akkumulation, der Verelendung und der Zusammenbruchstendenz. Ich weiß, daß kein Marxjünger diese Unterscheidung billigen wird.
6 Niemals kann man die wirtschaftliche Entwicklung eines Volkes aus solchen Milieuänderungen, wenn sie nicht einfach von überwältigender Macht sind, restlos erklären. Unglücksfälle worden überwunden, Geschenke des Glücks zerrinnen im Völker- wie im individuellen Leben und der Schlüssel der Erklärung des Geschehens liegt nicht in ihnen.
7 Vgl. Clark, Essentials of Economic Theory, auch Pantaleoni, Di alcuni Fenomeni di Dinamica Economica, Giornale degli Economisti, Sett. 1909. So haben schon die Klassiker die Entwicklung behandelt. Wie auch sonst, finden wir die Grundlage in Smith, die tiefere Analyse in Ricardo und die vollere Ausarbeitung bei J. St. Mill.
8 Bekanntlich ist die "pessimistische Auffassung. herrschend überall dort, wohin Malthus' Einfluß reicht. Aber selbst vom Standpunkte Malthus' müßte zugegeben werden, daß die Bevölkerungsbewegung eine treibende Kraft der Entwicklung sei, mag dieselbe auch unter Umständen zu Not und Elend führen.
9 Praktische Fortschritte in den Produktionsmethoden, d. h. Fortschritte, die direkt durch den Unternehmer – ohne neue wissenschaftliche Erkenntnis – verwirklicht werden, sind nichts andres als eine der verschiedenen Arten von neuen Kombinationen. Sie sind nicht "Ursachen", sondern äußere Formen der Entwicklung.
10 Vgl. Wundt, Ethik, dann sein System der Philosophie, endlich seine Logik II. Vom ökonomischen Standpunkt hat S.N. Patten – Consumption of Wealth – besonders das Moment der Bedürfnisdifferenzierung untersucht, ohne daß dabei, wie ich glaube, viel herausgekommen wäre. Vgl. auch Clark, Essentials of economic Theory p. 206. Stets wird die unanalysierte Tatsache der Bedürfnisausweitung ohne tiefere Untersuchung einfach hingenommen. Wundt basiert sorglos weitgehende Schlüsse darauf.
11 Vgl. "Wesen" IV. Buch.
12 Es ist allerdings nichts gewöhnlicher, als solche Ereignisse schlechthin als "Ursachen" zu betrachten. So wird die Einführung des Freihandels in England – beachte man die naheliegende Verifikation – oder des Schutzzollsystems der Vereinigten Staaten oft als Ursache der tatsächlichen Entwicklung gepriesen. Im politischen Argumente beruht das auf sehr klaren Motiven. Dem wissenschaftlichen Beobachter der Dinge gegenüber ist aber darauf hinzuweisen daß solche Ereignisse leicht überschätzt werden. Wie die Sage die verschiedensten Ereignisse um

eine Figur zu gruppieren liebt, so gruppiert die öffentliche und auch die wissenschaftliche Meinung in ähnlicher Weise die Erscheinungen einer Zeit um gewisse auffallende äußere Ereignisse. Abgesehen davon jedoch wird durch den Hinweis auf ein solches Ereignis nichts erklärt. Das "Wie" seiner Wirkung und die Wege seines Einflusses sind von entscheidender Bedeutung. Tatsächlich ist es auch zum Gemeinplatz geworden, daß volkswirtschaftspolitische Maßregeln bei verschiedenen Völkern sehr verschieden wirken. Daher auch die allgemeine Mißachtung der Resultate der Theorie. Statt die Theorie zu mißachten, sollte man lieber die vorhandenen Theorien korrigieren.

[13] Vgl. darüber v. Schmoller, Grundriß 11. Band.

[14] John Rae. Vgl. die Introduction und "Of science versus systembuilding" in "The sociological Theory of Capital" 1905, wie der Herausgeber, Mixter, das Werk von Rae genannt hat.

[15] Ich erhebe deshalb auch gar keinen Anspruch darauf, eine Theorie des Preisniveaus zu geben. Immerhin wird man sagen können, daß nach unsrer Auffassung im Laufe der Entwicklung eine Steigerung der Preise der ursprünglichen Produktionsmittel und eine Senkung der Preise der Produkte zu erwarten wäre und daß die Tatsachen dem nicht völlig widersprechen. Man bedenke auch, daß Steigerungen der Lebensmittelpreise zweifellos mit der Bevölkerungszunahme zusammenhängen, einem Momente, das wir ausdrücklich aus unsrer Betrachtung ausgeschlossen haben. Vgl. übrigens noch das Folgende.

[16] Im Prinzipe wären das die Liquidationsperioden. Aber viele dieser Wirkungen setzen sich nur langsam durch, und so ist es wirklichkeitstreuer zu sagen, daß das Perioden sind, die im Gefolge von Liquidationsperioden auftreten. Sie unterscheiden sich dann von ihnen durch die Länge der Zeit, die größere Breite, aber geringere Heftigkeit der Erscheinungen.

[17] Natürlich gebrauchen wir das Wort "sparen" hier aus Rücksicht auf den in diesem Zusammenhange üblichen und nicht in unserm technischen Sinn.

[18] Vgl. über dieses Thema namentlich folgende Arbeiten: Das grundlegende Kapitel von Ricardo – frühere Leistungen findet der Leser angegeben bei Ergang, Untersuchungen zum Maschinenproblem 1911 –, dann die darauf basierenden Ausführungen von McCulloch Senior, Mill und Marx. Als Beispiel einer besonders naiven Auffassung der Sache diene R. Owen; vgl. darüber und über andre populäre Behandlungen des Problems Stephen Leslie, English Utilitarians II. Band. Eine Zusammenfassung bietet das Buch Nicholsons, On Machinery; vgl. auch dessen Principles. Ferner wären noch zu nennen: Johnson im Quarterly Journal of Economics 1906, Carver im Quarterly Journal of Economics 1909, Mannstaedt, Kapitalistische Anwendung der Maschinerie; Schmidt, Theorie der industriellen Reservearmee, Soz. Monatshefte 1904; Bernstein in: Neue Zeit, 11. Jahrg. 1. Bd.

[19] Diese Unterscheidung zeigt schon an und für sich, daß die Behauptung, daß Maschinen Arbeit sparen, in dem Sinne gemeint, daß sie Arbeit überflüssig machen, überhaupt schief ist.

[20] Über die Tatsachen der Arbeitslosigkeit informiert man sich am besten aus den bezüglichen offiziellen Publikationen. Das Nötigste findet man in jedem Lehrbuch. Wenn ich aus der Fülle der Literatur des Gegenstands eine einzelne Arbeit herausheben sollte, so wäre das: Beveridge, Unemployment.

[21] Man könnte kurz sagen: Soweit die Statik nichts ist als eine Logik des Wirtschaftens, gilt sie allgemein. Soweit sie eine Psychologie des Wirtschaftens gibt, versagt sie in einem sehr wesentlichen Fall. Da gilt sie nicht allgemein.

[22] Vgl. "Wesen" V. Buch.

[23] Ich kann darauf hinweisen, daß v. Philippovich in der Einleitung des zweiten Bandes seines Grundrisses ebenfalls das Problem der Bedingtheit und das Problem der Entwicklung unterscheidet. In dieser Fassung der kurzen Äußerung liegt zweifellos ein Symptom sehr weitgehender Übereinstimmung seiner Anschauungen mit der im Texte vorgetragenen Theorie. Allerdings beschränkt er die Eigenart der Entwicklung auf volkswirtschaftspolitische Eingriffe in das Wirtschaftsleben, womit er einen andern Weg betritt. Auch auf v. Schäffle und v. Schmoller kann ich hinweisen.

[24] Insoweit bietet also die Dynamik eine Theorie der wirtschaftlichen Milieuelemente der Statik.

[25] Vgl. das Phänomen der "Teuerung" in Aufschwungsperioden.

[26] Vgl. die Bemerkungen über die Lohnfondstheorie in "Wesen" III. Buch.
[27] Vgl. die Dogmengeschichte von A. Salz. Die wichtigste moderne Autorität für die Frage ist: – F.W. Taussig, Wages and Kapital.
[28] Und wo das nicht zutrifft, werden wir nach speziellen Ursachen suchen. Die Einführung des Freihandels kann z.B. eine solche sein.
[29] Aber immerhin richtiger als Chalmers, von dem er offenbar die Anregung hat. Chalmers begründet wiederum im Anschluß an Malthus – die Sache durch den Satz von der Heilsamkeit unproduktiver Konsumtion.
[30] Im Kleinen sieht man diesen Entwicklungsgang an der Geschichte der Preistheorie, vgl. "Wesen" II. Buch.
[31] Vgl. das II. Kapitel dieses Buches.
[32] Der logische Nachweis der Richtigkeit eines Satzes ist ganz bedeutungslos, wie jeder weiß, der jemals eine wissenschaftliche Kontroverse verfolgte.
[33] Dabei könnten wir vermuten, daß dieser Prozeß Analogien mit wirtschaftlichen Krisen haben und daß auch solche Entwicklungen nicht stetig, sondern ruckweise erfolgen und von Perioden des Erschlaffens gefolgt sein werden. Die Tatsachen bestätigen das.

The Theory of Economic Development

Dr. Joseph Schumpeter

Ursula Backhaus, Diplom-Volkswirt, MSc. (Translator)
Magdeburger Allee 55, 99086 Erfurt, Germany

[463] Seventh Chapter. The Economy as a Whole.[1] Leipzig, Verlag von Duncker & Humblot. 1912.

Hypotheses non fingo.

The underlying idea presented so far forms a unity of method as well as one of substance. It is its purpose to lay out a complete conception of a series of closely related economic phenomena. To us this means that there is just *one* basic line of reasoning, just *one* way of looking at things, just *one* and the same group of facts. But it is in the very nature of the problem that with every step on our explanatory journey it is just *one* particular concrete problem that has figured prominently. Our interest was directed in each case towards the concrete result to be obtained, to gain access to an understanding of the concrete phenomena. The character of the capitalistic economy, of entrepreneurial profit, of interest, and of crises – these have been the major individual problems dealt with and the motivation for the development of the concept presented. The concept proves itself in application to these problems and the principles of explanation formulated in the second chapter are primarily directed towards this solution. It is the solution of these problems that has been our primary concern. But there is another side to the matter – just as there is another side to the static conception. This is that the underlying idea can also take another form when oriented towards the problem of economic development per se. We now want to change our course slightly, and if only briefly and with some reservations, take a step [464] in that direction. In order to achieve this goal, the following explanations should first, in a summary way, clarify some of the points made in the earlier treatment and then add further, essential elaboration. But all these aspects should be contained within the same framework and be restricted to their essential elements. What follows rests and depends on what has been said earlier; it is closely related to it and does not go beyond what is required by the purpose at hand.

The first step towards an analysis of the whole process of the course of economic life is taken by static theory. It can explain to us a part of the

J. Backhaus (ed.), Joseph Alois Schumpeter, 61–116.

economic mechanism by describing it as the momentum towards that state, in which every economic agent realizes an overall satisfaction of needs, which cannot be increased by further acts of exchange – provided that this term is interpreted in a wide sense as to include production – without a change in the conditions given. The problem of statics is one that can always be described by the following scheme: Given a particular population in a certain geographic environment, with a particular endowment and needs, that is socially and economically organized in a particular way with given methods of production and stocks of goods, then, we can ask; what are the quantities and prices of all goods that will be produced and exchanged under these provisions? This problem can easily be solved and it can be shown exactly that there is only one single result. Changes in the equilibrium state of the economy can only be caused by the data and can only be due to "intervening factors" coming from the outside. The effects of a change in equilibrium will again be analyzed by observing how a new state of equilibrium will be achieved and how it differs from the earlier one. A theory to explain the changes of the data themselves is, however, not being provided.[1] The question posed is always the following: *If*, and only if, [465] one or the other disturbance occurs, what are the consequences of the economic response due to these intervening factors?[2] The entire scheme of the static system revolves upon those issues. Therefore, the motto of the static system is that individuals accept the current conditions and try to perform as well as possible under the given circumstances. The content of the static system consists in the basic understanding as to how individuals deal in the best way possible with the manifold data presented to them. Finally, the essence of the static system does not primarily consist in the constant nature of the data, but of the kind of [adaptive] economic process it describes.

We take the second step in drawing a picture of the economy as a whole by investigating the phenomenon of development. According to our conception, economic development poses the second most important problem faced by economics. Development becomes a special problem because of the insight that the basic facts of the circular flow are of a static character. Over time, the picture of the economy is changing. If we look at an economy at any particular point in time, we will observe lively business and buzzing activity. Static theory offers as an explanation the drive to regularly achieve or re-establish a state of equilibrium. This is by no means wrong. If we look at the same economy at another point in time, then we find a similar state of affairs. Again, static theory offers its familiar explanation. But the state of equilibrium, towards which the economy gravitates at the new point in time, is different from the one achieved earlier. Unlike the waves of the ocean, the waves of the economy do not return to the same level. They always tend to swing like a pendulum around a certain level, but the level itself is not always the same. It is not just the observable facts that change. The explanatory pattern, *i.e.* the ideal type, changes as well. Let us grant that the first problem of economics was: how, based on its entire circumstances of life, does a population reach a particular level of the economy? – Then [466] the second problem is the following: how does an economy make the transition from one level – which itself was viewed as the final point and point of equilibrium – to another level? This question takes us to the very essence of economic development.

We have to clarify one point. When we speak of economic development we should not be looking for something beyond what our definitions allow for. The totality of changes in the economic relationships of nations, as described by economic history, consists of very complicated phenomena. Our insight into their nature and their mutual effects is only very limited. We selected a clearly defined group of aspects and found that those could be analyzed by the same method – which we tried to describe. Of course, this method does not exhaust the wealth of facts that are presented to us in reality. It does not even exhaust the economic part of the matter, insofar as this part can be examined separately. Even less does this method exhaust all those phenomena which result from the mutual effects of the economic and the non-economic parts of the life of nations. It was not without justification that in the earlier chapters the word "development" was often followed by the phrase "in this sense." The same reason compels us to issue a warning here. The following assumption should perhaps be made explicit. It should explicitly be emphasized that no similarity with any other meaning of the modern term "development" is being intended. Some evolutionary analogies or theorems have neither been looked for, nor surfaced by themselves. In this sense, development, as far as I can see, has neither formal nor material connections with the biological development of any organic body. We were very careful not to speak of a general "progress" but rather of "development." We describe facts, but we do not evaluate them.

[467] Two additional tasks remain which have to be treated separately from each other. On the one hand, economic development is a problem of economic history and economic geography. This approach is concerned with the concrete course of development in a particular time and at particular locations, with changes in industrial organization, in methods of production and quantities produced, in technology and welfare, the emergence of certain new industries, and the decline of others. On the other hand, one can look at an additional group of questions. These issues are concerned with two problems: First, how and by what process do concrete changes occur? Second, is it possible to recognize regularities in the way that everything new arises? And if so, can these regularities be formulated in a general way? Both problems are based on the same set of facts. But the first relates to the concrete, individual content of the economic development of nations. The other is more concerned with the form that national economic developments take. For the first problem it is important to know what happens. For the second problem it is important to know how things happen and the circumstances under which they happen. The first is the descriptive, the second the theoretical problem.[3] They stand beside each other and supplement each other. In the field of

economics, this parallelism can often be observed.[4] In short, the first problem relates to the description of concrete developments, the second to the description of the courses of development per se. For the former, the description of concrete circumstances is important, which have led to a particular development, as well as the concrete content of that development. For the latter, the manner and circumstances of the course of events as well as its mechanism are the important issues.

[468] Within the first, the historical task, two issues can be distinguished. On the one hand, the work of an economic historian directly gives us the picture of the individual course of events in a particular period of time and at a particular location. For instance, economic history describes the cooperation of independent enterprises in Southern Germany at the beginning of the sixteenth century, or the emergence of the porcellain industry in Meissen, or the transition from hand weaving to mechanical weaving in the 1780's in England. By studying many of these episodes one can gain a picture in broad brush strokes. One could arrive at the result – of course I do not say that such a result really comes forth – that the process of development, wherever it is being observed, always has the same causes or that its concrete content is always the same. For instance, economic development shows a tendency towards more and more freedom for the individual or, to the contrary, shows a tendency towards more and more socialization of the economic process or, in alternating fashion, that there is a tendency in both directions. These comprehensive studies, which culminate in historic philosphical constructions, come close to theoretical work, but they are not the same as the kind of theory we pursue here. They are in between theory and economic history. They often contain a lot of elements from theory. Sometimes, their results can be put in contrast to those of theory. Comprehensive studies do not show the same characteristics as theoretical analyses. The latter, on the other hand, are based on the principal features of economic life. Unlike comprehensive studies, they do not immediately aim to get to the point, but try to gain an insight into the problem by way of isolating of facts and analyzing them.[5]

[469] This [present work] is an attempt to present a theoretical analysis of development, of its mechanism, in the form of a scheme to which the facts of development would generally conform. We look first at a general cause for the changes in the fundamental structure, *i.e.* in the level of the circular flow. We locate this cause in the fact that – as we expressed it – new combinations get driven through. We saw that when new combinations are carried through this can be attributed to the actions of a particular type of economic agent whom we called an "entrepreneur." The behavior of the entrepreneur differs substantially from that of other economic agents, who fit into the scheme devised by static theory to account for the economic activities of people. Finally we learnt about the different means with which the entrepreneur, in our sense, drives through the new combinations in the different organizational forms of the economy, through which he selectively channels the economy in new directions. These means have in common that with their help the agents of

the static economy will be forced to serve new functions. The particular character of these means gives its stamp to the economy and thereby gives it a particular form. They are the principal distinguishing features of the different organizational forms – to a much higher degree than the aspects normally cited.[2] Hence, our goal was to solve a number of problems which were generated by the way and means, in which these new combinations get driven through.

Our most important result is that such economic development really exists. This means that the picture of any economy would change – *i.e.* in a particular way that we already know – even if nothing were to change in the world of the non-economic.[3] This conception is the contrary of an alternative explanation which can be expressed as follows: an economic equilibrium, once attained, will be maintained, as long as there is no disturbance coming from the outside. From this [alternative] it follows that [470] any change in the economy will have to be based on other causes than those which are technically called purely economic. Therefore, an explanation for development can be provided from the static point of view. According to this [static] notion, the economy adjusts in a specific and determinate way to any given change, be this in the social, geographical, ethnic, or the general cultural environment. The economy changes – according to this view – only insofar as there is a change in the environment itself. The causes and driving forces of economic development too lie in this environment, in these conditions and configurations of the economy. In other words, there is no true *economic* development, no development emanating from the economy itself, but only development that conforms to one pattern of imagination or does not conform to it. Yet, in any event economic development brings about extraeconomic effects in the social realm that have further repercussions within the economy. This kind of development expresses itself everywhere in national life. In each area of national life it assumes special, idiosyncratic forms – its effects on each area of national life can be captured using the categories specific to that area. As a final point one can say that the ripple effects of the dashing of the waves of this kind of development can be felt everywhere including within the economy, without it being possible to explain its causes from within the economy. According to this conception the purely economic plays only a passive role in development. Pure economic laws describe a particular behavior of economic agents, whose goal is to reach a static equilibrium and to re-establish such a state after each disturbance. Pure economic laws are similar to the laws of mechanics which tell us how bodies with mass behave under the influence of any external "forces," but which do not describe the nature of those "forces." In mechanics it is assumed that bodies, when no force affects them from the outside, do *nothing* of themselves and do not produce even a single new phenomenon of a mechanical nature. In the same way pure economics provides us with formal laws as to how the economy is shaped under the influence of conditions coming from the outside. It shows [471] how the economy responds to changes in those conditions coming from the outside.

Therefore, in such a conception, pure economics almost by definition excludes the phenomenon of a "development of the economy from within."

Only rarely will such a conception be formulated explicitly. Frequently, it is the very reason for the silence of the theoreticians on the phenomenon of development itself; this corresponds to the standpoint of many of the best theorists. We do not completely deny that such a conception might be justified. It is true that this way of thinking corresponds to the fundamental principles of static economics. It allows for the precise formulation of static laws and it is the only instrument with which to capture the effects of other than purely economic causes affecting economic life. Those static laws are the basis of a scientific understanding of the economy. And to explain those effects is an important task of theoretical economics. As an abstraction, this conception is justified, even indispensable. Very many of the economic transactions and events are indeed phenomena of adaptation. Yet we maintain that the conception described is not sufficient to explain the real development of the economy. It is indeed very tempting to explain the changes of an economy gravitating towards an equilibrium by saying that the facts have changed. For those who just look at the static transactions this conception is manifestly obvious – these transactions are essentially always of the same character. Hence, when examining the difference in the end result, does it not have to lie in the data? Whatever the data are, there is never a lack of validation. There will never be a lack of specific changes in the data to which one can point without appearing to be absurd. Furthermore, this conception is presented here as deep and comprehensive, in such a favorable light that one could imagine that its true purpose be the falsification of that conception rather than its refinement. And yet the theory is empty. It says nothing insofar as it is correct and insofar as it says anything at all it is wrong.[472] In its essential or universal form, *sub specie aeternitatis*, [J. A. S.][4] foreign forces determine the life of nations and of the economy including natural forces of all kinds. But this projection is nothing but a frame for a picture – the picture itself still has to be painted. We are here concerned only with the more narrow, more intimate relationships. It is true as well that natural and social factors shape the economy, and that the economy is a part of the life of a nation. But this is self-evident. To put it more precisely, it is the manner in which, the "how" this occurs that is of interest. This is the relationship that interests us; and here, the static conception fails to provide an answer. This can be ascribed to one of two reasons. Either the static theory stresses that the economy depends on all of these factors. This is true, but what happens in the area of the economy also has an effect on the life and shape of those factors as well. This leaves us where we were before, because we know this already. We have to deal with an effect of alteration, not with a causal chain of explanation. This conception asserts that the economy as such is nothing but pure *result*, that its role is *only* passive, that it is *merely* being propelled and that it is not a propelling force by itself, that it is the other [non-economic] forces that are active and that the entire course of economic events is only to be understood as a reflection of their effects. This would be the social philosophical aspect of the static conception, it one were to refine the static conception in the form of an economic philosophy. But this is wrong and no one would seriously engage in such an endeavor. To the contrary, we ignore the fact that under this conception important economic phenomena would simply remain unexplained.

Of course, this does not mean that I deny all those aspects of the changes in the human and material environment or of their influence on the economy. The position these aspects will have to take in our picture is quite obvious. Two cases have to be distinguished: one is that the economy adjusts to the constantly occurring changes of the environment in a purely passive way. In this case we have to deal with a statistical phenomenon, which can be fully understood by means of statistics. But we have to distinguish this phenomenon from the alternative, which to us stands for economic development, *kat' exochēn* [J. A. S.].[5] The latter term is different from the former as it is based on an alternative principle. It makes good sense to be clear about this distinction because, as can easily be seen, in reality both dimensions always occur simultaneously and are observed as a single one entity. The distinction between both forces and their repercussions is of great analytical value in this as in any particular case. Because once we have the statistical information we are only interested in analyzing development (as understood in our sense) if we can assume as well that the environment remains constant, even when the [473] reality should present us with a complete image of both forces. The changes in the environment do not only have static effects, but become the immediate cause of something new in themselves. These new things can, if at all along economic lines, only come into being in the form of our mechanism of development – and then our picture describes them adequately as well. Thus, the change in environment is never the single or only reason of development, but only a supporting force of it.[6] It will never be able to explain by its own account the event under consideration in an exhaustive manner. In what follows, both possibilities will be explained in more detail by way of a similar example.

Anyone who is at the center of mainstream economics can still point to an alternative theory of development. This is the theory of the classics. It remained dominant until our time. Only recently has there been an explicit and systematic exposition.[7] The theory of the classics is even more intuitive and more obvious than the theory discussed above. It should be noted that the theory of the classics is not entirely contrary to our theory. It is now time to take a closer look at the theory of the classics. In the course of our discussions, the reader has certainly [474] been repeatedly reminded of this theory. In short, the theory of the classics explains development by a theory of [changes in the] economic elements of the environment. The idea behind this theory is that the static activity itself changes the data of the economy. There are five elements of the environment which have to be considered: an increase in population; a rise in capital, with capital being defined in a particular way;

progress in the methods of production; progress in the economic organization of the industrial society; and development of consumer wants. Under the impulse of these changes economic development occurs, as it were, automatically. Hence, economic development will conform to the rules of the static concept. In essence, static theory is the same as mainstream economics. Static theory, and hence mainstream economics as well, would not only provide a theory of the steady circular flow of the economy. It would in addition have a second, complementary component, namely the investigation of those five environmental forces and their impact upon the circular flow. Although the circular flow attains its equilibrium at any particular point in time, these five forces impact upon the circular flow and move it towards a different equilibrium beyond the reach of the old one and to new levels.

In a somewhat different sense we can interpret the conception of the classics as the theory of the organic growth of the economy. Herein there was no stationary state of equilibrium at all, but only a steady movement of the equilibrium. Any particular "center of gravity" would not be much more than a fiction. For instance, if one reads Marshall's famous work, the first impression gained is that our idea of a stiff constancy of the static economy must simply be wrong. Marshall himself states that in the case of economic equilibrium, we are not dealing with a phenomenon akin to a mechanical equilibrium, but rather with a biological equilibrium. This can only mean that the basic phenomenon of the economy is steadily unfolding in well-balanced proportions, and that it does not consist in the balancing of fixed forces. Of course, it is particularly this aspect which for several reasons arouses the interest of an [475] economist who cannot resist the temptation to coin terms which gloss over the underlying questions. If one asks for the causes of that development of the economy, then the response can only be a listing of those five aspects. Therefore, in practice, the two variations of the total concept of economic development cannot be distinguished one from the other.[6]

If indeed this theory were to explain what it should make clear then, according to all principles of scientific thought, our theory should not be allowed to exist next to it, because one should not heap upon each other redundant explanations.[7] But as we shall see, in its more modest guise this theory is, at least to a certain degree, not incompatible with our theory. The first step in the analysis is to show that this theory is insufficient as a theory of development. Instead of revealing the deeper causes of development, it only partly uncovers superficial phenomena which are either by-products or consequences of [real] development.

In fact, there is hardly an economist who would not think of the increase of the population as a lever of economic progress. This is always the first issue to be identified when looking for the causes of economic development. It can be observed in the scientific literature as well as in popular discussions of daily questions. What is our response to this kind of argument? In particular one has to clarify the chain of effects consequent to a population increase. The first effect is a rise in the demand for luxury goods and a rise in labor supply. Within the economy, the influence of an increase in population can have no other consequences than those. The rise of the labor force brings about an increase in an original factor of production. This factor of production thereby becomes cheaper to the businessman. At the same time, it permits a higher level of production of goods in the wider economy. Even if the wage were to fall to unprecedented low levels due to an increase in labor supply, the total sum of wages generally will rise. Hence, there is no doubt about it that an increase in demand will ensue. Of course, the situation of the labor class could get worse. Therefore, the economic result achieved by an increase in population could be ambiguous. Nevertheless [476] one could still speak of economic development. The appearance of the economy has changed. In this, we try to make neither a judgement nor an evaluation of the progress.[8] Now, it is important to know how the increase in labor supply will be allocated. Provided *that the only change taking place* is an increase in population and nothing else varies, and the supply of labor grows, then nothing much will change in the basic lines of the economic system of value. The additional supply of labor will be used for those purposes which have already been served by the existing supply of labor, and for those marginally less productive functions immediately adjacent to the present use. On the whole, the same static value system will be kept intact, except that those economic agents who can take advantage of the lower prices of labor will experience a higher degree of satisfaction of wants. This chain of events has already been analyzed in detail by the classics. In principle, it has been described correctly. The prices of products based mainly on labor will decrease. On the other hand, land rent will rise because the new laborers will demand more products from the same supply of land. In addition, other people will also be in need of more land, for instance, all those industrialists who are expanding their firms. The classics *only* thought of these effects both centering on the land rent increase. The evidence that the classics *only* thought of these effects and not others lies in the fact that they – and foremost Malthus, of course, – only *saw* the negative consequences of population increase over and beyond a certain level. And they were justified within the terms of their model, because if there were really no other effects than the ones described, then it would not take long before a dull pressure of the masses of workers builds up against the prevailing organization of production. [477] By a decrease in the wage and an increase in the prices of foodstuffs the situation of the workers would get worse in two ways: on the one hand this scenario would doubtlessly lead to the consequences as described by Malthus. And on the other hand, it is also beyond doubt that only the landowners would realize a substantial improvement in their situation.

But something else can happen, too. The increase in population can be an incentive to reshape the economy, and this new form of the economy could lead to an improvement for the increased number of people in comparison with the lower level enjoyed by the former smaller number. This is exactly what we observe in reality. Therefore, one has to refer to yet an additional group of effects. The fact that the classics restrict themselves to the consideration of the first group of effects shows better than anything else that they restrict themselves to static considerations. They did not imagine that there could be an alternative concept to the static economy. But then it becomes clear that other effects can occur only, if the economy is not simply passively adjusting to the increase in population; if it does not only behave in a static way, but if it responds actively. In other words, if a development in our sense comes forth. Nothing else shows better that our theory is finally based on and is a refinement of that of the classics. In order for this other group of effects to appear, the economy has to take on new forms. These effects do not automatically happen, but have to be caused by the mechanism described above.[8] Due to the wage decrease, the entrepreneur may find it easier to undertake some particular tasks and, hence, he might undertake reorganizations. If not, if no such creative activity exists, then nothing else happens indeed but that dull pressure on the entire economy. This is yet another example that illustrates the fruitfulness of our distinction between static and dynamic [478] economic activities.

We are now facing the following alternative. If the increase in population has only a static effect, then it will not lead to a real economic development. If a real economic development results nevertheless, then its processes and transactions can only be explained by our theory, and not just by statics. Hence it follows that the increase in population cannot be held to be a phenomenon which is an autonomous and direct cause of economic development. But this is not all – there is something else that has to be mentioned. As has already been discussed in the second chapter on the meaning of saving, the importance of the phenomenon of saving is due only to the fact that there is already a process of development underway. People would save much less if this development were not already present. We can say something analogous with respect to changes in population. The increase in population would be much smaller than the one realized, if the economic room for new people had not been created earlier by former periods of economic development. Development continuously creates new forms, new potential for occupation, richer stocks of goods, and the population grows according to this potential into the new forms of the economy. We do not say something new with this. Already Marx exclaimed in the lapidary sentence: "Capitalism has stamped populations out of the ground."[9] This is true, indeed, and the causal relationship can clearly be seen. In general, development and, partly, its repercussions facilitate the establishment of families and open up new possibilities for single individuals. This is certainly true to a degree. Insofar, as it is true, the increase in population is a consequence and not a cause of development. At least in principle this is the case. Then, development and its repercussions can become the incentive of even more and *further* development. But this then is only an additional consequence of the development already present, which also leads to other new developments. [479] As far as this is not so, as far as the population grows independent of the economic potential, we have to refer to what has been said above. Whatever the circumstances may be, our analysis leads to the conclusion that the increase in population is not an original and principally interesting cause of economic development.

The importance of a rise in capital due to saving has already been discussed above. Here, we refer to the above discussion. We have seen that, similarly, innovations[9] insofar as they are of practical importance to the economy, do not initiate economic development but, rather, are a consequence of economic development. These innovations occur whenever the entrepreneur needs them, and if it were not the case that an entrepreneur, in his particular role as an entrepreneur, would already be waiting in order to use any new invention, then these innovations would never be realized in practice. It is not the innovations that have created capitalism, but capitalism that has created the innovations needed for its existence. One could gain the opposite impression only from the fact that we know only of an economy replete with development, and here, everything takes place so fast and immediately, that we cannot always distinguish between cause and effect. All technical and commercial provisions for the application of a new invention have already been met and, in a single case, it cannot be difficult to trace concrete industrial developments back to a single invention. This single invention should not lead us to mistake the core of the matter. It would be different on a primitive level of culture and within a static economy. But here, too, we have to admit that the bounty of new combinations, of new technical innovations, is only partly a consequence of development. For the other part, of course, [480] the stock of technical knowledge increases independently and this would be the same in a static economy. Yet, inasmuch as in a static economy new innovations could find applications, the fact of their presence would only be the incentive for development, offering opportunities to new enterprises. The process of development itself and its driving force would in this case also lie somewhere else, particularly in the personality of the entrepreneur. In the absence of people with such leadership qualities these kinds of innovations would never come alive. This is confirmed over and over again by the history of the suffering of those innovators who are working at a primitive cultural stage. Finally, the progress in the technical and commercial organizations of the economy also belongs here. In as far as there is an independent element in them, the economy will adapt to this progress in a static way and if the economy does not adapt to it, then the reason cannot be found in that particular form of progress. Rather, this is either due to the entrepreneur or this specific process of development, which is already underway.

We are now in a position to show the shortcomings of a conception, which is explicitly and implicitly the dominant one. It is the conception that there is an independent element in technical and organizational progress, which carries its law of development in itself and mainly rests on the progress of our knowledge. Hence, the center of gravity is formed by that optimal combination which reflects the current state of our knowledge. The particular combinations form clusters around this center of gravity. There is an automatic tendency towards the center of gravity. This corresponds to the tendency towards an equilibrium characteristic for the static theory. This is not quite correct, since an automatic progress does not exist, or only to a very insignificant degree. Of course, if a static economic agent perceives a clear advantage, then he will try to obtain it and adjust his economic behavior accordingly. In order to gain an advantage he will [481] work hard and even overcome hurdles. But first of all, there is only a limited number of such advantages available. They can clearly be seen by the individual economic agents. Development is such a well-known phenomenon to everybody. People can hear of development, they can see it, and they are aware of its successes. In a dormant economy such possibilities would only be available very sporadically, and people would be less attentive in apprehending them. Today, this can be observed in the case of craftsmen, farmers, and smaller and obsolete factories. Secondly, we do not deny that such a movement towards the superior methods in production in the economy would also exist in a static state, but those movements operate on a similar scale to geological changes. Only more slowly in an infinitesimal way would the mass of the statistical economic agents, mere constructs, so to speak, sink towards that center of gravity, and *that* particular movement would become entirely insignificant in contrast to the focal shift, which is replete with vitality, motivated by a small circle of personalities, and which does not consist in continuous adaptation.[10] Here, the reader is also referred to the discussion of this subject in the second chapter above.

More than any other factor, that of the continuous development of wants seems to be the lever that can on its own explain economic progress. If this lever lives up to the performance, which is at first glance justifiably expected from it, then a theory of development can be built on the same basis as the one on which the construct of statics has already been erected. Then, its starting point would be identical with that of the static theory. The theory of development had as its goal simply analyzing the effects of the progressive differentiation and extension of people's present wants. Every theoretician, who is starting out from the aspect of the use-value in statics will automatically reach for this argument. The classics, however, have not been tempted so easily, and as we can see, they have not particularly [482] stressed this aspect. For the theoretician who would like to take this route it would not be difficult to find support. Psychology offers the law of heterogeneity of purposes.[10] It has often been stressed that in the field of psychology there is nothing that would be analogous to the law of the conservation of energy. Notably in social-psychological and in sociological investigations this aspect has cautiously been worked out. It only needs to be transposed into economic theory. Then, in a way that is similar to our case, this transposition yields an independent explanation. Economic development could be explained on the basis of this psychological fact just as the course of the static economy can be explained from the simple fact of needs themselves.

There is no lack of facts or data which could corroborate this line of reasoning for the economy. Obviously, it is not hard to see that in reality the satisfaction of every need causes additional new needs and desires to come to the surface, so that, whenever one need is satisfied, other needs appear, which one has not been aware of earlier. One could consider it as a given fact that the satisfaction of needs is the same as a widening of the individual's economic horizon. The satisfaction of needs causes new needs and desires to exist. Hence, the satisfaction of needs creates situations in which one recognizes new opportunities and, accordingly, senses new needs. The attempt to improve one's economic situation, which we can observe in our daily experience everywhere around us, [483] points in the same direction and can be explained similarly. A person entering a previously unknown situation will try to make arrangements in that given situation. Naturally, he will start looking around, in even wider circles, trying to improve the one or the other aspect of his situation. He arrives as it were in a new moral environment, which teaches him other needs. If one takes further into account that needs and their visible satisfaction immediately lead to a contagious effect on the economic agents in the vicinity, then one would finally believe that this chain of events is completely sufficient to explain economic development. In discussing all these simultaneous developments we have to remind ourselves that for such investigations a strict proof not allowing for exemptions is currently not feasible. The end result always depends on the entire impression of a particular image of reality, in the feeling whether it is true to reality or not. In the area of social sciences such a state of affairs is not rare at all. One can often have counterarguments against the theory of one particular person. Yet, it might still not be possible to force the other person to give up his standpoint. In all situations, there will always be an argument that can be made in order to defend any view, even the most unreasonable one.

Hence, we can take away the support for this theory which it draws from psychology and in particular from sociology. Rather, the Law of the Heterogeneity of Purposes is not such a securely arrived at result as for example the law of the satisfaction of needs. It can also not be so strictly proven, but it is primarily based on direct social observations, simply on the fact that human needs and desires have been extended in the course of development. It is not a law based on an analysis which tries to trace matters back to the final causes. The Law of the Heterogeneity of Purposes is only the expression of a particular group of social facts. Hence [484] it has no more authority than it can derive from that group of facts, and it is subject to analytical and other critical arguments. We cannot use this law to support our explanation of the economic course of events, because it is an expression of economic and other social events by itself. It is consequently a *petitio principii* to state that economic purposes have an inherent, original faculty of development because of the Law of the Heterogeneity of Purposes. One can rarely rely on this law for possible support in economics. Our aim is not so much to reject such a critical argument, but rather try to prevent its use.

What remains are the facts, on which such a theory can rest. Those facts need to be analyzed first. Most importantly, it is hardly correct to say that satisfaction of wants "causes" new wants. Of course, this is true of the usual wants. If we call the wants of the next economic period "**new**" wants, then satisfaction of wants will, of course, cause new wants. But here we use an alternative expression for new wants. We call them wants of another nature, or else stronger wants – which means more differentiated wants – and the latter are not caused by the satisfaction of wants. We can explain this in the following way. If due to a particular circumstance the income of an economic agent rises, then he will accordingly be able to satisfy more needs. After getting used to that state of higher satisfaction, his needs will have increased forever. But the core of the matter lies in the fact that needs of a lower intensity which have already been present and which so far have not been satisfied as a consequence of the increase in means become meaningful in practice. They are not newly produced, they only visibly appear at this point. They can appear now due to the increase in means, which is the primary cause. In development, this effect can always be observed. This effect obviously forms the basis of the Law of the Heterogeneity of Purposes. Development leads to a deeper [485] and broader stream of goods. More and more needs and desires can become realized in practice and can be satisfied. But this does not mean that those desires did not exist earlier. They have been occasioned by the satisfaction of the old needs and have then become an independent source of development. It would have to be shown first that this relationship holds, before we can state that satisfaction of needs is an independent cause.[11] Yet an additional aspect comes to mind. If economic agents realize that there is development fueled by different sources of energy around them, and if the consequence of that thriving development is an increase in the satisfaction of needs of some economic agents, then this impression can indeed become a driving force. Yet, such an incentive cannot be the final element in explaining development. Rather, at the most it can lead to a secondary phenomenon of development.

What we want to show now becomes obvious. The development of wants, which we observe in reality, is a consequential creation of the economic development that has already been present. It is not its motor. The fact that the human economy has remained constant over centuries heavily weighs in favor of our argument. But if the development is already under way, then it can, in a concrete case, certainly be preceded by the development of needs and desires which can trigger special economic transactions. In principle, needs sustain their own demand through economic development, and it is economic development that stirred them up in the first place. The amplification of needs is a consequence and symptom of development. In as far as truly new needs and desires exist will they not have a practical effect on the economy. As has already been shown in the discussion above, new needs and desires as such mean nothing. But even then, if there would be an original cause in the development of needs and desires, this would still require creativity and energetic activity in order to create anything new of importance so that even the assumption of such a Law of the Heterogeneity of Social Purposes would not have to offer much in the field of economics. It is beyond doubt that in a single case a concrete demand can bring forth an entire industry. [486] For example, the demand of the large states for the products of the steel industry certainly attracted industry. In that case demand certainly drives development. Still, strong leadership personalities have been necessary in order to create those large enterprises, as we clearly see today. The concrete shape and entire plan of those organizations cannot simply be explained by the relations of demand.

Hence, this explanation of development is unusable, although there seems to be no lack of sufficient apparent verification for such an hypothesis. To a much larger extent than one might believe, this hypothesis is based on facts which are the effects and consequences of economic development in the sense that we have given this term. Therefore, it seems unimportant that this hypothesis leaves essential phenomena of a purely economic character unexplained, just like environmental causation theory, or, what is worse, that it is also guilty of being responsible for explanations that entirely miss the point. Certainly, there could be self-generated movements within any of these five causes. But this does not undermine our own theory. As we saw, then, we can say the same about this theory as about changes of data from outside the economy. All such changes in data either cause static movements of adaptation in the economy or they become the stimulative source for concrete new combinations. In the first case, their influence has to be classified and to be understood as a "cause of disturbance." This will especially be the case when the changes in data are only small or when they appear gradually.[11] In the second case they have no effect by themselves. Only in the hands of the entrepreneur will they become meaningful.

In fact, there is not a single case of economic development which could be explained by this hypothesis.[12] Rather, there would also be economic development even if the data remained constant. But there would not be that kind of development, which reality shows us, without the facts on which our theory rests. Time and again [487] we come across the activity and initiative of the type, whom we called the "entrepreneur," as well as the cogwheels of our mechanism. The history of every industry leads us back to men and to energetic will and activity. This is the strongest and most prominent reality of economic life. *The economy does not grow into higher forms by itself.* Unlike the clay that is thrown on a potter's wheel, the economy does not get shaped by its own data. Neither the data by themselves, nor the catallactic logic that flows from the data, decide the economic fate of nations. The meaning of a pure change in data is insignificant. The possibilities created by a change in data pass unnoticed by the static economic agent and in any case they will remain unused. This is similar to the example of discoveries of gold. In principle, discoveries of gold have helped the discoverer only to a limited degree. Therefore, a change in the course of the economy only rarely creates or destroys an industry.[12]

When we want to push through to the essence of the matter, we can abstract from those aspects and thereby consider them as constants, that are mere phenomena of adaptation. First, because there would be economic development even if all of those aspects were lacking. Secondly, because our theory explains in essence the development of reality. [488] And finally, thirdly, also because of those causes of development [independent variables], which lie outside of our image [model]. Hence, we can neglect those aspects when considering the essence of the matter. We can assume these aspects to be constant. And then we can refer to the process we described as development and we can assert that with our scheme we get to the core of the matter, to the essential, to the principle of things.

Hence, in this sense, economic development exists as a special phenomenon and in particular as a pure economic problem. Neither the grand conception of comprehending the economy in relation to environmental disturbances, nor the assumption of an immanent – one might say "organic" – development, can do justice to the facts to be explained. On the other hand, the facts to be explained can be described in a uniform fashion by other theoretical principles, so that alongside the theoretical framework of statics one can erect a theory of development, which is of the same nature. Of course, – just as in the case of statics – it does not explain all the facts of development. In the first case, it does not explain individual facts, because our theory of development is only a general scheme of thought. Second, it does not cover all aspects of those facts with which it is concerned, but illustrates only those facets that are observable from a certain point of view. Third, it does not even register all kinds of facts. It does not show the mistaken facts, those of a purely ethical nature, etc. It confronts reality in just the same way as does statics. To round out the theory we would have to repeat everything that has been accomplished in the realm of statics in struggles lasting for centuries. Yet, all the needed abstractions and limitations we have to make are motivated solely by the attempt [489] to clearly analyze a real and unified phenomenon, indeed to demonstrate that economic development has its source first of all in the economy and nowhere else.

If follows from the entire outline of our line of reasoning that there is no such thing as a dynamic equilibrium. Development, in its deepest character, constitutes a disturbance of the existing static equilibrium and shows no tendency at all to strive again for that or any other state of equilibrium. Development alters the data of the static economy, and this does not occur by organic reconfiguration, but in particular with the new creations, and as it were, unorganically. Development has a tendency to move out of equilibrium. This is quite different from what we could call organic development, it leads to quite different pathways that lead somewhere else. If the economy does reach a new state of equilibrium then this is achieved not by the motive forces of development, but rather by a reaction against it. Other forces bring development to an end, and by so doing create the first precondition regaining a new equilibrium. Actually, what happens first is that when a new development begins, there is again a new disturbance in the equilibrium of the economy. Thus, development and equilibrium in the sense that we have given these terms are therefore opposites, the one excludes the other. Neither is the static economy being characterized by a static equilibrium, nor is the dynamic economy characterized by a dynamic equilibrium; an equilibrium can only exist at all in the one sense mentioned before. The equilibrium of the economy is essentially a static one. This is a consequence of our discussions, which seems to be strange only for the reason that, in other areas,[13] in which the terms "static," "dynamic," and "equilibrium" exists and from which we borrowed these terms, the matter is completely different. Or, expressed in a better way, because there these terms have a different meaning and they are used for an entirely different application.

[490] We now come to the third general principle of the phenomenon of economic development. Recall that the first general principle is that development is a purely economic phenomenon; the second is that development is essentially a disturbance of equilibrium. Now third, we see that economic development is not an organic entity that forms a whole; it rather consists of relatively separate partial developments that follow one upon the other. Here we build on what has been said in the chapter on crises. Accordingly, development of the economy occurs in a wavelike fashion. Each of these waves has a life of its own. In a ratchet-like fashion the level of the economy is raised, and the entire picture of economic development of a people cannot be represented by a continuously increasing curve which follows a single law. Rather, we can represent it by portions of different curves with each curve having its own distinctive form, although the character of the mechanisms that bring about development leads to a certain similarity of these forms. In reality, political and other non-economic events would always interrupt the complete continuity of economic development. Even if there were no such interferences from the outside, development would not, is it were, consist of one single piece. Development were not, as it were, carved from one piece. This however does not mean that in the long run there may not be observable a unity of direction in the partial developmental processes that span the longer time period. Under the proviso that we remain within our given frame of reference it is quite possible that when connecting the highest and the lowest points of a real development process, the line connecting them might be of a form that can be described by a uniform law. But for our purposes what is important is that unity of a plan can only exist for a partial development, such as for a household – but this partiality exists only in the consciousness of economic men. For any larger entity we cannot refer to the unity of a plan and the unity of coordinated actions of the people [making up that larger entity]. Rather, [491] this *may* well happen as a special phenomenon, but it is by no means *certain* that the observer will look at it [the result] in this way. If we want to remain close to what corresponds to the real course of events and the real intentions of economic agents, then we cannot speak of the whole development as containing an organic unity. In the same way, for instance, we cannot

speak of the economy as an economic unity. If in the latter case it turned out that the economy of a nation led to the same end results as if it had been consciously directed by a single economic agent, then this would constitute an empirical result, which from the point of view of the principles of theory could happen, or it would not. A real fact is that there has to be a uniform upward movement within the economy and that we have to be able to completely explain it. Yet, we see that the uniform upward movement is being interrupted and that after some time an important new upward movement starts. This new upward movement is based on the realization of different plans. It can be based on other factors and possibly have a different shape than the former upward movement. As we have also seen in the sixth chapter, it is in principle generally impossible for the economically active person to design plans that go beyond the single partial development. Rather, all effective enterprises will be exhausted with the phase of development that they belong to. Now, if we want to describe what really happens, then this image is similar to the movement of the waves and not to the uniform curve. In general, the consecutive peaks and troughs of waves will be higher than the former ones. This is because every additional economic development finds among its data the results and achievements of the earlier development. The circumstance that the single phases of development intersect with each other will certainly help to make them more similar to each other, but the character of the matter lies nevertheless herein that the upward movement in strong economies does not consist in perhaps **one** large upward movement, [492] but rather in differentiable and autonomous separate impulses.

The larger, more "secular" up- and downward movements in the life of nations constitute phenomena which likely cannot be understood in purely economic terms.[13] They go beyond the change in the economic phases of development to be discussed here and which currently span only a period of a few years. They certainly have a very decisive effect everywhere, as well as in the area of the economy. On the one hand they cause strong impulses to new actions in the economic area as well, and on the other hand they explain the slow petering out of those impulses to new actions in particular nations. Therefore, development, its effects on all participants, and its concrete expressions are nationally colored to an even stronger degree than the processes of the static circular flow. Yet, *those particular* up- and downward secular movements, of which the historian thinks first of all, when development is discussed, do not cluster with our phases of development. We only describe an economic process which depends on the particulars of economic life.

This is the formal nature of the process which periodically revolutionizes and reorganizes industrial life. It has an effect on all areas, creates new forms of life everywhere. Its most inner meaning lies in the procurement of new kinds of goods and quantities of goods and in the reorganization of the economy towards more technical and commercial effectiveness. I do not have to say anything more about this. But one should be aware of how this principle has to be formally understood. Whether development leads to social welfare or to social misery, to the prospering or to the decline of national life, depends on its concrete content, on what concretely occurs in those forms which we describe. But what is most important is that our principle does not already contain a value judgment. Even [493] if it were meaningful that development and progress were treated as synonymous, we would only talk about "development." Even if an observer from the outside would see in the results of successive phases of development ever more complete phenomena, only **we** can tell precisely, whether **we** like the new better than the old. I am leaving now this general aspect, which an alien observer would notice first. Perhaps, this would be the only thing that he would notice at all. Now I will continue with a more modest subject, the discussion of the two important sides of the influence of development on those economic agents, who are directly exposed to it.

Development necessarily leads to gains in value. Almost always development leads to losses in value as well. And both also occur in the closed economy. In the following, let us look at the case where value losses in consequence of development happen in an economy with a communist organization. New types and varieties of goods never cease to appear. Old production processes are being removed in favor of new ones. Better sources of supply will displace less resourceful ones. In general, this leads to a devaluation of already existing goods; often will they be discarded before they are worn out. This process involves losses. Of course, similar things can also happen within an industrial company. An entrepreneur, who sells his old and still running machines as if they were scrap iron in order to replace them with better ones, will first of all experience a loss. But in these cases such losses in value are typically nothing but accounting measures. Of course, the expected gains have to more than outweigh these losses. Therefore, in a communist economy there will only be a gain as a consequence of development. The size of the loss is nevertheless real, indeed. It also plays a role in the national accounts, but no one has a reason to regret it. And it has as little meaning to regret this loss in value. This would come down to the same as regretting that one has to break the eggs to make an omelet. If one wanted to talk about this loss in value at all, then one could only speak of progress in this kind of case.

In the exchange economy, and in particular in the [494] capitalistic economy, by contrast, the matter is different. Here, the term "Reorganization towards Efficiency" already has a somewhat different meaning. Efficiency is here defined from the standpoint of the entrepreneur. This does not have to have the consequences presumed by popular prejudice. Typically, the entrepreneur only makes a profit because he serves the economy, which is represented by the consumer interest. He produces something of higher value or he slashes costs. But there is one exception. The action of the entrepreneur can also consist in organizing a branch of industry as a monopoly. Whatever compensating advantages this could bring in its wake, it implies immediate damage to the consumer interest. In the following, we will not continue with this point as it is already known well enough and has been discussed sufficiently. Further, it should be emphasized that in another respect as well the efficiency of the exchange economy has a different effect from that of the communist economy. The exchange economy is not only oriented towards the needs of consumers, but it also takes into account the means that allow demand to unfold. In contrast, in the communist economy obviously the needs of all members are considered to be the same. But apart from this consideration, profitability is always an indicator of economic productivity.

In addition, profit and loss do not always accrue to the same economic enterprise. Indeed, most often they do not. Finally the fate of many economic agents is tied to the old products, in particular still to the outdated management forms and methods of production. Therefore, loss and profit appear separated from each other, and become the basis of two separate movements in the situation of the economic agents, an upward- and a downward movement. The upward movement is carried with that wave of value, which results from entrepreneurial profit and interest of capital. It is mainly responsible for carrying new economic agents to the heights of the industrial society. It is the moving economic force of a process, which we can immediately observe in any modern economy, the formation of capitalistic [495] wealth with all its well-known external phenomena as consequences, which at times so suddenly and so profoundly stands out in the centers of economic life.[14]

Entrepreneurial profit and interest are the immediate fruits of the process of development. All other profits, which flow from it and which finally also absorb those "fruits," form as a whole what we would call *unearned increment.*[15] Of course, this expression is only used for the increase in rents and quasi-rents and not for an increase in wages as well. This will be discussed below. Hence, due to its economic nature, in all these cases the same phenomenon, the same increase in the yield without a personal "profit" is given. The phenomenon of the increase in value rests on two causes: on the one cause just mentioned, and on the other cause emanating from static growth of the economy which, however, only has an effect in favor of the yields of natural gifts and not in favor of work, too. The popular opinion with respect to the *unearned incremental* [windfall] income is correct. Unearned incremental income is not a reward for performance. It is simply a phenomenon that arises as a consequence of processes that do not stipulate the provision that such a reward for performance should be achieved. This is only a side remark. Let us continue with our underlying idea.

These waves of value, however, are not permanent and the entrepreneur at least cannot participate in an unlimited number of them. But his profits actually turn into wealth. They continue to exist when their source has already dried up. Every entrepreneur and every capitalist, however, can experience a loss through the behavior of other entrepreneurs and capitalists. Partly, this is even unavoidable. Nevertheless, entrepreneurs and capitalists owe everything they possess to development; we could say that development is only to their advantage. Without further ado we can add them to the list of those people who derive an advantage from development, who profit from its repercussions.

According to our theory, even before the entrepreneurs have gained their profits the workers have to have gained a higher wage and the landowners a higher land rent. [496] And this must have led to the consequence that the prices of those goods rose which are demanded by workers and landowners. Indeed, our theory leads to the result that every upward period has to go hand in hand with an increase in the price level – and with a high level of interest. And everyone knows that this result is thoroughly borne out by the facts, as thoroughly as an abstract representation of thought can ever be borne out by any set of facts, and as thoroughly enough as to convince us beyond any trace of doubt that our image is true to reality. The explanation of the discrepancy in the case of the land rent is so straightforward and simple that I will not discuss it further.

This process, however, contains effects that are muddled together, and that are partly opposing each other, so that the final price changes often have only a nominal meaning. In the beginning, there are not larger quantities of goods vis-à-vis the higher incomes in money terms. In particular, in the case of an isolated economy, there would not be larger quantities of goods. And it should also be mentioned here that the optimistic mood that dominates upward periods is indeed caused by the mass effect of exciting activity, beautiful visions and the illusion by the higher level of prices, than by any real increase in welfare. On the other hand, the increase in wages and rents is not purely nominal. Apart from the fact that both branches of income can move in opposite directions, there are in any particular economy fixed incomes, more or less permanent receipts, the real value of which can become compromised by the increase in prices. In reality, the mechanism we describe does not work promptly. Value-encompassing rudiments of former developments remain, leftovers and late pickings of earlier entrepreneurial profits, quasi-rents of produced goods, excess supplies of any kind not immediately wiped out by competition. Other kinds of incomes follow the impulse of development only slowly, for instance the incomes of civil servants, and those of many others. State creditors and mortgage creditors [497] cannot participate in the increase of interest with respect to the totals fixed already, etc. To the disadvantage of all of those elements the share of the workers and "landowners" can in practice as well as in reality rise considerably.

In addition, in reality, development, and in particular early development, starts out in locally restricted areas. Wage increases, and in particular increases of rent, will only be to the benefit of a minority of workers and landowners. The corresponding price increases will also not be immediate and radical, but will still more strongly depend on the influence of supplies than the rises in income mentioned above. Therefore, the symptoms of a general upward movement can be spotted early in locally restricted developing areas.

This fact is well-known. It has been generally known for a long time. A. Smith expresses it in the eighth chapter of the first book of the *Wealth*

[J. A. S.][16] in the following words: *It deserves to be remarked, perhaps, that it is in the progressive state, when the society is advancing to further acquisition, rather than when it has acquired its full complement of riches, that the condition of the labouring poor . . . seems to be the happiest and the most comfortable. It is hard in the stationary, and miserable in the declining state, the progressive state is in reality the cheerful and the hearty state to all the different orders of society. The stationary is dull, the declining melancholy (p. 83 ed. Cannan).*[17] [J. A. S.] What a nice and also strong exposition of the facts! But how characteristically for the work of Smith,' of whom a thinker, who plumbed the depths, said already in the year 1834 the following – too strict, but not without justification: "His peculiar procedure is similar to that of a natural explorer who wants to investigate the character of the wind, yet who assumes that the character of the wind is known already and who sees his task only in combining and ordering the different phenomena related to it, with which we are already familiar from our daily experience."[14] First, Smith emphasizes [498] observation, which has, as we saw, a very small basis in reality. Secondly, he misunderstands the nature of the fact completely, therefore he puts it in a connection with other things, among which it gets lost. He even formulates such sentences as the following – *p. 71 continued, ibidem –: It is not the actual greatness of national wealth, but its continual increase, which occasions high wages . . . Though the wealth of a country should be very great, yet if it has been long stationary, we must not expect fo find wages of labour very high in it.* [J. A. S.] First of all this has nothing to do with our fact, of which Smith is also aware, because here nobody has thought of periods of upswing – which solely lead to it – but of a "secular" upward movement. However, even successful attempts at corroborating the theory for the cases of America and China prove nothing. Or rather, it only shows that there is no penetrating analysis, except for just that immediate observation that even then remained only at a superficial level and that led to those general principles. Because we now know that the high level of the wage in America is due to and was caused by the shortage of labor as compared to demand, and not to a **rise** in demand – and *vice versa* in China. Further it does not so much depend on the "wealth" – stock of goods – of an economy, but rather it is the degree of entrepreneurial activity that is decisive. Finally, those principles are only correct under the assumption that corresponding to higher wages the number of workers will increase. This may or may not be true, it will certainly dispose of our fact in its own characteristic way. This is what Smith often does. All the time we find in his work facts of lively business and buzzing activity picked out with skill and transferred into the herbary of science. And his successors have not understood how to use his "wealth," so that it will be a task of the future to breathe new life into some small and dried out little branches of A. Smith' tree. Theory formation had perhaps taken other routes. In practice, however, it would have become much more fruitful, if it had retained the entire breadth of the *Wealth* instead of exclusively analyzing some few groups of facts. [499] But Smith himself has done little more in the less important matters than to sum up daily business experiences, often from the wrong perspective. Some things he does not explain at all, others only superficially, and a whole lot he explains in a very unsatisfying, if not in the wrong way.

I could have tied those remarks to yet another example of the many illustrations by A. Smith, which can be cited for the fact that a new and immediate observation is evidence for our theory in thousands of small sections. But already the formal character of our image certainly forms an obstacle to explain too many concrete transactions with this picture. Therefore, I believe that I will not present a theory of the level of the wage which would, of course, depend on concrete aspects. Our picture does not contain those concrete aspects. From what has been said so far, I only assert that within the limits given, the facts we consider have to lead to a wage increase. Of course, their influence could be overshadowed by that of other facts. Let us return to our underlying idea.

So far, workers and landowners gain by development, although they often do not gain a whole lot. Those economic agents, who have so far demanded labor services and products and other services of the land, lose on the one hand by the wage- and rent-increase. On the other hand, they gain by the general increase in price, which also extends to their products – with the exceptions easily to be guessed. For the single economic agent those profits and losses compensate each other only in exceptional cases. In the case of the single economic agent it is rather the rule that profits and losses fall apart from each other. They cause corresponding repercussions on wage and rent and have even further ripple effects. However, we do not want to go into details here. Rather, we are content with stating that there are already losses of different kinds in the economy before the products of the new ventures get to the market.

Those new products which emerged stand either in direct competition to *all* existing products, as far as [500] these are similar products or products which could at least serve in satisfying the same needs – or, the newly developed products stand in indirect competition with all existing products, if demand changes in favor of the new products so that demand for the old ones has to be restricted. Of course, this new competition affects the old products, with which we have been familiar, in very different ways. This, however, is not subject to a closer analysis, although price theory offers the means for such an analysis. Only the following exception should be mentioned. New goods are complementary to the old ones. Therefore, the occurrence of the former will even lead to an increase in the demand of the latter. But this scarcely changes the sketches in broad brush strokes, because the effect on other old goods not belonging to this case has to be the stronger.

A decrease in the price level must be the consequence. We cannot justifiably expect that it will be reflected in price statistics. First, because the price level depends on too many other aspects, which affect the economy "from the outside."[15] Secondly, because the entire process *does not* occur in periods clearly separated from each other. In particular, new products reach the market already in the period of upswing. In reality, new products may also be absorbed, without disturbances, by many stocks and reserves. But in fact, reality does not present an argument *against* us. If no further development were to occur, but if the new ventures simply were to find their place in the static organism of the economy, then that particular decrease in the price level would be permanent. The price level would be lower than before the wave of development. This is, because [501] more goods would be there vis-à-vis the same quantity of money – provided that the entrepreneurs would cash their bills of exchange, etc. The bills of exchange would be retracted and new bills of exchange would not be issued.

This price decrease is the symptom of the realization of what has been promised by development. The price decrease is the realization of the achievements of development and it is – this has to be said with caution to be explained succintly – the essential aspect; this is what turns development for workers and for landowners into something that is advantageous. It is much more important than the rises in their money incomes in the period of upswing. By development, both workers and landowners win. They gain mainly in their roles as consumers. In this respect the changes in the situation of workers and landowners belong to that group of upward movements, which lead to development as a consequence. If we use for a moment the well-known classical conception, then we can state that now the values of all goods decreased, because due to the improvements in the methods of production less work is required for their production, and more goods than before are necessary to buy the same quantity of work. In the further state of events, the new goods also fall to their level of costs – so that the size of the value of the entrepreneurial profit is also to the advantage of the consumers. This is in fact the essential content of the increase in welfare of the lower classes of the economy, in contrast to the formation of wealth of the entrepreneurial circles, which has to be understood entirely differently. This is the aspect which – as far as it is relevant at all – has the effect on the higher stages of development which can be described by the old popular saying that the poor one is living better than the rich one did before.

The movement described is just one of two, the upward movement. Its counterpart is the downward movement in the situation of many economic agents. The downward movement is anchored in those static processes of production, which are particularly hurt by the price decrease, apart from the case that means of production as a consequence of development have to be delivered more cheaply than before. We have [502] already discussed this in the chapter on crises. There, we have also seen that the strongest of these effects, even if they are steady, are attached to particular periods in time.[16] Old forms of management and outdated production processes, all goods of a longer duration of life now will also for this reason be devalued – and not only by the increase in costs of the upswing period. This hurts all static firms more or less and will only exceptionally be compensated by repercussions. Therefore, the static economic agents suffer as producers get further and further pushed back. Also, often the leaders of yesterday belong to that case. They often fall in their position almost to unimportance. This process would also take place in case of an immediate response, but it is made worse by the fact that the most immobile economic agents do not respond fast enough and not thoroughly enough to it. Often, this is through a lack of intelligence and means. The craftsman cannot imitate any technical process, the owner of horse-driven carriages cannot open a second railway line next to the one which destroys his business. Often, there is also a lack of inclination. The skilled master of his own business might not be willing to turn into a factory employee, the factory owner might not want to become a salaried manager of a large company, even if this were the proper thing to do. Therefore, the prosperity or despair of economic agents is often inseparably connected to a certain type of management or method of production. The decline of that particular type of technology of production and management will necessarily bring about the decline of this type of economic agent. In the exchange economy, this gives a special character to the replacement of the not so suitable [ways of doing things, methods, etc.] by the more suitable. The inevitable debasement of what has been existing before therefore appears in a different light as compared to the current state reached by development. [503]

So, a process of stunting, a decline in status and class of wide circles goes hand in hand with the upward movement. A lot of frictional profits disappear, which, however have only been a consequence of deficiencies in the mechanism of competition, but to which the economy had adapted and which have been the basis for many a person's livelihood. By development, entire layers of society lose the ground under their feet. Certainly not suddenly, but slowly. Through generations, the people in question live a poorer and ever poorer life with ever more bleak hopelessness. Slowly, they lose the moral and intellectual level, the more so, the darker the economic prospects around them are becoming. Their firms become poorer and poorer, tumble into ever more unfavorable situations, become breeding grounds for social grievances and fall into the hands of ever more despicable public persuaders. These companies dry up and decay. Compared to the magnitude of development as a whole, an alien observer would hardly pay attention to these phenomena. The losses are only the reverse side of development. They result because the services which have been the basis of economic life for those economic agents, are now being performed in an improved, better way. Even the pain which these losses cause, have their function in the faster removal of the outdated, in the incentive towards activity. But those people who participate in the drama themselves, and those who are close to them, have a different point of view. They would still be of a different opinion, even if they thoroughly grasped the nature of the process, which is all too often not the case. They cannot close their ears to the cries of those about to be crushed, when the wheels of the new era roll over them.

This decline in status and class of many companies has, of course, an unfavorable effect on wages and rents. Moreover, the agents of these companies are either workers or people who live off rent, so that the devaluation either falls on wages or on the rents of land. If we still do not see this, then this is because *those particular* workers and landowners do not easily communicate their decline to the others [504]. In this respect, they rather form a special group. They are more strongly attached to outdated modes of company leadership than the others. Besides that, there is an additional factor. While those economic agents are *essentially* either worker, or "landowner," or both, they are neither exclusively. Because in addition they receive profits, which are similar to monopoly profits, as well as quasi-rents, and other frictional returns. In that sense I assert that according to what has been presented so far, workers and landowners belong to the predominant winners of development. The counter movements are less important, and as far as they have difficulties with the transition to other uses – this is what Marx emphasized so heavily – then a phenomenon of economic friction is embedded in there. In a particular case this can be of the largest practical interest, but it is completely irrelevant if reality is to be understood in terms of its underlying principles. It is widely accepted that the basic fact which explains the influence of development on wages and rents is the following: Through the influence of development labor and land will produce more goods, and therefore, the nominal value of wage and rent will finally include more goods than before. Hence, in the long run all permanent achievements of development either increase wages or rents. The reader knows that the fact that there is interest changes nothing in this result. This is because interest, too, is always only generated from the first waves in value of any source of development.

The phenomenon of the decline in status and class, however, can take on a particular character in the case of the original factors of production. This kind of debasement is tied closely to the reorganization of the economy towards efficacy, to the economizing function of development. Here, new companies can either directly be designed to cut costs, *i.e.* inputs of labor and land,[17] for instance as a consequence of a more effective organization, or they can produce new means of production, which have a saving effect. In both cases, there is first of all an increase in the demand for the inputs of labor and land, because the new goods have to be produced, while production in the static firms takes place in the old fashion. In the first case, the more effective organization will finally spread to all firms and other such structures. In the latter case, those means of production will be applied to the operation and will then "compete" with the original inputs of labor and land. In this way, demand for the inputs of labor and land declines. This is the reason why, obviously, the cost-saving function of development hurts the producers' interest of workers and landowners in a way which seems to be very analogous to how the interests of the owners of old durable goods are being hurt.

This old, well-known relationship is regularly treated in economics, but in isolation from the other body of theory, under the title "*on machinery*." Here, we cannot go into details. But I want to mention only a few points which are important to us, and rather emphasize the upshot of our discussions.[18] First of all, we do not – only – speak of the effect of technological innovation, this is rather a particularly special case of the special [506] case of the larger process of erosion in status and class. Then, we do not only speak of the effects on the workers, but also of the effects on the landowners. In this connection, I am, of course, not unaware of the fact that, indeed, all the effects which I analyze by placing the inputs of labor and land next to each other, affect as a consequence of concrete and precisely identifiable circumstances both inputs, labor and land, in a very unequal way. In our case, technical progress hurts the workers more, indeed. But the principle is the same, as is the chemical and physiological principle the same in the case of poisoning a monarch or in poisoning a rat, although both events have a very different meaning. By the way, there is a new type of enterprise which hurts landowners even more than workers, and that is imports from new countries. And finally Ricardo has already justifiably stated that improvements in agricultural production techniques can drive down the land rent.

Let us now state the problem more clearly. The relevant phenomenon is not at all the fact of the technical reduction of costs, but the decrease of the demand for labor and land in consequence of it. Still, one has to keep the two matters separate. First, it is a matter of course that the quantities of the inputs of labor and land are smaller after the introduction of improvements than those quantities, which *would have been* required for producing the same quantities of products, if those had to be produced in the old mode, without those improvements. Secondly, and this is by no means obvious, the quantity of labor and land used after improvements have been made could be smaller than that which had been used before in order to produce a smaller output in the old mode. Only the latter phenomenon is of interest.[19] In the first case, no one's interests [507] will get hurt, because the larger product quantity would have never been produced without those improvements. What does this mean after all?

Here, it is absolutely essential to place the aspect of technical improvements in its natural context. Technological change is a phenomenon of development, which can only fully be explained by a theory of development, and which is only traceable in its effects as a drop in its stream. To say that when the entrepreneur uses a part of his labor input to produce a machine, which then makes that part of the labor input superfluous, which in turn makes a layoff of workers possible, all this only makes common sense if – and even here only within certain limits – this entrepreneur has a monopoly position. Otherwise the part of labor inputs made superfluous belongs to the *essence* (*i.e.* rent) of the phenomenon, from which one can only abstract at the expense of misrepresenting reality, but the matter does not end here. First of all, the entrepreneur will generally and directly produce more, so that a lay-off of workers does not have to happen. Yet apart from this, competitors will achieve this. To what extent this happens depends on the elasticity of the supply and demand curve for the good in question. It cannot be said in general, whether, after the new method of production has been established, the same number, fewer, or more workers, will be employed in the relevant industrial branch. So far, a setback to the producer interests of workers – and landowners – is indeed possible. But it does not necessarily have to be so. If the entire development were to consist in nothing else but the introduction of new methods of production, which save on original means of production, and if ever more new labor "saving" machines would be produced, then no damage would have to happen. By pushing this argument to an extreme, inputs such as labor and land will have been substituted which never existed in the first place. This gives the proper weight to the argument, that the production of those machines or the introduction of a more effective organization requires labor and land. One cannot simply [508] reply that this effect would prevail only temporarily and that machinery will finally make the evil worse.

Development, however, does not only constrain itself by the possibility it created through freeing the original means of production. This, in turn causes pressure on wages and rent. But development also offers a counterweight to pressures occurring despite the effects caused by development itself. For example, we saw that any decline of the rate of interest necessarily brings new entrepreneurs into action. This necessarily makes new combinations possible and leads to their realization. For the same reason, a decline in the prices of the original means of production must have a similar effect. Here, the decline finds its effective break – it cannot go further. This aspect, however, can never completely balance the decline in prices. This is self-evident. But it can push them down to a minimum. If one discontinues the observation, before this counter-effect has happened, then the matter looks different, of course. But then, one also distorts the phenomenon, to which character it belongs. Further, if an industry working with such saving methods would be put into a completely static economy from the outside, then our counter-effect could not happen and only the less important aspect of the expansion of the static production would remain, which has indeed the consequence of a decline in price. But this is not how things work in reality. The progress in production cannot separately be taken out of context from an economy replete with development. Only here we observe this type of progress.

Since a decline in demand for original means of production i*s by no means certain to* happen and *can* not go beyond a minimum for a determinable period of time, we will not put much emphasis on this special case of the process of the decline in status and class in general. Every now and then, and in particular locally, it can certainly occur very forcefully, in particular it will look very bad, if one considers only the first of the two periods, into which the phenomenon is divided by time. Despite this matter, we consider the owners of the original means of [509] production, who also represent the producer interest, as those, who in consequence of the capitalist development, looked upon in absolute terms, belong to the winners. – In addition to it, I want to say that the classical analysis, as far as it is unsatisfying, mainly suffers from treating an essentially dynamic phenomenon with the apparatus of the static.

The content of the old theory "on machinery" flows much more easily and more completely from the total theory presented here.

From this it follows immediately that the phenomenon of unemployment[20] with the means of pure theory, *i.e.* from the essence of the economic mechanism, cannot be explained without an unexplained remainder. If workers were to necessarily become unemployed due to the progress in methods of production, then a basis to explain the phenomenon has indeed been created. Yes, then one would even have to wonder less about unemployment itself than about the fact that unemployment does not reach even much further than it does now. Workers who lose their position due to the introduction of machines, could not remain permanently unemployed. After all, there is no market where it can happen that a part of the supply of a good does not find its relevant demand, while the rest is being sold for the usual price. The freed workers would push towards bringing the wage down, but would have to find employment at the lower wage. Only if due to the introduction of new machines ever more new workers would have to be laid off, would there always be a number of unemployed workers in the economy, and this number would be increasing with development. But development does not have such a tendency to make labor inputs superfluous. To the contrary, development has the tendency to create ever more [510] demand for labor. Only temporary unemployment of a small extent and at the most of local importance, would eventually result.

We also know a second reason for unemployment. During times of crises, almost always workers become unemployed in the normal process of liquidation and reorganization. Yet no one doubts the temporary character of this kind of unemployment. It is often very serious. It is in practice much more important than the one mentioned before. But it is only a special case of the comprehensive effects of depression, which affect all classes of society in principally the same way, and which disappears by itself together with the depression.

Hence, let us state the matter thus: That cause of permanent – and ever worsening – unemployment simply does not exist as such and only forms the basis of temporary unemployment. The cause which leads to practically very striking unemployment, is essentially and in principle temporary. Therefore, we can only explain transitory unemployment – and mainly as a frictional phenomenon – but not other kinds of unemployment. This result is not sufficient, but it is not without value. It doubtlessly explains a good deal of the phenomenon of unemployment, in my opinion its better half. But also its negative meaning should be noticed. One can rather conclude from the fact that unemployment cannot be completely explained by theory that as far as it remains unexplained it rests on other causes than those which lie in the essence of the economic process. If we wanted to investigate the problem of unemployment, then we would now look for other causes directly in the given data of facts. We would not expect to find a comprehensive phenomenon that explains it all, but we would expect to find a lot of different explanations, which would vary with respect to location and time. In the following, we would not at all presume to find a uniform phenomenon in unemployment, but a jumble of rather different phenomena. And with this we would arrive at the idea which [511] special research on this subject has been expressing for a long time already.

Now we want to clear up the relationship between the static and the dynamic theory. Is the theory of development a correction of the image of the static economy? Is it necessary to erase the latter image in order to make room for the thoughts of a new representation of reality? Does statics have the character of a first approximation, an abstraction, which receives a supplement from dynamics? Does dynamics offer a stimulus to statics to include more of those aspects that explain the busy life of reality? Or finally – do both [statics and dynamics] describe separate facts? We already know the following. We have recognized that the current systematic theory rests basically on static pillars and we observe that it tries to explain things from this point of view. However, when starting from this point of view it is not possible to arrive at any explanation. An example is the empirically given phenomenon of the surplus value of the products over the values of the means of production, which cannot be explained by the current systematic theory. Therefore, one can conclude that dynamics has to start with a fresh picture, tearing out some things and correcting others. But these are only preparatory constructions, additional scaffolding. The core of the static theory need not be replaced by the conception dominated by development. It is just that for a total analysis of economic happenings in general, and as a social philosophy, statics is unusable.

In a certain sense the second question too has to be answered in the affirmative. Statics is not only an abstract construction as such, but it also abstracts from essential facts of development. This gives its results their beautiful general validity; in particular this enables statics to describe economic processes without regard to concrete forms of organization. In this way static theory was turned into a machine to solve a particular class of problems, particularly those which in the widest sense can be grouped around the phenomenon of price. If one formulates its principles very strictly, then one can achieve, by disregarding human motives entirely, [512] that these principles also fit the behavior of the entrepreneur in the market. In this sense, the theory of development represents a completion and an approximation of economics to reality by the introduction of new facts. But the third question too has to be answered in the affirmative, as we know. The distance between static theory and the body of economic facts is not the same at all points. At some points, static theory fits the economic facts correctly *i.e.* here, it gives us the key to the understanding, at other points it does not. As it were, static theory has a double character. In one conception, it is a general catallactic. In another conception it is a more detailed description of a special type of economic processes.[21]

This is of interest to us in this latter relationship. We want to comprehensively repeat those cases, in which this type occurs. First of all it encompasses the large grey mass of the small and smallest economic processes of daily life, of the circular flow, which yet form the basis and the large corroboration of theoretical economics.[22] They are all carried by the hedonic impulse and characterized by the condition of equilibrium. They all strive for the realization of the ideal, which consists in establishing oneself under given circumstances in the best possible manner permitted by those circumstances. It would be a waste of effort to look for essentially relevant, individual differences in this area. But then there are times in the economic life of nations, where *all* processes are characterized by the drive towards a state of equilibrium. These are, as we know from our investigation of the phenomenon of crises, the times of reorganization of the value and price system of the economy, the so-called periods of depression. In these relative [513] points of rest, statics really explains all of what requires explanation. There, the phenomenon disappears, which does not seem to fit at all the image of the static economy, and there this image becomes the entire picture of the economy. And here, too, there are no essential differences in the behavior of economic agents. But finally, statics is the true, exact image of a particular type of economic agents. There are economic agents as we have seen, whose behavior is definitely characterized by the hedonic impulse, economic agents whom one can describe as "static" *chat exochaen* [J. A. S.].[18] Those economic agents are always there and one finds them everywhere. They even form by far the large majority. There may be masses of them, which are completely untouched by the stream of development. But also, where this is not the case, the contours of their existence appear sharply enough and the results of their activity in the economy become visible in full clarity. Here, too, the hedonic and static conception describes an immediately observable reality, which requires no further principle of explanation.

Yet because the facts of development themselves do not enter the edifice of statics simply in a supplementary way but constitute themselves partly outside of the static construction as a particular and uniform theoretical whole, we have to deal in economics essentially with two different groups of facts, not merely with two different conceptions. We can say that the economic life of a nation has dual character traits, reflecting in theory and in practice. They are both equally real. They doubtlessly overlap each other and affect each other. But they never lose their distinct character, neither with respect to terminology, nor most of all with respect to their objective existence. To us, this distinction is very important. If this were not the case, then one could easily accuse us of playing a leisurely game with terms. Even a theoretically justified distinction, which would yet contribute in the understanding, but which would only [514] relate to the scientific understanding of things, would be of value, and worthy of debate. We are in better shape. If the information is sufficiently precise, then we can determine, for any given fact, for any article in the newspaper about economic events, whether it has to do with a part of the normal circular flow of the static economy or with a reaction to a stimulus of development. In the latter case we can tell whether this is an essential process of development or a repercussion of development. And there is always clarity about the kind of effect present. This clarity is not just for theoretical satisfaction, but it is essential to the correct understanding.

With this we really get closer to reality. In particular, we win a clearer insight into that peculiar jumble of conditioning and freedom, which economic life shows us. The static circular flow and the static phenomena of adaptation are dominated by a logic of things, while it is completely irrelevant for the general problem of freedom of will, nevertheless in practice – with fixed given social relationships – it leaves as good as no maneuvering room for individual freedom of will. This can be demonstrated and yet it was always a point of criticism, since the creative work of the individual was so obviously visible. We know now that the latter observation is correct. Yet, this observation does not contradict the theorems of statics. We can precisely describe the place and function of this work. Of course, in development the logic of things is not missing; and just as one cannot demonstrate with the static conception the case for philosophical determinism, one cannot maintain the case against it with the dynamic conception. But despite this we have shown that an element is present in the economy, which cannot be explained by *objective* conditions and we have put it in a precise relationship to those objective conditions.[23]

[515] This dualism, or more specifically, this insight that every economic process has a dual character, forms the cornerstone of this new arrangement, of this theoretical scheme which results from our theory. To be more precise and to repeat, this cornerstone consists of the following six elements. The static circular flow – first – is the center of the matter. It is as it were surrounded by – second – phenomena of development. These processes which we have summarized under the term development created it [the circular flow][24] – insofar as it originated from economic rather than non-economic forces, and insofar as it did not come about as a "pure reaction." Further, from the same objective base on which the cornerstone rests, a phase of development comes forth with all its – third – effects and repercussions. Fourth, then there are the different secondary static disturbances, which occur as responses to the share of development and its effects. And in order to complete the picture, we could mention: Fifth, the "movements in themselves" of the population, of technology, of wants and of capital, together with the effects they cause, and finally, – sixth – the outermost events perhaps occurring, such as war, chance events, and accidents, political interventions, etc.

It is also worthwhile to list the other points of this new arrangement. We take the entrepreneur radically out of the context of a capitalist, of a carrier of risk, of the simple or commercial leader of a firm and of the [516] static economic agent working for his own account. We separate the capitalist from the owner of commodities, particularly from the deliverer of the means of production, and re-assign him to a position in between the entrepreneur and the means of production. Both roles we restrict to development. That of the capitalist is moreover confined to capitalist development. Within this circle we consider the point of view of the entrepreneur – and the notion of capital for the single capitalist – as essential for the scientific analysis, because it is only to him that something real corresponds and it is only he who reckons with the real processes. A comprehensive economic point of view does not make sense in that case where we have to explain contexts, which can only be understood in terms of individual behavior, and where only the individual point of view holds the key. Besides entrepreneurs and capitalists, all economic agents have to be classified as workers and "landowners," – owners of natural means of production. The latter are, as far as they restrict themselves to their role as either worker or landowner, essentially static-hedonically and economically constitute a passive element. Economically they do not push, but get pushed. Politically they may arrive at changes in such data as protective tariffs or worker security, or they may be organized in combinations similar to monopolies by their leaders, who do not possess the character of entrepreneurs. The same is true for capitalists. They assume an in-between position only in as far as they win their income from a function, and insofar as it serves development. But according to the type of their economic behavior, they are best classified as belonging here, although they have a certain influence on the entrepreneur. They are quasi-static economic agents.

In the position which we assign to the inputs of labor and work we follow the analysis by v. Böhm-Bawerk. We also agree with him that those means of production which have been produced should not be considered factors of production. [517] In the means of production we neither see goods, which save labor, nor goods, which support labor, nor goods, which employ labor, nor goods, which enable the production of xxx over-proportional results? increasing returns xxx, nor goods, which enable exploitation, nor goods, which carry in any other respect an essential and specific function. The means of production we merely view as transitory stages of production which are of no further interest. Also stocks of luxury goods do not have a productive function, neither in terms of maintaining labor, nor in terms of bridging time. Both categories of goods can at most be carriers of temporary intermediate profits for their owners, either in terms of the entrepreneurial profit or in terms of a price increase caused by the demand of the entrepreneur. Nowhere in the economy will these profits get piled up for other purposes than to secure steady sales and to allow for *Cornerspekulationen* [J. A. S.].[19] In particular, in the capitalist economy the piling up of these profits by the entrepreneur or capitalists is not a requirement to be associated with the start of a particular line of production. These profits, as far as they are available, are offered by the stream of the economy itself.

The available processes correspond to this disposition of the economic agents and goods. The function of hoarding goods is simply ignored in the capitalist economy. While it is necessary outside of the capitalist economy, here too it does not form the decisive aspect, where it would require special attention. Hence, the causal relationships, in which one had put those stocks of goods, cease to exist. In our image of the reality, the hoarding of goods is the same as the withdrawal of goods with a characteristic price increase of goods as its consequence.[25] Thereby the aspect of saving also moves to the background to make place for another theory of capital formation and wealth building. The aspect of abstinence and that of considering future satisfactions as of lesser value will be restricted to the field of development [518] and even there it plays a very secondary role; in my opinion this is being more than confirmed by the power of facts. The inputs of labor and land in the static firms are being paid from the return of the preceding economic period – it is only in this context that the statement that the workers are being paid by the consumers, is fully valid and makes sense, and goes beyond mere truism. But those inputs of labor and land, which at the same time are being used in new enterprises, get paid out of the capital, yet not out of a somehow arisen stock of luxury goods, but out of the funds of purchasing power we described earlier. An advance of goods to workers or landowners or anyone else does not take place anywhere. The paradox – that a sum would be income and capital at the same time – vanishes once one remembers what has been said above: capital is a phenomenon of the economy of the capitalist entrepreneur; the term beyond this specific meaning does not make any sense at all. Only with one exception do we recognize the supremacy of demand in the economy.

It was the purpose of this short and imperfect sketch of the outer course of the economic process to emphasize two things. One is that the separate aspects, on which our new arrangement rests, are not at all far fetched. Rather, almost all of the separate aspects are already present in the theory outlined. Secondly, our conception is much more realistic and simpler than the usual one. It renders a whole scaffold of fictions and supporting constructions superfluous and explains many phenomena, to which insufficient attention had been paid. The concrete individual problems treated by pure economics can entirely be solved with its help – and in addition some new ones, too –, with the exception of those, which belong to price theory in the most narrow sense, and to whose analysis our theory cannot add anything. It is here that we only look merely for the basic principles. Only what is [519] relevant for the basic principles can find their place in the framework of this work.

What then is the relationship between this conception and *e.g.* the old wages fund theory? In a static economy, the sum of the wages to be paid is determined by one and only one solution, as is the case with the sum of all prices of any other kind of goods.[26] The wages fund theory should be criticized insofar as it stresses in the explanation of the wage level one particular aspect, which does not deserve to be emphasized. It is beyond doubt that the theoretical construction is deficient. But underneath this construction there lies an important fact, which the classics emphasized as being of great practical importance. In a static economy the rise in the number of workers will not proportionally increase the wage sum, unless there is an additional influence. But it will correspondingly push down the wage, and any measure, which tries to arbitrarily raise the level of wages, will in the known fashion cause countereffects which will work contrary to the desired result. This is expressed by the classics in the way that they describe the wages fund as being a fixed and determined entity, which the workers have to divide among themselves whatever the circumstances, no matter what their number is. In this form, this is, of course, not right; but the greater truth, here given a distorted expression, is that under given circumstances the entire sum of the wages to be paid is subject to a determination by objective necessities. This truth has a lot of exceptions, but despite the exceptions it constitutes the fundamental fact whose emphasis is as mean an achievement. In two ways only the classics have also failed to apply this fact. First, they put the wage theory in too close a connection with the theory of population. There is certainly some truth in this connection, but in the quest for [520] a small kernel of truth, the wage theory doubtlessly entered a wrong track. But we do not want to continue this discussion. Secondly the classics hold that the fund for the wage payments has to be looked for in capital. Here, it was not difficult to show that the capital is nothing but a flow and that the income of the consumers and the direction of their demand forms the aspect which is finally decisive and which has to be explained. By the way, here one also has to be careful not to do injustice to the classics and their followers. Insofar as they defined capital as the sum of the produced means of production, and stuck to this definition, they were certainly correct. However, it is also self-evident that the goods, once they were present, require, in accordance with both the quantity and the kind of good, a unique, particular additional input of labor; it is evident that the immediate causes for the size of the demand for labor are without doubt given by a technical necessity. This is not an analysis which gets at the root of things, but it is not wrong and can be useful at times. Yet as far as the classics unconsciously thought directly of money capital, if they talked about capital, then, however, the criticism is certainly correct that this is only a transitory item. But this is so merely for statics. In development the matter is essentially different. The additional requirement of wage for labor or the additional costs of labor, which can be explained by the demand of the entrepreneur for new enterprises, have their fund certainly in the capital of the entrepreneur. The entrepreneur enters the market for means of production with his borrowed purchasing power, before the consumers, who will finally consume the new goods, have contributed anything from their incomes to his plans and before it has even been determined how the new goods will get distributed among the consumers. The increases in wages, which accrue to the worker from the demand of the entrepreneur, flow first of all certainly from his capital. In our sense this capital is not merely a wages fund, [521] but a wages fund and a rent fund; in order to answer the question, how it will be divided between workers and landowners we already have the theoretical answer ready without further much ado. In this case it would not have any practical value to say that here, too, the income of the consumers is in the final analysis the source of those increases in wages and rents, because in order to realize those increases, entrepreneurial activity of a particular kind and intensity is necessary. The existence and the magnitude of those increases depends on whether entrepreneurs appear and whether they are able to secure the necessary purchasing power, and finally, on which concrete plans of production they decide; in the sense of our conception we should say that here we are dealing with a particular autonomous cause with its own effect. The entrepreneur does not act passively as the static leader of a company, but rather brings something personal, autonomous to the economy. In static theory, too, the wage payments only form a flow entry in accounts, if one assumes that they flow from capital in some sense. This does not change the essence of the processes and it does not add anything to the essence – but one cannot assert this for development. In development, capital is really and truly a rent and wages fund. One can, however, not speak of a credit to workers and landowners. They do not get money "in advance;" their productive inputs get bought from them, and they do not get luxury goods in advance, but they acquire luxury goods by buying them on the market for luxury goods, by adding their own demand to the demand already present.

Now, I believe that one can divide the entire controversy about the wages fund theory[27] into two parts. At one [522] time one has tried to correct certain deficiencies in the classical trains of thought, for instance by showing that the sum which can be used for wage payments is not absolutely inelastic, etc. But then, soon, a large part of this controversy can be solved and completed by the separation of statics and dynamics of the economy in our sense. The criticism, *e.g.* that the wages fund would merely be a flow in the best case, is true for statics, but, in contrast, for dynamics the idea of the classics is right, that here an autonomous cause is present. The theory of advance in any case misses the point, but understood in the sense of the classics it rests on a real observation, and this is the payment of wages and land rents in development, which originate from capital.

Therefore, we can generally state that the sum of the wage payments in the economy at any time depends on two circumstances. First, it depends on the sum of the static wages, and secondly, on the capital which the entrepreneurs can acquire in order to realize their plans. And indeed, then, for economic reasons the wage can only increase, if the purchasing power increases, which is at the disposal of the entrepreneur. Here, we come back to the old statement by Smith which we already discussed earlier, that the increase of the wage essentially depends on the liveliness of the development present in an economy. The wages fund theory, too, rests on a deep insight into the necessities of the economy. It also has served quite well and formulated clearly a certain objective condition of economic life.

We emphasize again that here, too, the economic situation of the landowners is in principle the same as that of the workers and that their income is in principle of the same kind and emanates from the same source as that of the former. Therefore, we will find in general that land rent and wages will both increase at the same time and both decrease [523] at the same time.[28] Of course, this does not mean that both always have to be high or low at the same time, in absolute terms. In a new country, the land rent might perhaps be zero and the wage might be high. We only mean that the same force, which works towards an increase of the wage, will also tend to lead to an increase in the land rent and vice versa. It is not in contradiction to this theorem that wage and land rent can also move in opposite directions from each other according to their relative level. In a similar sense one could even say, in just the same way as the classics, that the rent could only increase at the cost of the wage, and that the wage could only increase at the cost of the rent. Ricardo, *e.g.*, emphasized that the profit – interest on capital – could only rise at the cost of the wage and the wage could only rise at the cost of profit. If two pipes lead out of a water barrel, then with a given quantity of water in the barrel, the volume of water flowing out through one pipe can only increase to the extent that the quantity of water flowing out through the other pipe diminishes. Yet if the total quantity of water in the barrel increases, then the quantities of water flowing out of the pipes, will also increase, if not necessarily by the same magnitude. And if the quantity of water in the barrel decreases, then the quantities of water flowing through the pipes will also decrease. In this sense, these quantities of water increase and fall in a common movement.

It is just the same with wages and rents. If in a static economy one of the two factors of production becomes scarcer for any particular reason, for instance, if labor becomes more scarce due to emigration, then this causes the social product to fall. Of the lower social product, however, workers will receive a larger part than they had before of the larger social product. As a consequence of the reduction of the supply, wages will increase. Therefore, costs of production will increase as well, which will have the consequence [524] that the marginal companies will become unprofitable and cease to exist. Hence, the total output of production will decline. Due to this fact *ipso facto* the demand for land services and output will decrease. Consequently, the price of land will fall as well. This implies that the relative share of land in the reduced product will have become smaller – wages increased "at the cost" of rents. Apart from this exception, however, those processes do not change anything about the fact that in principle any increase of the social product helps both sides. Every decline of the social product is detrimental to both sides. There is no increase or decline of the social product, the *nature* of which it would be to either help or hurt just wages or rents on their own. Hence, in the course of development, wages and rents will increase and decline together in a common move.

Entrepreneurial profit and interest have at first sight something similar in common. They, too, fall and increase together, and each of the two can, for any given total sum, increase through a decrease in the other one, or fall through an increase of the other one. But both groups of returns also move in the same direction; with a rise of entrepreneurial profit and interest, wages and rents rise too. They fall with a decline of entrepreneurial profit and interest. To begin with, this is just one result of our chain of thought, but it is immediately confirmed by experience. Therefore, all four categories of returns always tend to increase and fall together – in the absence of intervening circumstances that might prevent this. For instance, if the rate of interest decreases for a certain reason, *e.g.* because the economy in question has given up its foreign investments for any particular reason, then this *enables* a higher entrepreneurial activity at home, which means higher entrepreneurial profits, wages and rents. These are the consequences of a lower level of interest, yet the same consequences necessarily also bring about the end of the low level of interest – the increase of the other kinds of return does have as a consequence the increase of the interest. Here, an incorrect analysis can easily arrive at the assumption of opposite tendencies of movement of the four kinds of return. And, indeed, such a popular opinion exists. To be sure, it is clear enough that from this relationship no criticism arises against our statement. Each of the four kinds of return slows down the others by its increase [525], but thereby it also slows down its own movement. Each of these kinds of return increases the others by virtue of its own decline, but thereby its own decrease comes to an end. And none of the kinds of returns has *according to its essential nature* the tendency to move in the opposite direction from that being followed by the others. The classics state this of land rent. But this was only in consequence of their theory of land rent. In practice they were not completely wrong, but this was only due on account of particular circumstances of the time which do not belong to the economic essence of the matter.

Only patient, descriptive, detailed brush strokes can teach us what we can rely on about structure and life of society. But just as a basis in thought is indispensable for a good grasp of the processes of distribution, so we need a theoretical structure for the understanding of the particulars of the social structure. And for this the stamp, which is pressed onto the body of society by the economic processes described, cannot be indifferent. Therefore, we want to give a detailed account of its broad brush strokes. This will follow the description of our scheme of production.

The entrepreneur not only economically, but also socially has to be at the top of the social pyramid. This is already so for the reason that in the economy outside of capitalism the position of the entrepreneur presupposes a far reaching power of command; no one, who does not dispose of it, can be an entrepreneur in our sense at all. In primitive cultural stages, for example, the entrepreneur must have been the chief, or the central organ in a communist social order. His superior position in a hierarchy is given by the nature of the matter and by the necessities of the organization, in just the same way as required of the military leader. In the capitalistic economy, the entrepreneur rises up to a similar position, – the difference being that here, however, he does not have such a position in the beginning. His contours arise strongly from the mass. His activities conquer more space acttracting public attention within the economy – and with this his personality receives more of the public attention as well. [526] So much depends on him and so many people are dependent on him. Continuously one has a reason to pay attention to him, to discuss him. His success is impressive and fascinating. His success elevates him socially above the position which is given to him by organizational necessity. While the primitive leader already had a more or less universal position in society, the leader of the capitalistic economy gradually wins a similar one. Economic success, just as success more broadly, assures him influence in other areas as well. One listens to him in political matters. One has to acknowledge his voice, one has to give in to the weight of his personality. One cannot in the long run exclude him from guiding the processes; more and more by themselves they show an orientation towards his interests and those of the people he commands directly. Through this he gains political and social power. Art and literature – the entire social life as such – respond to him, just as they did in the Middle Ages, where they responded to the influence of the knight. Whether they celebrate him or whether they fight against him, in any case they are preoccupied with his type of personality and the circumstances he created. Social life adapts to his needs and directions. The properties of his circumstances of life win a sort of general validity. Among others, new social valuation of economic activity emerges as such. Making money as an end in itself becomes a tenet; it is the outcome of the desire for social reputation, and has its own romantic aspect. The possession of money becomes the indicator of one's social position. To a certain degree, a lifestyle formed according to the conditions of the entrepreneurial function and direction of taste becomes an ideal. What is valued highly by the leaders always becomes the values aspired to by the masses.

From this we have to keep separate the direct and immediate power of money and the erstwhile power of the entrepreneur over customers, workers, etc. Of course, his power makes it much easier for him to gain a reputation. Yet, one can as little explain the position of the leader in the capitalist economy from the immediate [527] power of his money, as one can explain the sovereignty of the power of the state over the state's subjects from the power of the bayonet. Inasmuch as it is not possible for a sovereign ruler to put a policeman behind each subject, in the same way it is impossible for an entrepreneur to pay everyone whose cooperation he needs in social and political life. Yet another aspect has to be separated from the effect of success on the psyche of society. I stated that cultural life has to feel the influence of personalities who rule over the national economy, merely through their social weight. Even if there never were a single entrepreneur who had a house built and had it decorated according to his taste, the general impression of the entrepreneurs' acting and thinking would yet have an influence on the architecture of their time. Except that the entrepreneurs merely do this without intending it, as a by-product of their existence! They generate a demand for luxury goods of certain categories and types, which is soon followed by supply. And with this they immediately intervene in the cultural life of their nation.

These are all mere tendencies. We will not expect to find each entrepreneur at the top of the social pyramid. Because besides him there are still other leaders of national life. In the following, we will also deal with this topic. But otherwise, the entrepreneurs would really have to fill this position. This is also the case in those economies which do not have a pre-capitalist past or where such a past is not important. In all others there are repercussions in the social relationships of power relations stemming from earlier epochs; the social pyramid there consists, as it were, not of one piece but of a historically given foundation and a new construction, which is continuously penetrating the old foundation. First of all, capitalist development starts moving only into a small part of the economy. The broad masses in the economy remain for a long period as they have been before, and therefore, the social position of its higher and lower classes also stay the same for a long time. Then, the individual static economic agents sometimes retain their position also in the capitalist economy – witness the number of large landowners who retain their position, often experiencing only relative decline. Finally, the feelings of the masses, however, [528] which wind around the social organization, change only very slowly. Nothing is so difficult as to change their ideas and dispositions. Even a feudal aristocracy that has lost all its possessions and prerogatives would also retain its social prestige for a long time to come if it were not to maintain, as is anyway often the case, its leadership role in other areas. Apart from this, the fixed structure of their value system poses a power in itself, which in all areas can only very slowly be overcome. For a long time, it assimilates the way of thinking of even the *parvenus*.

If one takes those circumstances into account, then one sees the traces of steel in the type of the entrepreneur clearly enough in the social structure. It is not only an economic, but also a social process of reorganization that takes its origin from him. In general, however, there is not just one social circle corresponding to any part of our scheme of the production process. The social pyramid does not consist in economic building blocks. Economically, a successful physician has to be classified as a worker. Socially, however, he does not belong tout court to the working class. Economically, workers and landowners stand side by side as deliverers of means of production and as static economic agents in many respects. Even common interests are not entirely lacking. This, however, does not mean that they form one social class. Of course, it is not impossible to discover a certain parallelism between our economic types and the social classes, and to speak of a working class, a landowner class, but particularly of a capitalist class. But this parallelism does not carry very far and loses its punch when taking a closer look. Also the aspect of equality at the economic level does not offer too much insight. That a group of economic agents might appear, socially and, in particular, politically, as one class, calls certainly for mutual understanding and feeling with each other – something which will be made much easier by, and which is partly being caused by, similar habits and also customs of life, which again assume that there is a certain similarity at the economic level. Yet that common feeling is the decisive aspect of explanation, and not [529] the immediate economic situation. Rather, the economic situation is one of many circumstances which could be considered. A social class is a complicated, and certainly not a purely economic phenomenon; it is perhaps not uniform at all. Therefore, if we speak of a social structure of the capitalist economy, we do not mean by this that it is only the economic organization that can explain the social organization at its core; what we mean is that the social structure of the capitalist economy is only a superficial phenomenon, whose existence will not be denied by anyone and whose general sketches will be sufficiently known to the reader without further explanation, by just keeping them in mind.

In order to understand the social structure of the capitalist economic order, it is essential to be clear about this: all social positions which the capitalistic development in our sense assigns to the entrepreneurs, rest on their personal performance. They do not necessarily rest on labor in the most narrow and technical sense. Neither do they rest on those property rights that have been staked out within the existing means of production. The entrepreneur brings in his personality, and nothing else but his personality. His position as entrepreneur is tied to his performance and does not survive his energetic ability to succeed. His position as entrepreneur is essentially only a temporary one, namely, it cannot also be transmitted by inheritance: a successor will be unable to hold on to that social position, unless he inherits the lion's claw along with the prey.[20] The company, the goods which are present in the company, are just the dead shell of the [entrepreneur's] driving impulse. Transfer of the company, for instance in the case of state appropriation, does not lead to a transfer of a permanent source of returns – provided that we are not dealing with the case of a monopoly and that we are not considering land and other natural resources. After all, the brain of the creator of the company cannot be appropriated by the state as well. This changes the entire social nature of the position of the entrepreneur. We find new people always filling that position, steady social rise and simultaneous steady decline. One cannot speak in the same sense of a class of entrepreneurs and not ascribe to it quite the same social phenomena as one can of those groups, where one finds the same people and [530] their successors remaining in the same position for a long time. Certainly, all those who are entrepreneurs at a certain point of time, will find themselves in situations which have so much in common with entrepreneurial challenges that it suggests alignment of behavior, of their self consciously and coherently acting together. But in the case of the entrepreneur this alignment of behavior is much less emphasized and it leads much less to the formation of common dispositions and to a common set of customs and general cultural environment than is the case with other "classes." Therefore, since industry does not constitute a permanent source of return, the terminology of state appropriation of industry is completely different from the parallel case, for instance, of socialization of land and other natural resources.

If all produced means of production were ever to disappear, indeed if all goods, with the exception of the most necessary subsistence goods, disappeared for a certain time period, and only the natural possibilities and the organization of the economy would remain – the disaster would not be as big as one might believe. If the leaders were somehow able to retain their authority and, in the area destroyed, each and everyone would in a thoroughly orderly way begin again with the productive work, then the traces of the catastrophe would soon be blurred and wiped out. The stock of produced goods does not mean that much. Much more important is the hierarchy – at a superior and an inferior level – of the members of an economy, their dispositions to act and the energy and the goals of the economy. The paradox in our assertion is not quite as outrageous as it may seem at first glance. The vindication of this assertion lies in the fact that wars and other catastrophes overall do not tend to leave permanent traces. The consequences of such devastations disappear indeed surprisingly fast unless the entire economic structure collapses. J. St. Mill said something similar in the seventh paragraph of the fifth chapter of his first book, entitled *"Why countries recover rapidly from a state of devastation"* [J. A. S.] – except that he leaves the observation without much of a justification.[29]

[531] The goods in stock, the buildings and machines of the companies, are only the shells of industry. From this it follows directly how biased the conception is which sees in them the economic bases of the upper layers of an industrial society. In stating this we bypass by an entire heap of prejudices which are rooted in this conception. If I were to look for apparent success and I wanted to disregard the boundaries of science in favor of it, then it would not be difficult for me to proclaim far-reaching, absolute propositions and to let my words glitter and rush around the large time-honored questions. Yet, I do not want to do this; I keep my remarks consciously and intentionally short and just as uncertain as is becoming, given the uncertainty of the facts.

Insofar as inheritable social positions and other more or less permanent social positions are based on development, they can only rest on quasi-rents, increases in return due to repercussions of development, as well as incomes from interest from realized and invested entrepreneurial profits and savings. Those returns are indeed the supporting beams which carry the essential social stratum, a self-contained capitalistic class, in which particular special capitalist interests, lifestyles, and lines of ideas about what makes their traditions, are being formed. But the individual elements of this class are by no means *very* permanent, partly for economic reasons and partly for other reasons, which will not be discussed here. Much more important than monopoly profits are increasing returns of natural means of production. During development, the returns of natural means of production are mostly increasing. Together with the monopoly profits, which are trivial from an economic point of view, the returns of natural means of production form the economic base for a certain part of society, which in an economic sense is to be described as idle. It is this part of society, to which the popular belief of the idleness of the upper layer mainly is attached. But it would [532] lead too far afield to develop a complete theory of these specialists in good living.[21]

After what has already been said so far, the reader will not expect that our model of the economy is at the same time already an image of social life, that the social relations can be reconciled in terms of differences in economic interests and in terms of commonality of interests. Of course, the texture of the economic relations is woven so tightly that for nearly any social context there *also* exists a group of common interests: likewise, there will correspond to any difference in social standing *also* a difference in economic interests. But we cannot, for instance, say *a priori*, which groups of interest have a class forming effect, which conflicts of interests will have to lead to social antagonism. One cannot solely from an economic standpoint determine the positions of the parties in the social struggle. Often, it can just as well be the one position which is decisive, as the other one – it might as well be a friendly one, as indeed a hostile one. Further, however, social anatagonisms will most of the time be fought out and decided on economic issues. But the bottom line question on which hangs victory or defeat, is for the essence and for the deepest causes of the social struggle of as little importance, as is in the case of war a chain of mountains, for which two armies fight. In just the same way as they have to fight over a particular place of battle, so the social parties have to fight over practical issues. Yet neither the claim of the battlefield, nor the decision on the issue chosen is the goal and the cause of the dispute.

It would indeed be difficult to state precisely large class differences of an economic nature; it would even be difficult to define just what an economic class contrast is in distinction to what in a certain sense could be described as a universal individual contrast of interests. The economic contrasts themselves do not have class character at all. Certainly, the class of workers in the sense of the Prussian census would win if the land rent were to be transferred to it, and the class of the landowners would win if a part of the wage sum were to be transferred to it. But in the same way [533] each part of the common landowners would win, if the land rent of the others would be given to him, and each part of the workers would win if it were to receive the wage of the others. And if the landowners and the workers were not *socially* connected more closely to each other than to the relatives of the other class, then they would think as easily of the expropriation of other landowners (respectively, other workers) as they would dream of exploitation of workers (respectively, expropriations of landowners), if only everyone could trust that the expropriation of the other would not suggest his own expropriation as well. Despite this it is, of course, impossible to arrive at a conception of the term of the economic opposite, in such a way that it can prove to be a useful instrument of analysis. Such a conception does not result from the theoretical model of economic activity without qualification. We must be satisfied with this statement of the matter. There is no reason to burden our treatment with investigations in that direction which now, towards the end of our journey, would lead us too far off the track.

One additional point remains to be made. The complex relationship between entrepreneurs and workers shows more clearly than any other phenomenon how inadequately the social position of the social partnership can be explained by merely economic aspects. There will always remain an unexplained remainder. Nowhere in the social world does a heavier fight take place than between entrepreneurs and workers. And yet we saw that the economic contrast of interests between both appears by no means to be very sharp at all. The partnership exists. But it is only of the nature of the opposing interests between two exchanging parties. And the reality of common interests existing alongside these cannot be overlooked. Both are typical enemies of the present distribution of wealth. In many cases, both win and lose commonly. The entrepreneurs are the best clients of the workers. And from the entrepreneurs a steady improvement of the situation of the workers originates. That this side of the matter does not become visible at all, that it is the other aspect that is emphasized so exclusively, reveals that here, too, interests other [534] than economic ones must have an effect. As far as this opposition in interests exists it is no larger than the opposition in interests between the entrepreneur and the capitalist: the entrepreneur is no less interested in a lower wage than he is interested in a lower rate of interest. If his behavior is in the single case often depicted to the disadvantage of the temporary interests of workers, then the same is true with respect to the interests of the capitalists. And yet, in this latter case there is not the same social struggle. But we can see immediately where the strength of the conflict between entrepreneurs and workers emanates from. It emanates from the relationship of being positioned at the upper or lower level, and from the daily frictions which this leads to and which have the same effect. The labor movement is much less directed against the economic function of the entrepreneur than against the absolute patriarch of the company, who was in a position to arbitrarily treat a single worker badly and who took away from him a part of his personal freedom.

From similar sources springs the moral atmosphere of the capitalist economy as well. Here, again, we have to add something negative in order to understand the matter. Certainly, this atmosphere can not simply be explained by real economic processes. It is to a very large degree under the influence of the process of decline in status and class that has been described earlier. It could not be so thoroughly under that influence, if it were not to be a mere imprint of economic reality. Otherwise it would have to appear in a much brighter light. But the process of the decline in status and class is not only an economic, but also a social-psychological phenomenon, and as such it reaches much further. It is not only the person, who actually becomes crushed or at least experiences a disadvantage, who responds in discontented fashion to the capitalist development; everyone else does so whose economic significance declines relatively, but not absolutely, and whose social position suffers from the rise of new elements. The owner of a factory which is embedded in the static circular flow, as well as the older type of capitalist, critically watch [535] the new men and their behavior and as they do so forget completely that any particular phase of development has its economic years of adolescence. The feudal landowner may be indebted to development for wealth – in particular when his landed property is located in the city – but he will still look at the entrepreneur with dislike and disapproval. The worker may have been raised to a cultural stage which makes him a different person. Yet despite this, he will continue to consider the profit of the entrepreneur as being robbed from him. Like most other people he does not quite understand the nature and origin of entrepreneurial profit. So, in most social layers a deep resentment is generated along with the course of development. In addition to it, the new man is not being surrounded by the blinding light of old associations and his behavior is not shielded by a securing wall of old customs. From times past, the feudal ruler rose high above his environment. The entrepreneur is not even able to defend his more modest position.

We all always approach the new with traditional fixed measures, with measures that have been created under the circumstances of the past. This is particularly the case with social phenomena. And even unconsciously the past is always the judge of the present. And it is the most biased, partisan judge. In this way, the new cannot easily pass, certainly not with those engaged in acting and fighting – this is a matter of course – but neither with the one who is observing, who thinks that he is cool and objective. This is true not only for the special phenomenon of each single wave of development, but also for the categories and general processes of the capitalist economy as a whole.

For the process of development described above, there are, as has already been stressed in the second chapter, noticeable analogies in other areas of social life, which first of all can contribute to clarifying our conception and moreover can show, that both, placid and active life, in [536] these areas can be understood through another way of consideration, which is parallel to ours. What are these "other areas?" Take as examples the areas of politics, of art, of science, of social life, of moral considerations, etc. A complete list or closer analysis is not necessary at this stage. But with what justification do we distinguish them one from another? Here, one has to observe that in the distinction between those different areas of social life there lies not simply a mere abstraction. While everyone is an economic agent, nobody is solely an economic agent. Everyone is more or less in contact with all the interests mentioned and hardly anyone completely fits any of them. Despite this, our separation of them does not mean simply a dissection of phenomena which are indeed uniform – and this is so for at least two reasons. On the one hand, we find in each of those areas people whose main activity lies in this area. In the area of the economy we find those people who belong to the economic professions in the essential sense, those people, whose profession is economic activity. These are workers, industrialists, merchants, farmers, etc. The author of a treatment on economic history hits upon those people first, as is obvious. The description of an individual state of the economy consists mainly in the image of their situation and of their behavior. In the area of art, one also meets well defined individuals, in whose activity the development and any given state of the arts consists. One knows by and large in any particular case what has to be understood by the term artists. The same is true in the area of politics. Here, too, we find people whose main interest, whose professional interest so to speak, is rooted in this area and who are characterized thereby. Even those people who for instance have chosen the representation of a political-economic direction as their field of professional activity do not have to belong to the circle of economic agents, whose interests are served by it [537] and even less do they have to have, for instance, the same standing within the industry in question as in politics. This could easily be described in more detail, but this suffices for this discussion. What we want to say, as has already been mentioned, is that *to those areas we distinguished from one another, real groups of people correspond who are in general different from each other.* And in such cases too, when, for instance, the industrialist is motivated by political ambitions or the artist is motivated by economic *gain*, from this it does not follow that the former's concrete mode of behavior is simply political, nor that the latter's is simply economical. No machine is built according to political principles and no picture is painted according to the law of marginal utility. Different groups of people and processes that have to be understood differently characterize the areas we separated.

Thus, this separation is in those cases too not simply an abstraction; one and the same individual can be active in different areas. Were only the traces of his activity in *one* area to show that he is active in *another* one, too, then both activities would in be fact sufficiently independent; our separation appears to be justified. The unity of the personality is not even strong enough to exclude contradictions among the activities of one and the same individual in different areas. In any case it is clear that the activity of the merchant in his office and the behavior of the same merchant as an admirer of art can with respect to terminology be kept in separate compartments without difficulties. These aspects, which stem partly from differences between people, who are active in the single directions, and partly from differences in these directions themselves, make it possible for our purpose, to place those "other areas" mentioned next to those of the economy.

The analogy, now, which we want to recognize and discuss, consists in the following: Each of these areas of social life stands in any particular point of time under the forming influence of data [538] which are analogous to those which determine an economy at any point of time, in accordance with the formulations of the static theory. This insight once meant the dawn of the scientific understanding of human affairs. Today, it has become common knowledge – and commonplace. The problem to be solved is only to show again, in each single case, how this relationship works in its context, and then to present the essence of it in a precise general treatment. The first problem is a historical one, the second a theoretical one. Up to the present it has only satisfyingly been solved for the field of economics. Nor have we surpassed that particular insight by much. But for our purpose this is sufficient. To select an example: the art of a time is a child of the time. The geographic environment, the circumstances which one can describe as the character of a people or similarly, the social structure, the economic situation, the ruling ideas concerning what is grand and desirable, and what is low and despicable – those aspects form art at any particular point in time. The modern historian attempts to show this in some detail. And the status of artistic life can be explained from those aspects, which specify for it at the same time the tasks and the means and conditions. Not in exact terms, perhaps, but anyone feels that herein lies a larger truth. If one is satisfied with it, if one looks at the things from a sufficient distance and from a long run point of view, *sub specie aeternitatis*, then we can say that also here, in the field of artistic creation, there is a theory of statics, a way of consideration which explains things in a similar way as economics explains economic life.

This is the one analogy – at any given point in time we can look at any side of social life as scientifically being the result of given data. And this is indeed the first step towards reality and as such accomplishes much. But that analogy seems to point even further. Even more clear than in the consideration of economic life it is in the example chosen that a theory of development of art on such a basis would be entirely insufficient, even if [539] not plainly wrong. In this way, one cannot arrive at a total conception of all areas of what socially happens. Because – as far as the first point is concerned – it strikes one as obvious that there are particular forces at work in the area of artistic creation, that it conforms in the course of its development not only passively to outer influences but that there is more to it then simply being dragged along by the changes in the environment. This area also has its own characteristic development with the same relative autonomy which also characterizes economic development. And in the same way as we did in the case of economic development, we will further say that even the undeniable influence of the exterior changes does not directly determine the structure of the artistic life, but that this influence affects artistic life only in the way that it conditions those factors that are already present in this area and are characteristic for this field. The reason for and the conditions of their behavior, and the final results of that influence, depend on the forms and modes of that behavior. Everyone knows this. Everyone combines according to his own fashion those two large real facts of dependence and relative autonomy, in those questions considering what happens socially. The historian does this as well. In the description of social states he primarily thinks in terms of processes, which are similar in structure to the static theory, even if by their very nature they are not theoretically closed. And in the historian's description of development he strongly emphasizes for consideration those factors of development which are characteristic of each field, and often even going beyond these. If looked upon from this side, the indeterminism often characteristic of historians can be understood. This tendency or disposition rests consciously or unconsciously on the insight that not everything can be explained by extrinsic data; rather that some very important phenomena show a peculiar autonomy in all areas. So long as one cannot give precisely the reasons for this, so long as indeterminism has methodologically to be adopted also by one who, in principle, is convinced that there [540] exist also for such matters rules that can be generally formulated – apart from this there is the fact that outside of the field of the economy the static explanation is also still in the beginning. Therefore, what we add to this recognition is only greater precision, only the determination of the location where the explanation by extrinsic causes fails, namely in the case of the phenomenon of development. And this [emphasis on development] is necessary, since, although the correct approach is often being used in a single case, one does not have a sufficient overview of the matter, and, when discussing the principles peculiar to it, the formulations become mostly wrong. Sometimes, one decides for a program of determinism, and at another time, one opts for a program of indeterminism, but in either case one has a tendency to trace the difference back to metaphysical considerations and to defend it with semi-philosophical arguments. In contrast, our considerations seem to show that such a course is unnecessary, that the essence of the matter lies not at all in such considerations [determinism vs. indeterminism]. Rather, it is more the case that both conceptions can be understood as methodological rules versus different groups of facts and in this way they illuminate the matter considerably.[22]

Two different problems have to be distinguished, not only in the theory of economic life, but also in the investigation of all the other areas which can be distinguished in the life of a nation. These are, first, the problem of the explanation of a state of affairs and second, the problem of development. Stated more precisely: *One* problem is to outline which configuration these matters will adopt in each of these areas under given circumstances, *i.e.*, in which way a certain environment forces a field to confirm to a certain structure. The other problem is that of the mechanism of development, as we may put it briefly. Both problems correspond to different groups of facts and their result exhausts the task of mental reconstruction of what happens in reality.[23]

As far as the second point is concerned – the total conception of the social activity and suffering – that kind of approach, which we described as the first success of scientific thinking, also turns out to be insufficient. [541] This can easily be seen. The essence of that [developmental] process lies in this that one can consider the states of each field as the results of data, each of which are assumed to be immutable. These data also include the states of all other areas of social life. The causal chain set up in this way first proves to be fertile, as has been said already. But its general explanatory value is reduced considerably by the fact that one simply can apply it to *all* of those fields, in particular that one can also reverse it. If one has *e.g.* explained the economy of an epoch from the data, which govern the social structure of a society, then one can also explain the latter in an analogous way from other data, including those relating to the level of the economy – which in that case itself is assumed to be invariant. One will understand what is meant when we say that this fact will reduce the causal chain mentioned above to a functional relationship. Indeed, the next step in gaining insight is the one to replace the "causal chain" consideration by the consideration of the "general interdependence."[30] For the theory of the static facts this is a clear advantage, a decisive progress. The conception of each area as a result of the other fields is replaced by the conception of the whole state of social life, *i.e.* the result of the whole state in that point of time preceding the observation. And that implies an enlargement of our vision. But with this the theory of development loses foundations. Since the transition from one state to the other can only follow according to static rules, and those are only given in respect to facts which have the character of phenomena of adaptation, there remain as reasons for the explanation of the social life of a nation only interventions from the outside and changes of natural data. In the case of the causal chain consideration [542] we could assume that the states of those areas not immediately under investigation are arrived at *somehow*. This means that those states could also have been arrived at in a nonstatic way. Nevertheless, this assumption is no longer possible when we want to take an overview of the states of all areas in a static way. Then, a theory of development would result, which would leave the most significant phenomena [**i.e.** development] unaccounted for.

Thus, our conception is unsatisfying in this respect as well. So now we come to the last step on our explanatory journey. There is a further analogy between what we presented first for the field of economics, and the processes in the other areas of social life. It is concerned with the mechanism of development, with that relatively autonomous development which is characteristic of every single field of social life. We said that each of these fields is characterized by a real group of individuals, whose main activity they deploy with respect to that chosen field, but who as individuals may also be active in other fields, *e.g.* people belonging to the economic professions may also be politicians or may interest themselves in art; or politicians, and artists, may also be economic agents. We further mentioned that these groups also consist of people whose main interest lies somewhere else – without that this would be a barrier to the way of our considering them in their quality of being a member of each single group, as if they would not belong to any other one. The artists' audience is to us the artists' audience, no matter what else the individuals subsumed under this name could be. Therefore, in each field we face a concrete, real mass of people, whereby no harm is caused that the masses of other areas consist entirely or partly of the same individuals.

Now, these groups in each area may be divided into two clearly distinguished groups – just as in the case of economically active persons. This has already been mentioned.[31] In each field there are statically disposed individuals and there are leaders. The former are characterized by [543] doing in essence what they have learnt to do; they are moving in a frame that is outmoded, and they are dominated in their views, in their dispositions and in their activity by the determining influence of the circumstance prevailing in their area. The latter by contrast are characterized by their perception of what is new; they change the outmoded frame of their activity, as well as the given data of their area. It should be mentioned briefly that in distinguishing the two types overall in the investigation of economic life we hit upon the same difficulties – without these difficulties shaking the foundations of the differences between them, which are so real. We observe these differences in art, in science, in politics. They emerge everywhere with the same clarity. Everywhere these two types are very clearly demarcated, letting those spirits stand out who create new directions of art, new "schools," new parties. These new divisions put them in contrast with those who are created by the directions of art, "schools" and parties. We always find this analogy between the behavior of the majority in these areas including the economy. This behavior consists, *on the one hand*, in the copying, recognition of, and adaptation to, a given state of affairs of materialistic and idealistic nature, and, *on the other hand*, the behavior of a [new direction-setting] minority in these areas such as that of the economy. The characteristic of this behavior lies herein, that it is oneself who changes the given state of affairs.

Our analogy emerges also in the manner in which the new gets pushed through. The mere new thought is not sufficient and is never pushed through "on its own," *i.e.* in the sense that it will seriously be taken into consideration by the participants and accepted by their free decision. The history of science shows this in a drastic way. In this process, it is rather the rule that the new thought will be picked up by a forceful personality and, because of the influence that personality possesses, be pushed through. This personality does not have to be the creator of the thought, just as little as the entrepreneur for instance does not have to be the inventor of the new method of production which he introduces. Here, as everywhere else, the leader [544] is characterized by the energy of the act and not that of the thought. The new idea, as it were defenseless, would virtually never attract attention. It would remain unknown or still it would not be understood – because in order to take up something new a process of rethinking is necessary for all those who glide along on static paths – the new process would hit upon rejection or yet only upon that dull, vague kind of agreement, which will never lead to real fertility.[32] Virtually never would a new thought *be experienced as a new reality* without the activity of a leader, with whom one has to reckon, whom one has to recognize, to whom one has to adjust. His new idea would perish in the static workday. The new idea would never reach the state of busy activity. It would never become lively and compellingly appeal to the consciousness when to act. At the most, it would become a toy for times of leisure, it would take the role of a beautiful utopia. As real only that is being sensed, what one often has seen at work – in general, this is true for the complex of the static processes and ideas. For centuries, a new possibility can lead a fruitless existence in the shadows, although it is known in fairly wide circles, without any particular effect on the outside.

The leader personality snatches it away from this shadow existence. And it happens in all fields in a way which is closely analogous to the manner that new ideas get pushed through in the economy. It never happens as a response to present or revealed needs. The issue is always to obtrude the new, which until recently had been mocked or rejected or had just remained unnoticed. Its acceptance is always a case of compulsion being exercised on a reluctant mass, which is not really interested in the new, and often does not even know [545] what it is all about. Any area of social life has doubtlessly its own means and levers for pushing through the new. One need not exaggerate the analogy. But the basic line is the same. Purely personal influence on the one hand, or extrinsic power on the other hand may play different roles in different areas; these aspects are never lacking. The leader gathers adherents around himself, sometimes only by virtue of his personal strength, sometimes rather through other means; somehow he forms a school, or he organizes a party, with the weight of which he then realizes his goals. It is the personality which pushes itself through and only in the second place is it the new which the personality is representing. Only in the armour of the school or the party will the new tendency become a power by itself, will it find recognition, discussion and finally force victory; only thus will it become a reality, which one has to accept and which has to find its place among the other facts of experience.[33]

This is sufficient for our purpose. Everyone can discover sufficient examples in his own area, which can support and illustrate what has been said. We say that each area of social life has its own development and that the mechanism driving these developments is in its fundamental lines everywhere the same. There is only one question left. How is it possible that despite this relative autonomy of each single field there is only one underlying and large truth, a truth, however, which we sense more than that we can actually prove it. This truth is that every element of any area is at any point of time in a relationship with every element of any other area – that all states of all areas determine each other and belong to each other. Let us call the totality of these areas *the social culture* of a nation and the basic underlying idea of all its developments the *social development of culture*. Then we can ask how can it be explained [546] according to our conception that the social culture of a nation is at any point in time a unity and that the social development of culture of any nation always shows a uniform tendency?

This explanation of the organic unity of the culture of a time, which still has to be added to our analysis, follows immediately from the preceding exposition. If we use the conception, which has served very well in this investigation of economic life, and if we proceed from a static state of the social culture of a nation in the sense defined, then all developments emanating from this state have first of all the common characteristic that they all start from one and the same level, a uniformity which we can understand from static theory. As we have seen, in a static state the processes and relations in any area of social life are codetermined by the processes and relations in any other area. On the one hand, there are data which are common to all areas – geographic environment, etc. –, and on the other hand, there is the state of any area as the result of the states of all others, due to the general mutual effects that exist among them. The solution to the problem of the static level of culture could consist in this concept. It is the theoretical formulation of the insight we just discussed, namely the insight that all elements of the cultural level of a time constitute a condition for each other and belong to each other.

But the developments of the individual areas of social life are first of all not a unity, but have according to our concept a certain autonomy which derives from the leading groups [in each area]. In each circle it consists in turn of *different* people, whose activity is to a certain degree not necessarily uniform; it can vary rather according to their respective disposition. This also corresponds entirely to experience, as I believe. In our conscience, next to the insight of the static unity of the cultural level there also is [547] the reverse insight; that there is an unexplained something, which existence brings along that this particular insight does not exhaust all of what happens socially. Only, as has been mentioned above, all those single developments emanate in each specific case from *one* uniform level, which contains the conditions for them all. And then, everything that happens in the individual areas has an effect on all other areas and contributes something to the formation of a new uniform cultural level. We have already seen that economic development also has consequent social chances of a non-economic kind. This, however, is only a particular case of [what we now see to be] a general phenomenon. Success in any area has a greater or lesser effect on all other areas. Success in any area has first of all this effect on the social organization that it leads to a rise in the position of the successful "leader" and helps him to a greater or lesser degree to a socially powerful position. Success in any area has an influence on the social values in general; it affects what is considered important or desirable. And so, finally, performance in any field of social activity has the effect of influencing all other areas of social life and changing the presumptions and conditions of human behavior in all areas. The art of a time has its political influence, as politics has its artistic influence. If these relatively autonomous developments are acting together, something emerges which if looked upon from a sufficient distance could appear as a uniform development of culture. With this we free the matters from their rigid causal chains and give them back their true life. And in this total conception of the development of culture the economy also has its particular place.

We do not want to try another analysis of the phenomenon of culture. In all frankness, we can say nothing about the driving forces of cultural development, we cannot touch the deepest causes of it. What is clear, however, is that that we may not, as has happened repeatedly, isolate cultural development to one of its elements. [548] Neither can we make an exact derivation of a cultural state from the preceding one – at least not without something remaining unaccounted for. Yet this would require that we could assume any particular potentials in the latter, which would only make sense if we knew anything about them, namely if it were possible to measure them. Since the opposite is the case, doubtlessly we have to be satisfied with an indeterminate concept. But we can at least say in where determinism is present and where indeterminism is to be found, and then, in which kind and in which way this or that process of development will occur. What is certain is that we cannot use simple chains of causation. We have shown to what extent they are fertile, and where, and why they fail. Further it is an advantage in our way of consideration that this approach rests on palpable facts and not on aspects of the kind of "power of ideas" on the one hand and those, on the other hand, whose course of effects cannot be shown in detail. But the reason for presenting these last pages at all lies in this. They form the last link of a chain of thoughts, which rests at every step on facts and which first links, on the one hand, are rooted in elementary, generally known and recognized experiences and, on the other hand, in scientifically established doctrines of teaching; a circumstance, which gives a basis to the connection of facts just tried. This context is otherwise mostly missing in historic-philosophical treatments. Our concept is neither a slogan, nor the result of *ad hoc* considerations, but the result of a method which has already proven itself.

Acknowledgements

The translator wishes to acknowledge many helpful comments. In particular, she should like to express sincere appreciation to the participants of the Heilbronn Symposium, held June 23–25, 2000. Their valuable hints, critical questions and suggestions have greatly improved this work. The translation has been corrected in detail by J¸rgen Backhaus, Helge Peukert, Peter Senn, Frank Stephen, Erik Reinert, Leland Yeager, and this *journal's* editor. A grant from "The Other Canon Foundation" is gratefully acknowledged.

Notes

[1] In the system of doctrines commonly taught one finds unsatisfying and often only aphoristic approaches for such a theory. These approaches remain outside of the core of the theory of circulation.

[2] Compare "*Wesen*," Book IV. [*Wesen und Hauptinhalt der theoretischen Nationalökonomie*, translated by Redvers Opie as *The Essence and Principal Contents of Economic Theory*]. Schumpeter, *Theorie der wirtschaftl. Entwicklung* [1912, Leipzig: Duncker & Humblot. Translated by Redvers Opie, 1934. The *Theory of Economic Development*. Cambridge, Massachusetts: Harvard University Press, Harvard Economic Studies 46].

[3] From what has been said above, one should not infer that there exists a principal distinction between these two methods. Both methods describe facts, but in a different manner and with a different focus. Compare "*Wesen und Hauptinhalt der theoretischen Nationalökonomie*," (The Essence and Principal Contents of Economic Theory), Part 1.

[4] This is illustrated by price theory and the history of prices. Compare the treatment of these topics in "*Wesen*" (Essence), Book IV.

[5] For instance, Marx once offered a historic-philosophical theory which remained outside of his general theory. Within his general theory, he also provided a theory of development of the economy. In this theory, he emphasized the moments of accumulation, pauperization, and the tendency towards the collapse of the economy. I am aware that no true follower of Marx would agree with me on this characterization of Marx theory of development.

[6] One can never explain the economic development of a nation on the basis of such changes in environment only, unless these are changes of an overwhelming power. Accidents can be overcome. Gifts of fortune disappear, in national as well as in individual life. These single incidents cannot constitute the key to the explanation of the course of events.

[7] Compare Clark, *Essentials of Economic Theory*, [Reprint (1907), New York: Kelley, 1968] as well as Pantaleoni, "Di alcuni Fenomeni di Dinamica Economica," *Giornale degli Economisti*, Sett. 1909. [Pantaleoni, "On several Phenomena of Economic Dynamics," *Journal of the Economists*. Sett. 1909]. In the same way, the classics have treated the subject of development. As is also the case in other treatments, the basis can be found in Smith, a more elaborate analysis in Ricardo, and the refined version in J. St. Mill.

[8] It is well-known that within the reach of Malthus' influence the pessimistic concept is predominant. But even from the point of view of Malthus one should admit that the movement of the population is a driving force of development, even if this force could possibly lead to poverty and devastation.

[9] Practical progresses in production methods, *i.e.* progresses which get realized directly by the entrepreneur – without the help of a new sciencific insight – are nothing else but a different kind of new combinations. They are not "causes," but superficial forms of development.

[10] First compare Wundt's *Ethik* (Ethics) [1912 (4), Stuttgart: Enke], then his *System der Philosophie* (System of Philosophy) [1889 (1), 1907 (3), Leipzig: Engelmann] and in addition to it his *Logik II* (Logic II) [1907(3), Stuttgart: Enke]. From an economic point of view, S. N. Patten – *Consumption of Wealth* – [Philadephia 1889, Publications of the University of Philadelphia: Political Economy and Public Law Series; 1,4] focussed on the analysis of the aspect of the satisfaction of needs and desires. I believe that his work remained without much result. In addition to it compare Clark, *Essentials of Economic Theory*, p. 206. [Reprint (1907), New York: Kelley, 1968] The amelioration of needs and desires still remains to be analyzed. The fact that this analysis is lacking is typically neglected. An example is the work by Wundt. On this basis, Wundt, who disregarded the neglect of analysis, arrived at far-reaching conclusions.

[11] Compare "Wesen" (Essence), Book IV.

[12] It is very common to simply regard these events as "causes." For example, the introduction of free trade in England – one has to note that this can be shown easily – or the protective tariff system of the United States, are often praised as the cause of actual development. In political argumentation, this interpretation is based on very clear motives. However, the scientific observer has to be careful because these phenomena are easily exaggerated. Just as in a tale in which the most different events are related to just one figure, public and also scientific opinion likes to put the phenomena of its time around particular prominent outer events. In addition to it, nothing will be explained by mentioning such an event. Rather, the "how" of its effect and the ways of its influence are of decisive importance. Moreover, it also became very well-known that economic political rules have very different results for different nations. Hence the general disregard of theoretical results. But instead of neglecting *theory*, one should better correct the existing *theories*.

[13] Compare here v. Schmoller, *Grundriß* II. Band (Blueprint, Vol. II.).

[14] John Rae. Compare the "Introduction" and "Of Science versus Systembuilding" in *The Sociological Theory of Capital*, 1905. This title was given to Rae's work by Mixter, who is the editor of the book.

[15] Therefore, I do not claim to present a theory of the price level. Acording to our conception one could still assert that in the course of development a rise in the prices of the original means of production and a decrease in the prices of the products could be expected. The facts do not completely contradict this interpretation. One also has to keep in mind that increases in the prices of foodstuffs are doubtlessy related to the increase in population. This aspect we explicitly exclude from our analysis. See also the discussion that follows.

[16] In principle, these would be the periods of liquidation. But many of these effects are slow in pushing through. Hence, it is more realistic to say that these are the periods which appear together with the periods of liquidation. They differ from the latter with respect to the length of time, their phenomena are broader, but less intense in violence.

[17] Here, the term "saving" obviously relates to the common sense of the word, and is not meant in our technical sense.
[18] In particular, compare the following works on this topic: The basic chapter by Ricardo. – The reader can find references to earlier treatments for instance in the book by Ergang, *Untersuchungen zum Maschinenproblem* (Investigations on Machinery), 1911. – then the work that rests on it by Mc Culloch, Senior, Mill, and Marx. R. Owen might serve as an example for a particularly naive conception of the matter; refer for this and other popular treatments of the problem to Stephen Leslie, *English Utilitarians*, Vol. II. The book by Nicholson offers a summary, *On Machinery*; compare also his *Principles*. In addition one has to mention: Johnson in the *Quarterly Journal of Economics* 1906, Carver in the *Quarterly Journal of Economics* 1909, Mannstaedt, *Kapitalistische Anwendung der Maschinerie* (Capitalistic Use of Machinery); Schmidt, *Theorie der industriellen Reservearmee* (Theory of the Industrial Reserve Army), *Soz. Monatshefte* 1904; Bernstein in: *Neue Zeit*, 11. Yearly Vol., Vol. I.
[19] In principle, this distinction shows already that the following assertion is biased. The statement is that machines would save labor, meant in the sense that machines make labor superfluous.
[20] An overview on the facts of unemployment can best be gained from studying the relevant official publications. The most basic information can be found in any textbook. If I had to recommend a particular work from the wealth of literature on the subject, then I would choose Beveridge's book on *Unemployment*.
[21] By way of a shortcut, one could describe statics as a general logic of economic activity. However, as far as a psychological explanation of economic activity is intended, this has to fail in a very important way. Here, only special cases are covered.
[22] Compare "*Wesen*" (Essence), book V.
[23] In this context, it should be mentioned that v. Phillipovich in the introduction to the second volume of his *Blueprint* also distinguishes between the preconditions of development and major development. In this version, where he only briefly expressed his views, he obviously agrees with most of the theory presented here. But he restricts the character of development to economic-political interventions into the course of economic life. Hence, he takes another route. In addition to it, see v. Schäffle and v. Schmoller.
[24] To this extent dynamics offers a theory of the economic environmental elements of statics.
[25] Compare the phenomenon of the debasement of money during the upcoming boom of the business cycle.
[26] Compare the remarks on the wage fund theory in "*Wesen*" (Essence), Book III.
[27] Compare the *Dogmengeschichte* (History of Economic Thought) by A. Salz. [*Beiträge zur Geschichte und Kritik der Lohnfondstheorie*. Stuttgart, Berlin: J. G. Cotta, Esche Buchhandlung Nachfolger, 1905]. The most important modern authority on the question is: F. W. Taussig, *Wages and Capital*. [London et al.: MacMillan, 1896].
[28] And where this is not the case, we will look for the peculiar reasons. The introduction of free trade, for instance, can be such a reason.
[29] But still better than Chalmers, from whom he obviously got the idea. Chalmers – who himself is following Malthus – justified the matter by the supposition of the healing power of unproductive consumption.
[30] On a small scale, this course of development becomes visible in the history of price theory, compare "*Wesen*" (Essence), Book II.
[31] Compare chapter II of this book.
[32] The logical proof of the validity of a supposition is completely without merit, as everyone knows, who ever followed a scientific controversy.
[33] Hereby we could suspect that this process may show analogies with economic crises and that such developments are not steady, but move in jerks and are followed by languishing periods. The facts confirm this.

Translator's notes

[1] The German title is "Das Gesamtbild der Volkswirtschaft".
[2] Here, Schumpeter is referring to such means as the instruments of credit, bank loans, bonds and promissory notes, all of which lend a particular, characteristic form to the capitalist economy.
[3] The phrase by Schumpeter is "die Welt des Nichtwirtschaftlichen," literally translated as "the world of the non-economic," by which he means social phenomena outside of the economy such as cultural, demographic, sociological phenomena, etc.
[4] This is the original term Schumpeter used in the German chapter of 1912. It was the scholarly custom at the time. Original terms from different languages were liberally used in German text. The original terms are marked by [J. A. S.] and emphasized in this translation.
[5] In the original, Schumpeter uses the Greek letters for *kat' exochēn* which stands for "as such."
[6] The two variations refer to, on the one hand, the static conception, and on the other, the theory of the classics. Both are to be distinguished from Schumpeter's theory of development, based on the carrying through of new combinations by an entrepreuneurial figure or organization.
[7] This is a reference to Ockham's razor.
[8] Schumpeter here refers to the mechanism of entrepreneurial activity, described in chapters 2–6.
[9] This note is based on a comment by Leland Yeager. The remark about whole populations stamped out of the ground comes from the *Communist Manifesto*. Yeager found the phrase translated as "whole populations conjured out of the ground," but also has seen "stamped out of the ground." He noted that "stamped" is literal, while "conjured" is freer.
[10] Here Schumpeter encapsulates his view in a single sentence, describing the kind of shift, or development, in which he is interested [focal shift] – one which is "replete with vitality, motivated by a small circle of personalities [entrepreneurs] and which does not consist in continuous adaption [i.e. is a case of creative change]."
[11] By "independent cause," Schumpeter referred to what is called today "independent variable."
[12] "This hypothesis" is referring to the effect of external noneconomic causes.
[13] Such as physics.
[14] Schumpeter here neglects to describe the features of a downward movement in value, by contrast with the upward movement.
[15] Schumpeter used the term "unearned increment" (in English) to describe the increase in value.
[16] Schumpeter is quoting Adam Smith in the original English.
[17] Schumpeter slips in a couple of phrases, but essentially quotes the passage accurately. See p. 184 in the *Penguin Classics* edition (1986).
[18] In the original, Schumpeter uses the Greek letters for *kat' exochēn* which stands for "as such."
[19] Here, Schumpeter referred to the assumption of nonconvexity.
[20] Here, Schumpeter is using a powerful metaphor. He refers to the company and the assets of the company as "prey", and the "lion's claw" as the entrepreneurial capability that generated the company in the first place.
[21] Veblen, at about the same time, referred to a similar phenomenon as the "leisure class." He chose as the title of his book the phrase *Economic Theory of the Leisure Class* (New York, London: Macmillan, 1912).
[22] Schumpeter is making the point here that whereas in particular social disciplines historians and analysts have opted sometimes for deterministic modes of reasoning and sometimes for indeterminism, he is making the point that a *developmental* perspective transcends these viewpoints – whether we are talking of the economy, or of art, or politics, or any other social domain.
[23] A modern system – theoretic statement of this position is that in any field, any analysis is exhaustive which identifies the *present state* of the system, and the *pathway of development* by which that state is reached.

The Institutional Analysis of Entrepreneurship: Historist Aspects of Schumpeter's Development Theory

Dipl.-Vw. Dipl.-Pol. Alexander Ebner, Assistant Professor
University of Erfurt, Faculty of Economics, Law and Social Science, Nordhäuser Str. 63, 99105 Erfurt, Germany; E-mail: alexander.ebner@uni-erfurt.de

Abstract: The notion of entrepreneurship in Schumpeter's works has been interpreted as a dualistic concept, involving a shift of the conceptual focus from the heroic founders of new firms to the routinised employees in bureaucratic corporations. This interpretation neglects a most crucial aspect of Schumpeter's theory of economic development, that is the historicity of entrepreneurship which is based on the analytical distinction between the entrepreneurial function and its historically specific carriers. Schumpeter's German works provide most relevant insights for the related debate on the concept of entrepreneurship, for they mirror the sustained intellectual impact of historist thought on methodological as well as on conceptual grounds. With special attention to the intellectual relationship between Schumpeter, Sombart and Spiethoff it is concluded that Schumpeter's German works already contain the major components of his comprehensive research efforts. Thus an assessment of explorations on the historicity of entrepreneurship in Schumpeter's German works contributes to the interpretation of Schumpeter's theory as well as to the current formulation of a Schumpeterian paradigm in modern economics.

Keywords: Economic development, Entrepreneurship, Evolution, German Historical School, Historical Theory, Innovation, Schmoller, Schumpeter, Sombart, Spiethoff, Weber.

J.E.L. Codes: B15, B25, B31, O00.

In the perception of Schumpeter's theory of economic development it has become a common procedure to assess the matter of entrepreneurship as a dualistic concept that involves an early model of the heroic individual, stylised as the founder of a new firm, and a late model of the bureaucratic corporation, in which innovation has become a routine operation of professionals within R&D departments. Accordingly, it has been assumed that Schumpeter changed the conceptual focus of his notion of entrepreneurship and innovation in the foundation of his theoretical framework, thus allowing for the observation of 'two Schumpeters', conceptually subject to diverse historical experiences. The major problem with Schumpeter's approach then seems to result from an alleged practice of subordinating the phenomena of innovation to the theory of entrepreneurship. This would underestimate the incremental and systemic character of innovation processes, additionally misrepresenting the endogenous role of scientific inventions (Freeman 1992, p. 75n). In contrast to that position, this paper argues that there is no categor-

J. Backhaus (ed.), Joseph Alois Schumpeter, 117–139.

ical dualism to be traced in Schumpeter's development theory, for related arguments misrepresent the conceptual basis of Schumpeter's approach. This basis is provided by the notion of the historicity of entrepreneurship, which maintains that a variety of economic agents may carry out the entrepreneurial function, situated in a historically specific context of variable institutional patterns which are rooted in a path-dependent dynamism of inertia and change. Schumpeterian entrepreneurship is conceptualised as leadership during the innovation process, carried out in historically specific institutional settings. In this context it should not come as a surprise that the corresponding notion of historical specificity has been elaborated most prominently in the conceptual frameworks of the German Historical School. Indeed, major segments of the Schumpeterian approach to entrepreneurship, especially its institutional aspects, are to be traced in German historism (Ebner 2000a). Schumpeter's related arguments are to be interpreted as fundamental components in his approach, then influenced by the search for historical theories that characterised the intellectual milieu of contemporary political economy in Germany.

The paper proceeds as follows. First, Schmoller's approach to theorising on economic development is explored, highlighting historist positions on the mechanism of economic development. Second, the post-Schmollerian research agenda of Sombart, Weber and Spiethoff is interpreted as an attempt to depict the historical specificity of economic phenomena by establishing historical theories. Schumpeter's perception of the theoretical endeavours of the German Historical School is explored in the third section, with an emphasis on his assessment of the relationship between theory and history. Based on these perceptions, Schumpeter's corresponding approach to the analysis of economic development as an evolutionary and historical process is taken to the fore in the fourth section, accompanied by an examination of the underlying concepts of history and evolution. This prepares the terrain for the fifth section, in which Schumpeter's theory of entrepreneurship is reconsidered by pinpointing the institutional embeddedness of leadership functions. Finally, sixth, the notion of the historicity of entrepreneurship is investigated with reference to the specific phases of capitalist development that are distinguished by Schumpeter. The results of that examination are subsequently applied to those interpretations of Schumpeter's approach which assume a dualistic concept of entrepreneurship. It is concluded that allowing for the aspect of historicity in Schumpeter's theory of entrepreneurship provides further insights for analysing the various forms and modes of entrepreneurial activity, as viewed from a distinct Schumpeterian perspective on economic development.

1. Historical Progress and Economic Evolution in Schmoller's Approach

The essence of Schumpeter's comprehensive research agenda is characterised by an attempt of integrating formal-theoretical analysis and historical-empirical explorations. Theorising on economic development as a historical process illustrates the sustained impact of the German Historical School on Schumpeter's thought, complemented by Walrasian and Austrian approaches. Schumpeter earned his first academic merits in the context of an intellectual atmosphere that was coined by methodological disputes and led him to a position of 'methodological tolerance' ever since he elaborated on his early German writings (Schneider 1951, p. 108). Among the continuities in Schumpeter's thought, it is the corresponding assessment of the conflict between Carl Menger of the Vienna School and Gustav Schmoller of the German Historical School as futile and ill-conceived that shaped his methodological instrumentalism. Beyond these considerations, Schmoller has been characterised as a major inspiration for Schumpeterian theorising on economic development due to the combination of ethical and evolutionary elements in his research agenda (Ebner 2000a, p. 356n). Indeed, Schmoller aimed at the formulation of historical as well as institutional complements to reductionist abstractions which should contribute to the creation of an approach that was denoted by Schumpeter later on as a type of economic sociology (Shionoya 1997, p. 201n). The substance of these ideas has been differentiated according to the various historical, empirical, ethical as well as policy dimensions, thus highlighting the comprehensiveness of Schmoller's perspectives (Backhaus 1993, p. 3n). Schumpeter's original assessment of the Schmollerian approach was summarised in six topics: first, the historical relativity of theoretical insights; second, the unity and 'Gestalt' character of social life, where all constitutive elements are interdependent and not to be isolated; third, the variety of economic motives encompassing rational as well as non-rational aspects; fourth, the evolutionary and developmental perspective; fifth, the interest in a detailed analysis of individual research objects; sixth, the anti-mechanistic, organicist point of view (Schumpeter 1924, p. 110n).

Accordingly, the historical method, advocated by Schmoller, should serve a general analysis of the cultural development of peoples, nations, and thus at last of humankind as a whole (Schmoller 1893, p. 261). Indeed, the historist tradition of political economy, as developed by Roscher and Knies, and then taken up by Schmoller, demands that economic phenomena need to be interpreted in their historical and cultural context. Historical formations have to be treated individually as coherent developing entities that consist of interdependent elements. Methodological holism therefore runs parallel with an organicist perspective that provides quite explicitly an array of evolutionary concepts (Betz 1988, p. 429). Schmoller's notion of economic development points at an unfolding pattern of developmental stages according to an evolutionary sequence of increasing complexity, an idea that resembles contemporary Spencerian thought, repeatedly mirrored by Schmoller's postulate that the process of economic development 'is based on the development of the human being in general, that is especially development in the direction of increased economic capabilities and moral attitudes as well as on the formation of larger and more complicated, consistently better instituted societal economic organs and communities' (Schmoller 1904, p. 748, translation by author). According to Schmoller, this process of an increasing complexity of economic interdependence in modern Europe ranges from the agrarian subsistence economy to the national economy which is integrated by international markets (Schmoller 1904, p. 764).

Schmoller then introduced the cyclical contours of the development process as a feature of increasingly complex and unstable modern societies, subject to internal class struggles as well as to external policy conflicts in the sphere of international trade, to be stylised as rivalry among nations (Schmoller 1904, p. 465n). According to Schmoller, the cyclical rise and decline of nations and civilisations is caused by the actual condition of the prevailing intellectual and moral powers as well as by other institutional conditions. Moreover, the rise and decline of individuals, social groups and classes, as well as of peoples and nations, is perceived as a common development pattern, based on evolutionary competition (Schmoller 1901, p. 221n). Still, the matter of these socio-cultural development cycles is separated analytically from those phenomena which are treated by theories of economic crises and business cycles (Schmoller 1904, p. 554). In this analytical context, Schmoller differentiated two contrasting approaches to the analysis of economic development as a socio-cultural process: first, an allegedly mechanical and materialistic approach; second, an idealistic approach. While Schmoller acknowledged the impact of material factors on economic life, he argued in favour of the idealistic perspective. This is underlined by the suggestion that a reconciliation of market competition and distributive justice would be reflected by the embeddedness of the profit motive in ethical components of trust and fairness (Schmoller 1901, p. 37n).

This point of view has also contributed to Schmoller's scepticism regarding the allegedly materialistic term 'capitalism' which had been popularised by Sombart in modification of contemporary Marxist positions (Schmoller 1903, p. 144). Schmoller rejected the extensive use of metaphors and analogies from the natural sciences, including evolutionary biology, for they seemed to lack from an adequate conceptualisation of human action in terms of psychological will-power, institutionalised habits and rational calculation. In order to arrive at more appropriate concepts, evolutionary positions of the Spencerian blend were combined with cultural aspects of a historist character, thus pinpointing the role of embedded intellectual consciousness in driving human action (Schmoller 1901, p. 66). Accordingly, the evolutionary and ethical aspects of progress, based on instinct and custom, would be spread in terms of competition and co-operation. Perceiving market competition as a kind of natural selection which results in the survival of the fittest, and contrasting this process with the intentional regulation of economic life, based on the progress of intellectual insights, then pointed at a pattern of argumentation that was also a prominent feature of contemporary Marxist theory. Engels, for instance, in his "*Anti-Dühring*" of 1878, had contrasted the state of an anarchical, animal-like and thus seemingly natural struggle for existence in the 'realm of necessity', based on private property and commodity production, with the state of a deliberately regulated economic life in the 'realm of freedom', based on socialised means of production (Engels 1970, p. 264). Schmoller's position was of course situated in fierce opposition to Marxism, still the dichotomy between competition and co-operation as components of socio-cultural progress provided common ground. Table 1 sketches the basic components of Schmoller's corresponding concepts of progress.

Schmoller insisted on the creative role of outstanding individuals as an internal factor of the development process, a thesis that was put forward in contrast to Schäffle's organicist theory (Hutter 1993, p. 185). Schmoller's definition of the entrepreneur was straightforward: 'The one who takes the initiative, bearing risk under private law, is the entrepreneur; he is the centre and the head of the enterprise' (Schmoller 1901, p. 413, translation by author). These major characteristics of entrepreneurship – initiative, risk, leadership – resemble common basics of a theory of entrepreneurship. Schmoller then emphasised with regard to the individual foundations of economic change that all those who are best endowed with will power and the motivational drive for authority, that is those who are 'born to command', would range among the most successful entrepreneurs (Schmoller 1904, p. 434). Entrepreneurial capabilities and the carrying out of leadership functions hence resemble each other. This parallels another influential contemporary strand of economic thought which is commonly associated with Wieser, the Austrian economic theorist, who should influence Schumpeter's theory of entrepreneurship regarding the underlying 'sociology of leadership'. Still, in contrast to the latter, Schmoller's concept of entrepreneurship exhibits a more ambiguous orientation. Entrepreneurs who manage the challenges of being the head of a large enterprise are not only portrayed as outstandingly energetic but also as ruthless characters (Schmoller 1901, p. 430). Consequently, economic improvements such as rising productivity levels and living standards may go hand in hand with the spread of anti-social attitudes like greed. Entrepreneurship hence needs to be embedded in a framework of political regulations and customary institutions in order to safeguard its positive effects. Nevertheless, these normative statements were not grounded in a solid theoretical approach, for Schmoller neither defined nor explored the entrepreneurial function by means of an elaborate theory of entrepreneurship.

Still, Schmoller's scepticism finally hinted at normative positions beyond

Table 1. Schmoller's concept of evolution and ethical progress

	Evolutionary Progress	Ethical Progress
Domain	*Nature*	*Culture*
Motivation	*Instinctive Habits*	*Customary Morals*
Mechanism	*Competitive Selection*	*Co-operative Integration*
Functional Basis	*Variety*	*Coherence*

the historist horizon, especially those that were raised by Sombart within the confines of the Youngest Historical School. These prepared the ground for Schumpeter's perspective, underlining the institutional embeddedness of entrepreneurship as an expression of its historical specificity.

2. The Search for Historical Theories in the 'Youngest' German Historical School

The position of methodological inductivism led Schmoller to believe that extensive historical and empirical research could uncover the fundamental laws of the motion of societies, that is the determinants of socio-cultural development. Criticising this point of view, a modified research agenda was pursued by post-Schmollerian scholars like Werner Sombart and Arthur Spiethoff, as well as by Max Weber, who all together have been labelled the 'Youngest Historical School' by Schumpeter (Schumpeter 1954, p. 815). They aimed at transcending Schmoller's analytical horizon with its inductive and empiricist leanings by proceeding with the integration of theory and history in order to establish historically sensitive theories. Sombart, for instance, introduced his major work '*Der moderne Kapitalismus*' with the remark that the contrast between historical and abstract political economy should have lost all of its meaning and relevance in the context of a 'renaissance of the theoretical interest' (Sombart 1916, p. XIV). In addition to persisting methodological concerns, as reflected by the Weber-Sombart alliance against the Schmollerian position on value judgements during the *Werturteilsstreit*, the post-Schmollerian perspective focused on the evolution of modern capitalism as an epochal economic phenomenon, also highlighting its bureaucratic degeneration. This reflected a shift from Schmoller's idealistic optimism towards cultural pessimism (Schefold 1995). Moreover, the post-Schmollerian research agenda implied an appreciative reconsideration of Marxian motives, modified regarding their theoretical content, especially with reference to dialectical methodology, materialist philosophy and the labour theory of value, but most visibly influenced by Marxian arguments on the forces of economic development.

Max Weber's theorising has been discussed quite extensively from the point of view of an economic sociology that should include Schumpeterian positions (Shionoya 1997, p. 278). Indeed, it is a widely shared position that Weber's research programme had a major impact on Schumpeter's approach to the concept of economic sociology as a framework for analysing the economic institutions of modern capitalism (Swedberg 1989). Modern capitalism, according to Weber, was said to be identical with the striving for profit in continuous and rational capitalist operation, aiming for profitability (Weber 1920, p. 4). The rational-capitalist organisation of formally free labour, based on the separation of households and business operations as well as on the introduction of rational book-keeping, and resulting in the capability for exact calculation, distinguishes the occidental type of modern capitalism (Weber 1920, p. 7n). This view was combined with Weber's analysis of the protestant ethic and the 'spirit of capitalism'. Weber then acknowledged the role of charismatic leadership for the introduction of novelty in established organisations, still he suggested that the capitalist entrepreneur would represent the modern professional with his rational attitude. This 'new style entrepreneur' would exhibit an industrious work ethic and related characteristics, based on a motivation rooted in a concern for the specific profession which was to be understood as a kind of religious calling (Weber 1904, p. 53n). Weber's entrepreneur was thus stylised as the prototype of an economic agent who represents those aspects of the protestant ethic which have contributed to the rationalisation of economic life in modern capitalism and which may reach even beyond that economic system due to the combination of rationalisation and bureaucratisation. However, entrepreneurship was not discussed with respect to certain economic functions by Weber. Consequently, the historicity of entrepreneurship as an analytical device remained largely unexplored.

These aspects were much more prominent in the works of Sombart, who presented the notion of 'economic system' as a conceptual framework which should grasp the essential institutional, organisational and technological features of actually existing economic formations (Sombart 1916, p. 14n). Critically referring to the Marxian concept of the mode of production and the Schmollerian notion of *Volkswirtschaft*, Sombart's economic systems were designed to include the essential features and distinctive elements of the particular economies under examination (Sombart 1929, p. 9). Economic systems were defined as follows: 'By an economic system is understood a mode of satisfying and making provisions for material wants which can be comprehended as a unit and wherein each constituent element of the economic process displays some given characteristics. These constituent elements are the economic spirit or outlook – the sum total of the purposes, motives and principles which determine men's behaviour in economic life – the form of economic life or the objective system of regulations of economic relations, and the technology employed in the system. Defined more precisely, an economic system is a unitary mode of providing for material wants, animated by a definite spirit, regulated and organized according to a definite plan and applying a definite technical knowledge' (Sombart 1930b, p. 196). Furthermore, modern capitalism was perceived as an economic system that had experienced an early phase of expansion, followed by a phase of dynamic high capitalism and then transformed into a phase of an increasingly bureaucratic late capitalism, heralding the possible advent of a non-capitalist transformation. In this context, Sombart presented the historical schema of interchanging modes of economic democracy and economic aristocracy, with capitalism as the realisation of the latter (Sombart 1929, p. 15n). Instead of pinpointing universal laws of development, as the earlier historist position had insisted on, it was now suggested that the historical meaning of an economic formation may be grasped by understanding its apparently objective 'economic spirit', that is the hegemonic motives, beliefs and value-systems that drive the behaviour of economic agents and its material manifestation (Sombart 1930a, p. 184n). In the case of modern capitalism this distinctive economic spirit should reflect the ideas of acquisition, competition and rationality which were identified as the major motives of economic agents in capitalist economies (Sombart 1930b, p. 196).

Sombart's notion of entrepreneurship was introduced as a force of economic development that needed to be understood in the context of capitalist enterprise: 'The "cell" of the capitalist economic system is the capitalist enterprise. All life springs from it, because in it the driving force of the capitalist economy becomes active: the capitalist entrepreneur' (Sombart 1909, p. 698, translation by author). Entrepreneurial motives would be dominated by the concern for a successful business performance in combination with an interest in the dissemination and diffusion of novelty (Sombart 1909, p. 703n). The material realisation of imaginations would include calculation and planning as well as the charismatic mobilisation of co-operation. This hinted at the double character of the Sombartian entrepreneur, is based on adventurous-heroic as well as rationalist components of motivation and behaviour (Prisching 1996, p. 304n). Sombart's notion of the entrepreneur is stylised on the basis of characteristic types of man: the inventor of technological and economic-organisational modes of production, transport and sales, the discoverer of new areas for sales and distribution, the conqueror who fights down any resistance he meets, the organiser who is capable of organising a business venture by combining people and material most effectively. Secondly, the type of the trader is presented, who is alertly concerned with business ventures and profit opportunities, acting most successfully on competitive markets (Sombart 1909, p. 728n). Sombart then maintained that the essential dynamism of entrepreneurship would undermine be undermined by the transformation of business firms to large bureaucratic organisations. The demise of entrepreneurship would signal the steady decline of capitalism and its economic spirit, accompanied by a decomposition of the bourgeoisie as an intellectual or material force (Sombart 1913, p. 60n). Sombart then suggested that the actual content of the entrepreneurial function needed to be distinguished according to the type of business activity that is exercised by the enterprise as well as according to its organisational structure, supplemented by a historical differentiation of entrepreneurship according to the particular developmental phase of capitalism, as illustrated by the specificity of emerging corporate trusts in high capitalist economies (Sombart 1909, p. 721n). Still, as Schumpeter asserted, Sombart failed to acknowledge the problem of analysing the entrepreneurial function in terms of economic causality (Schumpeter 1927, p. 211n).

Changes in the institutional, organisational and technological pattern of modern capitalism were also of interest for the third major figure of the Youngest German Historical School that had been identified by Schumpeter: Arthur Spiethoff, a former assistant of Schmoller's. His major academic work was concerned with business cycles. Moreover, Spiethoff dealt with the issue of integrating theory and history by introducing his own version of historical theory, grasping historically-specific phenomena that were to be distinguished from pure theory as an analysis of economic universals. With regard to the analysis of economic systems, Sombart's schema was criticised for its allegedly static rigidity. In contrast to Sombart's late works, Spiethoff continuously emphasised the role of empirical observations, since his notion of 'economic styles' was striving for an empirical modification and conceptual differentiation of Sombart's approach. The conceptual architecture of Spiethoff's economic styles then comprised of economic spirit, denoting attitudes and motives of economic action; natural and technological foundations including population dynamics and the technological regime; the constitution of society regarding social cohesion and structuration; the economic constitution concerning property rights as well as the particular modes of production, distribution, and labour; finally economic dynamics as a reflection of growth and development paths (Spiethoff 1932, p. 76n). However, Spiethoff did not elaborate on a specific theory of entrepreneurship in the context of his economic styles, although this concept with its emphasis on the historical variety of institutional forms and patterns provided a conceptual terrain for discussing the historicity of entrepreneurship as repeatedly put to use by Schumpeter by presenting entrepreneurship as the historically-specific internal factor of economic development. The actual weight of the notion of historical specificity in Schumpeter's theorising is accordingly reflected by the specific reception of the Historical School in Schumpeter's works.

3. Schumpeterian Theorising on History and Evolution

Summarising Schumpeter's position on the nature and content of historical theory, two different modes of coping with that matter have been distinguished: first, 'theories of history', including the interrelationships between historical facts, concepts and methods for historical description, the philosophy of history regarding fundamental motives of historical development processes, and the theory of handling the material; second, 'theory obtained from history', including theory illustrated by history, theory applied to history, theory concerning historical relativity, theory referring to history, theory on the historical genesis of institutions and organisations, theory of comparative economics from a historical perspective, and at last theory of generalising history, that is the case Schumpeter allegedly attached the greatest importance to (Shionoya 1997, p. 198). It is evident that these various strands of thought are almost completely related with concepts and methods that are rooted in the German Historical School. This matter has been discussed ever since *Wesen und Hauptinhalt der theoretischen Nationalökonomie*, Schumpeter's first monographic volume, published in 1908. Static and dynamic economic phenomena were classified, accompanied by the distinction between static and dynamic economic theories that are said to be analytically able to grasp the essence of these particular phenomena. Schumpeter suggested that historical theories, as represented by Sombart's theory of modern capitalism, needed to be distinguished from economic history as well as from pure theory, for they were derived directly from the available historical material. In contrast with the so-called pure theory which represents the logic of deductive reasoning on economic universals it is the branch of historical theories that takes account of singular hypotheses concerning concrete questions on diverse and detailed historical facts. Thus historical theories do not provide an exact system of statements that is able to claim general validity (Schumpeter 1908, p. 18). It follows on the essential analytical character of historical theories: 'So they are anything but "static", wherein lies a decisive difference with our essentially static theory. Perhaps the area of "dynamics" is all theirs. This will have to prove' (Schumpeter 1908, p. 18, translation by author). The Schmoller program was accordingly presented as an approach that would strive for grasping the essence of history itself, as it aimed for the integration of a general sociology with a universal history (Schumpeter 1926b, p. 46).

The case of the Youngest Historical School would correspond with that assessment. In the second German edition of his '*Theorie*', Schumpeter remarked on the impact of Sombart's approach: 'Such an exposition, . . . – it is not merely a historical theory and a theoretical, that is a history of capitalism that is causally linking factual elements, but in approach and execution even both for the pre-capitalistic economy of historical time –, is the highest objective ambition can achieve today' (Schumpeter 1926a, p. 90n, translation by author). Was this only a lip service to one of the most influential academics in contemporary Germany? This seems to be unlikely. In fact the treatment of Sombart's works continued to exhibit a critical acclamation in the 1920s, especially after Schumpeter had moved to the University of Bonn (Schumpeter 1927). An almost complete rejection emerged as the dominant attitude only after Schumpeter went to Harvard in 1932, possibly also echoing the late Sombart's radicalised hermeneutical positions which seemed to have even 'out-Schmollered Schmoller' (Schumpeter 1954, p. 874n). Indeed, Schumpeter never failed to mention the analytical necessity for proceeding with theoretical approaches in terms of formal theorising on economic universals. This is well illustrated by Schumpeter's informative remark on the prospect of elaborating on historical theories by combining the capabilities and positions of Sombart and Edgeworth (Schumpeter 1926b, p. 17). In contrast to that ambiguity concerning Sombart, the comments on Spiethoff remained continuously positive, for Spiethoff's theory of business cycles was portrayed as a most indispensable influence on Schumpeter's own theorising regarding that subject (Schumpeter 1926a, p. 320n; 1954, p. 816). Moreover, Spiethoff was characterised most affirmatively as a leading scholar of economic sociology in the Schmollerian tradition (Schumpeter 1926a, p. 377).

This assessment was not confined to Schumpeter's German works. Theorising on history and evolution also constituted a major problem for

Schumpeter's 'Business Cycles', in which it was stressed that economic and technical change evolve in historical time and thus enforce a historical-institutional view on economic dynamics which may be supported by the analytical instruments of economic theory and statistics (Schumpeter 1939, p. 13). Accordingly, 'Business Cycles' has been classified as one of the most important monographs of the German Historical School; a statement which is supported by the fact that business cycle research had been a prominent topic among scholars of the German Historical School ever since Roscher's contributions. (Streissler 1994, p. 37). In the 'History of Economic Analysis', Schumpeter identified economic history, statistics, theory, and economic sociology as the particular techniques of economic analysis. Due to the proposition that 'the matter of economics is essentially a unique process in historic time', which enforces an analytical command of institutional facts as well as historical experience, he appreciated economic history as the most important of these techniques (Schumpeter 1954, p. 12n). Economic sociology would denote a typified, stylized or reasoned economic history, discussed with reference to Max Weber's notion of *Sozialökonomie* as a specific 'German practice' (Schumpeter 1954, p. 21). This is quite in accordance with Schumpeter's judgement that the Schmollerian approach supports an interpretation of socio-economic processes which may establish a unique historical perspective on the coherence of the particular research objects (Schumpeter 1954, p. 813). Derived from these intentions, a 'Schmoller-Schumpeter-Weber nexus' has been identified, despite the methodological differences among their particular approaches (Shionoya 1997, p. 202n). Still, this kind of nexus would prove to be more convincing if it included more explicitly Sombart and Spiethoff as the outstanding post-Schmollerian scholars, for especially the former shared Schumpeter's interest in analysing the driving forces of economic development by theoretical and historical means (Chaloupek 1995). This aspect points at the necessity of specifying the actual content of Schumpeter's notion of development as based on the terms of history, evolution and progress. Indeed, this constitutes a basic condition for exploring the historicity of Schumpeterian entrepreneurship.

Schumpeter's theory of economic development distinguishes between economic growth and development. Economic growth denotes the slow, gradual and cumulative change of an economic system, resulting from factors such as population growth which is said to originate from sources that are exogenous to the economic system. Economic development results from discontinuous internal changes by economic innovations that originate from within the economic system, pinpointing major industrial disruptions which fuel business cycle fluctuations (Schumpeter 1939, p. 83n). The equivalent research perspective aimed at an analysis of economic development which should combine the exploration of entrepreneurship and innovation as internal mechanism of change with the cyclical fluctuations that shape the contours of the development process, principally as so-called long waves of economic activity which resound the concepts of the Kondratieff cycles and Spiethoff's

Wechsellagen. Schumpeter then maintained on the methodological implications for growth theory: 'economic growth is not autonomous, being dependent upon factors outside of itself, and since these factors are many, no one-factor theory can ever be satisfactory. (. . .) But if we tried to use mathematics, we would immediately run up against the difficulty that some of the most important of these interdependent factors cannot be quantified . . .' (Schumpeter 1947b, p. 4).

In order to approach the corresponding relationship between history and evolution it is most important to explore the underlying concept of evolution. According to Schumpeter, it was the fallacy of determinism and the complementing metaphysical distortions that had discredited evolutionary perspectives in economics (Schumpeter 1926, p. 89). A perception of evolution as linear progress in reason, like in Hegel's philosophy of history, or as an unfolding sequence of development stages, like in German historism, was definitely not in accordance with Schumpeter's position. Schumpeter's approach to economic evolution was based on 'energetic' entrepreneurial agents that act as the decisive evolutionary force from within the economic system, that is as the carriers of a specific mechanism of change: 'This is the formal nature of the process that periodically revolutionises and innovates industrial life. It takes effect on all domains, creates new life forms everywhere. Its inmost meaning lies in the provision of new qualities of goods and in the reorganisation of the economy in the direction of an ever increasing technological and commercial efficiency' (Schumpeter 1912, p. 492, translation by author). Economic evolution then denoted a pattern of economic progress, based on an increasing long-run trend of productivity levels, and comprising of the process of innovation and its further effects: 'The changes in the economic process brought about by innovation, together with all their effects, and the response to them by the economic system, we shall designate by the term Economic Evolution' (Schumpeter 1939, p. 86). Evolution was still believed to be an ambiguous and thus problematic term, although Schumpeter preferred it to the alternative notion of 'progress' for its complacency, as well as due to the analytical intention of underlining the fundamental role of innovations, then basically defined as the setting up of a new production function (Schumpeter 1939, p. 86n). This points at a crucial characteristic of Schumpeter's punctualist notion of economic evolution as a discontinuous process as opposed to the corresponding notion represented by historism as well as by Marshall, who tended to underline instead the aspects of evolutionary gradualism and organic growth (Awan 1986). With regard to the techno-economic application of that idea, and illustrated by the most favoured example of the railway as a major innovation, Schumpeter suggested: 'It is that kind of change arising from within the system which so displaces its equilibrium point that the new one cannot be reached from the old one by infinitesimal steps. Add successively as many coaches as you please, you will never get a railway thereby' (Schumpeter 1934, p. 64). Nonetheless, complementing the so-called microscopic aspect of evolutionary discontinuity,

Schumpeter also presented a macroscopic 'principle of continuity' which should stress that in social life 'every change seems to consist of in the accumulation of many small influences and events and comes about precisely by steps so small as to make any exact dating and any sharp distinction of epochs almost meaningless' (Schumpeter 1939, p. 227). The continuity of historical processes thus becomes a matter of analytical perspective.

The evolutionary content of Schumpeter's theory accentuated the historical specificity of capitalism: 'The essential point to grasp is that in dealing with capitalism we are dealing with an evolutionary process. (. . .) Capitalism, then, is by nature a form or method of economic change and not only never is but never can be stationary. (. . .) The fundamental impulse that sets and keeps the capitalist engine in motion comes from the new consumer's goods, the new methods of production or transportation, the new markets, the new forms of industrial organization that capitalist enterprise creates' (Schumpeter 1942, p. 82n). Economic evolution was said to manifest itself in structural changes: 'the same process of industrial mutations – (. . .) – that instantly revolutionizes the economic structure *from within*, incessantly destroying the old one, incessantly creating a new one. This process of Creative Destruction is the essential fact about capitalism' (Schumpeter 1942, p. 83).

Basically, Schumpeter's theory of economic development should provide insights for the matter of changes in the institutional composition and appearance of economic systems and styles that were subject to the long-run dynamics of a cyclical socio-cultural evolution in Schmoller's terms (Schumpeter 1926b, p. 49n). This leads to the observation that Schumpeter's notion of economic evolution is conceptually nested in the broader framework of a 'philosophy of history', which denotes the mechanisms of socio-cultural development, as outlined in the seventh chapter of the first edition of the *Theorie der wirtschaftlichen Entwicklung* (Schumpeter 1912, p. 545n). In that chapter, the core of the Schumpeterian theory of economic development, that is the notion of entrepreneurship as leadership was discussed in the context of socio-cultural change. The conceptual matter of the rise and decline of nations and civilisations was discussed with reference to Schmoller's related ideas, although these were to be analytically distinguished from Schumpeter's business cycle approach (Schumpeter 1912, p. 492). Evolutionary change, as expressed by the rise and decline of individual and collective economic agents, was to be identified as a basic ingredient of modern capitalism in Schumpeterian terms. Indeed, the meaning of that 'seventh chapter', which had been omitted by Schumpeter from the second edition of the '*Theorie*' due to didactical reasons, has been interpreted as the visionary corner-stone of Schumpeter's research agenda (Shionoya 1997, p. 32). This points again at the necessity of accounting for the historicity of entrepreneurship as a most indispensable component of Schumpeter's theory.

4. Schumpeterian Entrepreneurship and the Enstitutional Foundations of Capitalism

Modern capitalism as a historical phenomenon is defined in institutional terms that underline then role of private property, the monetary sphere and the impact of novelty: 'capitalism is that form of private property economy in which innovations are carried out by means of borrowed money, which in general, though not by logical necessity, implies credit creation' (Schumpeter 1939, p. 223). Accordingly, Schumpeter's notion of this credit-based capitalist economy was characteristically shaped by specific social and institutional patterns. On the one hand, these were said to be constituted by features that seemed to be typical for the capitalist civilisation. Among the most crucial components, that were also identified by Marx, Max Weber and Sombart, was the type of rationality related to the use of money as unit of account as well as the intellectual attitude of modern science (Schumpeter 1942, p. 123n). On the other hand, these features of modern capitalism were accompanied by pre-capitalist institutional elements and social strata. The ensuing type of variety should constitute a crucial feature of capitalist dynamism. Therefore, Schumpeter's approach allows not only for a institutions as constraints of the capitalist process, but also for their enabling, supporting and dynamising function. This implies that a central role is delegated to the aspect of the 'motive power' of economic agents, their modes of economic action, and the related meaning of these actions (Rothschild 1986). This leads to Schumpeter's distinction between 'ordinary' and 'entrepreneurial' types of economic agents. Schumpeter's entrepreneurs were identified as the internal carriers of the mechanism of change in capitalist economies, to be distinguished from the simple notion of the factors of change (Schumpeter 1926a, p. 93). Entrepreneurs would fulfil their function by introducing new combinations of productive means – innovations – and by doing so they upset the existing circular flow. Innovations denote the introduction of a new good or of a new quality of a good, the introduction of a new method of production, the opening of a new market, the conquest of a new source of supply of raw materials or half-manufactured goods, as well as the carrying out of a new organisation of an industry (Schumpeter 1926a, p. 100n). According to the underlying theoretical schema, the entrepreneur typically carries out new combinations by setting up a new firm, credit-financed by risk-taking capitalists, then proceeding with the introduction and realisation of innovations, so that he receives an entrepreneurial profit which enables him, among others, to repay the credit debt. According to Schumpeter, the carrying out of innovations was necessarily based upon entrepreneurial leadership capabilities, as autonomous adaptation would become impossible for ordinary economic actors. The radical change of data that had been used before as guideposts for calculation as well as the decomposition of habitual attitudes and experience-based rationality underline the need for visionary guidance.

Entrepreneurial vision is accompanied by the qualities of individual will power beyond the daily routine that should help overcoming inner-personal resistance as well as the even more relevant resistance of the social environment. There are three major entrepreneurial tasks to be considered: breaking the inertia of persisting traditions, finding strategic partners and gaining the acceptance of the consumers (Schumpeter 1926, p. 125n). The clustering of innovations which contributes to the cyclical pattern of capitalist economic evolution is accordingly derived from the effects of pioneering entrepreneurial leadership which was said to remove barriers to innovation and thus enlarges the opportunities for further innovations (Schumpeter 1939, p. 100n). The entrepreneurial function, however, is to be fulfilled only temporarily. Entrepreneurs simply lose their characteristic functions as soon as another routine in the new circular flow is established. Furthermore, the logic of entrepreneurship is not necessarily fixed to the institutional setting of capitalist market economies. It represents a general principle which is of utmost relevance also for other historical formations and in different areas of social life. The function of entrepreneurship may be fulfilled by the organs of a socialist commonwealth or by the chief of a primitive horde, that is by those actors who hold the leading and commanding position in their particular social and institutional environment, which enables them to enforce change by introducing novelty (Schumpeter 1926a, p. 111). The underlying social principle gives a major impression of Wieser's influence on the concept of the Schumpeterian entrepreneur. Indeed, Wieser used to accentuate the difference between the small number entrepreneurial leaders and the masses of ordinary economic agents, a difference which was said to be of utmost importance for leadership aspects with regard to the introduction of novelty (Wieser 1924, p. 229n). Schumpeter referred to that Wieserian influence as an applied 'sociology of leadership', emphasising that a distinction between guiding leaders and guided masses is to be observed in all areas of social life, resulting from differing individual capabilities and taking the shape of entrepreneurship in the economic sphere exclusively (Schumpeter 1928a, p. 482). This corresponds with a distinction of various types of economic action which is based upon spontaneous and creative versus adaptive behaviour (Schumpeter 1926a, p. 119). According to Schumpeter the entrepreneurial function is characterised by the capability for creative response. In contrast to an adaptive attitude which denotes adaptations to gradual changes in the set of socio-economic data, creative response is neither predictable nor determined (Schumpeter 1947a, p. 150). With creative response present, the future course of capitalism should remain basically undetermined, thus history would persist as an open-ended evolutionary process. Its impact can not be predicted as it creates novel situations which would not have been possible in its absence (Schumpeter 1947a, p. 150). Creative response hence characterises the quality of entrepreneurship as the most indispensable factor of economic development (Schumpeter 1947b, p. 8).

Each type of economic action is driven by a specific motive structure. It is crucial that Schumpeter's entrepreneur views his entrepreneurial profits and the corresponding attributes of economic success not necessarily as ends in themselves but rather as means to achieve further ends, such as the building of a family-empire or dynasty. Further motives beyond the economic sphere are a sportive will to win as well as the artistic joy of creating, both neither to be traced in hedonistic choices of pain and pleasure, nor in related procedures of rational calculation (Schumpeter 1926a, p. 138n). Thus it may be argued that Schumpeter's entrepreneurs are driven by motivations which are basically alien to the capitalist rationale, as they seem to follow a rather aristocratic, at least basically pre-capitalist ensemble of motives (Schumpeter 1942, p. 156n). It is noteworthy that Schumpeter attempted to trace the motives of leadership, authority and power also in the sphere of democratic parliamentary politics, perceived as a selection procedure of political leadership. The political capability of leadership was characterised as a charismatic feature of the aristocracy, contrasting with the bourgeois lack of capabilities for political rule (Schumpeter 1942, p. 137n). Similar arguments were also applied to the rationale of imperialism as a phenomenon based on pre-capitalist political sentiments, as well as to the evolution of the modern tax state which was perceived by Schumpeter as an organisational heir to the alliance between an expansionist aristocracy and a rational bureaucracy (Ebner 2001). Consequently, Schumpeter rejected simple psychological concepts with regard to an analysis of these motives in favour of a historical point of view that should allow for the historicity of economic motives and types of action. At this particular point, Schumpeter pointed once more at the German Historical School and the notions of economic style and economic spirit that emerged from its tradition as the most appropriate analytical framework (Schumpeter 1926a, p. 132). Accordingly, the historicity of entrepreneurship highlights this perspective.

5. The Historicity of Schumpeterian Entrepreneurship

The notion of historicity applied to the matter of entrepreneurship shall grasp the suggestion that entrepreneurship as a type of economic action by specific agents is historically conditioned. Hence, the manifestation of entrepreneurship as a general principle differs according to historically specific conditions which are primarily constituted by the framing institutional, organisational and technological situation. The historicity of entrepreneurship in Schumpeter's theory implied that the entrepreneurial function of introducing novelty by means of leadership represents an universal principle which is historically conditioned in its actual realisation. Thus a variety of economic agents could temporarily carry out the entrepreneurial function, situated in a historically specific institutional context. In the terminology of the Youngest German Historical School this would mean that the historicity of Schumpeterian entrepreneurship would be conditioned by the dominant economic style. Moreover, Schumpeter's business cycle analysis raised the problem of delineating specific phases of economic development. According to Schumpeter, the empirical material seemed to provide evidence for proceeding with a tentative periodisation of Kondratieff cycles as 'historical individuals': the first Kondratieff cycle from the 1780s to 1842 should mirror the impact of the industrial revolution, the second Kondratieff cycle from 1842 to 1897 should represent the so-called bourgeois age of steam and steel, while the third Kondratieff cycle from 1898 on should reflect the impact of electricity, chemistry and motors, also labelled as the neo-mercantilist Kondratieff (Schumpeter 1939, p. 170). In this context, it is noteworthy that most of the theses Schumpeter put forward in his late work on 'Capitalism, Socialism and Democracy', in which he presented a discussion of a feasible socialism, had already been formulated in an essay on the 'possibilities of socialism', published in 1920. The changes that would alter the character of the competitive economy and thereby seemed to prepare the ground for socialism were not yet described as a specific period of capitalism but rather as transformation phenomena, summarised by three major arguments. First, the tendency for industrial concentration and the emergence of corporations and trusts, leading to the economic dominance of bureaucratic organisations. Second, the rationalisation of economic life, as indicated by the systematisation and automatisation of technical progress, implying that the entrepreneurial function would become obsolete as bureaucratic administration replaced entrepreneurial leadership. Third, rationalisation paralleled by a separation of the economic sphere from pre-capitalist and non-economic sentiments and bindings, as illustrated by the decreasing role of family values as a motive for the private accumulation of wealth (Schumpeter 1920, p. 312n).

Schumpeter then turned to a periodisation of capitalism that allowed for a characterisation of distinct phases according to fundamental characteristics such as the carriers of the entrepreneurial function and related mechanisms of competition and selection. In this case, Schumpeter followed a Sombartian orientation, rooted in the theories of development stages that had emanated from the Historical School, in spite of the problem of detailed periodisation that had been associated with Sombart's thesis on the periods of capitalism in Western Europe. Schumpeter actually emphasised that the historical and sociological components of entrepreneurship had been considered seriously only in the research tradition of the German Historical School (Schumpeter 1928a, p. 480n). Still, similar arguments on periods of capitalist development had been put forward in Marxist debates, for instance in Hilferding's '*Finanzkapital*', published with a first edition in 1910, with its thesis of the emergence of bank-based financial systems, combined with the formation of large industrial corporations, that might herald trustification as the final stage of capitalism (Hilferding 1968). However, the suggestion that each period of capitalist development would exhibit a specific pattern of economic life was only indicated in the '*Theorie*', in which Schumpeter nonetheless hinted at rationalisation and trustification. In order to mark this point, Schumpeter underlined that the nature of innovation-driven change would be constituted by the competing down of outmoded agents and structures. New firms would not simply replace old combinations but rather co-exist with them for some time. This had consequences for the dynamism of the economy as well as for the mechanism of social change, especially concerning the mode of selecting the leading personnel, for in a competitive economy this mechanism of competing down would additionally fuel social mobility by supporting the rise and decline of individuals and groups, whereas trustification would imply that competitive selection became an internal process of complex organisations. According to Schumpeter this difference alone sufficed as a division line between two distinct epochs in the social history of capitalism (Schumpeter 1926a, p. 101n). Still, no elaboration on the distinct periods of capitalist development was presented.

A more detailed periodisation of capitalist development was introduced right after the publication of the second edition of the '*Theorie*', namely in two German essays on the nature of entrepreneurship, a handbook entry (Schumpeter 1928a), and an essay in a volume on structural changes in the German economy (Schumpeter 1929) which promoted the concept of the historicity of entrepreneurship. This was paralleled by the influential English essay on the 'instability of capitalism', published in the Economic Journal as a contribution to debates on external economies and increasing returns (Schumpeter 1928b). Schumpeter then dated the beginning of a capitalist prevalence from the middle of the eighteenth century, at least in England, and then basically distinguished between the 'competitive' economy of the 19th century and the 'trustified' economy of the 20th century, derived from dominant institutional patterns including entrepreneurial types (Schumpeter 1928b, p. 362). This approach to the distinction of specific periods of capitalist development had been formulated originally also in terms of a 'competitive' and a 'neo-mercantilist' period, contrasting the competitive behaviour of family enterprises with the modern corporation and its capability for organising large-scale technological change. The 'competitive' period of capitalism was characterised by the evolutionary economic process Schumpeter's development theory referred to, stressing the drive for increasing efficiency by means of competing down unfit enterprises (Schumpeter 1928a, p. 478n). Trustification, the process that marked the emergence of a 'neo-mercantilist' period of capitalism, would lead to the dominance of large corporations as an outcome of industrial concentration by organisational restructuring (Schumpeter 1928a, p. 479). The corresponding argument on market dynamics, later on reformulated in 'Capitalism, Socialism and Democracy' as the famous thesis of 'Schumpeterian competition', then suggested that technological progress presupposed the large business unit, resulting in the formation of a monopoly price that was possibly still lower than a competitive market price (Schumpeter 1929, p. 316).

In implicit opposition to Sombart's thesis of changes in 'economic spirit', Schumpeter suggested that a distinction of economic epochs would not imply a change in the nature of economic activity but a change of socio-economic data. Thus it was not the commercial motivation that made the 11th century merchant different from the modern merchant, but the particular set of data that posed specific problems to solve (Schumpeter 1928a, p. 478). According to Schumpeter, the 'liberal epoch' of competitive capitalism was well represented by competing family enterprises. The motivation of the corresponding entrepreneurial type of the 'industrial bourgeois' was accordingly characterised by a well established sense of duty as well as an unambiguous family-orientation (Schumpeter 1929, p. 308). This entrepreneurial type was additionally portrayed as a socially responsible businessman who cared for the enterprise in personal terms (Schumpeter 1928a, p. 484n). Trustification would be represented by the entrepreneurial type of the corporate 'captain of industry' with his specific professional habits and his official authorisation by shareholders, acting as the unintentional 'pioneer of the planned economy' during 'neo-mercantilism' (Schumpeter 1928a, p. 484n). Visionary intuition that coined the commercialisation of technical inventions in the competitive period was replaced by the professional calculation of engineers and statisticians, preparing the decisions of the 'captains of industry' (Schumpeter 1929, p. 317). Moreover, different types of entrepreneurs would be selected, for leading a large organisation implied an increasing role of leadership capabilities in organisational co-ordination and co-operation. Selection procedures would become less competitive, but more politicised due to compromise solutions. Finally, all of this would contribute to the separation of the success of enterprise and entrepreneur, for the latter would become a salaried employee (Schumpeter 1929, p. 318n). The major characteristics of Schumpeter's periodisation of capitalism with regard to the distinct types of entrepreneurial activity is depicted in Table 2.

In 'Capitalism, Socialism and Democracy', Schumpeter restated that employees in large corporations could act as entrepreneurs, for they would need to exhibit entrepreneurial leadership only temporarily in the course of professional routine. Moreover, innovations would become foreseeable as consumers could get accustomed to the evolving type of predictable change. Hence, with an emerging mass character of economic life that was accompanied by a 'democratisation' of the innovation process, the leadership function of entrepreneurship would become obsolete (Schumpeter 1942, p. 132n). This perspective was pursued furthermore with regard to an organisationally divided

Table 2. Schumpeter's Periods of Capitalism and Types of Entrepreneurs

	Competitive Capitalism	Trustified Capitalism
Style of Kondratieff Cycle	*Bourgeois*	*Neomercantilist*
Type of Enterprise	*Family Enterprises*	*Corporations and Trusts*
Type of Entrepreneur	*Merchant*	*Corporate Director*
Mode of Innovation	*Individual Impulse*	*Organisational Routine*
Mode of Behaviour	*Intuitive Creativity*	*Professional Calculation*
Selection Mechanism	*Market Competition*	*Political Compromise*
Economic Return	*Entrepreneurial Profit*	*Employee Salary*

type of entrepreneurship which became most prominent with the rise of large corporations, as their organisational complexity would demand that the entrepreneurial function be carried out co-operatively (Schumpeter 1951, p. 256). In accordance with hints at the 'corporate personality' as a collective entrepreneur, Schumpeter put forward that even government could act as an entrepreneur by introducing certain technologies and disseminating productive knowledge (Schumpeter 1951, p. 255). This distinction between function and carrier of entrepreneurship explains why government could carry out the entrepreneurial function in Schumpeter's terms during certain historical situations, as already pointed out in the first edition of the '*Theorie*' (Schumpeter 1912, p. 173). Indeed, Schumpeter thus even identified socialist planning bodies as potential candidates for entrepreneurial activities (Schumpeter 1926a, p. 111). Therefore, an administrative enforcement of innovation signalled the socialist transformation of trustified capitalism. While capital, credit and interest would lose their function as levers of change, innovation could be introduced by administrative orders. In this context it is noteworthy that Schumpeter's theory of economic development with its explanations for so-called dynamic phenomena like entrepreneurial profit, interest and business cycles primarily dealt with the institutional setting of competitive capitalism, thus implicitly accounting for the historical specificity of economic phenomena. This stands for another facet of the historicity of Schumpeterian entrepreneurship, situated in the historically rooted diversity of economic institutions.

6. Conclusion

The point of departure for the preceding exposition of the historicity of Schumpeterian entrepreneurship, highlighting its conceptual roots and implications, has been provided by the introductory statement that current discussions on Schumpeter's development theory tend to assess his approach as a dualistic concept that involves an alleged shift from an early model of individual entrepreneurship in newly founded firms to a late model of professional science and technology in established corporate organisations. This interpretation would amount to the proposition that Schumpeter changed his mind on the subject matter of entrepreneurship and innovation. In opposition to these statements, it has been suggested that the characterisation of the carriers of the entrepreneurial function in Schumpeterian terms needs to be viewed in the context of the development pattern of modern capitalism, based on distinct phases (Langlois 1998). Consequently, as pointed out in this paper, a conceptual continuity in Schumpeter's argumentation is to be observed as soon as a historical perspective is taken into consideration that allows also for the continuous impact of historist thought on Schumpeterian analyses. Indeed, Schumpeter underlined the historicity of entrepreneurship as a type of economic activity which is concerned with the introduction of novelty, conditioned by a historically specific institutional, organisational and technological setting. Understanding the historicity of entrepreneurship thus reflects an institutionalist position which maintains that economic action is embedded in networks of historically rooted social relations, endowed with an importance which may have decreased but nonetheless still persists in modern capitalist societies (Granovetter 1992). Accordingly, it has been argued that institutional variety constitutes an evolutionary factor that marks the determinants of Schumpeterian entrepreneurship and the conditions of its embeddedness (Ebner 1999, p. 141n). With reference to these positions, it may be fair to conclude that accounting for the historicity of entrepreneurship will be of crucial importance for a reconstruction of the Schumpeterian perspective in modern theorising on economic development, involving the institutional embeddedness of entrepreneurial activities that drive the development process.

References

Awan, Akhtar A. (1986). "Marshallian and Schumpeterian Theories of Economic Evolution: Gradualism versus Punctualism." *Atlantic Economic Journal*, Vol. 14, Nr. 4, pp. 37–49.

Backhaus, Jürgen (1993). "Gustav Schmoller and the Problems of Today." *History of Economic Ideas*, Vol. 1, Nr. 3, pp. 3–25.

Betz, Horst K. (1988). "How Does the German Historical School Fit?" *History of Political Economy*, Vol. 20, Nr. 3, pp. 409–430.

Chaloupek, Günther (1995). "Long-Term Economic Perspectives Compared: Joseph Schumpeter and Werner Sombart." *The European Journal of the History of Economic Thought*, Vol. 2, Nr. 1, pp. 127–149.

De Vecchi, Niccolo (1995). *Entrepreneurs, Institutions and Economic Change: The Economic Thought of J. A. Schumpeter (1905–1925)*, Elgar, Aldershot.

Ebner, Alexander (1999). "Understanding Varieties in the Structure and Performance of National Innovation Systems: The Concept of Economic Style." In Groenewegen, John and Vromen, Jack (eds.), *Institutions and the Evolution of Capitalism: Implications of Evolutionary Economics*, Elgar, Cheltenham, pp. 141–169.

Ebner, Alexander (2000a). "Schumpeter and the 'Schmollerprogramm': Integrating Theory and History in the Analysis of Economic Development." *Journal of Evolutionary Economics*, Vol. 10. Nr. 3, pp. 355–372, repr. in Mueller, Dennis C. and Cantner, Uwe (eds.), *Capitalism and Democracy in the 21st Century*, Physica, Heidelberg and New York.

Ebner, Alexander (2000b). "Systems of Innovation between Globalisation and Transformation: Policy Implications for the Support of Schumpeterian Entrepreneurship." In Kukliński, Antoni and Orłowski, Witold M. (eds.), *The Knowledge-Based Economy – The Global Challenges of the 21st Century*. State Committee for Scientific Research of the Republic of Poland, Warsaw, pp. 80–99.

Ebner, Alexander (2001). "Schumpeter, Joseph A." In Jones, R. J. B. (ed.) *Routledge Encyclopedia of International Political Economy*, Routledge, London and New York.

Engels, Friedrich (1970). *Herrn Eugen Dührings Umwälzung der Wissenschaft ("Anti-Dühring")*, first ed. 1878, Dietz, Berlin.

Freeman, Christopher (1992). *The Economics of Hope: Essays on Technical Change, Economic Growth and the Environment*, Pinter, London.

Granovetter, Mark (1992). "Economic Action and Social Structure: The Problem of Embededdness." In Granovetter, Mark and Swedberg, Richard (eds.), *The Sociology of Economic Life*, Boulder, Westview Press.

Hilferding, Rudolf (1968). *Das Finanzkapital: Eine Studie über die jüngste Entwicklung des Kapitalismus*, first ed. 1910, Frankfurt am Main, Europäische Verlagsanstalt.
Hutter, Michael (1993). "Historicist Biologism and Contemporary Evolutionism: Where is the Difference?" *History of Economic Ideas*, Vol. 1, Nr. 3, pp. 179–196.
Langlois, Richard N. (1998). "Schumpeter and Personal Capitalism." In Eliasson, Gunnar and Greene, Christopher (eds.), *Microfoundations of Economic Growth: A Schumpeterian Perspective*, University of Michigan Press, Ann Arbor.
Prisching, Manfred (1996). "The Entrepreneur and His Capitalist Spirit. Sombart's Psycho-Historical Model." In Backhaus, Jürgen G. (ed.), *Werner Sombart (1863–1941) – Social Scientist*, Vol. II, Metropolis, Marburg.
Rothschild, Kurt W. (1986). "Capitalists and Entrepreneurs: Prototypes and Roles." In Wagener, Hans-Jürgen and Drukker, Jan W. (eds.), *The Economic Law of Motion of Modern Society: A Marx-Keynes-Schumpeter Centennial*, Cambridge University Press, Cambridge.
Schefold, Bertram (1994). "Nationalökonomie und Kulturwissenschaften: Das Konzept des Wirtschaftsstils." In Schefold, Bertram, Nörr, Knut W. and Tenbruck, Friedrich (eds.), *Deutsche Geisteswissenschaften zwischen Kaiserreich und Republik. Zur Entwicklung von Nationalökonomie, Rechtswissenschaft und Sozialwissenschaft im 20. Jahrhundert*, Steiner, Stuttgart.
Schefold, Bertram (1995), "Theoretical Approaches to a Comparison of Economic Systems from a Historical Perspective." In Koslowski, Peter (ed.), *The Theory of Ethical Economy in the Historical School*, Springer, Heidelberg.
Schmoller, Gustav (1893). "Die Volkswirtschaft, die Volkswirtschaftslehre und ihre Methode." In Schmoller, Gustav (1898), *Über einige Grundfragen der Socialpolitik und der Volkswirtschaftslehre*, Duncker und Humblot, Leipzig.
Schmoller, Gustav (1901). *Grundriß der Allgemeinen Volkswirtschaftslehre*, Vol. 1, Duncker und Humblot, Leipzig.
Schmoller, Gustav (1903)."Werner Sombart, Der moderne Kapitalismus", *Schmollers Jahrbuch für Gesetzgebung, Verwaltung und Volkswirtschaft im Deutschen Reiche*, Vol. 51, pp. 349–369.
Schmoller, Gustav (1904). *Grundriß der Allgemeinen Volkswirtschaftslehre*, Vol. 2, Duncker und Humblot, Leipzig.
Schneider, Erich (1951). "Schumpeter's Early German Work, 1906–17." *Review of Economic Statistics*, Vol. 33, pp. 104–108.
Schumpeter, Joseph A. (1908). *Das Wesen und der Hauptinhalt der theoretischen Nationalökonomie*, Duncker und Humblot, Berlin.
Schumpeter, Joseph A. (1912). *Theorie der wirtschaftlichen Entwicklung*, First Edition, Duncker und Humblot, Berlin.
Schumpeter, Joseph A. (1920). "Sozialistische Möglichkeiten von heute." *Archiv für Sozialwissenschaft und Sozialpolitik*, Vol. 48, pp. 305–360.
Schumpeter, Joseph A. (1924). *Epochen der Dogmen- und Methodengeschichte*, Grundriss der Sozialökonomik, Vol. 1, Part 1, Second edition, J.C.B.Mohr, Tübingen.
Schumpeter, Joseph A. (1926a). *Theorie der wirtschaftlichen Entwicklung. Eine Untersuchung über Unternehmergewinn, Kapital, Kredit, Zins und den Konjunkturzyklus*, Second Edition, Duncker und Humblot, Berlin.
Schumpeter, Joseph A. (1926b). "Gustav v. Schmoller und die Probleme von heute." *Schmollers Jahrbuch für Gesetzgebung, Verwaltung und Volkswirtschaft im Deutschen Reiche*, Vol. 50, pp. 1–52.
Schumpeter, Joseph A. (1927). "Sombarts Dritter Band." *Schmollers Jahrbuch für Gesetzgebung, Verwaltung und Volkswirtschaft im Deutschen Reiche*, Vol. 51, pp. 349–369.
Schumpeter, Joseph A. (1928a). "Unternehmer." In Elster, L. (ed.), *Handwörterbuch der Staatswissenschaften*, Fourth Edition, Vol. 8, Gustav Fischer, Jena, pp. 476–487.
Schumpeter, Joseph A. (1928b). "The Instability of Capitalism." *Economic Journal*, Vol. XXXVIII, Nr. 151, pp. 62–87.
Schumpeter, Joseph A. (1929). "Der Unternehmer in der Volkswirtschaft von heute." In Harms,

Bernhard (ed.), *Strukturwandlungen der Deutschen Volkswirtschaft*, Second completed edition, Vol. 1, Reimar Hobbing, Berlin, pp. 303–326.

Schumpeter, Joseph A. (1934). *The Theory of Economic Development: An Inquiry into Profits, Capital, Credit, Interest, and the Business Cycle*, transl. by Redvers Opie, Harvard University Press, Harvard.

Schumpeter, Joseph A. (1939). *Business Cycles: A Theoretical, Historical and Statistical Analysis of the Capitalist Process*, Vol. I, McGraw-Hill, New York.

Schumpeter, Joseph A. (1942). *Capitalism, Socialism and Democracy*, Allen and Unwin, London.

Schumpeter, Joseph A. (1947a). "The Creative Response in Economic History." *The Journal of Economic History*, Vol. VII, Nr. 2, pp. 149–159.

Schumpeter, Joseph A. (1947b). "Theoretical Problems of Economic Growth." *The Journal of Economic History*, Vol. VII, Supplement, pp. 1–9.

Schumpeter, Joseph A. (1951). "Economic Theory and Entrepreneurial History." *Change and the Entrepreneur*, 1949. pp. 63–84, repr. in Clemence, Richard V. (ed.), *Essays of J. A. Schumpeter*, Addison-Wesley, Cambridge, Mass.

Schumpeter, Joseph A. (1954). *History of Economic Analysis*, Oxford University Press, New York.

Shionoya, Yuichi (1997). *Schumpeter and the Idea of Social Science: A Metatheoretical Study*, Cambridge University Press, Cambridge.

Sombart, Werner (1909). "Der kapitalistische Unternehmer", In Jaffé, Edgar (ed.), *Archiv für Sozialwissenschaft und Sozialpolitik*, Vol. XXV, J.C.B.Mohr, Tübingen, pp. 689–758.

Sombart, Werner (1913). *Der Bourgeois. Zur Geistesgeschichte des modernen Wirtschaftslebens*, Duncker und Humblot, Berlin.

Sombart, Werner (1916). *Der moderne Kapitalismus. Historisch-systematische Darstellung des gesamteuropäischen Wirtschaftslebens von seinen Anfängen bis zur Gegenwart*, Vol. 1.1, reprint (1987), dtv, München.

Sombart, Werner (1929). "Economic Theory and Economic History." *The Economic History Review*, Vol. 2, Nr. 1, pp. 1–19.

Sombart, Werner (1930a). *Die drei Nationalökonomien. Geschichte und System der Lehre von der Wirtschaft*, Duncker und Humblot, Berlin.

Sombart, Werner (1930b). "Capitalism." In Seligman, Edwin (ed.), *Encyclopedia of the Social Sciences*, Vol. 3, Macmillan, London.

Spiethoff, Arthur (1932). "Die Allgemeine Volkswirtschaftslehre als geschichtliche Theorie. Die Wirtschaftsstile." *Schmollers Jahrbuch für Gesetzgebung, Verwaltung und Volkswirtschaft im Deutschen Reich*, Vol. 56, pp. 51–84.

Streissler, Erich W. (1994). "The Influence of German and Austrian Economics on Joseph A. Schumpeter." In Shionoya Yuichi and Perlman, Mark (eds.), *Schumpeter in the History of Ideas*, University of Michigan Press, Ann Arbor.

Swedberg, Richard (1989). "Joseph A. Schumpeter and the Tradition of Economic Sociology." *Journal of Institutional and Theoretical Economics*, Vol. 145, Nr. 3, pp. 508–524.

Weber, Max (1904). "Die protestantische Ethik und der Geist des Kapitalismus." In Jaffé, Edgar (ed.), *Archiv für Sozialwissenschaft und Sozialpolitik*, Vol. XX, J.C.B.Mohr, Tübingen, repr. In Weber, Max (1920), *Gesammelte Aufsätze zur Religionssoziologie*, Vol. 1, J.C.B.Mohr, Tübingen, pp. 17–83.

Weber, Max (1920). "Vorbemerkung." In Weber, Max (ed.), *Gesammelte Aufsätze zur Religionssoziologie*, Vol. 1, J.C.B.Mohr, Tübingen, pp. 1–16.

Wieser, Friedrich von (1924). *Theorie der gesellschaftlichen Wirtschaft*, Grundriss der Sozialökonomik, Vol. 1, Part 2, Second edition, J.C.B.Mohr, Tübingen.

The Influence of Schumpeter's German Writings on the Mainstream Economic Literature in English

Prof. Dr. Peter R. Senn
1121 Hinman Avenue, Evanston, Illinois 60202. USA; , E-mail: senn1121@delphi.com

Abstract: This paper discusses the influence of the German writings of Joseph Schumpeter on the economic literature in English. The Introduction explains the rationale for the organization and structure of the paper. The next section discusses the theory and measurement of influence and its meanings. Attention is paid to the importance of the language in which a contribution to the economic literature is made and that influence is time bound. A description of Schumpeter's life describes some of the possible paths of the influence of his writings in German into the mainstream economic literature in English. A short discussion of Schumpeter's influence after he died follows. The conclusion is that Schumpeter's writings in German had a substantial influence on the subsequent development of many parts of economics.

Keywords: Economics, English, German, History of Economic Thought, Influence, Schumpeter.

J.E.L. Codes: B200, B310, N00.

The history of economic thought includes many people who made important contributions in countries different from those in which they were born and in languages different from those of their native countries.

A few examples, from the hundreds possible, follow. The French economist Albert Aftalion (1874–1956) was born in Bulgaria. The French economist Etienne Antonelli (1879–1950) was born in Spain. The American economic writer Max Beer (1886–1965) was born in Vienna. The German banker and monetary theorist Friedrich Bendixen (1864–1920) was born in San Francisco. The French writer and economist Maurice Block (1816–1901) was born in Berlin. The German statistician Ladislaw van Bortkiewicz (1868–1931) was born in St. Petersburg. Although not the usual condition, it is by no means uncommon for economists to become important in other than their native lands and languages.

The fact that an émigré economist, in a new country and non-native language, can become worthy of a place in the history of economic thought and then be associated with the language of his adopted country is eloquent testimony of his influence in the new country.

Although the biographies of individual economists sometimes cover the language transition and resulting influence, I have found no detailed studies

J. Backhaus (ed.), Joseph Alois Schumpeter, 141–162.

of the influence of an economist's writings in his native born language on economic thought in the language of his newly adopted country.

This paper explores the interesting case of Joseph Alois Schumpeter (1883–1950) and the influence his writings in German had on the development of economic thought in English.

The literature on Schumpeter is enormous. The bibliography compiled by Michael I. Stevenson and published in 1985 covers only the period to 1984. It lists 653 items. It adds 148 items to the list originally compiled by Schumpeter's widow, Elizabeth Boody Schumpeter (1898–1953), and includes additional translations, reprints and anthologized pieces. Stevenson's bibliography has a section of 352 annotated entries that cover introductory, biographical and analytical works and dissertations. It is a valuable resource. Richard Swedberg's (b 1948) 1991 biography has an extensive bibliography compiled by Massimo M. Augello.

The literature in both German and English continues to grow. There are articles about him in all the major reference works. For one that is easily accessible and very good, see that of Wolfgang F. Stolper (b 1912) in the *International Encyclopedia of the Social Sciences*. Wolfgang Stolper also published an acclaimed biography in 1994. Another good biography is that of Swedberg. A favorite assessment and biography of mine is the obituary by Gottfried Haberler (1900–1995). A useful general guide to his thinking is the book by Richard Vernon Clemence and Francis S. Doody (b 1917).

Most of his books, in both English and German, are still in print. Many of his articles, again in both English and German, have been reprinted in collections. See, for example, the three excellent volumes in German edited by Wolfgang F. Stolper and Christian Seidl. With but a few exceptions, most of Schumpeter's important work in German has been translated into English.

The Internet has abundant resources, including lectures about him. Some of his articles are on line. See the section below, "Internet Resources." There is an active International Schumpeter Society.

1. Influence and Its Meanings – General Considerations

It is now generally accepted that there is no "systematic study of *influence* in the economics profession" [original italics] (Leeson, 637). There are many reasons for this situation. The most fundamental reason is that the term *influence* has many possible connotations and denotations. Among the other reasons that there is no systematic study of influence are the problems associated with defining, tracing and measuring it.

1.1. Defining Influence

Influence is one of those terms that means very different things in the different social sciences and in everyday usage. "Driving under the influence" refers to driving after having drunk too much. Here the term *influence* refers to the effects alcohol has on the driver.

Psychologists "generally do not go beyond describing influence as causal relation." (Ehrmann, 332) One of the best discussions of the theory and measurement of influence is that by James G. March. It is focused on the problems of the measurement of influence in political science. He states that "In general, it appears to be true of any statement of influence that it can just as easily be formulated in terms of causality." (437)

Sociologists generally hold that "*influence* denotes whatever causes in any social and especially political context, individuals or groups to deviate from a predicted path of behavior" especially "changes in behavior of a person or group due to the anticipation of the responses of others." (Ehrmann, 332)

These differences warn us that a wide variety of viewpoints must be taken into account in the study of influence. We are far from a general theory of influence.

In this study of the history of economic thought *influence* denotes whatever printed material causes changes in the mainstream English language literature on economic thought. Most often this means a substantial contribution in terms of its impact on the field and its consequences for later work, as with, "Adam Smith's (1723–1790) books were influential in the development of economics," or "Malthus strongly influenced the study of population."

There are many possible causes of changes in the literature of economic thought. Wars, chance and personalities are a few. They are held to be indirect causes because they affect what goes into the literature, not directly the literature itself.

In the study of the history of economic thought *influence* refers to behavior only as it appears as a result of the reception, in print, by a group of economists who evaluate a contribution. The behavior of individuals is not an important element in the long run measurement of influence. The term also has nothing to do with the anticipated responses of others as is often the case in sociology and political science.

In sociology and political science an important issue is how to differentiate *influence* from *power*. This is not an issue in the long run in the history of economic thought. If power is important in the influence of a publication at first, it will not be important in the long run when its influence will depend on its quality.

Influence is related to causality in the study of the history of economic thought because a person's work caused changes in the way economists think about their subject. The idea of causality is somewhat different from its usage in the other social sciences where it is related to what causes changes in policies or behavior.

Influence can be shown in many ways. One of the most common is when a famous author shows traces of the thinking or uses the contributions of another author in his work. An example is that Gottfried Wilhelm Leibniz (often Leibnitz, Freiherr von, 1646–1716) is surely an important influence on Christian Wolff (Reichsfreiherr von, often Wolf, sometimes Wolfius (1679–1754).

In the short run influence is often related to the stature of the person in the academic community, the manner of the exposition of the author, and the quality of his disciples. In the long run, it is the quality of the publication that counts for lasting influence. In the long run, influence in the history of economic thought is always manifested in published material.

1.2. Paths of Influence

There are many ways to be influential in the development of economics. One path of influence in economics is by way of one's students. Both Luigi Cossa (1831–1896) and Karl Menger (1840–1921) were students of Wilhelm Georg Friedrich Roscher (1817–1894). Both were strongly influenced by him as shown in their writings. Schumpeter's students earned more Ph.D. than the students of any other professor of his time.

Ideas that are widely accepted or debated, be they correct or not, like those of John Maynard Keynes (1883–1946) or Karl Marx (1818–1883) are another path of influence. Influence can also come from the solution of problems like those of identifying and estimating simultaneous equation models. It can come from establishing a new set of methods like the use of mathematics of which Antoine Augustin Cournot (1801–1877) is an example.

Influence can come from a textbook, John Stuart Mill (1806–1873), Alfred Marshall (1842–1924), Charles Gide (1847–1932) and Charles Rist (1874–1955) and Paul Anthony Samuelson (b 1915) are examples.

It can also come with the establishment of a "school" with followers and disciples as, for example, the Institutionalists or Austrians. It can come from organizers and journal editorship as in the cases of George Joseph Stigler (1911–1992) and Keynes.

Works that change policy can be influential. The policies must be of widespread relevance, like those of taxes, property ownership, or social welfare. Usually the country for which they apply must have possible applications in other countries. Publications which change policy are influential when a literature develops around them.

Adding new knowledge, recasting, reorganizing, and reinterpreting what is known in new ways have been important ways of becoming influential. So is defining a concept or clarifying existing usage. All of these and more besides are how and why people can be important and influential in the history of economic thought.

1.3. Tracing Influence

Tracing the paths of influence for many of the theories and techniques in the history of economic thought is sometimes easy and sometimes difficult. The central criterion is that the theory or technique must be of importance in the development of economic thought. The decision about what is important is often, although not always, subject to debate. Once the question of importance is settled, the next set of problems revolve around tracing how that influence came about.

Tracing the influence of Thomas Robert Malthus (1766–1834) and his theory of population poses relatively few difficulties. The importance of his theory is generally accepted. There are innumerable later references to him and his theories. The main problem for the researcher is sharply defining the kind of, and limits to, his influence.

A much more difficult example is that of Lionel Robbins (Baron, 1898–1984). In his autobiography he says, "I was strongly influenced by Cassel in his *Theory Of Social Economy* – I did not then realize how much of this was derived from Walras – and by Irving Fisher and F. A. Fetter, especially in their work on capital and interest." (105) Despite the fact that he states sources of influences on him, questions remain. How important were Robbins' publications on the subjects of the influence? Did his publications reflect these influences? How?

1.4. Factors that Condition Influence

Place also conditions importance and influence. If the span of a person's work is closely confined to a small area, that contribution is less important than if it were applicable to a larger space. Similarly what we might call range conditions importance and influence. By range in this context we mean the number and kinds of problems to which the idea might be applied.

Historical context is sometimes of importance in influence. An important reason for the difference in the influence of Wilhelm Georg Friedrich Roscher (1817–1894) in the United States and England lies in the distinctive ways economics developed and was taught in those countries. Development in both was distinct from that of Germany, France, Italy and Austria, which all followed separate paths.

Events can be important in determining influence. The complexities of events, combined with those of the economist's personality, background, and social situation, the time and place, are so entangled, that the prospects for a systematic understanding of them, much less of a general theory, are, for the present, remote.

1.5. The Measurement of Influence

The measurement of influence in the history of economic thought refers to the attempt to quantify or asses the extent to which those who come after follow what an earlier individual wrote. Perhaps the truest measure of lasting influence occurs when a person's contribution passes into every-day usage without attribution, as, for example, with marginal utility and many mathematical techniques.

The measures of the importance of the contributions can also be thought of as characteristics that are both explicit and implicit. By explicit characteristics is meant quantifiable metrics, the use of citations, discussions, statements and the like.

By implicit characteristics is meant the traits or attributes or qualities of scientific work. These are manifested in symbols or signs, e.g. the use of statistics and tables; the method of presentation, e.g. literary, historical, rhetorical; the method of analysis, e.g. approaching a topic in more than one way; the viewpoint, e.g. economic, sociological; the political stance, e.g. left, right center, none; the approach, e.g. specific concern with ethics and morality. In general, they are identifiable but not easily measured characteristics of scientific work.

Especially difficult is the case when clusters or groups of features are involved. If we define *Gestalt* as some kind of unity or whole of which the parts are both distinguishable and interdependent, it is almost impossible to trace influence. Among the reasons are the necessities of deciding if the influence is on the whole or on one or more parts.

For many other reasons, there is no simple, consistent or reliable method for establishing the influence, either relatively or absolutely, of any given contribution that will remain valid for long periods. Keeping all of this in mind, there are substantial reasons for maintaining that Schumpeter's contributions were both important and influential.

In order to make a strong case that an author is influential in the development of a discipline it is necessary to trace what happened to their writing in detail. Who read it? What did those readers write about it? How did it affect their writing? The answers to those questions should be subject to quantification or other empirical verification.

Except in some obvious situations a strong case cannot be made for the influence of a person on the development of economic thought. Examples of strong cases are those of Smith, Malthus, general equilibrium and marginal analysis.

It is far more common in the history of economic thought that less than a strong case for influence is possible. Convincing arguments are possible. Such arguments can be made in a variety of ways of which citation analysis is but one. Citation analysis cannot be used for this project. Even if all the citations to Schumpeter's works in German were found, the necessity of assessing the influence of the article or book in which they appeared on the subsequent development of economic thought would remain.

For this study, a full text search of the leading economic journals was made. It looked for Schumpeter's name in any articles, reviews, opinion pieces or other items in the following fourteen journals for the years indicated:

American Economic Review (1911–1996)
Econometrica (1933–1994)
Economic Journal (1891–1994)

Journal of Applied Econometrics (1986–1994)
Journal of Economic History (1941–1994)
Journal of Economic Literature (1969–1996)
Journal of Economic Abstracts (1963–1968)
Journal of Economic Perspectives (1987–1996)
Journal of Industrial Economics (1952–1994)
Journal of Money, Credit and Banking (1969–1994)
Journal of Political Economy (1892–1994)
Quarterly Journal of Economics (1886–1994)
Review of Economic Studies (1933–1996)
Review of Economics and Statistics (1919–1994).

Over 3600 mentions of Schumpeter's name were found. He was mentioned an average of more than thirty-five time a year from 1905 to 1996. This is clear evidence of influence. To make a strong case for the influence of his writings in German it would be necessary, not only to find all the references to his German writings but also to show that they influenced the subsequent literature.

Because there is no generally accepted methodology for influence studies, each study of influence must make the assumptions it uses as clear as possible. In this essay, one measure of influence is any reference to Schumpeter's works in German that appears in the mainstream economic literature in English.

Schumpeter's influence on economic thought came by way of people who were active in its development. His influence was selective and noticeably different in the different subjects on which he wrote. He has a place in the history of economic thought for his important contributions to methodology, econometrics, the history of thought, business cycle theory, monetary and interest theory, price and profit theory, the role of the entrepreneur and sociometric analysis.

Schumpeter denied himself the role of prophet. Most often he qualified his prophecies and emphasized that they required the fullness of time. Despite this he made many unqualified forecasts, most of which have not come true in the half century since his death.

1.6. The Language of the Contribution is Important

It is important that the language in which an economic contribution is made is one with which economists in the mainstream are familiar. It is quite probable that early economic thought in India and China contains contributions that were paralleled and are awaiting rediscovery in the Western languages. It is possible that the same thing is true for aspects of economic thought in Africa and South America. If this turns out to be the case, the importance of the discoveries will lie in discovering why they were not followed up.

If we take around 1800 as the beginning of modern economics, the first important languages for economics were English, French and, by about the middle of the 1800s, German. From then to the First World War, German established itself as one of the three leading languages in economics along with English and French. The importance of German began to decline after the First World War until, about the 1960s, it was no longer required in most important Ph.D. programs in the United States, France and England.

Today, English is the *lingua franca* of the economic world. The reasons for this are complex, but have much to do with the two world wars and the policies of Adolf Hitler's (1889–1945) regime which drove out many outstanding German economists, most of whom promptly learned and published in the language of their newly adopted countries. One result of the hegemony of English has been that what has been written about Schumpeter in languages other than English has not influenced the development of economics to any great extent unless it has been translated into English.

1.7. Influence is Time Bound

Influence is time bound. It is essential to define the time frames for any study of influence. No matter how influence is measured, its importance is conditioned by time. Even when a person's contribution is so great that it comes into everyday usage without attribution, if enough time passes, the relative importance of the contribution is less, because the total body of knowledge increases. Therefore, any single contribution becomes a smaller part of the total as it takes its place along with other contributions. For example, the metaphysical and normative economic ideas of Saint Thomas Aquinas dominated the medieval era and are still of importance but less now than then.

The time division of the past is a critical issue. In Schumpeter's case, the influence of his German writings can usefully be divided into two parts. The first part was during his life, from about the time of his first publication in 1905 to 1950. The second part occurred in the 50 years after his death, 1950 through 2000. Now he can be thought of as an important historical figure.

There are many possible ways that Schumpeter's writings in German could have, and did have, an influence on the development of economic thought as it was expressed in English during each of these stages. During both stages, one path was the influence of his writings on other people and, thereby, on economic thought. During his lifetime there were several other paths of influence, including his influence on his colleagues in the profession. These included his professors, his fellow students, his fellow faculty members, scholarly correspondents and his friends.

After he began to publish, his writings were an important influence on others. A more detailed study of his writing should discover the extent to which writers in English quoted his German writings, as well as how often he quoted his German writings. The decline of German as a leading language in economics already began to reduce the influence of Schumpeter's writings in German before his death. After he began to teach, another path of influence in economics was by way of his students.

What are the paths of the influence of his German writings after 50 years? The most obvious place to look, as mentioned above, is for his own references to them. More important are the references his students and other scholars make to his writings in German.

Although it is a difficult and controversial point, probably the highest point of Schumpeter's direct influence in the English language literature came after his death. It is a virtually unanimous opinion that his posthumous *History of Economic Analysis* is a classic of its kind. It was also after his death that several of his works in German were translated into English.

2. Schumpeter's Life

The first stage of the influence of Schumpeter's German writings came during his lifetime. This influence was intimately related to the events in his life. What follows is by no means a complete biography, but is intended to show some of the possible paths of the influence of his writing in German on the progress of economic thought in English, along with some other interesting material. Schumpeter was one of the most famous economists of his century with political, business and academic ambitions.

Schumpeter was born on February 8, 1883, the same year as Keynes, in what is now Trest in the Czech Republic. At that time it was Triesch, Moravia or Treöt, part of Austria-Hungary.

Schumpeter failed in his political ambitions. In 1919, he was appointed the Austrian Minister of Finance in the new socialist government. In that role, he presided over a hyper-inflation over which he had no control. He was sacked in November, 1919.

He failed as a banker and investor. In 1921, Schumpeter went into the private sector and became the President of the Biedermann Bank, a small Viennese bank. About that time, he made various private investments. Ill luck dogged him. In 1924, there was an economic crisis and his bank failed, along with the collapse of many of his investments. He was fired and was left with many debts. It was not until 1935 that he was able to settle all his debts left over from Austria.

His personal life was often not happy. In 1907, he married an English woman, Gladys Ricards Seaven, who was suspected to be 12 years older than he was. The marriage lasted only a few months and ended in divorce. In 1925, he married an Austrian woman, Anna Josefine Reisinger. She and his newborn son died in 1926, the same year as the death of his mother. His last marriage had a happier outcome. In 1937, he married Elizabeth Boody, who in the three years she survived him, devoted herself to completing and preserving his works. During the Second World War he felt isolated because his views about it were in the minority, to say the least.

It was in academia that he made his mark. He was a great teacher and historian of economics, with a prodigious grasp of the literature of economics.

His teachers, students, colleagues and personal acquaintances all account for some of the influence of his German writings in English.

His father died young and his mother married a retired aristocratic military officer who got Schumpeter into an elite school, the Theresianum in Vienna.

In 1901, he passed his school examinations with honors. He was admitted to the University of Vienna in the School of Law and Political Science. There he was influenced by his studies of Francis Ysidro Edgeworth (1845–1926), William Stanley Jevons (1835–1882), Karl Menger (1840–1921), Vilfredo Federigo Pareto (1848–1923) and Marie Ésprit Léon Walras (1834–1910), among others.

He was a student of Eugen von Boehm-Bawerk (Ritter, 1851–1914), Eugen von Philippovich (1858–1917) and Friederich von Wieser (1851-1926). Boehm-Bawerk and Philippovich published some things in English. For a sample, see Philippovich 1912. I have not found any English publications by von Weiser. All three had some of their works translated into English. Boehm-Bawerk had by far the most of his works translated. For samples see the references. Although I have not checked all of the English translations, I do not recall seeing any references to Schumpeter's German works in any of their English translations or publications.

It was not possible for Schumpeter's German writings to influence most of the writings of his teachers in English. Many of his teacher's writings were published before Schumpeter began to publish. I do not think it probable that Schumpeter influenced the publications of his teachers in any important way, even in those publications that occurred after Schumpeter began to publish.

Schumpeter's fellow students at the University of Vienna who later published in English or whose works were translated are a very different story. They knew Schumpeter as a bright person with a brilliant future. One of the students who studied with him was Otto Bauer (1881–1938). He later became a leader of the left wing of the Austrian Social Democratic Party, and was influential in Schumpeter's ill-fated appointment as Minister of Finance.

Other students who studied with him were Rudolf Hilferding (1877–1941), Emil Lederer (1882–1939), Ludwig Edler von Mises (1881–1973) and Felix Somary (1881–1956). All four of these fellow students also became famous in the world of economics.

Hilferding became an important Marxist theorist of his day. He also served as the German Minister of Finance in 1923 and 1928. He was arrested by the Nazis in Vichy France in 1940 and probably was killed by them.

Lederer was an active social democrat in both Austria and Germany. He later became a professor of economics at Heidelberg and then at Berlin. When the Nazis came into power, Lederer helped many intellectuals get out of Germany and to the United States. He himself joined the New School for Social Research in New York and became Dean of the Graduate faculty.

Mises did not agree with his Marxist classmates. As early as 1922 he predicted the breakdown of the communist experiment and gave reasons for it. He never got the academic positions that many thought he should have. He was a private docent at the University of Vienna, but usually got most of his income from positions in business and government. He came to the United States in 1940 and remained as a visiting professor at New York University. All of his work stressed free markets.

Somary became well known as a Swiss banker, a social thinker, a diplomat, and, interestingly, a book collector. Before the First World War he worked with the Anglo-Austrian Bank. During that war, he was an administrator for the Germans in occupied Belgium. After the First World War, he became a private banker in Switzerland. During the Second World War, Somary was part of the Swiss Diplomatic Mission to Washington.

All of these classmates had one or more of their books and articles translated into English. Lederer published a few things in English. Mises published extensively in English. Samples of the English books and articles by these classmates are given in the references. I have not read them all, but I know Mises discusses some of Schumpeter's ideas and it is a reasonable certainty that all of them were influenced to some extent by Schumpeter's German writings.

In 1905, Schumpeter published his first papers at the age of 22. In 1906 he earned his Doctor of Law Degree. At the age of 23, he was one of the youngest Doctors in Austria. After a seminar at the University of Berlin he traveled to France and England.

In England he was a visiting student at the London School of Economics and Political Science. There, he took courses by Karl Pearson (1857–1936), the founder of the modern science of statistics, and Edvard Alexander Westermarck (1862–1929) the Finnish anthropologist and scholar who, from 1907 to 1931 was a professor at the London school.

While in England he also met Alfred Marshall (1842–1924) and Edgeworth. Marshall published his important works before Schumpeter's time. Edgeworth published after Schumpeter's early publications. I do not recall any mention of Schumpeter in Edgeworth's important works.

In 1907 he worked as a lawyer in Egypt, but left it in 1908, the same year he published his first book, *Das Wesen und der Hauptinhalt der National Oekonomie*, [The Nature and Main Content of Political Economy], which is still in print. At the end of 1908 he took his Habilitation, which entitled him to teach in Austrian and German universities, at the University of Vienna. In 1909 he became the youngest private docent, an unpaid University teaching position, in Austria. He rose rapidly.

By the autumn of 1909 he held the position of Extraordinary Professor at the University of Czernovitz and was the youngest professor in Austria. Czernovitz was then in Romania. Until 1918 this region of Romania had formed part of the Austro-Hungarian empire.

In 1911 he published his second book, *Die Theorie der Wirtschaftlichen Entwicklung. Eine Untersuchung Ueber Unternehmergewinn, Kapital, Kredit, Zins und den Konjunkturzyklus*. It is still in print (Taschenbuch (1993) Berlin,

Duncker und Humboldt). It was translated into English as *The Theory of Economic Development: An Inquiry into Profit, Capital, Credit, Interest and the Business Cycle*, Cambridge 1934. In 1912 he was given the position of Professor of Political Economie at the University of Graz.

In 1913 and 1914, he was a visiting professor at Columbia University. While he was there he met Frank William Taussig (1859–1940), Irving Fisher (1867–1947), Wesley Claire Mitchell (1874–1948) and other famous economists including, I believe, Edwin Robert Anderson Seligman (1861–1939). All of them knew German and it is almost certain that they knew Schumpeter's German books and articles.

It is certain that Mitchell was acquainted with *The Theory of Economic Development* because of his work with business cycles. Mitchell sent Schumpeter a draft of the first two chapters of the second volume of his work on business cycles. (Schumpeter, 1939, note 3, p. 22.) Schumpeter quotes Mitchell frequently. I have not checked, but I am virtually certain that Schumpeter's work is also quoted by Mitchell. How many of Mitchell's citations are to Schumpeter's German work remains to be seen.

In 1914, Schumpeter published his third book, *Epochen der Dogmen-und Methodengeschichte* [Epochs of Dogmas and Method History].

During the First World War Schumpeter did not join the army. In 1920 he was a professor at Graz, and in 1925 at the University of Bonn with recommendations by Arthur August Caspar Spiethoff (1873–1957) and Gustav Stolper (1888–1947). There he taught Erich Schneider (b 1900) who had works translated into English. It is certain that Spiethoff and Gustav Stolper knew Schumpeter's works in German up to that time. They did not publish much in English and I have not been able to find any references to Schumpeter's German writings in their works in English.

In 1927 and 1928 Schumpeter was a visiting professor at Harvard. In 1938 he was a founding member of the Econometric Society. In 1931 he lectured in Japan and tried to get a chair at the University of Berlin.

In 1932 he became a professor at Harvard University (1932–1950). His students were and remain a path for the influence of Schumpeter's German writings into the economic literature in English. Among his students were Gustav Stolper's son, Wolfgang F. (b 1912) and Paul A. Samuelson (b 1915), Wassily Leontief (b. 1906), John Kenneth Galbraith (b 1908) and Abram Bergson (b 1914).

All of these students could read German. Wolfgang Stolper produced major works in English about Schumpeter and was certainly influenced by Schumpeter's writings in German. It is a reasonable assumption that the others read some of Schumpeter's works in German and were influenced by them.

Other students of his were James Tobin (b 1918), Shigeto Tsuru (b 1912), Robert L. Heilbroner (b 1919) and Lloyd A. Metzler (1913–1980). Heilbroner could read German. I am not sure about the others although I suspect they could.

Another important path of influence while he was at Harvard was through his colleagues. Among these were Alvin H. Hansen (1887–1975), Leontief, Richard M. Goodwin (1913–1996), Paul M. Sweezy (b 1910), Galbraith and Gottfried von Haberler (1900–1995).

In 1939 Schumpeter published his fourth book, *Business Cycles* in two volumes. In 1942 he published his fifth book, *Capitalism, Socialism and Democracy*. When he died on 8 January 1950 in Taconic, Connecticut, he had been working on his *History of Economic Analysis*, which his wife, Elizabeth Boody, herself an economist, completed.

Schumpeter's early works were published in German and his later works were published in English.

He also has a place in sociology. Yuichi Schionoya has postulated that one of Schumpeter's main aims was to construct a universal social science addressing the evolution of mind and society. Schionoya claims that in his posthumous *History* and, in his other major book, *Capitalism, Socialism and Democracy*, Schumpeter relates economic phenomena and ideas to a wider context of social analysis. Jürgen Backhaus (b 1950) has pointed out that, in his later years at Harvard, Schumpeter held a seminar on Pareto. One of Pareto's most important works was *The Mind and Society*, evidence that Schumpeter was thinking along the same lines. (Personal Communication)

There are many possible ways to judge the influence of Schumpeter's German writings on his English writings. If we make the reasonable assumption that Schumpeter's writings in English were influenced by his writings in German, one sign of influence can be found in his works in English, which are still in print 50 years after his death. See Appendix I, "Books by Schumpeter in Print" for a sample.

That there are several works which have been translated from the German is evidence that what Schumpeter wrote in German did provide an important basis for what he wrote in English and, by extension, shows the lasting influence of those German works.

Another measure of the influence of Schumpeter's German writings on his English writings is to see what references Schumpeter made to his German writings in those English language works which have lasted. His English language works are those upon which his reputation mainly rests.

What does Schumpeter say about his works in German in his three most important books and a very small sample of his articles? An examination of three of his articles in the E*ncyclopedia of the Social Sciences* and his most important works still in print, the *History of Economic Analysis, Capitalism, Socialism and Democracy*, and *Business Cycles* shows that Schumpeter did not quote himself very often. Because he does not often cite his own works in German does not mean that he was not influenced by them in what he wrote in English.

Schumpeter wrote three biographies for the *Encyclopedia of the Social Sciences*, "Rudolph Auspitz," "Eugen V. Böhm-Bawerk," and "Allyn Abbott Young." In only one of them, the biography of Böhm-Bawerk, does he cite his own work. This was a reference to the article he published in German on the scientific life work of Böhm-Bawerk in 1914.

Business Cycles undoubtedly reflects the influence of his earlier German writings. Noting that the explanatory principles in it are his own, Schumpeter says, "The professional reader will have no difficulty in seeing their relation to the scaffolding which I published nearly 30 years ago." (Preface, v)

Under the heading "Schumpeter" in the index there are four references to Boody. As is so often the case, the index is not accurate. Schumpeter makes two direct references to his own works. Both are on page 103, note 1. The first reference is to his *Theory of Economic Development*, which was a translation of his 1911 book. The second and only direct reference Schumpeter makes to his own works in German is to his 1928 article "Unternehmer" (Entrepreneur).

Although the index listing "Schumpeter" in his *History of* Economic *Analysis* lists 11 items, there are at least 12. Nine of these are editorial notes by Elizabeth Boody and three by Schumpeter. The page references that follow all refer to the *History*.

Four of Boody's editorial notes (1135, note 33, 1169, note 22, 1170, note 2, 1173, note 3) refer to English language works. Two of her editorial notes (347, note 3, 1135, note 33) refer to works in German that were translated when she wrote. Two others (819, note 16, 929–930, note 15) refer to then untranslated German works by Schumpeter. One of these, Boody's editorial note (819, note 16), refers to Schumpeter's 1914 *Epochen der Dogmen-und Methodengeschichte*. It has since been translated as *Economic Doctrine and Method, An Historical Sketch*. The only German work by Schumpeter that is untranslated today is that in Boody's reference to Schumpeter's article of 1913 on p. 930.

Only one (1154, note 2) of the three (144, note 2, 871, note 11) references by Schumpeter to his own work refers to an untranslated article in German. It is a reference to his 1927 review of Cassells' *Theoretische Sozialökonomik*. The other two are references to his English language works.

These references are a very misleading indicator of the influence of Schumpeter's early German writings on the classic history. Boody specifically states "This history is, in a sense, an outgrowth" of his earlier 1914 *Epochen der Dogmen-und Methodengeschichte*. (819, note 16) There is no question that Schumpeter was heavily influenced by his earlier German writings in his *History*.

There are no references to "Schumpeter" in the index of *Capitalism, Socialism and Democracy*. Schumpeter does refer to some of his works in English (xiv, p. 63, note 3, p. 410) and in German (204, note 3, 404, note 36). The first reference is to his 1927 article on social classes. The second is to his 1918–1919 articles on imperialism.

Once again the references in the index do not reflect the extent of the influence of his earlier German writings. Schumpeter says in the very first sentence of the preface, "This volume is the result of an effort to weld into a readable form the bulk of almost forty years' thought, observation and research on the subject of socialism." (xiii)

During his lifetime his University classmates, who knew and respected his works in German, were certainly influenced by them. Among these were Bauer, Hilferding, Lederer, Mises and Somary.

There were many other economists who were influenced by Schumpeter's writing in German besides his classmates. So many were there that just one example will be used to establish the case. Robbins wrote a book that was and remains important in the history of economic thought, *An Essay On The Nature And Significance Of Economic Science*. Robbins cites both *Epochen der Dogmen-und Methodengeschichte* (footnote 2, p. 2) and *Das Wesen und der Hauptinhalt der National Oekonomie* (footnote 1, p. 21, and footnote 2, p. 65).

3. Schumpeter's Influence After He Died

After he died, the influence of his German writings is manifested in the fact that most of his important works were translated and many remain in print to this day. The many references to him in articles in the leading economic journals after his death provide further evidence of his lasting influence.

Because Schumpeter was himself influenced by his writing in German it is reasonable to infer that his German writings indirectly also influenced his students. Although most of his students probably knew German, the extent to which Schumpeter's German writings directly influenced them must remain an open question. My guess is that there was little direct influence of his German writings on his students for two main reasons. The first is that Schumpeter did not quote himself very often. The second is that most of his major works were available in English.

Of course, the influence of his German writings extended far beyond his colleagues and students. The translations and works in print are evidence of that.

4. Conclusions

What are we to conclude from this venture into new territory, that of trying to assess the influence of a person's writings in his native language on the English language literature in the history of economics?

It is clear that Schumpeter's writings in German did influence the literature in English. This influence came in several ways. The most obvious path was that some of his later writings in English used and developed some of his earlier writings in German. The references to his books and articles in German by writers in English are another path. His famous fellow students and his own students are yet another path. The translations still in print are further evidence of the influence of his writings in German.

Judgments must differ according to the methods by which influence is measured. One could take the literature on subjects for which he is famous, for example, his criticisms of Marx and Keynes and then examine how his ideas were used and developed. The same could be done for his work on economic development and crisis, his famous theory of entrepreneurship, his work on business cycles, his history of economic thought, his econometric work, how he relates economic phenomena and ideas to the wider context of social analysis, or his vision of a socialist society.

Whatever method is used, it is certain that Schumpeter's writings in German had a substantial influence on the subsequent development of many parts of economics.

Appendix

Books by Schumpeter in Print

Many of Schumpeter's books and articles in both English and German have remained in print for more than 50 years. A sample of those that can be ordered on the Internet in February 2000 follows. There are also dozens of books about him in print. Barnes and Noble (bn.cm) has eighteen publications. Amazon.com has sixteen. The listing below is that from Barnes and Noble, listed and cited in the form in which they appear.

1. Capitalism, Socialism and Democracy, Joseph A. Schumpeter / Paperback / HarperCollins Publishers, Incorporated / July 1976.
2. Business Cycles, Joseph Alois Schumpeter, Rendigs Fels (Introduction) / Hardcover / McGraw-Hill Companies, The / November 1989.
3. Theory of Economic Development: An Inquiry into Profits, Capital, Credit, Interest and the Business Cycle, Joseph Alois Schumpeter, Redvers Opies (Translator) / Paperback / Transaction Publishers / January 1983.
4. History of Economic Analysis, Joseph A. Schumpeter, Mark Perlman / Paperback / Oxford University Press, Incorporated / February 1996.
5. Essays: On Entrepreneurs, Innovations, Business Cycles, and the Evolution of Capitalism Joseph Alois Alois Schumpeter, Richard V. Clemence (Editor), Richard Swedberg (Introduction) / Paperback / Transaction Publishers / March 1989.
6. Capitalism, Socialism and Democracy Joseph A. Schumpeter, Tom Bottomore (Introduction) / Hardcover / Harper & Row, Publishers / June 1984.
7. Imperialism and Social Classes, Joseph A. Schumpeter, Paul M. Sweezy (Editor), Heinz Norden (Translator) / Paperback / Orion Editions / January 1991.
8. Ten Great Economists, Joseph Alois Schumpeter, Joseph Alois Schumpeter / Paperback / Routledge / October 1997.

9. Economic Sociology, Joseph Alois A. Schumpeter / Hardcover / Institute for Economic & Financial Research / February 1992.
10. Imperialism and Social Classes, Joseph Alois Schumpeter, Paul Marlor Sweezy / Hardcover / January 1989.
11. Influence of Politics and Economics on the Changing Character of Man's Civilization, Joseph Alois A. Schumpeter / Hardcover / Institute for Economic & Financial Research / February 1992.
12. Instability of Capitalism Joseph Alois A. Schumpeter / Hardcover / American Classical College Press / August 1981.
13. Joseph A. Schumpeter, Historian of Economic Thought, Joseph Alois Schumpeter, Laurence S. Moss (Editor) / Hardcover / Routledge / January 1996. Note by PRS: This is a reference to a book about Schumpeter.
14. Power or Pure Economics?, Joseph Alois Schumpeter, Cyprian P. Blamires (Translator) / Hardcover / St. Martin's Press, Inc. / February 1999.
15. Schumpeter, Social Scientist, Joseph Alois Schumpeter, Seymour Edwin Harris (Editor) / Hardcover / Ayer Company Publishers, Incorporated / June 1951.
16. Ten Great Economists Joseph Alois Alois Schumpeter / Hardcover / Routledge / October 1997.
17. Theory of Innovation and Economic Evolution, Joseph Alois A. Schumpeter / Hardcover / Institute for Economic & Financial Research / November 1986.
18. Theory of Money and of Economic Value as Factors Predicting the Business Futures Joseph Alois A. Schumpeter / Hardcover / Institute for Economic & Financial Research / November 1991.

The following is the one book in the Amazon list that is not on the Barnes and Noble list. *Can Capitalism Survive?* Joseph A. Schumpeter. It is not a separate publication but an article that is in the valuable anthology edited by R. Swedberg, *Joseph A. Schumpeter: The Economics and Sociology of Capitalism*, Princeton, New Jersey, Princeton University Press, 1990.

Acknowledgements

Jürgen Backhaus, Wolfgang Drechsler and other conference participants helped me with useful critiques for which I thank them. I am particularly obligated to Mary Stone Senn who, in addition to making many specialized computer searches, was helpful in countless other ways. Thanks also to Merle Kingman for valuable comments and Anita Lauterstein who did much of the typing. Any errors are my own.

References

Bauer, Otto (1925). *The Austrian Revolution*, translated by H. J. Stenning, L. Parsons, London.

Böhm-Bawerk, Eugen von (1890). "The Historical vs. The deductive Method in Political Economy." *Annals of the American Academy of Political and Social Science*, Vol. 1, (July 1890–June 1891): pp. 244–271. Translated by Henrietta Leonard.

Böhm-Bawerk, Eugen von (1957). *Capital and Interest : A Critical History Of Economical Theory*, translated with a preface and analysis by William Smart, Kelley & Millman, New York. The English translation was first published in 1890.

Böhm-Bawerk, Eugen von (1891). *The Positive Theory Of Capital*, translated with a preface and analysis by William Smart, Macmillan, London, New York.

Böhm-Bawerk, Eugen von (1903). *Recent Literature On Interest*: (1884–1899) A supplement to "Capital and interest," translated by William A. Scott and Siegmund Feilbogen, Macmillan, New York, London.

Böhm-Bawerk, Eugen von (1959). *Capital and Interest*, translated by George D. Huncke and Hans F. Sennholz, Libertarian Press, South Holland, Ill.

Böhm-Bawerk, Eugen von (1898). *Karl Marx And The Close Of His System; A Criticism*, translated by Alice M. Macdonald, with a preface by James Bonar, T.F. Unwin, London.

Böhm-Bawerk, Eugen von (1949). *Karl Marx And The Close Of His System*. Also included is Böhm-Bawerk's criticism of Marx, by Rudolf Hilferding; together with an appendix consisting of an article by Ladislaus von Bortkiewicz on the transformation of values into prices of production in the Marxian system. Edited and with an introduction by Paul M. Sweezy. A.M. Kelley, New York.

Clemence, Richard V. and Doody, Francis S. (1950). *The Schumpeterian System*, Addison-Wesley Press, Cambridge, Mass.

Ehrmann, Henry (1964). "Influence." In Gould, Julius and Kolb, William L. (eds.), *A Dictionary of the Social Sciences*, The Free Press of Glencoe, New York, pp. 332–333.

Haberler, Gottfried von (1950). "Joseph Alois Schumpeter (1883–1950)." *Quarterly Journal of Economics*, Vol. 64, Issue 3 (August): pp. 333–372.

Hayek, Friedrich A. (ed.) (1935). *Collectivist Economic Planning; Critical Studies On The Possibilities Of Socialism By N. G. Pierson, Ludwig Von Mises, Georg Halm, And Enrico Barone*, edited, with an introduction and a concluding essay, by F. A. von Hayek, G. Routledge, London.

Hilferding, Rudolf (1985). *Finance Capital: A Study Of The Latest Phase Of Capitalist Development*, edited and with an introduction by Tom Bottomore; from translations by Morris Watnick and Sam Gordon. First paperback edition. Routledge & Kegan Paul, London, Boston. The original title was *Das Finanzkapital*. There was a hardback edition in 1981.

Lederer, Emil (1937). *The New Middle Class*, translated by S. Ellison. New York. Published by the state Department of social welfare and the Department of social science, Columbia university, as a report on Project no. 165-97-6999-6027, conducted under the auspices of the Works Progress Administration. Reproduced from type-written copy. The original German was "Der neue Mittelstand", in, *Grundriss der Sozialökonomik*, IX. Abteilung, I. Teil, Tübingen, 1926. I have not checked thoroughly but I believe that Jacob Marschak (1898–1977) was a joint author.

Lederer, Emil (1937). *On The Socio-Psychic Constitution Of The Present Time*, translated by Alfons Richter. W. R. Dittmar, Ph.D., project supervisor. Mimeographed. New York. Published by the State department of social welfare and the Department of social science, Columbia University, as a report on Project 465-97-3-81 conducted under the auspices of the Works progress administration. Monographs. no. 7. The original German was "Zum sozialpsychischen habitus der gegenwart", in, *Archiv für sozialwissenschaft und sozialpolitik*, Vol. 46, 1918–1919, pp. 114–139.

Lederer, Emil (1937). "The Problem Of The Modern Salaried Employee: Its Theoretical And Statistical Basis", translated by E. E. Warburg. W. R. Dittmar, Ph.D., project supervisor. Reproduced from type-written copy. New York. Published by the State department of social welfare and the Department of social science, Columbia University, as a report on Project no. 165-6999-6027 conducted under the auspices of the Works progress administration. Monographs, no. 5. The original German was Chapters II and III of *Die Privatangestellten In Der Modernen Wirtschaftsentwicklung*, Tübingen, 1912.

Lederer, Emil (1938). *Technical Progress And Unemployment: An Enquiry Into The Obstacles To Economic Expansion*, International Labour Office Studies and reports, series C. Employment and unemployment; no. 22. International Labour Office, Geneva.

Lederer, Emil (1940). *State Of The Masses; The Threat Of The Classless Society*, W.W. Norton & company, New York.

Lederer, Emil and Lederer-Seidler, Emy (1938). *Japan in Transition*, Yale University Press, New Haven; H. Milford: Oxford University Press, London. From the Preface, "The present book is based on a former publication of the authors' Japan-Europa – wandlungen im Fernen Osten which appeared in Germany in 1929. But the book has been almost wholly rewritten, to include the political as well as the social developments of the last momentous and eventful years. The authors are deeply indebted to Edwin and Helen Mims, who translated the German text, and to Miss Elizabeth Todd, who has edited the manuscript." Published for the New school for social research.

Leeson, Robert (1997). "Influence (or the Lack of It) in the Economics Profession: The Case of Lucien Albert Hahn." *History of Political Economy*, Vol. 29, No. 4 (Winter), pp. 635–638.

March, J. G. (1955). "An Introduction To The Theory And Measurement Of Influence." *American Political Science Review*, Vol. 49, No. 2 (June), pp. 431–451.

Mises, Ludwig von (1936). *The Theory Of Money And Credit*, translated from the German by H. E. Batson, Harcourt, Brace & co. Inc., New York. The Bedford series of economic handbooks. "The present translation is based upon the text of the second German edition, published in 1924." The work referred to in the introduction is Theorie des Geldes und der Umlaufsmittel. There was an earlier edition published in 1934, J. Cape, London.

Mises, Ludwig von (1944). *Bureaucracy*, Yale University Press, New Haven.

Mises, Ludwig von (1944). *Omnipotent Government, The Rise Of The Total State And Total War*, Yale University Press, New Haven.

Mises, Ludwig von (1947). *Planned Chaos*, Foundation for Economic Education, Irvington-on-Hudson, N.Y.

Mises, Ludwig von (1951). *Socialism: An Economic And Sociological Analysis*, translated by J. Kahane. New edition, enlarged with an epilogue. Yale University Press, New Haven. This is "Translated from the second German edition (published 1932) of the author's *Die Gemeinwirtschaft*." – Translator's pref. The first edition was in 1936, J. Cape, London.

Mises, Ludwig von (1951). *Middle-Of-The-Road Policy Leads To Socialism: An Address By Ludwig Von Mises*, Consumers-Producers Economic Service, South Holland, Ill.

Mises, Ludwig von (1956). *The Anti-Capitalistic Mentality*, Van Nostrand, Princeton, N.J.

Mises, Ludwig von (1957). *Theory And History; An Interpretation Of Social And Economic Evolution*, Yale University Press, New Haven.

Mises, Ludwig von (1962). *Planning For Freedom, And Other Essays And Addresses*, Second edition, enlarged by the addition of essay x. Libertarian Press, South Holland, Ill. The first edition was in 1952.

Mises, Ludwig von (1962). *The Ultimate Foundation Of Economic Science: An Essay On Method*, 2d ed. With a foreword by Israel M. Kirzner. Sheed Andrews and McMeel, Kansas City, Kan. Series: Studies in economic theory.

Mises, Ludwig von (1963). *Human Action: A Treatise On Economics*, third revised edition, H.Regnery Co., Chicago. The original edition was published in 1949, Yale University Press, New Haven. It was based on his *Nationalökonomie, Theorie des Handelns und Wirtschaftens*.

Mises, Ludwig von (1976). *Epistemological Problems Of Economics*, translated by George Reisman, New York University Press, New York. Institute for Humane Studies, series in economic theory. This was A translation of *Grundprobleme der Nationalökonomie*. An earlier version was published in 1960. Van Nostrand, Princeton, N.J., The William Volker Fund series in the humane studies. I have not checked to see if they are the same.

Mises, Ludwig von (1977). *A Critique Of Interventionism*, translated and with an introd. by Hans F. Sennholz], Arlington House, New Rochelle, N.Y. This was a translation of his 1929 *Kritik des Interventionismus: Untersuchungen zur Wirtschaftspolitik und Wirtschaftsideologie der Gegenwart* [Critique of Interventionism: Inquiries into Present Day Economic Policy and Ideology].

Mises, Ludwig von (1983). *Nation, State, And Economy: Contributions To The Politics And History Of Our Time*, translated by Leland B. Yeager, New York University Press, New York.The Institute for Humane Studies series in economic theory, Studies in economic theory. This is a translation of *Nation, Staat, und Wirtschaft.*

Pareto, Vilfredo (1935). *The Mind and Society*, edited by Arthur Livingston; translated by Andrew Bongiorno and Arthur Livingston, with the advice and active cooperation of James Harvey Rogers, Harcourt, Brace and Company, New York. This is a translation of *Trattato Di Sociologia Generale*, G. Barbèra, Firenze, 1916.

Philippovich, Eugen von (1911). *History Of The Bank Of England And Its Financial Services To The State*, second revised edition, translated by Christabel Meredith, with an introduction by H. S. Foxwell, Government Printing Office, Washington [United States] 61st Cong., 2d sess. Senate. Doc. 591.

Philippovich, Eugen von (1912). "The Infusion of Socio-political Ideas into the Literature of German Economics." *The American Journal of Sociology*, Vol. 8, No. 2. (September), pp. 145–199.

Robbins, Lionel Robbins (1935). *An Essay On The Nature And Significance Of Economic Science*, second edition, revised and extended, Macmillan and Co. Limited, London. The first edition was in 1932. There was a third edition in 1984 with a foreword by William J. Baumol, New York University Press, New York.

Robbins, Lionel Robbins (1971). *Autobiography Of An Economist*, Macmillan, London.

Schumpeter, Joseph A. (1913). "Eine 'Dynamische' Theorie Des Kapitalzinses: Eine Entgegnung." *Zeitschrift für Volkswirtschaft, Sozialpolitik und Verwaltung*, Bd. 22 (1913), S. 599–639.

Schumpeter, Joseph A. (1914). "Das wissenschaftliche Lebenswerk Eugen von Böhm-Bawerks." *Zeitschrift für Volkswirtschaft, Sozialpolitik und Verwaltung*, Bd. 23. S. 454–528.

Schumpeter, Joseph A. (1914). *Epochen der Dogmen-und Methodengeschichte*, Max Weber (Hr.), Grundriß der Sozialökonomik, I. Abteilung, Wirtschaft und Wirtschaftswissenschaft, Tübingen, 1914.

Schumpeter, Joseph A. (1914 [1954]). *Economic Doctrine And Method, An Historical Sketch*, translated by R. Aris, Oxford University Press, New York. This is a translation of Epochen der Dogmen-und Methodengeschichte.

Schumpeter, Joseph A. (1918–1919). "Zur Soziologie der Imperialismen." *Archiv für Sozialwissenschaften und Sozialpolitik*, Bd. 46 (1918–1919), S. 1-39, S. 275–310.

Schumpeter, Joseph A. (1927). "Die sozialen Klassen im ethnisch homogenen Milieu." *Archiv für Sozialwissenschaften und Sozialpolitik*, Bd. 57 (1927), S. 1–67.

Schumpeter, Joseph A. (1927). "Cassels Theoretische Sozialökonomik." *Jahrbuch für Gesetzgebung, Verwaltung und Volkswirtschaft im Deutschen Reich*, Bd. 51, S. 241–260.

Schumpeter, Joseph A. (1928). "Unternehmer." *Handwörterbuch der Staatswissenschaften*, 4. Auflage, Bd. 8, Jena, 1928, S. 467–487.

Schumpeter, Joseph A. (1930). "Rudolph Auspitz." In Seligman, Edwin R. A. (ed.), *Encyclopaedia of the Social Sciences*, The Macmillan Company, New York, Vol. II, p. 317.

Schumpeter, Joseph A. (1930). "Eugen v. Böhm-Bawerk." In, Seligman, Edwin R. A. (ed.), *Encyclopaedia of the Social Sciences*, The Macmillan Company, New York, Vol. II, p. 618.

Schumpeter, Joseph A. (1930). "Allyn Abbott Young." In, Seligman, Edwin R. A. (ed.), *Encyclopaedia of the Social Sciences*, The Macmillan Company, New York, Vol. XV, pp. 514–515.

Schumpeter, Joseph A. (1939). *Business Cycles; A Theoretical, Historical, And Analysis Of The Capitalist Process*, first edition, McGraw-Hill Book Co., New York and London.

Schumpeter, Joseph A. (1950). *Capitalism, Socialism, And Democracy*, third edition, Harper & Row, New York. The first edition was in 1942.

Schumpeter, Joseph A. and Elizabeth Boody Schumpeter (ed.) (1954). *History of Economic Analysis*, Oxford University Press, New York. There are several other editions.

Schumpeter, Joseph A. (1985). *Aufsätze zur Wirtschaftspolitik*, herausgegeben und eingeleitet von Wolfgang F. Stolper und Christian Seidl, Mohr, Tübingen.

Schumpeter, Joseph A. (1992). *Politische Reden*, herausgegeben und eingeleitet von Wolfgang F. Stolper und Christian Seidl, Mohr, Tübingen.

Schumpeter, Joseph A. (1993). *Aufsätze zur Tagespolitik*, herausgegeben und eingeleitet von Wolfgang F. Stolper und Christian Seidl, Mohr, Tübingen.

Seligman, Edwin R. A. (ed.) (1930–35). *Encyclopaedia of the Social Sciences*, associate editor, Alvin Johnson, The Macmillan Company, New York. I worked from the November 1937 reprint which combined Volumes I and II of the original edition. The copyright of the original edition was 1930 but all the volumes were not published until 1935.

Shionoya, Yuichi (1997). *Schumpeter and the Idea of Social Science: A Metatheoretical Study*, Cambridge University Press, Cambridge.

Sills, David L. (ed.) (1968). *International Encyclopedia of the Social Sciences*, The Macmillan Company & The Free Press, New York.

Somary, Felix (1931). *Changes In The Structure Of World Economics Since The War*, P.S. King & Son Ltd., London. "The chapter on 'The organization of the British empire' appears for the first time in the English edition. The book has been translated into English by Annette Henderson . . . and Judith Marffy." – Pref. to the English edition.

Somary, Felix (1952). *Democracy At Bay; A Diagnosis And A Prognosis*, translated from the German by Norbert Guterman, first American edition, Knopf, New York. This is a translation of *Krise und Zukunft der Demokratie*.

Somary, Felix (1986). *The Raven Of Zurich; The Memoirs Of Felix Somary*, translated from the German by A. J. Sherman, with a foreword by Otto von Habsburg, C. Hurst & Co., London; St. Martin's Press, New York. This is a translation of *Erinnerungen aus meinem Leben*.

Stevenson, Michael I. Complier (1985). *Joseph Alois Schumpeter: A Bibliography, 1905–1984*, Greenwood Press, Westport, Conn.

Stolper, Wolfgang F. (1968). "Schumpeter, Joseph A." In D. L. Sills (ed.), *International Encyclopedia of the Social Sciences*, Vol. 14, The Macmillan Company and Free Press, New York, pp. 67–72.

Stolper, Wolfgang F. (1994), *Joseph Alois Schumpeter: The Public Life of a Private Man*, Princeton University Press, Princeton.

Swedberg, Richard (1991). *Schumpeter: A Biography*, Princeton University Press, Princeton, N.J.

Wieser, Friedrich, von, Freiherr (1927). *Social Economics*, translated by A. Ford Hinrichs with a preface by Wesley Clair Mitchell, Greenberg, New York. Adelphi economic series. This is a translation of: *Theorie der gesellschaftlichen Wirtschaft*.

Internet resources

Edward J. Harpham has an excellent Schumpeter page on the Internet. It includes: Works of Schumpeter; Books about Schumpeter; Articles about Schumpeter; and Current Scholarship on Schumpeter. The address (January 15, 2000) is: http://www.utdallas.edu/~harpham/joseph.htm

Ulrich Hedtke's "*Homepage zur Schumpeterforschung*," although in German, has an extensive list of works by and about Schumpeter. (January 15, 2000) http://home.t-online.de/home/hedtke/biblio~1.htm

Burkhard C. Schipper has a year by year chronology of Schumpeter's life at (January 15, 2000) http://www.geocities.com/bcschipper/schumpcv.html

The Ludwig von Mises Institute has an excellent page with much about Mises and the other famous Austrian economists such as Boehm-Bawerk. See (January 15, 2000) http://www.mises.org/mises.asp

There are several organizations devoted to the development of Schumpeter's work. See, for example, (January 15, 2000) http://les.man.ac.uk/cric/Schumpeter/default.htm

Some of the books mentioned can be found at http://panoramix.univ-paris1.fr/CHPE/textes.html

Many of Schumpeter's works in German are still in print. See http://www.amazon.de/ *suchoptionen* [search option], "*Auto, Titel, Schlagwort.*

Schumpeter and Schools of Economic Thought

Prof. Dr. Mark Perlman
University of Pittsburgh, Department of Economics, 5622 Bartlett Street, Pittsburgh, PA, 15217, USA; E-mail: mperlmann@pitt.edu

Abstract: Almost 50 years ago Schumpeter's *History of Economic Analysis* was published. What Schumpeter sought to do in that book was to turn the attention of economists from viewing their discipline through the various 'prescription lenses' of specific schools of thought to a more catholic perception of what a science of economics ought to offer. It was a very brave, if also perhaps a bit foolhardy, thing for a young man to undertake. My question in this essay goes to assessing his effort.

Keywords: Menger, Methodenstreit, Schumpeter, Economic Style.

J.E.L. Codes: B31, P20, P26.

The Arrival of the Age of Schumpeter and My Problems with Its Definition

The *Age of Schumpeter* arrived in the late 1970s and early 1980s – mostly because those who deal in such phrases had decided that the *Age of Keynes* had passed.[1] And just as the *Age of Keynes* was mostly an ideology, so is the *Age of Schumpeter.*

What would Schumpeter have made of his sudden burst of fame? My guess is that he would first have remarked that no one ever should ever turn down a gift of fame simply because it was misdirected. But then he would also have wondered about how much of his message had really came through. For what the world had taken to heart was his 1942 *Capitalism, Socialism, and Democracy*, a book whose principal prediction (the impending demise of capitalism) was wrong, and its most quoted phrase, 'creative destruction,' was not what he meant. He changed that phrase to 'creative response' in the revised 1947 edition.

Yet, in my judgement there is clearly a brilliant Schumpeter legacy. Just what that may be varies according to those who consider themselves legatees. Most who have heard his name but do not necessarily know exactly what he wrote associate him with a theory of business cycles and/or with an idea that large firms enjoying some monopolistic powers are the engines of economic growth. That was not my case – I became a graduate student after his theory

J. Backhaus (ed.), Joseph Alois Schumpeter, 163–178.

of business cycles had been torpedoed by a 1940 *American Economic Review* essay by Simon Kuznets. And as for Schumpeter's views about the power of large firms – I thought that they were hardly original – he had likely derived them from classical Marxism. Furthermore, the Marxian idea that major changes in economies were caused only by technological innovation had also left me a bit cold. Why? Because my training in economic history made me conscious that customer exposure to the new goods derived from simple market extension often created similar kinds of social reactions – a point made by Selig Perlman in his labor history lectures about the 18th century American cordwainers (who fought the introduction of cheap 'foreign' [meaning no more than the adjoining labor market] wares). It was also Jacob Viner's observation in his lectures about the impact of international trade on consumer tastes (cf. Viner 1991, "The Wabash Lectures", and my review of it Perlman, 1992).

Each of those who were there at the founding of the Joseph A. Schumpeter Society in 1986 had our own reasons for honoring Schumpeter. Wolfgang Stolper and Moses Abramovitz, Schumpeter's quondam students, clearly felt a personal loyalty to him and wanted to salute his influence on their lives. Many were primarily interested in studying the theme of his second (1912) book – namely the role of innovation as the engine for economic growth, and we all shared some hope that we could turn the profession's attention from its undue fascination with the 'neo-classical synthesis' to something more dynamic or evolutionary.

But I can report that my own interest was different. It derived from the conflict inherent in my University of Wisconsin 'institutionalist' background with the going definitions of what economics was all about. It seemed to me that Lionel Robbins's standard definition that economics involved only the allocating of scarce resources for given ends, and even Jacob Viner's quasi-wisecrack that economics is what economists do – but only when they choose to call it economics – really did not even begin to do justice to the wealth of the historic literature.

My interest in the history of thought aspect of Schumpeter's work began in 1947–1948. I was auditing Jacob Viner's lectures at Princeton, when I first heard him mention as an aside that he was waiting for the eventual publication of Schumpeter's magnum opus on the history of economic thought. Fifteen years later (in the summer of 1962) I was working in Taiwan on something quite unrelated, and I saw and immediately purchased a pirated version of Schumpeter's 1954 *History of Economic Analysis* (*HEA*). As luck would have it I did not turn to a careful study of the book until the following year (1963) when, because of the sudden death of a colleague on the first day of classes, I found myself unexpectedly teaching a required doctoral course on the history of economic thought.

Viner had been right – *HEA* was a *tour de force*. It was where Schumpeter truly excelled. Schumpeter's forte was his comprehension of the futility of pitting formal analysis against the kind of wisdom that comes not only from knowing sets of facts but from having read just about everything on the subject.

Viner had also mentioned Schumpeter's 1914 *Epochen der Dogmen- und Methodengeschichte* – but as it was in German (and not easy to find in American libraries) I had never bothered to read it. Thus it was that only after my careful reading *HEA* that I decided to look at the 1914 book. Fortunately for me, in 1954 R. Aris's English translation *Economic Doctrine and Method* had become available. At first I assumed it that it would be no more than a foretaste of the later book. However, a closer examination led me to a more complex conclusion.

What Schumpeter sought to do in that book was to turn the attention of economists from viewing their discipline through the various 'prescription lenses' of specific schools of thought to a more catholic perception of what a science of economics ought to offer. It was a very brave, if also perhaps a bit foolhardy, thing for a young man to undertake. My question in this essay goes to assessing his effort.

Thus it was when I finally read Part I of Schumpeter's 1954 *HEA* I realized that I had found just the kind of breadth I had been looking for.[2] And while I was also interested in his thought that the tracing of idea-linkages (his phrase was the *filiation of ideas*) could yield a single strand, over the years that I taught the subject I came to formulate my own views which deviated from his interpretation. But that leads to a separate topic, space for which is not available here (Cf. Marietta and Perlman 2000; Perlman and McCann 1998, 2000).

I realized from the beginning that if we were truly in the *Age of Schumpeter* his (and my) view would take root that scientific economics, generally, and economic theory, specifically, should embrace something intellectually richer than ratiocinative logic and something broader than immanent criticism would take root. But I never fancied there had been any real possibility of the economics profession adding to its fascination with model-building something stemming from the fore-sworn *Age of Keynes*, namely a place for epistemics in the intellectual system. That dream or fantasy led me to another thought. Why was there – such resistence to Schumpeter's definition of economics?

Robbins and Viner were two of the historians of economic thought whose breadth I greatly admired. At one time or another each had personally assured me that Schumpeter knew more than anyone else (presumably including themselves) about the subject. Yet, both rejected completely Schumpeter's conclusions as found in Part One of his 1954 *HEA* (cf. Schumpeter 1954 [1994 ed.], see Perlman's Introduction, pp. xxv ff.). If they admitted his superiority, why did they gag so completely on what he wrote? In studying carefully the evolution of Schumpeter's work and particularly what he tried first in his 1914 *EDM* and then succeeded in doing in the 1954 *HEA*, I believe that I worked out my answer. Briefly, Robbins and Viner (like most of us who were trained in Britain or America) had thoroughly absorbed the cultural tradition of Locke's and Smith's answers to Hobbes, including specifically the utilitarianism that sprang out of Mandeville and Hume and was formalized by

Bentham. It is apparent in *EDM* and even more explicit in *HEA* that Schumpeter neither absorbed the 17th century English historico-political culture nor thought that there was anything basic or sophisticated about the individual pleasure-pain calculus. Hamlet without his father's ghost is no play for those of us trained in the British tradition. For Schumpeter the ghost is only an artifice – the real issue in the play was the mother's guilt, not the son's uncertainty about being egged on by a ghost.

2. The Background of Schumpeter's 1914 Effort

The Vienna tradition in economics had been established in 1871 by Carl Menger of marginal utility analysis fame. Menger's theory was predicated on the logical consequences of an unexamined psychology of choice. Of course by 1903 much had been added to the original set[3] of marginal utility theories: (1) John Bates Clark had developed a marginal productivity theory (in its own way dooming the labor theory of value), though there is little evidence that students heard much about Clark's ideas, as some had become Böhm-Bawerk's target of choice; and (2) Alfred Marshall's far-ranging summa, *The Principles of Economics*, was already in its 4th edition. However, in the Vienna of Schumpeter's student days Marshall's work was given scant attention. This point may be worth remembering because (1) at the very end of his life Schumpeter, when criticizing Wesley Clair Mitchell's disdain for economic theory, argued that the probable cause was the complete absence of Marshall's summa (not the Austrian legacy) from the University of Chicago curriculum in the 1890s when Mitchell was getting his academic degrees; and, (2) as Schumpeter's own training skipped Marshall, he was never thoroughly exposed to utilitarianism – really the bedrock of Marshall's economics as well the foundation of most Anglo-American economic theory.[4]

Menger, arguing the virtues of abstract analysis, became famous for his total opposition to the historical method – the preferred approach in German economics departments. That opposition, popularly called the *Methodenstreit*, pitted Menger against Gustav Schmoller, the leading German academic economist. Those who examine only the documents generally have concluded that the nominal conflict was between choosing a Cartesian scientific method of theoretical model-building or a Baconian scientific method involving an iterative amassing of factual detail and then generalizing about what was involved in specific economic processes.[5]

Schumpeter's early career was something of a rocket-trajectory. While he entered the University of Vienna's Faculty of Law (where economics was taught), his first course in economics as such was in 1903. By then Menger had taken early retirement, and his chair was given to one of his students, Friedrich von Wieser. That year Schumpeter took Wieser's theory course. Menger's other major successor, Eugen von Böhm-Bawerk, was Minister of Finance and did not offer a seminar until 1905. Schumpeter enrolled and enjoyed himself thoroughly – that year's topic was Böhm-Bawerk's criticisms of Marx.

Even early on Schumpeter set out to develop his own personal research agenda. His publishing career opened with three papers in 1905, three more in 1906, and one in 1907. These included his 1906 'Uber die mathematische Methode der theoretischen Ökonomie,'[6] an effort of particular relevance to our story because it indicates that his knowledge of marginalism had gone well beyond the Menger-Austrian explicitly-anti-mathematical psychological version to include Walras's.

When he took his doctorate in February 1906 (a mere two and a half years since his first courses in economics), Schumpeter was quite possibly seen as another of those legendary Viennese *Wunderkinder* – articulate, hard working, and imaginative, but also argumentative. His personal goal was a reputation as *a* (and perhaps as *the*) the leading economic 'scientist' – something consistent with becoming a theorist in other disciplines such as physics and chemistry. To get there he did what others in economics had done – the publication of a major effort on the foundations of the discipline.[7]

In further preparation he set out to broaden his understanding of the other schools of thought. During the summer of 1906 he sat in Schmoller's University of Berlin seminar. Afterwards he spent a year in Britain, where Marshall's influence shared dominance[8] with work being done in probability statistics.[9]

This British interval was followed by a pecuniarily rewarding stint in Cairo where he took time to finish his first book, the 1908 *Das Wesen und der Hauptinhalt des theoretischen Nationalökonomie.* Whatever else, the book's purpose was to help him qualify for his habilitation, the necessary final step in becoming a professor in Austria (or Germany). As one would have expected he endorsed Mengerian deductivism – particularly as it applied to static economics. The book's principal argument took the form of appealing to the inductivists (German Schmollerites) to abandon their intolerance of deductive theory – but the argument was framed in deductivist terminology.

The book succeeded in that first objective; both Wieser and Böhm-Bawerk recommended its acceptance as part of the habilitation requirements. However, Wieser wrote a review expressing some disagreements, and Böhm-Bawerk, ever ready for a journal-controversy, began a long argument with him over his speculating that in a static economy the interest rate would be zero.[10] Schumpeter's habilitation was awarded on March 16, 1909. Before leaving the topic of this first book, I note that although he ended it by identifying himself with the Austrian theory position (something he preferred given his belief that economics should not be a policy-solving discipline) it is clear that he was unhappy with that resolution.[11] This point explains the quite different position he took in his 1914 book.

Having the habilitation, Schumpeter finished the academic year as a lecturer at the University of Vienna. With Böhm-Bawerk's help[12] he was appointed to a temporary associate professorship at the University of Czernowitz, where he remained for two years (1909–1911). While there be busied himself both with the required teaching and his ambitious research program. He published at a furious pace, interspersing the writing of portions of his next and most famous book with many articles. And he angled for a new job, a regular professorship at the University of Graz.

Again, Böhm-Bawerk's patronage worked. Although the Graz economics faculty was clearly opposed to Schumpeter's candidacy, Franz Joseph II (at Böhm-Bawerk's request) ordered the appointment. That quashed, if only briefly, criticism. He moved to Graz in December 1911 and started lecturing early in 1912. His reception was hardly triumphal. By October his students, claiming excessive assignments, actually declared a b*oycott-cum-strike* against him. Schumpeter was unyielding, but after the Styrian provincial governor demanded a report and the university dean and rector intervened, Schumpeter capitulated. It was about this time that he seems to have lost Böhm-Bawerk's patronage – whether it was the journal controversy over the zero interest rate conclusion or whether it was his constant troubles at both Czernowitz and Graz is unclear – Swedberg believes it was the debate (1991, p. 14).[13]

While in Czernowitz, Schumpeter finished his second book, the 1912 *Die Theorie der wirtschaftlichen Entwicklung*. Starting with statics (really the topic of his first work), he moved rapidly to considering dynamics – what made things significantly change over time; the answer was innovators coming forth with a product line that was so different as to create a permanent change in the market system, a change that erased the previous efforts at market-satiation through equilibrium-focused price adjustments. Instead, this kind of shock generated a wave of wholly new price fluctuations, ending in quite a different new equilibrium arrangement (itself later subject to further shocks). The book surveyed a vast literature and drawing on a variety of statistical sources it offered an original interpretation of the foundations of dynamic economic change.[14] What Schumpeter ideally sought was a deductive theory explaining economic dynamics in terms of the whole Walrasian system.[15] While his goal was clear, Schumpeter lacked the mathematical skill required to transform the Walrasian system from a static to a dynamic system.[16]

This book attracted some significant attention, praised by no less than John Bates Clark in the *American Economic Review* (Clark 1912). L. B. Naymier's only criticism in the *Economic Journal* review was his finding the prose stylistically awkward – quite possibly a euphemism for lack of clarity (Naymier 1913).[17] Absent a prompt translation into English,[18] however, discussion of his thesis was restricted to the select cadre of English-speaking economists who read German fluently.[19]

To digress but momentarily – a second edition appeared in 1926 by which time Schumpeter's reputation was no longer simply that of a brilliant rising young star. For reasons which can only bother the imagination, Schumpeter decided to eliminate the last, very lengthy chapter, entitled 'The Economy as a Whole.' What he seems to have intended was a synthesis describing the nature of economic dynamics and its relationship to economic statics. This statement incorporated favorable but brief references to the ideas of leading, living economists whose intellectual patience he needed. What he was able to produce, however, was mostly a series of imaginative metaphorical thoughts, the underlying unity of which is unclear. It has become almost canon when confronting Schumpeter's brilliance but lack of specificity to refer to his 'vision' – again a metaphor the precise meaning of which is difficult; and I do so here. Perhaps the best that can be said is that like Moses (Deuteronomy 4: 1–4) Schumpeter was granted no more than a glimpse of a Promised Land (in Schumpeter's case just what economic dynamics involved); such important details as relate to how to conquer (develop) the territory and when it would happen were not to be part of Schumpeter's experience. A less charitable explanation is that when he dealt with statics, for him really something of a straw man, Schumpeter was capable of contributing to the topic imaginatively if not definitively;[20] but when it came to dynamics – while he asked good questions, in the end he could not offer adequate answers.

Our interest in this essay, however, is not with this second but with a third effort of the original trilogy, his 1914 *Epochen der Dogmen- und Methodengeschichte*. First, however, there is need to mention the younger German Historical School, influenced as it was by Gustav Schmoller, and the backlash it was generating in Germany academic circles.

3. Schmollerism and Max Weber

What was Schmollerism? The intellectual (or, more precisely the academic) world in Germany towards the end of the 19th century was dominated by a desire to develop quickly a German nation and a national economy. On the political side, this goal was furthered when had the King of Prussia proclaimed Emperor of Germany in 1871. On the academic side the universities also came under the influence of the Prussian system – at least to the extent that by the end of the 19th century Professor Gustav von Schmoller of *Methodenstreit*-fame seemed to be dictating the appointments in economics. Schmoller was a social reformer and while appropriately tolerant of other social reformers such as socialists, his record clearly shows that he permitted the appointment of no Menger-type (abstract) theorists in any German university economics department. But that was the least of his frenetic program – his research efforts were simply monumental.[21]

Nonetheless in time some German economics professors reacted to Schmollerism – thinking it not so much 'wrong' as stifling. One such was Max Weber, an economist as well as a sociologist of historical significance. Space limitations preclude any but the briefest discussion of his career. Suffice it to say that his studies of religions and their relationship to social and particularly economic institutions remain classics. More relevant to our interest is that at the time when other economists were finding the rationality postulate in economic theory too restrictive (cf. Vilfredo Pareto, who abandoned economics in favor of sociology for just that reason), Weber chose the alternative approach and asked just what rationality truly was – was it no more than the simple syllogism? Economic rationality, according to Weber's usage, generally takes two forms: (1) Formal rationality involves conscious calculation – be it; (a) Calculation in kind, (b) Calculation with the help of money, and, (c) Capital accounting; and (2) Substantive rationality involves some knowledge of the rationalizer's absolute value system and whether the choices fit squarely (logically) according to that system (Cf. Swedberg 1998, pp. 36–39).

Weber's answer became standard – but only for those who were aware of it. John Muth, of Rational Expectations fame, appears to have known nothing about Weber, and unknowingly confused and likely destroyed what had been analytically a truly sophisticated concept. *Sic transit gloria mundi*. The result has been not only denying Weber his rightful place, but has made discourse among economists more difficult.

Aside from the breadth and depth of his interests, Weber (when not immobilized by ill-health) was indefatigable. Like Schumpeter, he sought to avoid the tedious Menger-Schmoller *Methodenstreit*, arguing that both methods had their place. Of course within the context of German academia what he urged was recognition for the uses of deduction. For that purpose one instrument he defined was the *ideal type* – a construct involving broad cultural factors and allowing for a focused semi-abstraction. He termed his general scheme *Sozialökonomik*, which Richard Swedberg explains as "social economics deal[ing] with those phenomena that are scarce, that are necessary to satisfy ideal and material interests, and that can only be provided through planning, struggle, and in cooperation with other people" (Swedberg 1998, p. 192).

To flesh-out his scheme for restating the bases of economics Weber undertook the editing of a multi-volume encyclopedic handbook, *Der Grundriss der Sozialökonmik*.[22] The first volume included three very lengthy essays: Wieser's, presenting the deductive or Austrian side; Karl Bücher's, less dogmatic but still in the Schmoller camp, presenting the inductive or German side; and Schumpeter's (clearly the plum assignment) offering an integrative 'answer.' Schumpeter's completed manuscript, *Epochen der Dogmen- und Methodengeschichte*, was copyrighted in 1912; unfortunately for him its publication was delayed in until 1914. What could have been a great resounding success effected no more than a thud. Why?

Whatever might have been the inadequacy of the approach, the timing was itself disastrous enough. World War I broke out in August of that year. Resources were shifted to war-related concerns. And when the Armistice came, as it brought the end of both the Hohenzollern culture and the centrality of the Menger-tradition, the *Methodenstreit* no longer generated interest. Weber, the real architect of the whole reform effort, had died in 1920, and his successor, Emil Lederer (1882–1939), lacked Weber's prestige.

4. Schumpeter's 1914 Epochen der Dogmen- und Methodengeschichte

Schumpeter's integrative argument was initially put into an historical setting. Presumably drawing on his course with Philippovich and particularly the approach used in Luigi Cossa's monumental *Guido allo Studio dell'Economia Politica*,[23] he divided the development of economic thought into four epochs:

The Philosophico-Religious Stage
The National-Economy/Nation-Building Stage
The Period of the Classical Tradition
The Period of Competing Schools of Thought

The first lasted until some time late in the 18th century. It saw economics as part of a general problem of improving society along traditional religious or quasi-religious lines. Permeating Schumpeter's approach was a contrasting of statesmanlike Consultant Administrators and cynical 'pens-for-hire. Questions like 'was interest-taking right' or 'what about the poor' produced analytical screeds. Schumpeter stresses the flowering in England of this approach because so much public policy was debated as Parliament feuded with the Crown.

The second period describes the emergence of a self-conscious and 'scientific' discipline. Schumpeter thought its intellectually robust origins were French – largely in the Physiocrats and built upon the Cartesian (logical) system. This view, of course, contrasts with the more popular Anglo-American judgement that it was Hobbes, Bacon, and Locke, Smith, and the Scottish empiric-utilitarian tradition that represent not only the fruition of 16th and 17th century thinking but are the true foundations of modern economics. Here is where Schumpeter launched his life-long campaign minimizing the importance of Adam Smith.

Whatever the truth about the discipline's origins, the outcome was the Classical Tradition, dubbed by Schumpeter as the third phase in the development of economic thinking. Schumpeter recognizes Ricardo's significance, particularly his preference for the method of abstraction, but tempers any possible enthusiasm by noting that because the British writers were so oblivious of the importance of their own sociological underpinnings, the scientific quality of their product was seriously damaged.

The fourth phase was the era of schools. As we noted earlier, by the time he wrote this manuscript Schumpeter had amended his earlier clear preference for Menger's deductivism. What may have happened I suggest was his recognition that the creative element in his second work, the role of innovation, had to be associated with an inductive (historical) method.

The most important part of the work is his final chapter, "The Historical School and the Theory of Marginal Utility" What Schumpeter wanted the reader to understand was clear.

- The time had come to abandon the energy-sapping national chauvinisms regarding methods (historico-inductive and analytico-deductive). Each of these methods had their advantages, and wise scholarship required mastery of both.
- The prejudice against mathematical formulations was silly and ought to be abandoned.
- The most important outstanding problem was to formulate mathematically for dynamic economies what Walras (really Walras as improved by Pareto) had done for static economies.

The chapter, itself, has eight numbered parts:

1. The economics discipline had become sufficiently complex to make the use of the previous 'slogans' not only *simplice*, but even intellectually dangerous.
2. Schumpeter explains why he separates Schmoller's issue-ridden vehicle, *Socialpolitik*, from the historical method, per se.
3. As for *the* historical school – there are worthy names besides Schmoller's. Here Schumpeter voices concern about the open-end nature of the inductive method – there is the perennial problem of new evidence.[24]
4. Nonetheless every science must have an historical (empirical) approach. The flaw in Schmoller's Historical School is its denial of any validity to the analytical (theoretical) approach – Schmoller's people regarded the collection of facts as an end in itself and as their main scientific 'purpose in life' (p. 159). The situation became so lopsided that to question the exclusivity of the historical approach was tantamount to denying the German cultural patrimony. In other countries and cultures, notably in Britain (and possibly France) a wiser balance was achieved; Schumpeter (unlike Marshall[25]) apparently approved of the development of Economic History apart from Economics. Schumpeter praised the way the French relegated historico-descriptive emphasis to sociology.[26] Economics in America was not treated carefully – perhaps his full awareness of such massive historical studies as John R. Commons's *A Documentary History of American Industrial Society* and of such great analytical (theoretical) advances as John Bates Clark's theories about the marginal product and Irving Fisher's panoply of ideas relating to capital did not come until after 1912, when he finished the manuscript. He spent 1913–1914 in America, mostly at Columbia University.[27]
5. The *Methodenstreit* was originally a blind argument merely reflecting how two types of minds (Menger's and Schmoller's) operated; the resulting bitterness stemmed from the point that each man's method better served his ideological or political program; Carl Menger's criticisms of Schmoller were largely based on Schmoller's 'misunderstanding' of the uses of the analytical approach; and Schumpeter's suggested resolution requires no more than that the successor generation of economists abandon the use

of school-ties and turn to a more productive pursuit. What is that productive pursuit? It is dynamic general equilibrium analysis.

6. The mathematical method has been embraced by leading economists in Britain and particularly in France (and Lausanne).
7. Schumpeter details the accomplishments of the historical school:
   a. The historical record demonstrates that, whatever theory may suggest, actual economic policy has to be time- and place-specific.
   b. Actual social life, insofar as it has a unifying theme, precludes easy dissection – that is, the parts are often inseparable.
   c. Human motivations are extremely complex and often contain clearly anti-rationalist points of view – Schumpeter (certainly when he was writing this book) asserts that anything that is anti-rational precludes the use of theory. This position differs from Weber's, and in his last written essay Schumpeter attacked Pareto for having asserted the view that anything that was not rational might be sociology but it was not economics.
   d. All evolutionary theories must draw on historical material.
   e. Probability statistics requires subtlety – can one ever explain a single or individual event from a knowledge of a general universe of events? Schumpeter implies that, as yet, statistical theory is not sufficiently robust enough to stand alone – it must be accompanied by a description of the data's universe which is an historical process.
   f. Organicism – only the historical approach illustrates how rarely scenarios play out in a mechanical way.

Schumpeter ends the book with a panegyric – a fine survey of creative economic theorizing since about 1870. He was deeply stirred by the speed and breadth of adoption of marginal analysis – quickly sweeping completely away the labor theory of value. What saddened him was what emerged – a foolish partisanship such that economists interested in Walras's work were barred from positions in French universities just as Schmoller barred Mengerism in Germany. Similar factors like a theorist's political attachment to socialism served to hinder the appointments of good theorists in several countries. Going deeper – he notes that in Britain, for example, Marshall showed bias (jealousy/?) in identifying ideas – often appropriating them with a cool or critical aside (Jevons and the Austrians) or simply ignoring claims (Walras).[28]

At best it was a brave way to end the book; at its worst it suggested that he was so much above the fray that he could dismiss persuasively the pettiness of the great names.

5. The Place of *EDM* in the Schumpeter Legacy, Was His Plea a Prediction?

Again, in my own view Schumpeter's truly great contribution comes mostly from the work of his mature mind, the 1954 *HEA*. It offers what I have frequently referred to as one ofp three magisterial interpretations of the history of economic thought – specifically, it is his idea that economic thought is the filiation of ideas over time. The others were Karl Pribram's,[29] and Wesley Clair Mitchell's.[30] On balance, Schumpeter's is the one that appeals to me the most. However, as noted earlier in this paper I have had some reservations about his view that all ideas can fit into a common filiation.

But what role does *EDM* play in the development of Schumpeter's thinking? For those of us who are interested in the history of thought, its role is not minor. *EDM* gives a reasoned account for his denunciation of national schools of thought (his version of *the academic fraternity-system*). What he offered in its place were two things: (1) A general convergence of methods, and; (2) A concentration on the mathematical modeling of dynamic general equilibrium.

As a scholarly achievement *EDM* clearly pales when compared to *HEA*. But that speaks to the importance of scholarly maturity. But as a prediction of things to come – it is clear to me that *EDM* clearly takes the prize. Within 30 years what *EDM* proposed should happen, actually did.

Yet, of all the things Schumpeter undertook in his long career no other writing had the *EDM*'s predictive power. Why? Because only in *EDM* did he call the shots exactly. What he asked was the merging of the data-consciousness typified by the German historicists (not only Schmoller), the analytical rigor of the Cartesians (but not Menger), and the turning of both to the Walrasian mathematical form and the question of general (in this case dynamic rather than static) equilibrium. His final chapter also emphasized *organicism* – or to use the preferred contemporary phrase *evolution*.

He was one of the founders and then was elected the first president of the Econometric Society, an organization committed in terms of its program to the unification of the methods of data collection and of analysis – albeit that the test of the analysis tended to be based on probability-significance rather than simple immanent criticism. No one should argue that 1914 *EDM* was a clear herald of the 1933 establishment of the Society, but I am prepared to believe that those who joined with him in establishing the Society had pretty much the same ideas that he had espoused (as something truly of a lone voice) in that third book. Or to put this matter somewhat more vividly – when the 1914 book was published, others in the Vienna economics community likely viewed it as Schumpeter's breaking with the Menger tradition as it had become identified with Böhm-Bawerk. What few of them could have realized was how prescient was his linking of the mathematical method with the data-collection historical tradition. The best case for Schumpeter's prescience relates to his espousing the virtues of mathematical formulations – a discipline well beyond his own personal capabilities.

And it is now almost 50 years since the publication of *HEA*. What theorists see anything trenchant in Part I? And how many economists these days appreciate scholarship, much less truly vast scholarship? So who, if anyone, reads the remainder of that *tour d'horizon*, that masterpiece? At best only a few afficionados.

Thus the *Age of Schumpeter*, besides being understood principally as a slogan, derived from a careless understanding of the 1942 edition of *CSD*, may be something much more – the fruition of his 1914 plea that theory, data collection, and mathematics be merged. The true meaning of the *Age of Schumpeter* can be appreciated only by economists who live in the professional milieu that Schumpeter laid out in that neglected book.

Notes

1 The sobriquet *Age of Keynes* had its own problems. For one thing not everybody agreed just what the message of Keynes's *General Theory* was (cf. Coddington 1976). And when President Nixon remarked that 'we are all Keynesians,' his timing was awful; that comment was made just as Keynes's magic was just about gone. Although my training in economics more or less coincided with the heyday of Keynesianism, I was never a conventional Keynesian. Managed economies involved wages policies, and my Wisconsin labor economics training had made me skeptical of unions accepting 'expert-determination' of wage systems. And my time in Arthur Frank Burns's seminar on business cycles had made me suspicious of the stability of the consumption function. I was certainly sympathetic to the problems Keynes sought to treat, but the fact is that I was never comfortable with his system. I particularly recall wincing when I first heard Walter Heller, one of my father's students, employ publicly the phrase *fine tuning*. But what I thought made Keynes the great economist was his touting of epistemics.

2 Schumpeter held that any economist worth his salt had to know economic history, economic statistics (including how they were analyzed), formal theory (meaning explanatory hypotheses and a box of tools used for interesting results), economic sociology, political economy, and a knowledge of the institutions in applied fields.

3 Two others shared the laurel – William Stanley Jevons, whose theory stemmed from the British utilitarian tradition, and Léon Walras who wrote in the mathematical tradition of formal (Cartesian) thinking.

4 Friedrich Hayek's economics training was also in Vienna – but if it was only half a generation later, it was also in a different world – post World War I Vienna.

5 Schumpeter himself thought that the dispute was really over free trade policy – Menger, an economic liberal, wanted open economic borders, while Schmoller, a protectionist, favored protectionist policies involved with balanced national economic development. (I surmise that in addition to these two explanations, another should be added – an Austrian (read Menger or Schumpeter) benumbing fear that the growing German economy would swamp Austria.)

6 Included also was a memorial note on Rudolf Auspitz in the *Economic Journal* – suggesting that even as an undergraduate his name was known.

7 Such had been Menger's 1871 *Grundsätze der Volkswirt-schaftslehere*, William Stanley Jevons's 1871 *The Theory of Political Economy*, and Léon Walras's 1874 *Eléments d'une Economie Pure*. Alfred Marshall, writing almost a generation later, had published in 1890 the first of what he promised as a two-volume *summa*, *The Principles of Economics*.

8 Schumpeter reports having met Marshall. And in explaining his career plans Schumpeter revealed his conviction that economics was a conventional scientific discipline. Marshall, for whom the essential reason for studying economics was to establish a better basis for improving society, sloughed off the suggestion – apparently expressing openly his skepticism about Schumpeter – and mentioned that 'art for art's sake' was unimportant.

[9] Schumpeter's mathematical training was sufficient for him to handle and be impressed with F. Y. Edgeworth's and Karl Pearson's work.

[10] There was a favorable review by C. P. Sanger in the *Economic Journal*, at the time edited by Edgeworth (*Loc. cit.* vol. 19, pp. 112–114) and another by George Ray Wickers of Dartmouth in the *American Economic Review* (*Loc. cit.* vol. 1 (1910), pp. 318–320).

[11] Later Schumpeter admitted that the book caused him much embarrassment; by 1940 (according to Swedberg) he was saying, ". . . I have no copy and have been trying to atone for this effort of my youth since it was issued (Swedberg 1991, p. 31).' When he used the term 'economic' he had really meant only economic theory. Swedberg reports that he did not take a copy with him when he emigrated to the United States in 1932.

[12] Loring Allen, one of Schumpeter's more devoted students, reports that the Vienna faculty members found him overbearing and in all ways difficult; they were delighted when he moved 1000 kilometers east of Vienna (Allen, 1991, I, p. 87).

[13] Initially Schumpeter sought to palliate Böhm-Bawerk by trying to defend his point. Instead of accomplishing that objective, it exacerbated their differences. Böhm-Bawerk went on to repeat his criticisms. As already noted, in his second book Schumpeter turned from analysis based on a static economy to analysis of a changing or dynamic economy. Böhm-Bawerk's *forte* was only with static analysis – perhaps a point that Schumpeter did not fully appreciate, and in defense of his preferred system, Böhm-Bawerk attacked not only Schumpeter's belief that the interest rate in a static economy would be zero, but that Schumpeter's focus on a dynamic economy was from the standpoint of what theorists were doing, quite irrelevant. Clearly at some point the teacher seemed to set out to eviscerate part of the core of Schumpeter's 1912 book.

[14] Such changes were invariably technological and initially confined to new products – neither new production methods nor improved methods of using mineral inputs.

[15] Marshall may have had at some time such a goal – initially and for several subsequent editions his *Principles* was listed as only the first of purportedly two volumes. The latter presumably dealt with the long run. But when he published his 1923 *Industry and Trade* his mathematical approach was omitted.

[16] Richard Goodwin, one of his most brilliant students, commented at the 1988 Schumpeter Society Sienna conference that the necessary mathematics (chaos theory) was not invented until long after Schumpeter died. (Goodwin, 1990, pp. 39–46; but also Heerje and Perlman *ibid.* p. 6)

[17] Possibly it was Naymeier's kind of criticism which led Schumpeter to omit the final chapter in his 2nd revised 1926 edition. Professor Swedberg's view is that Schumpeter became convinced that this final chapter deflected readers' views of the purpose of the exercise (Swedberg 1991, p. 37).

[18] Harvard University Press eventually (1934) published an English translation of the revised (truncated) 1926 2nd edition. The translator was Redvers Opie, an Oxford don and at the time the son-in-law of Frank Taussig. Opie (presumably at Schumpeter's suggestion) deleted the appendices to the first and third chapters as well.

[19] The book was not ignored in Russia. Simon Kuznets, then a student at the University of Kharkov, was assigned to write a major second year paper in 1917 on Schumpeter's first two books. The University shortly thereafter was closed (because of the November Revolution). Kuznets brought a copy of the paper with him when he emigrated to America. He translated the paper and, in time, submitted it as a Masters' Essay to Professor Wesley Clair Mitchell. For further information about this paper as well as some discussion of Kuznets's review of Schumpeter's 1939 *Business Cycles* see Perlman, 2001.

[20] Paul Samuelson believes that Schumpeter may have had the best of the argument with Böhm-Bawerk regarding the non-existence of a rate of interest in a static economy – but that speaks not to the total correctness of Schumpeter's assertion but to the errors in Böhm-Bawerk's denial of Schumpeter's assertion (in Frisch 1981, Chapter 1).

[21] Schmoller was indefatigable. His program at the University of Berlin encompassed massive, well-organized historical research efforts. His professional voice included the *Jaharbuch für Gesetzgebung Verwaltung und Volkswirtschaft in Deutschen Reich* – which for all of that title

was generally known as *Schmoller's Jahrbuch*, and he was the dominant voice in the academic economists' professional society, the *Verein für Sozialpolitik*. Schmoller, seeing the need for research aimed at legislative policy, led the *Verein* in creating several *Auschusse* – select sub-groups (or committees) bringing together small groups of specialists whose aim was to draft the legislation.

[22] Eventually it involved some fifty economists with publication lasting from 1914 until 1930.

[23] Jevons, impressed with the first edition, offered to translate it into English. Cossa, even more impressed with the invitation, rewrote that first edition, and Jevons translated the result.

[24] Isaac Newton's 'answer' was the 'crucial experiment' – a technique he pressed on the Royal Society, committed as it was to Bacon's scientific method.

[25] Marshall opposed successfully the separation of economic history from economics in the Cambridge *tripos*, claiming that economics would become too impersonal and uninteresting.

[26] Later in his last essay, the one on Pareto, his thinking was different (see Schumpeter ([1952] 1997), cf. Perlman introduction, p. xxiv).

[27] According to Selig Perlman's recollection, he visited Commons's labor seminar during that year. While he made something of a strong impression it was not favorable – largely because he seemed to pose as a Viennese *boulevardier*, a type that fell flat when it came to impressing labor historians.

[28] It would not be hard to make the case that whatever Schumpeter thought of Marshall's handling of Jevons, the Austrians, and Walras, much the same could be said about his references to Albert Schäffle (1954 [1914], p. 187).

[29] Pribram used the Menger-Schmoller *Methodenstreit* as a template to contrast tensions going back to Classical Athens and going forward to post-WWI American policy. To be precise: (1) Plato and Aristotle, (2) Aquinas and Roger Bacon, (3) The 18th century Physiocrats and the British 17th and 18th century 'pens-for-hire' mercantilist writers; (4) The British Ricardian classical economists and those writing in the tradition of Smith's conjectural history; (5) The 19th century Kantians and Hegelians; (6) The mid-20th century Communists and Fascists, and; (7) The post World War II American internationalists and the British Keynesian autarkists.

[30] Mitchell thought that economic theory was no more than a set of idiosyncratic interpretations of modern industrialization and the urbanization accompanying it. Accordingly, the study of modern economic thought had to be tied to the close examination of the institutions underlying just what occurred since Britain first entered the Industrial Revolution.

References

Clark, John Bates (1912). "Review of *Theorie der wirtschaftlichen Entwicklung*." *American Economic Review*, Vol. 3, pp. 873–875.

Coddington, Alan (1976). "Keynesian Economics: The Search for First Principles." *Journal Economic Literature*, Vol. 14, pp. 1258–1273.

Cossa, Luigi (1875). *Guido allo Studio dell'Economia Politica*, a second edition, first published in English as *An Introduction to the Study of Political Economy* with a Preface by William Stanley Jevons in 1876.

Frisch, Helmut (1981). *Schumpeterian Economics*, edited by Helmut Frisch, Praeger, New York.

Goodwin, Richard M. (1990). "Walras and Schumpeter: The Vision Reaffirmed." In Heertje, Arnold and Perlman, Mark (eds.), *Evolving Technology and Market Structure: Studies in Schumpeterian Economics*.

Heertje, Arnold and Perlman, Mark (1990). *Evolving Technology and Market Structure: Studies in Schumpeterian Economics*, University of Michigan Press, Ann Arbor, MI.

Marietta, Morgan and Perlman, Mark (2000). "The Uses of Authority in Economics: Shared Intellectual Frameworks as the Foundation of Personal Persuasion." *American Journal of Economics & Sociology*, Vol. 59 (April 2000), pp. 151–189.

Naymier, L. B. (1913). "Review of *Theorie der wirtschaftlichen Entwicklung*." *Economic Journal*, Vol. 59, pp. 105–106.

Perlman, Mark (1992). "Review of *Essays on the Intellectual History of Economics*." By Jacob Viner, edited by Douglas Irwin, *Journal of the History of Economic Thought*, Vol. 14, pp. 116–118.

Perlman, Mark (2001). "Two Phases of Kuznets' Interest in Schumpeter." In Samuels, Warren, *Economics Broadly Considered: Essays in Honor of Warren J. Samuels*, edited by Jeff E. Biddle, John B. Davis, and Steven G. Medema, Routledge, London.

Perlman, Mark and McCann, Charles R. (1998). *Pillars of Economic Thought: Ideas and Traditions*, University of Michigan Press, Ann Arbor.

Perlman, Mark and McCann, Charles R. (2000). *The Pillars of Economic Understanding: Factors and Markets*, Volume II, University of Michigan Press, Ann Arbor.

Schumpeter, Joseph (1906). "Über die mathematische Methode der theoretischen Ökonomie.", *Zeitschrift für Volkswirtschaft, Sozialpolitik und Verwaltung*, Vol. 16, pp. 30–49.

Schumpeter, Joseph (1908). *Das Wesen und der Hauptinhalt des theoretischen Nationalökonomie (The Nature and Essence of Theoretical Economics)*, Duncker & Humblot, Munich & Leipzig.

Schumpeter, Joseph ([1912*] 1934). *Theorie der wirtschaftlichen Entwicklung*, Duncker & Humblot, Leipzig. *The Theory of Economic Development: An Inquiry into Profit, Capital, Credit, Interest, and the Business Cycle*, a translation by Redvers Opie, Harvard University Press, Cambridge. *Note: the book actually appeared in 1911, but it was copyrighted in 1912.

Schumpeter, Joseph ([1914] 1954). *Epochen der Dogmen- und Methodengeschichte*, J.C.B.Mohr, Tübingen. *Economic Doctrine and Method: An Historical Sketch*, a translation by R. Aris, Oxford, New York.

Schumpeter, Joseph (1939). *Business Cycles; A Theoretical, Historical, and Statistical Analysis of the Capitalist Process*, McGraw Hill, New York.

Schumpeter, Joseph ([1942] 1947). *Capitalism, Socialism, and Democracy*, 2nd ed., Harper & Bros., New York, London.

Schumpeter, Joseph ([1952] 1997). *Ten Great Economists*, Oxford, New York. Reprinting with a new Introduction by Mark Perlman, Routledge, London.

Schumpeter, Joseph ([1954] 1994). *History of Economic Analysis*, Oxford, New York. Reprinting with a new Introduction by Mark Perlman, Routledge, London.

Swedberg, Richard (1991). *Schumpeter: A Biography*, Princeton University Press, Princeton.

Swedberg, Richard (1998). *Max Weber and the Idea of Economic Sociology*, Princeton University Press, Princeton.

Viner, Jacob (1991). *Essays on the Intellectual History of Economics*, edited by Douglas A. Irwin, Princeton University Press, Princeton.

Weber, Max (1914). *Der Grundriss der Sozialökonomik*. J.C.B.Mohr, Tübingen.

On a Virtually Forgotten Essay: Joseph A. Schumpeter's "The Sociology of Imperialisms"

Prof. Dr. Günter Krause
Max Planck Institute for European Legal History, Frankfurt/Main, Germany;
E-mail: Guewekr@t-online.de

Abstract: Joseph A. Schumpeter, in his virtually forgotten essay "The Sociology of Imperialisms", presents his approach to the imperialismus debate starting at the beginning of the 20th century. In his paper Schumpeter absolves the capitalism from any connection with imperialism and provides considerable sociological and political aspects worth to be discussed.

The article shows that Schumpeter's "The Sociology of Imperialisms" plays a relatively modest role in academe and underlined that this modest role contrasts with the unquestionably important position accorded to it among his works by the author himself.

Keywords: Theory of Imperialism, Joseph A. Schumpeter, Imperialism Debate, History of Economic Thought.

J.E.L. Codes: B1, B2, B3.

This article draws attention to an essay from Schumpeter's[1] "European period": "The Sociology of Imperialisms".[2] Of central concern are

- the historical placing of Schumpeter's work and some remarks on his basic ideas;
- the question of its relatively modest reception; and
- conspicuous aspects of the study of Schumpeter's essay on imperialism.

1. Historical Placing and Basic Ideas of "The Sociology of Imperialisms"

Schumpeter's work "The Sociology of Imperialisms", published initially in article and later in book form in the years 1918/1919, was a contribution to the debate over new phenomena in economics and the politics of capitalism, which had intensified since the start of the 20th century, over modifications in its structures and trends.

The consequences bound up with the monopolisation of production and circulation, together with the search for causes and character of the First World War, had led to attempts by economists and social scientists such as J. A. Hobson, W. Sombart, R. Liefmann, M. Weber and W. Lexis and theoreti-

J. Backhaus (ed.), Joseph Alois Schumpeter, 179–189.

cians and politicians from the labour movement such as R. Hilferding, K. Kautsky, O. Bauer, K. Renner, R. Luxemburg and V. I. Lenin to interpret and define the numerous changes in capitalism. The concept and the various theories of imperialism here acquired considerable significance. The main questions to be answered were on the nature, the economic core and the historical place of the modifications of capitalism, on consequences bound up with the existence of an imperialism for the classes and parties of the bourgeois society.

Leading representatives of "Austro-Marxism" such as Hilferding, Kautsky, Renner and Bauer, who at that time wielded considerable influence in the international labour movement and classified Schumpeter as a representative of the "neo-Marxist theory" of imperialism,[3] occupied themselves particularly intensively with the changes in capitalism. In view of the most recent trends and processes, their opinion was that a serious review of previous strategic and tactical positions in the struggle against capital was the order of the day. The centre of attention became above all the question of whether the agreed imperialistic phase of capitalism was now a sign of its imminent end or a symptom of its general change for the better.

It was against this historical background that Schumpeter now spoke his piece with "The Sociology of Imperialisms". In order to place this precisely, the following points deserve consideration:

a. The First World War, with all its economic, social, historical and military implications, with the particular role of the relationship of state – violence – economy and the extreme of aggression in individuals, societies and states, was of emphatic concern to economists and social scientists. This war served up new questions and challenges. Paul M. Sweezy is correct in writing that "the actual stimulus to a deep study of the problems of imperialism no doubt came from the war itself."[4]
b. From the middle of the second decade of the 20th century, Schumpeter came into close contact with politics: in 1916/1917 he presented himself with various memoranda as a kind of self-appointed adviser to the Kaiser;[5] at the start of 1919 followed his appointment as a member of the first German socialisation commission, which had been installed by the social-democratic government in Berlin with Karl Kautsky as chairman; finally he was promoted in March of the same year to finance minister in the cabinet led by Karl Renner of the new Republic of Austria.

   These facts were a decisive factor in forming and reinforcing his interest and feeling for the social, political and structural problems and dimensions of economy and society of the time. These phases of his biography without doubt contributed significantly to the attempts to integrate experience and insights here gained into economic science – with special access via economics sociology! It is thus anything but coincidence that Schumpeter also acquired standing within this scientific discipline and promoted its development with his study of imperialism.[6]

c. While Schumpeter was tackling his essay in 1918, a series of examinations of the problem of imperialism and some of its phenomena – as mentioned above – had already been published.[7] In other words: he undertook the attempt in principal to continue the *pre*-War debate over imperialism – although based on the facts and developments that had characterised the economy and the relationships between economy, state and politics specifically during the War period. In contrast with most of the others engaged in the discussion, he was able to integrate these current weighty processes and already existent interpretations into his theory and thus profit from the specific historical situation during and at the end of the World War.

What then are the significant basic ideas of Schumpeter's work? The starting point for his deductions is the general assumption – developed in "1. The Problem": "Our problem arises from the fact that the aggressive behaviour of state or pre-state organisations to one another, . . . , can only partially be explained unequivocally and directly from the real and concrete interests of the people."[8]

From this derives the first basic idea: "imperialism is the objectless disposition of a state towards violent expansion without indicable limit."[9] Three points are made clear from the start with this definition: *first* the explication and understanding of imperialism cannot be separated for Schumpeter from the role of the central political institution of the society, state and its conduct. *Second* attention is directed with the central themes of patterns of "aggressive behaviour" and "violent expansion" of states to the problem of violence and the use of violence, of war and acts of aggression and of the specific role of the "war machine".[10] And *third* his formulation that this behaviour "can only partially be explained unequivocally and directly from the real and concrete interests of the people" refers to a multiple stratification of the problem of imperialism. Schumpeter thus clearly disassociates himself from a reductionist approach.

At the same time, he indicates with this approach that there exist phenomena and processes in the development of capitalism not adequately to be explained by the conventional axioms and methods of pure economics theory and which were in addition – e.g. the question of violence – seen by traditional theory as taboo. Finally, in a certain sense, his definition of imperialism ("objectless disposition") and its more detailed explication ("the will to conquer and expand, without indicable limit, into positions which were clearly untenable . . ."[11]), underlines that this imperialism is indeed linked with the negation of reason and rationality.

One of the basic ideas of Schumpeter's analysis is that there is no relational interconnection between capitalism as social order and the problem of imperialism, that "capitalism [is] in *essence* anti-imperialistic".[12] He formulates that it would be "fundamentally wrong" to "*call imperialism a necessary phase of capitalism, still less to speak of a development of capitalism into imperialism.*"[13]

This shows that Schumpeter saw imperialism as a permanent problem consequently to be encountered in the most various periods of history, and thus also in pre-capitalist societies. This was a clear positioning towards different explanations of Marxist theory. These on the one hand ignored or negated the problem of imperialism in pre-capitalist eras and on the other discerned an *inevitable, intrinsic* tendency of capitalism towards imperialism, understanding it moreover as a structural form of late capitalism, as its historical final stage. And as Schumpeter – undoubtedly misjudging the empirical data – saw capitalism as basically peaceful,[14] he could not accept any representations geared precisely to the internal relationship between capitalism and imperialism.

Worthy of note – and specifically demonstrating his economic-sociological point of view – is Schumpeter's idea that imperialism is not rooted in the economic structures of a social order alone. Rather, the prevailing historical development of a society, the cultural, legal and political traditions of peoples and classes and the historically determined socio-psychological dispositions of groups of people are of considerable relevance for the shaping of imperialism – for which reason Schumpeter also characterises it as "an atavism" and stresses: "it belongs to the large group of survivals from earlier epochs, which play such a major role in any concrete social state, to those elements of each concrete social state not derived from the living conditions of the respective present, but from the living conditions of the respective past . . ."[15] In short: Schumpeter's concept of imperialism was alien to a monocausal approach. Whether a concept which treats imperialism as a form of simple atavism may be seen as productive for a deeper understanding of the complex problem of imperialism in the bourgeois modern age (and especially in view of the background of the First World War!), must be doubted.[16]

Of weight is Schumpeter's idea, underpinned by numerous examples from economic history, which already sounds programmatic in the title of his essay: "The Sociology of Imperialism*s*". With the use of the plural of "imperialism" he focuses – starting from his above definition – on the fact that different ways in history had led to imperialism, that different tendencies and causes, as well as differently drawn-up societies, had also given rise to different *types* and *variants* of imperialism.[17]

2. What Does "A Virtually Forgotten Essay" Mean?

In general, Schumpeter's reputation as one of the most important economic and social scientists of the 20th century is linked with full justification to his major work "The Theory of Economic Development"[18] and works such as "The Essence and Main Content of Theoretical Economics"[19] "The Crisis of the Tax State",[20] "Business Cycles",[21] "Capitalism, Socialism and Democracy"[22] and "History of Economic Analysis".[23]

An analysis of standard economics texts,[24] oft-read works of history of economic thought,[25] newly written books or papers on history of the German theory of capitalism[26] and specifically publications dedicated to Schumpeter and his place in the history of economic thought[27] emphatically confirms this impression. The works mentioned above are placed and quoted without exception at the centre of attention. An examination presented by M. Augello of the respective number of translations of Schumpeter's individual works equally emphasises their dominance.[28]

It becomes obvious that Schumpeter's "The Sociology of Imperialisms" plays a relatively modest role in academe. It is doubtless worthy of note in this connection, that the modest role of this work contrasts with the unquestionably important position accorded to it among his works by the author himself. The same Sweezy already quoted above – for a time the assistant of Schumpeter at the University of Harvard and publisher of "Imperialism and Social Classes",[29] the Anglo-American first edition of "The Sociology of Imperialisms" and "Social Classes in an Ethnically Homogenous Environment"[30] – reports in this regard: "After his death, Mrs. Schumpeter found in his desk a note in his own handwriting listing a half dozen titles. The note had apparently been jotted down in response to a request that he name his most important works – probably the information was wanted for advance publicity announcing a series of lectures. He listed his four full-length books and the two papers which appear in this volume."[31]

Richard Swedberg comes, with reference to the Schumpeter's exchange of letters with Lewis H. Haney and Stewart S. Morgan, in which "The Sociology of Imperialisms" and "Social Classes in an Ethnically Homogeneous Environment" played a role, to the conclusion that Schumpeter not only viewed these essays as "his two most important sociological works",[32] but in specific reference to the treatment of the problem of imperialism "also seems to have been quite satisfied with it."[33]

Nothing is changed in my conclusion that "The Sociology of Imperialisms" plays a relatively modest role by the fact that this essay, as well as in the USA, was also translated and published in Japan (1956), Brazil (1961), Spain (1965), Italy (1972) and France (1972).

Thus in the USA – risen in the 20th century to become the world-wide leading and most influential home of economics and social sciences and after Europe the second major field of activity for Schumpeter – his essay was as good as unknown until 1950/1951. Sweezy for instance remarks that "it has apparently been almost totally ignored by Anglo-American social scientists."[34] And Horace Davis notes in his review of the English publication of "The Sociology . . ." and "Social Classes . . .": "They were published in German in 1919 and 1926, respectively, but have been little read and less referred to by American scholars."[35]

In the knowledge of these facts of the case and the, in my opinion, equal lack of extensive reception of Schumpeter's work in the previous decades – even after the new German edition by Erich Schneider and Arthur Spiethoff – which appeared in 1953 in the volume "Essays on Sociology",[36] Richard

Swedberg's opinion that "Schumpeter's essay on imperialism is frequently cited in scholarly literature",[37] seems to me contentious.

3. On Aspects of the Study of "The Sociology of Imperialisms"

It is of course in no way contentious that in past and present discourses on economics and social sciences, evidence for the study of Schumpeter's essay is indeed to be found. Thus the Proceedings of the International Joseph A. Schumpeter Society Conference Vienna 1998 "Capitalism and Socialism in the 21st Century", recently published in the "Journal of Evolutionary Economics" also contain contributions which expressly make reference to "The Sociology of Imperialisms" and list the text as a reference work.[38]

An exciting question is therefore, which aspects of these representative contributions may, on closer examination, be determined to have been influenced by Schumpeter's work – whether in connection with a general treatment of the development of capitalism, a general consideration of his works, the debate on the diverse theories of imperialism or a consideration or discussion dedicated specifically to this essay.

For me, the following moments particularly stand out:

First: The Schumpeter text proves an important source within the different discourses on capitalism, its theory, history and perspectives as well as on the question of imperialism, which is gone back to again and again.[39] Here Schumpeter's position on the genetic relationship of capitalism and imperialism, his treatment of the historical traditions of imperialism and as a phenomenon of pre-capitalist societies, the peaceful nature of capitalism implied by him in principle and his emphasis that the problem of imperialism is multi-faceted and complex, and not to be explained merely economically, excite particular interest.

Second: the first edition of the work in the USA received a considerable amount of attention.[40] The new German edition of 1953 was also registered here with interest.[41] The majority reaction was positive. Thus Taylor wrote: "Superlatively brilliant, packed full of an amazing range and wealth of knowledge of ancient, mediaeval, and modern history, and displaying deep insights on every page – Schumpeter's essay *The Sociology of Imperialisms* is magnificent reading."[42] Davis emphasised that not all readers would agree with Schumpeter, "but no one can fail to be impressed by the originality and cogency of the ideas."[43] Deutsch formulated it thus: "Schumpeter's theory of imperialism . . . has become a minor classic."[44] Greene alone adopted a critical position: "Despite its many brilliant individual insights, its sweeping historical range, and its bold and challenging syntheses, Schumpeter's thesis in his essay on "The Sociology of Imperialisms" is . . . basically inadequate and misleading as a generalized theory of imperialism. It appears to me that the main burden of Schumpeter's argument is to show that capitalism is essentially anti-imperialist."[45] He came to the conclusion: "Schumpeter's attempt to establish a theory true for ancient Egypt, feudal France, and twentieth-century capitalism results not in a generalized theory but in an unhistoric abstraction."[46]

Third: Schumpeter's study is quoted and becomes a valued object of consideration in particular in the treatment of the topics "The Development of Modern Economic Sociology" and "Joseph A. Schumpeter as a Sociologist".[47] For Erich Schneider, incidentally, it is "without doubt" the "most important of the three purely sociological essays of J. A. Schumpeter written in the German language."[48] In view of his contribution to the defining of economic sociology, Swedberg for example underlines quite correctly that it was "Schumpeter's greatest matter of concern to extend economics into areas which initially lay clearly outside the competence of an economic theorist."[49] These included precisely such themes and problems as the role of the state as a protagonist in economy and society, the structure and physiognomy of the different social classes and violence and war in the area of conflict of rationality and irrationality.

Fourth: it cannot be overlooked that, among the authors who come to speak about Schumpeter's "The Sociology of Imperialisms" and who pay tribute to this work, are to be found a number of his former students, employees and colleagues. The best-known instances here are surely Wolfgang Stolper,[50] Erich Schneider and Arthur Spiethoff,[51] as well as Paul M. Sweezy.[52] As they are or were intimately familiar with the oeuvre of their teacher or close colleague, they also know all about the relevance of this work and have thus attended to its English edition (Sweezy in the USA) and its new German edition (Schneider/Spiethoff).

Fifth: problem oriented references to his essay on imperialism, commentaries and economic history categorisations in this regard are often to be found in monographs and biographies dedicated to Schumpeter.[53]

4. Final Comment

Although Schumpeter's essay "The Sociology of Imperialisms" may well play a rather modest role within the scientific community, close examination of the historical background, its central ideas, leads to the unquestionable realisation that Schumpeter was thereby offering stimulating and cross-discipline material for discussion on the multi-faceted problem of imperialism.

It is however to be feared that conventional economic theory in particular – as a result of a strict exclusion of the themes in their subject area bound up with the question of imperialism – will keep its distance from this work and that it will thus remain principally an object of the history of economic thought.

Notes

[1] Swedberg 1991, 33.
[2] Schumpeter 1918/1919 (in book form: 1919; first English edition: 1951a).
[3] Cf. ibid., 6 and 61.
[4] Sweezy 1951, 120.
[5] Cf. also Swedberg 1994, 72 sseq.
[6] Cf. here e.g. Shionoya 1997, 223 sseq.; Swedberg 1994, 172 sseq. On Schumpeter's specific attempt to understand economic subjects and correlations *sociologically* cf. the article in this volume by Busch, Ulrich, Joseph A. Schumpeters "Soziologie des Geldes".
[7] For example by Wilhelm Lexis (Monopol, 1905), John A. Hobson (Imperialism. A Study, 1902), Werner Sombart (Der moderne Kapitalismus, 1902), Max Weber (Die protestantische Ethik und der Geist des Kapitalismus, 1905), Robert Liefmann (Kartelle und Trusts, 1905), Rudolf Hilferding (Das Finanzkapital. Eine Studie über die jüngste Entwicklung des Kapitalismus, 1910), Rosa Luxemburg (Die Akkumulation des Kapitals, 1913), Karl Kautsky (Der Imperialismus, 1914) and Vladimir I. Lenin (Imperialism as the Highest Stage of Capitalism, 1916)
[8] Schumpeter 1918/1919, 3.
[9] Ibid., 5.
[10] Ibid., 20.
[11] Ibid.
[12] Ibid., 56.
[13] Ibid., 69.
[14] Cf. ibid., 53 sseq.
[15] Ibid., 49.
[16] Cf. also Deutsch 1956, 50; Greene 1952, 459.
[17] Cf. also Swedberg 1993, 53.
[18] Schumpeter 1912 (First English edition: 1934).
[19] Schumpeter 1908.
[20] Schumpeter 1918 (First English edition: 1954a).
[21] Schumpter 1939 (German edition: 1961).
[22] Schumpeter 1942 (First German edition: 1946).
[23] Schumpeter 1954b (German edition: 1965).
[24] Cf. e.g. Samuelson 1973; Woll 1976; Vahlens 1980/81; Blanchard and Fischer 1989; Felderer and Homburg 1989; v. Hagen et al. 1996.
[25] Cf. e.g. Stavenhagen 1951; Behrens 1961/1981; Ekelund and Hebert 1975; Fusfeld 1972; Issing 1984; Blaug 1988; Starbatty 1989; Brandt 1992/93; Bürgin 1993; Piper 1996.
[26] Cf. e.g. Koslowski 2000; Shionoya 2000.
[27] Cf. e.g. Schneider 1970; März 1989; Shionoya and Perlman 1994; Stolper 1994; Shionoya 1997.
[28] Cf. Augello 1991, 448.
[29] Schumpeter 1951.
[30] Schumpeter 1927 (First English edition: 1951b).
[31] Sweezy 1951, 119. (The four books are "Das Wesen und der Hauptinhalt der theoretischen Nationalökonomie", "The Theory of Economic Development", "Business Cycles" and "Capitalism, Socialism and Democracy".)
[32] Swedberg 1991, 49.
[33] Ibid.
[34] Sweezy 1951, 119.
[35] Davis 1951, 465.
[36] Schumpeter 1953.
[37] Swedberg 1991, 48.
[38] Cf. Özveren 2000; Wynarczyk 2000.
[39] Cf. e.g. Winslow 1931; Heimann 1952; Kautsky 1961; Meißner 1978, 463 sseq. ; Elliott 1983; Schwank 1986; Krause 1990; Müller 1990, 49 sseq.; Özveren 2000.

[40] Cf. e.g. Davis 1951; Greene 1951; Taylor 1951; Heimann 1952.
[41] Cf. e.g. Deutsch 1956.
[42] Taylor 1951, 545.
[43] Davis 1951, 466.
[44] Deutsch 1956, 41.
[45] Greene 1951, 453.
[46] Ibid., 463.
[47] Cf. e.g. Karrer 1951; v. Beckerath 1951; Deutsch 1956; Davis 1960; Swedberg 1989; Swedberg 1994, 127 sseq.; Shionoya 1997, 223 sseq.
[48] Schneider 1970, 43.
[49] Swedberg 1994, 137.
[50] Stolper 1994, various.
[51] Schumpeter 1953; Schneider 1970, 43 sseq.
[52] Schumpeter 1951.
[53] Schneider 1970; Müller 1990; Stolper 1994; Swedberg 1994.

References

Augello, Massimo M. (1991). "Works by Schumpeter." In, Schumpeter, Joseph A., *The Economics and Sociology of Capitalism*, ed. by Richard Swedberg, Princeton University Press, Princeton, New Jersey.

v. Beckerrath, Herbert (1951). "Joseph A. Schumpeter as a Sociologist." In, Harris, Seymour E. (ed.), *Schumpeter. Social Scientist*, Harvard University Press, Cambridge, MA.

Behrens, Fritz (1961/81). Grundriss der Geschichte der politischen Ökonomie, Bd. 1–4, A.

Blanchard, Oliver J. and Fischer, Stanley (1989). *Lectures on Macroeconomics*, The MIT Press, Cambridge, MA and London.

Blaug, Mark (1988). *Economic Theory in Retrospect*, 4th ed., Cambridge University Press, Cambridge-New York-New Rochelle-Melbourne-Sydney.

Brandt, Karl (1992/1993). *Geschichte der deutschen Volkswirtschaftslehre*, Bd. 1–2, Rudolf Haufe, Freiburg i. Br.

Bürgin, Alfred (1993). *Zur Soziogenese der politischen Ökonomie*, Metropolis, Marburg.

Davis, Horace B. (1951). "Imperialism and Social Classes" (Review). *Political Science Quarterly*, Vol. LXVI, No. 3, pp. 465–466.

Deutsch, Karl W. (1956). "Joseph Schumpeter as an Analyst of Sociology and Economic History." *Journal of Economic History*, Vol. XVI, No. 1–2, pp. 41–56.

Ekelund, Robert B./Hebert, Robert F. (1975). *A History of Economic Theory and Method*, McGraw-Hill and Kogakusha, Tokyo.

Elliott, John E. (1983). "Schumpeter and the Theory of Capitalist Economic Development." *Journal of Economic Behavior and Organization*, Vol. 4, pp. 277–308.

Felderer, Bernhard/Homburg, Stefan (1989). *Makroökonomie und neue Makroökonomik*, 4. Aufl., Springer, Berlin-Heidelberg-New York-London-Paris-Tokyo.

Fusfeld, Daniel R. (1972). *The Age of Economist*, Scott, Foresman and Company, New York.

Greene, Murray (1952). "Schumpeter's Imperialism – A Critical Note." *Social Research*, Vol. XIX, No. 4, pp. 453–463.

v. Hagen, Jürgen/Börsch-Supan, Axel, Welfens, Paul J. J. (1996). *Springers Handbuch der Volkswirtschaftslehre*, Bd. 1–2, Springer, Berlin-Heidelberg-New York.

Heimann, Eduard (1952). "Schumpeter and the Problems of Imperialism.", *Social Research*, Vol. 19, pp. 177–197.

Issing, Otmar (Hg.) (1984). *Geschichte der Nationalökonomie*, Franz Vahlen, München. Karrer, H. (1951). "Schumpeters Beitrag zur Soziologie", *Kyklos*, Bd. 5, pp. 197–211.

Kautsky, John H. (1961). "J. A. Schumpeter and Karl Kautsky: Parallel Theories of Imperialism." *Midwest Journal of Political Science*, No. 5.2, pp. 101–128.

Koslowski, Peter (ed.) (2000). *The Theory of Capitalism in the German Economic Tradition: Historism, Ordoliberalis, Critical Theory, Solidarism*, Springer, Heidelberg and New York.
Krause, Günter (1990). "Imperialismus." In Sandkühler, Hans-Jörg (ed.), *Europäische Enzyklopädie zu Philosophie und Wissenschaften*, Bd. 2, Felix Meiner, Hamburg.
März, Eduard (1989). "Joseph Alois Schumpeter." In Starbatty, Joachim (ed.). *Klassiker des ökonomischen Denkens*, Bd. 2, Beck, München.
Meißner, Herbert (ed.) (1978). *Geschichte der politischen Ökonomie. Grundriß,* Dietz, Berlin.
Müller, Klaus O. W. (1990). *Joseph A. Schumpeter. Ökonom der neunziger Jahre*, Berlin.
Özveren, Eyüp (2000). "Capitalism and Democracy at Crossroads: The Civilizational Dimension." *Journal of Evolutionary Economics*, Vol. 10, No. 1–2, pp. 49–65.
Piper, Nikolaus (1996). *Die großen Ökonomen*, 2. Aufl., Schäffer-Poeschel, Stuttgart.
Samuelson, Paul A. (1973). *Economics. An Introductory Analysis*, 9th ed., McGraw-Hill, New York.
Schneider, Erich (1970). *Joseph A. Schumpeter. Leben und Werk eines großen Sozialökonomen*, J.C.B. Mohr (Paul Siebeck). Tübingen.
Schwank, Karl-Heinz (1986). "Lenins Imperialismustheorie und die bürgerliche Politische Ökonomie." *70 Jahre Lenins Werk "Der Imperialismus als höchstes Stadium des Kapitalismus"*, 11. Leipziger Politökonomisches Symposium zur Imperialismus-forschung, Bd. 1, Leipzig.
Schumpeter, Joseph A. (1908). *Das Wesen und der Hauptinhalt der theoretischen Nationalökonomie*, Duncker &. Humblot, München und Leipzig.
Schumpeter, Joseph A. (1912). *Die Theorie der wirtschaftlichen Entwicklung*, Duncker &. Humblot, Leipzig.
Schumpeter, Joseph A. (1918). *Die Krise des Steuerstaates*, Leuschner &. Lubensky, Graz und Leipzig.
Schumpeter, Joseph A. (1918/19). "Zur Soziologie der Imperialismen." *Archiv für Sozialwissenschaft und Sozialpolitik*, Vol. 46, pp. 1–39 and pp. 275–310; in book form: (1919). J.C.B. Mohr (Paul Siebeck). Tübingen.
Schumpeter, Joseph A. (1927). "Die sozialen Klassen im ethnisch homogenen Milieu." *Archiv für Sozialwissenschaft und Sozialpolitik*, Vol. 57, pp. 1–67.
Schumpeter, Joseph A. (1934). *The Theory of Economic Development*, Oxford University Press &. Harvard University Press, London/New York and Cambridge, MA.
Schumpeter, Joseph A. (1939). *Business Cycles*, McGraw-Hill, New York and London.
Schumpeter, Joseph A. (1942). *Capitalism, Socialism and Democracy*, Harper &. Brothers and Allen &. Unwin, New York and London.
Schumpeter, Joseph A. (1946). *Kapitalismus, Sozialismus und Demokratie*, A. Francke, Bern.
Schumpeter, Joseph A. (1951a). "The Sociology of Imperialisms." In, Schumpeter, Joseph A., *Imperialism and Social Classes*. Ed. and introduction by Paul M. Sweezy, A.M. Kelley &. Blackwell, New York and Oxford.
Schumpeter, Joseph A. (1951b). "Social Classes in an Ethnically Homogeneous Environment." In Schumpeter, Joseph A., *Imperialisms and Social Classes*. Ed. and introduction by Paul M. Sweezy, A.M. Kelley &. Blackwell, New York and Oxford.
Schumpeter, Joseph A. (1953). *Aufsätze zur Soziologie*. Ed. by Erich Schneider und Arthur Spiethoff, J.C.B. Mohr, Tübingen.
Schumpeter, Joseph A. (1954a). *The Crisis of the Tax State*, Macmillan, London.
Schumpeter, Joseph A. (1954b). *History of Economic Analysis*, Allen &. Unwin and Oxford University Press, London and New York.
Schumpeter, Joseph A. (1961). *Konjunkturzyklen*, Vandenhoeck &. Ruprecht, Göttingen.
Schumpeter, Joseph A. (1965). *Geschichte der ökonomischen Analyse*, Vandenhoeck & Ruprecht, Göttingen.
Schumpeter, Joseph A. (1991). *The Economics and Sociology of Capitalism*. Ed. by Richard Swedberg, Princeton University Press, Princeton, New Jersey.
Shionoya, Yuichi (1997). *Schumpeter and the Idea of Social Science. A Metatheoretical Study*, Cambridge University Press, Cambridge and New York.

Shionoya, Yuichi (2000). "Joseph Schumpeter and the German Historical School." In Koslowski, Peter (ed.), *The Theory of Capitalism in the German Economic Tradition: Historism, Ordoliberalism, Critical Theory, Solidarism*, Springer, Heidelberg and New York.

Shionoya, Yuichi and Perlman, Mark (eds.) (1994). *Schumpeter in the History of Ideas*, The University of Michigan Press, Ann Arbor.

Starbatty, Joachim (ed.) (1989). *Klassiker des ökonomischen Denkens*, Bd. 1–2, Beck, München.

Stavenhagen, Gerhard (1951). *Geschichte der Wirtschaftstheorie*, Vandenhoeck &. Ruprecht, Göttingen.

Stolper, Wolfgang F. (1994). *Joseph Alois Schumpeter. The Public Life of a Private Man*, Princeton University Press, Princeton, New Jersey.

Swedberg, Richard (1989). "Joseph A. Schumpeter and the Tradition of Economic Sociology." *Journal of Institutional and Theoretical Economics*, Vol. 145, No. 3, pp. 508–524.

Swedberg, Richard (1991). "Introduction. The Man and His Work." In Schumpeter, Joseph A., *The Economics and Sociology of Capitalism*. Ed. by Richard Swedberg, Princeton University Press, Princeton, New Jersey.

Swedberg, Richard (1993). "On the Relationship Between Economic Theory and Economic Sociology in the Work of Joseph Schumpeter." In Swedberg, Richard (ed.), *Explorations in Economic Sociology*, Russell Sage Foundation, New York.

Swedberg, Richard (1994). *Joseph A. Schumpeter. Eine Biographie*, Klett-Cotta, Stuttgart.

Sweezy, Paul M. (1951). "Schumpeter on 'Imperialism and Social Classes'." In Harris, Seymour E. (ed.), *Schumpeter.Social Scientist*, Harvard University Press, Cambridge, MA.

Taylor, O. H. (1951). "Schumpeter and Marx: Imperialism and Social Classes in the Schumpeterian System." *Quarterly Journal of Economics*, Vol. 65, pp. 525–555.

Vahlens Kompendium der Wirtschaftstheorie und Wirtschaftspolitik (1980/1981). Bd. 1–2, Franz Vahlen, München.

Winslow, E. M. (1931). "Marxian, Liberal and Sociological Theories of Imperialism." *Journal of Political Economy*, Vol. 39, No. 6, pp. 713–758.

Woll, Artur (1976). *Allgemeine Volkswirtschaftslehre*, 5. Aufl., Franz Vahlen, München.

Wynarczyk, Peter (2000). "Convergences with Schumpeter: An Essay Hirschman Has Yet to Write." *Journal of Evolutionary Economics*, Vol. 10, No. 3, pp. 329–341.

Joseph A. Schumpeter's "Soziologie des Geldes"

Doz. Dr. sc. Ulrich Busch
Rosa-Luxembur-Stiftung, Franz-Mehring-Platz 1, 10243 Berlin, Germany;
E-mail: busch@rosaluxemburgstiftung.de

Abstract: Several titles of publications by *J. A. Schumpeter* contain the word "sociology", among others, the article to be discussed in the following that had been published posthumously in 1970 as the second chapter of the book " Das Wesen des Geldes". The author's main concern in this treatise was to express a specific view of economic issues contrary to the economic understanding of the marginalists as well as to the at this time dominating positivism. *Schumpeter* continued a tradition of economics close to social-science conceiving certain categories and perspectives as sociological. This is especially true for *money* that today almost exclusively is regarded as a quantitative issue without any attempt to explore its nature. In contrast, *Schumpeter* regards money as an element of the general social process (see p. 12) that means as a social-economic category and "social institution" (p. 206).

Schumpeter's sociological approach gains importance especially regarding the explanation of new research results. Such circumstances prevailed in the 1920's (and today again). *Schumpeter* succeeds in integrating results of historic and ethnologic research that ostensibly contradict economic theory into the latter. In the first instance, he criticizes the common explanations for the emergence of money, e.g. the theory of convention, the theory of token money, *Knapp*'s theory of state money etc. In the following, *Schumpeter* shows that even the explanation of the genesis of money from exchange can not be satisfying since the function of money as a medium of exchange rests on the function as a store of value as the more original function. Accordingly, even the paradigm of exchange is finally misleading, since it cannot explain the true origin of money.

Regarding the measure of value, *Schumpeter* distinguishes the function of money as a measure of value in the sense of a standard of price from measuring the value in the narrow sense, meaning a subjective valuation, a process determining quantitative magnitudes to describe subjective perceptions of value (preferences). The explanation of the related significance of money which exceeds the exchange of goods is supported by *Bernhard Laum*'s research results (1924), and considerations conceiving the *means of payment* (independent from the medium of exchange) as the most important function of money. Finally, he conceives means of payment as the historic origin of the function as a measure of value and medium of exchange, thus, giving a non-economic explanation of money. This argument is not only founded on results of empiric research but also on theoretic reflections, that represent the functions of money in new relations and define the conception of money in the context of social conditions and circumstances.

Keywords: Definition of Money, Essence of Money, Functions of Money, History of Money, Money as an Institution, Nature of Money, Origin of Money, Sociological Aspects of Money.

J.E.L. Codes: B31.

J. Backhaus (ed.), Joseph Alois Schumpeter, 191–202.

Joseph Alois Schumpeter wrote in the course of his academic career, especially between 1915 and 1932, several treatises which contain the word *Soziologie* in their title and/or are composed as sociological papers. To this group belong among others articles like "Vergangenheit und Zukunft der Sozialwissenschaften" (1915), "Die Krise des Steuerstaates" (1918), and "Zur Soziologie der Imperialismen" (1919) as well as essays like "Die sozialen Klassen im ethnisch homogenen Milieu" (1927), "Ökonomie und Soziologie der Einkommenssteuer" (1929), and "Zur Soziologie der Außenpolitik" (1932), and last but not least Schumpeter's most popular book "Capitalism, Socialism and Democracy" (1942).[1] The treatise entitled "Zur Soziologie des Geldes", although not published autonomously but as a chapter of the book "Das Wesen des Geldes",[2] has to be reckoned among the sociological papers likewise.

Although the line between economics and social sciences was not drawn then as sharply as today, the term "Soziologie" expressed nevertheless already a specific approach with a strictly defined methodical and theoretical framework, clearly differentiated from economics. *Schumpeter*'s choice of that term constitutes by no means lack of accuracy or pure attitude, but he consciously took up a sociological approach to explain economic events and processes. In this respect , his excursions into sociology represent a continuation of the sociological tradition in economics. On the one side, being a sociologically oriented economist, he aimed at contributing to the development of this discipline as "Sozialökonomik".[3] On the other side, these papers represent at the same time an attempt to solve economic problems by means of sociological methods, i.e., to explain them more deeply and more comprehensively.

Since *Schumpeter* composed these articles declaredly being an economist opposed to being a sociologist, it is obvious that the purpose is not limited to a sociological excursion or a demonstration of a subject-overlapping research program. Rather, his concern was a specific treatment of economic issues contrary to the economic perception of the marginalist school of "Nationalökonomie" and also of the dominating positivism in economics and social sciences at this time. In his endeavor towards a *sociological* comprehension of economic issues and contextures, i.e. taking their social contents as a starting point, *Schumpeter* continues the sociological tradition in economics. In a way, he defended this tradition against tendencies in the "Nationalökonomie" to limit the theoretical procedure in economics to purely formal analysis of empirically ascertainable phenomena. Following *Schumpeter*'s intention it should be possible for economists to overcome that limit by means of sociology and to retrace particular phenomena of the economic process to the deepest layers of their foundation. It is nowhere more obvious than in the monetary theory, which today of course almost exclusively is concerned with issues of the quantification of monetary processes, whereas the question of determining the essence of money, its social economic quality and its social contents is no longer considered. *Schumpeter*'s treatment of money differs from this paradigm fundamentally. By conceiving money as an "Element des sozialen Gesamtprozesses",[4] as an institution, he deals with it as a social economic category. "This view entails the idea of money as an institution that determines economic activities and demands inquiries into not only theoretical and historical but also the institutional and sociological aspects of money and monetary systems."[5]

The treatise "Zur Soziologie des Geldes" is now considered part of the book "Das Wesen des Geldes"[6] published posthumously and annotated by *Fritz Karl Mann* in 1970. The article was written between 1925 and 1932 while *Schumpeter* sojourned in Bonn. However, its origin goes far back to the years 1908[7] and 1917[8] as comparative analyses of the literature show. *Schumpeter*'s mind has been occupied with monetary questions for a long time and his goal was to create a monetary theory adequate to his economic theory – beyond the quantity theory and the presumption of neutrality and to do justice to more recent developments in the monetary system since the early 1920s. The publication of a book entitled "Geld und Währung" was intended for 1929 finally, including the treatise "Zur Soziologie des Geldes". However, this publication was not accomplished in *Schumpeter*'s lifetime, for which there are several explanations and speculations:[9] First, *Schumpeter* had obviously some difficulties with the formulation of a chapter on a genuine dynamic monetary theory. Second, he had doubts about the maturity of his reflections on monetary theory. *Schumpeter* believed that his earlier work in this field was rejected by the profession.[10] Third, there was in addition the publication of *John Maynard Keynes'* "A Treatise on Money" in 1930, that severely affected *Schumpeter*'s intention to publish an autonomous fundamental book about money. However, the essential factor for retaining the book was probably *Schumpeter*'s theoretical and methodological distance in the early 1930s from positions developed earlier that prevented him from publishing them unchanged. For a fundamental revision was still no opportunity presented. Accordingly, the manuscript was unattended beyond his death and was published only in 1970 in the course of his posthumous works. – Obviously too late for influencing the development in monetary theory in the 20th century; Schumpeters work a highly interesting and extremely valuable document for the history of economic theory.

1.

Schumpeter's comprehension of money is rooted epistemologically in the conviction that empirical analysis can only conceive the surface of economic processes but not their substance. Consequently, he regarded empirical methods as indispensible instruments for conceiving and treating economic facts but at the same time insufficient regarding "das Wesen der Dinge", the demonstration of the substance of particular phenomena, the universal validity and regularity of phenomena.

In the *Hegel*ian philosophy we are confronted with the fact that the essence is always included in phenomena: to recognize the essence it has to appear. Accordingly, every phenomenon is essential finally: "Die Erscheinung zeigt nichts, was nicht im Wesen ist und im Wesen ist nichts, was nicht manifestiert ist."[11] By attempting to explain particular economic processes and to explore them regarding their social economic substance, *Schumpeter* basically aimed at showing evidence of the essence in economic phenomena. Expressis verbis he emphasized considering monetary theory that it were in no circumstance its task to describe the "Oberfläche der Sache", i.e. monetary processes but the focus should be to explore "das Wesen des Prozesses", to show the "Wesen der Erscheinung", accordingly the "Wesen des Geldkreislaufs", the "Wesen der Geldentwertung", the "Wesen des modernen Kredits", the "Wesen einer Geldfunktion" and so forth.[12] Explicitly, phenomenology should not be pursued, but "Wesensschau", culminating in the exploration of the essence of money. I.e. explaining "des Wesens der sozialen Institution des Geldes"[13] – equally of money as a social institution – is the goal, the academic object, that is pursued by *Schumpeter*'s theoretical analysis of money.

Besides the "Tyrannei der Tabellen" as *Friedrich Nietzsche* called the positivism's obsession with data, also *Schumpeter* assumed a (deeper) truth behind the world of facts that has to be revealed. However, in this relation he rejected the historic method that was near at hand. Likewise he refused any historical interpretation of the change of monetary form and theories in the course of time. Furthermore, the generally accepted "theories of convention" of the genesis of money[14] seemed to him as rather inappropriate for explaining the general nature of money. He rejected *Georg Friedrich Knapp*'s nominalistic approach as completely unsuitable and missing the mark. Rather he had in mind a determination of the *general* nature of money, similarly to *Georg Simmel*'s in "Philosophie des Geldes" (1900)[15] from a sociological point of view and previously *John Stuart Mill*'s[16] and *Karl Marx*'.[17] Compared with this high demand, he obviously failed, however, this does not mean that *Schumpeter* did not give significant impulses for the development of monetary theory. The contrary is true. Not least there are various hints for that in the treatise "Zur Soziologie des Geldes".

2.

The treatise "Zur Soziologie des Geldes" emphasizes the epistemological problem of the relation between the historic origin of money and its logic nature. The starting point is *Schumpeter*'s assumption that the monetary system as an economic institution constitutes an "Element des sozialen Gesamtprozesses" and as such an object of enquiry for different subjects among others for sociology. A sociologic approach permits showing social relations that are not described by other approaches. The main question that arises in consequence is: Does a general monetary theory exist that is equally valid for all historical periods or has a specific theory for every period to be developed? Certainly money means significantly different things "im Geist und im Verhalten der Leute verschiedener Kulturen".[18] But this is not important to *Schumpeter*. The focus of the question is rather the "*Sinn*, welcher in der *Funktion* des Geldes",[19] i.e. which lies in its functioning in the economic process of life. Moreover, to explain the "meaning" no historically concrete characteristics are necessary. On the contrary: A general theory is completely sufficient.

Schumpeter argues similarly for answering the second question raised by himself, that concerns the genesis of money, the historical, ethnological, and "pre-historical" origins of it as the supposedly "naturgemäßen Ausgangspunkt"[20] of monetary theory. Fundamentally, this is the question for the primacy of the logical or the historical element for the determination of the nature of money. *Schumpeter* assumes for answering this question that the historical origin of a phenomenon does not give sufficient information about its logical nature. Consequently, the history of money is capable to demonstrate how money was developed in the process of civilization, but not if and how it developed its logical structure, its essence, in this process nor why does money exist today. *Schumpeter* argues dialectically by showing that the historically original and preceding has not necessarily to be the logically more simple. Rather, the opposite is observable since often "die modernsten Erscheinungsformen . . . die logisch reinsten und sachlich einfachsten".[21] The "Wesen der Sache"[22] crystallizes only in the course of history and appears finally in more developed forms, while earlier more primitive forms appear rather complicated and diffuse. For the historically based explanations of money often mix up both aspects, the question about the historical origin of money and the question about its logical nature, they do not find a satisfying theoretical explanation of what constitutes money intrinsically, i.e. what constitutes its nature. This is exemplified in the definition of money as "Geldware" gold, like in any other attempt to attach the essence of money to its historically concrete appearance. Here, *Schumpeter* refuses en passant the so-called theory of commodity money represented by the classical political economy up to *Karl Marx* and also mostly by the neoclassical theory.

The third paragraph is dedicated to the origin of money and the distinction of four functions of money medium of exchange, measure of value, standard of deferred payments and store of value.[23] As *Schumpeter* rejects the usually in the theory of that time applied theory of convention, and accordingly, "invention" is not suitable as the cause of the emergence of money for him, he has to search for an alternative solution of the problem how money as a "soziale Institution" emerged and came into social circulation. Instead, he suggests in the first instance an explanation of money emerging from barter and/or from the function of a medium of exchange of highly marketable or saleable goods. In contrast to the theory of convention, he supposes here a spontaneous act of the emergence of money. He refuses any putative evidence of the existence of token money by retracing it to its earlier relevance as commodities, thus, ascribing general importance to the explanation based on exchange.[24] But the derivation of money from barter is not yet the last word. Looked at it more closely, the derivation is based on the store of value as the "Ursprünglichsten"[25] from which the other functions of money emerged thereupon.

Following this methodologically significant statement, the function of a measure of value is discussed, purely neoclassical as a standard of price indeed, but applied to *relations* of exchange. *Schumpeter* concludes that the exchange value of a good "measured" or "expressed" in money is nothing else than the good itself multiplied with the price which will be charged by "*actually selling it or having the possibility of selling it at the point of time of observation*".[26] Thus, it would be preferable to avoid the term "Tauschwert" completely and to set it equal to "Preis". However, *Schumpeter* names an additional method of "Wertmessung"[27] that has nothing in common with the economic exchange value and the economic price. We hereby reach the problem of this paragraph itself: "Wertmessung" in this sense, according to *Schumpeter* the "eigentliche Sinn",[28] means "die Übung des *Lebens* und die daran anschließende Übung der *Wissenschaft, subjektiven Wertgefühlen oder objektiv sichtbaren Verhaltensarten Zahlengrößen* in der Weise *zuzuordnen*, dass der Gegenstand des Wertgefühls oder Verhaltens mit einer Anzahl von Einheiten eines anderen Gegenstandes von Wertgefühlen oder von Verhalten verglichen und durch diesen Vergleich hindurch *mit allen im Gesichtskreis des beobachteten Subjektes liegenden Gegenständen von Wertgefühlen oder Verhalten in Beziehung gesetzt wird*."[29] Hereby, we have arrived at one of *Schumpeter*'s thoughts, that exceeds the framework of this essay and is consequently not elaborated to a satisfying extent here. It is obvious in any case that *Schumpeter* regards this form of "Wertmessung" and measurement of quantities as extraordinarily important, comparable perhaps with language or writing. This refers to aspects of the use of money that have not much to do with the economic perception of value and money, which nevertheless have been included in the New political economy meanwhile. This includes among others issues like the non-economic utility which *Schumpeter* called "Nettobefriedigungszuwachs"[30] that, expressed in money, is today known as "consumer surplus" in the economic language.[31] Actually, these categories of price and money do not constitute "real prices nor real money incomes or expenditures" related to markets and the circulation of money, but "die Verwendung der *Wertvorstellung, die sich an die Einheit der jeweiligen Einkommen knüpft*, zur Quantifizierung von Bedarfsgrößen oder Wohlfahrtsgrößen oder *von Indices des Verhaltens*."[32] *Schumpeter* adds remarkably that every other unit, whose substratum does not fulfill the other functions of money would be equally suitable. Why then money, though the function of a measure of value is in its real sense . . . fundamentally independent of the function of a medium of exchange[33] and equally of the medium functioning as a medium of exchange?

Schumpeter admits that for the function of a medium of exchange a highly saleable good is generally more suitable than a rarely traded one and that it is obviously proper "to use only one good"[34] as a measure of value instead of changing or several goods. This does not necessarily entail the conclusion that the most saleable good suggests itself "dem Bewusstsein der Handelnden bei der Wohlfahrtsmessung wie beim Preisausdruck".[35] Rather, a particular good gradually grows into its function as a measure of value. *Schumpeter* writes "Wertmaß" becomes "was sich als solches aufdrängt".[36] This can be the generally used medium of exchange but as well a particularly important "Vermögensobjekt"[37] or any other object that does not function as a medium of exchange.

By arguing that money has always at least two equally entitled functions, *Schumpeter* agrees with *Marx* on the one side, who defined "Geld" as the unit of two functions, measure of value and medium of circulation.[38] However, he delimitates himself sharply from the paradigm of exchange by regarding both functions as equally entitled while the position of the paradigm of exchange supposes the unconditioned primacy of mediating barter. It is obvious, that *Schumpeter* goes his own ways here and so lays the foundations of his own monetary theory. His approach to the question made allowance for the research level of his time especially for the studies in history of economic thought ethnology concerning so-called "primitive money". For example, it was proved that in archaic times the value of an object was expressed by equalizing it to a number of cattle, although there is no evidence for the rather unlikely actual handing over of cattle in the process of exchange. *Schumpeter* explicitly refers to *Bernhard Laum* in the relation, who gave the decisive impulse for searching for the historic origin of money somewhere else than in the exchange of commodities with his book "Heiliges Geld"[39] published in 1924, which was equivalent to a change in paradigms from a barter-economical to a more sociological view.

The third function of money, which he calls "Standard künftiger Zahlungen",[40] is of particular importance in *Schumpeter*'s reasoning. This includes all payments which do not represent direct payments of delivered goods, for example offerings, penalties, donations that stem from manorial relations and the like.[41] This function can be taken over by goods that function as a medium of exchange or measure of value already, as well as by others that do not take over any of the functions mentioned. By postulating a function of money as a means of payment independently of the exchange of commodities, *Schumpeter* takes a stand sharply contrasted from the neoclassical theory that does not consider this distinction. At the same time he nevertheless delimitates himself also from *Marx*' theory of money, who conceives medium of circulation and means of payment as two different functions, treating the former as a basic function and the latter as a derived function. In contrast, *Schumpeter* regards it as possible that just the means of payment has become the historical origin of the function of a measure of value and by this or also directly of the function of a medium of exchange,[42] rather corresponding with a non-economic than a traditional economic approach for explaining money. It is generally known, that current authors like *Gunnar Heinsohn* and *Otto Steiger* took up this approach recently and developed a theoretically highly controversial, but historically widely verifiable explanation of money, that would be hardly possible without *Schumpeter*'s preliminary studies.[43]

The fourth function of money is serving as a store of value. *Schumpeter* does not associate this function causatively with a barter economy. Rather, he derives it sociopsychologically from the human "Habenwollens"[44] and regards hoarded objects above all as objects of "*sozialer Geltung*"[45] as well as of "*magischer*" and "*sakraler Bedeutung*".[46] This is compatible with *Laum*'s, *Gerloff*'s and others' results of research on so-called primitive money and is in so far especially under a historical aspect plausible, whereas any assumption "einer aus den Bedürfnissen des Warenverkehrs erwachsenden Übung der 'Reservehaltung' besonders marktgängiger Waren"[47] always supposes circumstances of a commodity economy for the explanation of the function of a store of value and, consequently, is inappropriate for making statements about the genesis of money and the functions of money in pre-historic times.

As suggested above, *Schumpeter* regards store of value and hoarding as the "ursprünglichste" functions of money. It is not only remarkable that he is with this opinion in accordance with historians for antiquity and ethnologists of his time and essentially with results of the recent research on monetary history as well, but that at the same time this view became reigning for the development of modern monetary theory, particularly by *J. M. Keynes* and his school.[48] Notwithstanding this objection, the above-mentioned statement, according to which it is impossible to derive conclusions from the historic origin of money for its essence, remains valid. The substance of money is determined by society as a social net of interdependencies and institutional interaction and not by the historic origin of any function.

3.

Which conclusions can be derived from reading "Soziologie des Geldes" today, more than 70 years after its formulation?

First, it follows from the treatise that the economy is not an autonomous sphere within the society, but an inherent part of it implying interdependencies to other areas but also hierarchy and determination. This is especially true for appearances of social life like money, that is chiefly part of the economic sphere and constitutes in so far an economic category, but reaches beyond economics with its origin and nature and, consequently, can only be conceived as a social phenomenon and product of the whole process of civilization.

Economics can do justice to this in so far as it regards itself as a moment of a science of the society, i.e. social science, and besides the economic explanation of money considers other approaches, especially sociological ones.

Second, the treatise and the conception of *Schumpeter*'s book "Das Wesen des Geldes" induce perhaps to go even one step further concerning the relation between sociology and economics and to conceive "theoretische Nationalökonomie" altogether as "eine partielle Soziologie"[49] social science respectively. The more so, as especially regarding money it is true that the "Objektbereich des ökonomischen Denkens" is nothing else "als eine spezielle Art sozialer Beziehungen, also gegenseitigen menschlichen Verhaltens".[50] It should be reminded that for instance *Georg Simmel* around 1900 yet regarded money "seinem innersten Wesen nach"[51] as a purely sociological phenomenon and defined it as "eine Form der Wechselwirkung unter den Menschen"[52] following *Karl Marx* as a category of "substanzgewordener Sozialfunktionen".[53] This should have been present to *Schumpeter*'s mind in the 1920s, when he thought about the nature of money. In contrast, the neoclassical functional shortening of the conception of money towards a medium of exchange and means of payment as generally found in textbooks and economic dictionaries today was yet completely unknown to him.

Third: On the other side, *Schumpeter*'s presentation makes a difference between theory and history evident, that can not be offset. This is expressed in the deviation of the historical origin of money from its essence. Consequently, the theoretical explanation of money can not be identical with exploring its historical origin and history.

Fourth, it seems worth to consider whether, especially today with all the revolutionary changes in the monetary system, it could be fruitful to approach the monetary problem like *Schumpeter*. Accordingly, money is conceived not only from an economic, but also from a sociological, psychological, juristic, and other non-economic points of view. Possibly, the approach entails new insights into the nature of money and, thus, enhances the development of economic theory finally.

Notes

1 See Augello, Massimo M. (1990). *Joseph Alois Schumpeter. A Reference Guide*, Springer-Verlag, Berlin Heidelberg New York e.a.

2 Schumpeter, Joseph A. (1970). *Das Wesen des Geldes*. Aus dem Nachlaß herausgegeben von Fritz Karl Mann, Vandenhoeck & Ruprecht, Göttingen, pp. 12–39

3 See Swedberg, Richard (1994). *Joseph A. Schumpeter. Eine Biographie*, Klett-Kotta Verlag, Stuttgart, p. 127

4 Schumpeter, Joseph A. , l.c., p. 12 ("element of the whole social process" – U.B.).

5 Shionoya, Yuichi (1997). *Schumpeter and the Idea of Social Science. A Metatheoretical Study*, Cambridge University Press, Cambridge, p. 177

6 This volume contains in the existing edition twelf chapters edited from the posthumous work. Additional four chapters, which are not yet published in Germany, will be published and annotated by Marcello Messori and Lapo Berti soon by Metropolis-Verlag Marburg.

7 See the fourth chapter "Grundlagen der Geldtheorie" in: Schumpeter, Joseph A. (1908), *Das Wesen und der Hauptinhalt der theoretischen Nationalökonomie*, Duncker & Humblot, München and Leipzig, pp. 276–297

[8] See Schumpeter, Joseph A. (1917). "Das Sozialprodukt und die Rechenpfennige. Glossen und Beiträge zur Geldtheorie." *Archiv für Sozialwissenschaft und Sozialpolitik*, Vol. 44, pp. 627–715.

[9] See Mann, Fritz Karl (1970). *Einführung* zu Schumpeters Buch "Das Wesen des Geldes, l.c., pp. VIIff.

[10] See Tichy, Günther (1984). "Schumpeter's Monetary Theory: An Unjustly Neglected Part of his Work." In Seidl, Christian, Ed. (1984), *Lectures on Schumpeterian Economics; Schumpeterian Centenary Memorial Lectures, Graz 1983*, Springer Verlag, Berlin, p. 137

[11] Hegel, Georg Wilhelm Friedrich (1830). *Enzyklopädie der philosophischen Wissenschaften im Grundrisse*, Akademie-Verlag, Berlin 1966, § 139 ("The phenomenon does not show anything, that is not the essence and the essence is nothing, that is not manifested." – U.B.).

[12] See Schumpeter, Joseph A. , "Das Sozialprodukt und. . . .", l.c., pp. 634ff, 640, 647, 652, 662, 673 and 707 ("Surface of a Thing", "Essence of the Process", "Essence of the Phenomenon", "Essence of the Circulation of Money", "Essence of the Devaluation of Money", "Essence of modern Loans", "Essence of a Function of Money" – U.B.).

[13] Schumpeter, Joseph A., *Das Wesen des Geldes*, l.c., p. 206 ("the essence of the social institution of money" – U.B.).

[14] See in particular Menger, Carl (1909), "Geld", in: *Handwörterbuch der Staatswissenschaften*, Vol. IV, pp. 565ff; see also Höltz, Joachim (1984), *Kritik der Geldentstehungstheorien*, Mainzer Ethnologische Arbeiten, Vol. 5, Dietrich Reimer Verlag, Berlin.

[15] See Simmel, Georg (1900), *Philosophie des Geldes*, ed. by David P. Frisby and Klaus Christian Köhnke, Suhrkamp Verlag, Frankfurt a. M. 1989, in particular pp. 209 and 246.

[16] See to that Schumpeter, Joseph A., *Das Wesen des Geldes*, l.c., p. XX (preface) and pp. 75f.

[17] See Marx' definition of money as form of value and economic relations in: Marx, Karl (1844), *Ökonomisch-philosophische Manuskripte*, in: Marx, Karl/Engels, Friedrich, *Werke, Ergänzungsband.Erster Teil*, Dietz Verlag, Berlin 1968 und Marx, Karl (1857/58), *Grundrisse der Kritik der politischen Ökonomie*, in: Marx, Karl/Engels, Friedrich, *Werke*, Vol. 42, Dietz Verlag, Berlin 1983, pp. 75ff.

[18] "In the mind and behavior of different cultures" – U.B.

[19] "Meaning that lies in the function of money" – U.B.

[20] Ib., p. 16 ("natural starting point" – U.B.).

[21] Schumpeter, Joseph A. (1970), l.c., p. 17 ("the most modern appearances are the logically purest and technically most simple" – U.B.).

[22] "Nature of the object" – U.B.

[23] See ib., p. 19.

[24] See ib., pp. 22f.

[25] "Most original" – U.B.

[26] In the original: "*im Beobachtungszeitpunkt tatsächlich verkauft wird oder verkauft werden könnte*", ib., pp. 25f.

[27] "Measurement of value" – U.B.

[28] "Essential sense" – U.B.

[29] Ib., pp. 26f ("the exercise of *life* and the following exercise of *science, to relate subjective valuations or objectively noticeable ways of conduct to numerical quantities* in a way that the object of valuation or conduct is compared with a number of units of another object of valuation or conduct and by this comparison *is brought into relation with all objects of valuation or conduct that lie in the surveyed subject's scope.*" – U.B.).

[30] "Net increase in satisfaction" – U.B.

[31] See ib., pp. 28f.

[32] "A use of an *imagination of value that is tied to the unit of the actual income* for measurement of quantities of demand or welfare and of *indices of behavior*" – U.B.

[33] See ib., p. 33.

[34] In the original: "eines und nur eines Gutes zu bedienen", ib., p. 34.

35 Ib. ("to the traders' consciousness for measuring the welfare and expressing the price" – U.B.).
36 Ib. ("what suggests itself as such" – U.B.)
37 "Asset" – U.B.
38 Marx, Karl (1890), *Das Kapital. Erster Band*, in: Marx, Karl/Engels, Friedrich, *Werke*, Vol. 23, Dietz Verlag, Berlin 1968, p. 143.
39 Laum, Berhard (1924), *Heiliges Geld*, J.C.B. Mohr (Paul Siebeck), Tübingen.
40 "Standard of deferred payments" – U.B.
41 Schumpeter, Joseph A. (1970), Das Wesen des Geldes, l.c., p. 36.
42 See ib.
43 See Heinsohn, Gunnar/Steiger, Otto (1996), *Eigentum, Zins und Geld. Ungelöste Rätsel der Wirtschaftswissenschaft*, Rowohlt Verlag, Reinbek as well as Betz, Karl/Roy, Tobias (ed.) (1999), *Privateigentum und Geld. Kontroversen um den Ansatz von Heinsohn und Steiger*, Metropolis-Verlag, Marburg.
44 "Desire to possess" – U.B.
45 "Social reputation" – U.B.
46 Schumpeter, Joseph A. (1970), *Das Wesen des Geldes*, l.c., p. 38 ("magic", "sacral importance" – U.B.).
47 Ib. ("of putting highly saleable goods on reserve as a result of requirements of the commodity circulation" – U.B.).
48 See Keynes, John Maynard (1930), *Vom Gelde*, Duncker & Humblot Berlin 1983; (1936), *Allgemeine Theorie der Beschäftigung, des Zinses und des Geldes*, Duncker & Humblot, Berlin 1983.
49 Albert, Hans (1960), "Nationalökonomie als Soziologie", *Kyklos*, Vol. XIII, p. 4 ("a partial sociology" – U.B.).
50 Ib. ("objective scope of economic thinking", "than a specific kind of social relation, that is, mutual human behavior" – U.B.).
51 "In its heart of essence" – U.B.
52 Simmel, Georg (1900), *Philosophie des Geldes*, l.c., p.205 ("a form of interaction among people" – U.B.).
53 See Busch, Ulrich (2000), "Georg Simmels Geldverständnis in der Tradition von Karl Marx", in: Backhaus, Jürgen G./Stadermann, Hans-Joachim (ed.), *Georg Simmels Philosophie des Geldes. Einhundert Jahre danach*, Metropolis-Verlag, Marburg, pp. 113–142 ("social functions that became substance" – U.B.).

References

Albert, Hans (1960). "Nationalökonomie als Soziologie." *Kyklos*, Vol. XIII, pp. 1–43.

Augello, Massimo M. (1990). *Joseph Alois Schumpeter. A Reference Guide*, Springer-Verlag, Berlin Heidelberg New York e.a.

Betz, Karl/Roy, Tobias (Ed.) (1999). *Privateigentum und Geld. Kontroversen um den Ansatz von Heinsohn und Steiger*, Metropolis-Verlag, Marburg.

Busch, Ulrich (2000). "Georg Simmels Geldverständnis in der Tradition von Karl Marx." In Backhaus, Jürgen G./Stadermann, Hans-Joachim (ed.), *Georg Simmels Philosophie des Geldes. Einhundert Jahre danach*, Metropolis-Verlag, Marburg.

Gerloff, Wilhelm (1940). *Die Entstehung des Geldes und die Anfänge des Geldwesens*, Vittorio Klostermann, Frankfurt/M.

Hegel, Georg Wilhelm Friedrich (1830). *Enzyklopädie der philosophischen Wissenschaften im Grundrisse*, Akademie-Verlag, Berlin, 1966.

Heinsohn, Gunnar/Steiger, Otto (1996). *Eigentum, Zins und Geld. Ungelöste Rätsel der Wirtschaftswissenschaft*, Rowohlt Verlag, Reinbek.

Höltz, Joachim (1984). *Kritik der Geldentstehungstheorien*, Mainzer Ethnologische Arbeiten, Vol. 5, Dietrich Reimer Verlag, Berlin.

Keynes, John Maynard (1930). *Vom Gelde*, Duncker & Humblot, Berlin, 1983.

Keynes, John Maynard (1936). *Allgemeine Theorie der Beschäftigung, des Zinses und des Geldes*, Duncker & Humblot, Berlin, 1983.

Knapp, Georg Friedrich (1905). *Staatliche Theorie des Geldes*, Duncker & Humblot, München and Leipzig.

Laum, Berhard (1924). *Heiliges Geld*, J.C.B. Mohr (Paul Siebeck), Tübingen.

Mann, Fritz Karl (1970). *Einführung* zu Schumpeters Buch "Das Wesen des Geldes", l.c., pp. VII–XXVII.

Marx, Karl (1844). *Ökonomisch-philosophische Manuskripte*, in: Marx, Karl/Engels, Friedrich, *Werke, Ergänzungsband.Erster Teil*, Dietz Verlag, Berlin, 1968.

Marx, Karl (1857/1858). *Grundrisse der Kritik der politischen Ökonomie*, in: Marx, Karl/Engels, Friedrich, *Werke*, Vol. 42, Dietz Verlag, Berlin, 1983.

Marx, Karl (1859). *Zur Kritik der politischen Ökonomie*, in: Marx, Karl/Engels, Friedrich, *Werke*, Vol. 13, Dietz Verlag, Berlin, 1972.

Marx, Karl (1890). *Das Kapital. Erster Band*, in: Marx, Karl/Engels, Friedrich, Werke, Vol. 23, Dietz Verlag Berlin, 1968.

Menger, Carl (1909). "Geld." in: *Handwörterbuch der Staatswissenschaften*, Vol. IV, pp. 565ff.

Schumpeter, Joseph A. (1908). *Das Wesen und der Hauptinhalt der theoretischen Nationalökonomie*, Duncker & Humblot, München and Leipzig.

Schumpeter, Joseph A. (1915). *Vergangenheit und Zukunft der Sozialwissenschaften*, Duncker & Humblot, München and Leipzig.

Schumpeter, Joseph A. (1917). "Das Sozialprodukt und die Rechenpfennige. Glossen und Beiträge zur Geldtheorie." *Archiv für Sozialwissenschaft und Sozialpolitik*, Vol. 44, pp. 627–715.

Schumpeter, Joseph A. (1918). *Die Krise des Steuerstaates*, Leuschner & Lubensky, Graz and Leipzig.

Schumpeter, Joseph A. (1919). *Zur Soziologie der Imperialismen*, J.C.B. Mohr (Paul Siebeck), Tübingen.

Schumpeter, Joseph A. (1927). "Die sozialen Klasen im ethnisch homogenen Milieu." *Archiv für Sozialwissenschaft und Sozialpolitik*, Vol. 57, pp. 1–67.

Schumpeter, Joseph A. (1929). "Oekonomie und Soziologie der Einkommensteuer." *Der deutsche Volkswirt*, 4, Dec., pp. 380–385.

Schumpeter, Joseph A. (1932). "*Zur Soziologie der Außenpolitik*." Bonn (unpublished manuscript).

Schumpeter, Joseph A. (1942). *Capitalism, Socialism and Democracy*, Harper & Brothers, New York.

Schumpeter, Joseph A. (1953). *Aufsätze zur Soziologie*, J.C.B. Mohr (Paul Siebeck), Tübingen.

Schumpeter, Joseph A. (1970). *Das Wesen des Geldes*. Aus dem Nachlaß herausgegeben von Fritz Karl Mann, Vandenhoeck & Ruprecht, Göttingen.

Schumpeter, Joseph A. (1985). *Aufsätze zur Wirtschaftspolitik*, J.C.B. Mohr (Paul Siebeck), Tübingen.

Shionoya, Yuichi (1997). *Schumpeter and the Idea of Social Science. A Metatheoretical Study*, Cambridge University Press, Cambridge.

Shionoya, Yuichi and Perlman, Mark (Ed.) (1994). *Schumpeter in the History of Ideas*, The University of Michigan Press.

Simmel, Georg (1900). *Philosophie des Geldes*, ed. by David P. Frisby and Klaus Christian Köhnke, Suhrkamp Verlag, Frankfurt a.M., 1989.

Swedberg, Richard (1994). *Joseph A. Schumpeter. Eine Biographie*, Klett-Kotta, Stuttgart.

Tichy, Günther (1984). "Schumpeter's Monetary Theory: An Unjustly Neglected Part of his Work." in: Seidl, Christian, Ed. (1984), *Lectures on Schumpeterian Economics; Schumpeterian Centenary Memorial Lectures, Graz 1983*, Springer Verlag, Berlin.

Adaptation Without Attribution? The Genesis of Schumpeter's Innovator

Nicholas W. Balabkins
Lehigh University, Department of Economics, Rauch Business Center 37, Bethlehem PA 18015-3117, USA; E-mail: nib2@lehigh.edu

Abstract: Schumpeter's innovator provided the economics profession with an attractive explanation of the nature and function of entrepreneurship.

Most of the economists had always assumed that the idea of the "innovating entrepreneur" popped from Schumpeter's head like Athena from the head of Zeus. The genesis of the "innovating entrepreneur" has been discussed by numerous economists for a long period of time. Alas, none of them had ever referred to Albert E. F. Schäffle's 1867 book, where he introduced the concepts of commercial and industrial innovations. This essay suggests that Schäffle-Schumpeter nexus deserves professional attention.

Keywords: Schumpeter, "Innovating Entrepreneur", Albert E. F. Schäffle.

J.E.L. Codes: B 15.

1. Schumpeter's 'Creatively Adapted' Innovator

Since 1912, when the then 28-year-old Joseph Schumpeter published his *Theorie der wirtschaftlichen Entwicklung*, the economics profession has always assumed that the idea of the "innovating entrepreneur" popped from Schumpeter's head like Athena from the head of Zeus. The purpose of this paper is to explore the virtually unknown Schäffle-Schumpeter innovator connection, and to suggest that Schäffle deserves a more prominent place in the History of Economic Thought and in the "Schumpeter Literature", than he has been assigned up to now.

2. Schumpeter at the University of Czernowitz, 1909–1911

Joseph A. Schumpeter, one of the most influential economists of the 20th century, wrote his *Theorie der wirtschaftlichen Entwicklung*, his most important work, during a brief, 2-year stay at the University of Czernowitz from 1909–1911. In this book, Schumpeter developed the concept of "the Innovative Entrepreneur", a Bill Gates-type individual who, motivated by the possibility of financial gain, could spur almost single-handed the kind of economic growth that America underwent in the 1980s and 1990s.

J. Backhaus (ed.), Joseph Alois Schumpeter, 203–220.

Little is known of Schumpeter's two years in Czernowitz;[1] more has been written about his tenures at the University of Graz (1912–1918), in Bonn (1925–1932) and at Harvard (1932–1950). But the few surviving accounts of Schumpeter's Czernowitz years, made mostly in passing, depict a stylish, well-dressed "showman", with deliberate emphasis on his nobility title, which came from his stepfather.[2] Schumpeter, according to these accounts, was a brash one-man band, touched by hubris and determined to leave his mark on the economics profession and the world. He was an enthusiastic lecturer at the University and a public speaker in great demand. He preached the gospel of mathematical economics, extolling the virtues of scientific, not historical, economics. Because science means measurement, calculus and other forms of high math point the way to the future glory of "scientific economics." Schumpeter's 1908 book, *Das Wesen und Hauptinhalt der theoretischen Nationalökonomie*, was designed to give the followers of the German Historical School a lesson, "an understanding of theoretical economics", as Horst Hanusch has recently suggested.[3] Schumpeter's intellectual heroes in many ways were L. Walras and Pareto, in addition to his teachers Wieser and Böhm-Bawerk. He almost looked down on any economist who "did not do the real thing", i.e. high math in economics. He was not very humble or tolerant in his youthful days of Czernowitz.

The university had been established in 1875 as Franz-Joseph University, and by 1910, halfway through Schumpeter's tenure, Czernowitz was a small city with 87,000 inhabitants of several nationalities. The Austro-Hungarian administrative elite spoke German and the University used it as the language of instruction. Yiddish was also widely spoken and quite often taken for German by people who did not know better.

Ukrainian, Russian, and Polish were also spoken. Czernowitz then was located in the most eastern part of the Austro-Hungarian Empire, about 700 miles east of Vienna. Today, in the year 2000, Schumpeter's Czernowitz is called Chernivtsi and is located in independent Ukraine.

Schumpeter was appointed an associate professor of political economy. He held classes in Principles of Economics, Public Finance, and Political Economy. Even though only in his 20s, he was already a much appreciated lecturer. Schumpeter's biographer, Richard Swedberg, wrote that Schumpeter's classroom presentations of the Czernowitz years emit sheer intellectual delight even today.[4] Schumpeter cared much for his students. He fought a duel with the University librarian to gain better access for his students to library books. He won the duel, and the librarian relented.[5]

Even at that tender age, his decade of "sacred fertility", as Schumpeter called it, he was already what the Germans call a "Humboldtian scholar," a man who taught well and created new knowledge in his field of specialization.[6]

Schumpeter found his colleagues not to be particularly interesting economists. None of them was mathematically inclined. As reported by Swedberg, for instance, at the University of Czernowitz "mediocrity ruled, and Schumpeter was bored by his colleagues."[7] Why such a sweeping characterization? After all, the chair of Political Economy at Czernowitz since 1875, Friedrich von Kleinwächter (1838–1927), was an author of 15 books.[8] The contemporary "English-language only" economists are not familiar with Kleinwächter's work. He is usually dismissed as a vague institutionalist or an economic historian. In Czernowitz Schumpeter disregarded Kleinwächter's work in *toto*. Neither his *Economic Doctrine and Method* of 1914 nor his *History of Economic Analysis of 1954* refers to Kleinwächter.

He was an active scholar with dozens of articles in the leading German economics periodicals, and his economics textbook was published even in Spanish. Kleinwächter was no Pareto or Walras and he had little use for the spreading use for calculus in the economics profession. For that very reason, Schumpeter had no use for Kleinwächter's work. Yet Kleinwächter was quite influential in the drawn-out debate on cartels in Germany. In 1882, he was elected Rektor (President) of Franz-Joseph-University in Czernowitz and his inaugural address was titled *Die Nationalökonomie als Wissenschaft und ihre Stellung zu den übrigen Disziplinen*, and was published in Berlin in 1883.

No idle, coffee-drinking slouch, Kleinwächter was a busy scholar, but not of Schumpeter's persuasion. Schumpeter loathed Kleinwächter's institutional and historical economics, and, therefore, Allen suggests he lacked "intellectual stimulation" while in Czernowitz.[9] For Schumpeter, Kleinwächter's writings represented what he used to call "unendliche Geschichte", in English, "endless history". And yet Schumpeter forever used historical material in his work. Yuichi Shionoya recently pointed out that Schumpeter was influenced by the approach of the German Historical School of Economics and he specifically referred to Schumpeter's *Epochen der Dogmen-und Methodengeschichte* of 1914.[10] Schumpeter's methodology was instrumentalism. Alexander Ebner says Schumpeter's economics is actually an integration of theory and history and that "both the formal-analytical analysis as well as the historical-institutional aspects of analytical procedure represent an integrated conceptual vision within Schumpeter's thought."[11] Schumpeter himself paid incredible homage to the work of Gustav Schmoller in 1926.[12] And yet, when Schumpeter's *Ten Great Economists* was published in 1951, Schmoller was conspicuously absent. Was this exclusion deliberate?[13] What Schumpeter said and did were two different things. After all, he wanted to be known as a great economic theorist! Schumpeter's long-time friend, Fritz K. Mann, from the University of Cologne and later American University in Washington, D.C., wondered about this exclusion in a review in the *Annals*.

Hundreds of articles have been written during the last two decades of the "Schumpeter Renaissance," but virtually none refer to the "social question" which was raging in Germany at the end of the 19th century up to the outbreak of World War I, while Schumpeter was teaching in Czernowitz, and that was the problem of how to cope with the spreading Marxism in Germany. Germans called these attempts "Sozialpolitik", but the young Schumpeter "Sozialpolitik" was a political matter and, as such, did "not belong to a history of our science."[14]

As an economist, Schumpeter felt from his early days at Czernowitz that "practical politics is not for me."[15] All important economists do math, Schumpeter felt. If you don't do the high math, you are dead professionally.[16] And even though the writings of the *German Historical School of Economics* represented for the young Schumpeter nothing but "endless history", it seems that he had, already at Czernowitz, developed a form of *hypermetropia* he could see far, but not close. Already at Czernowitz, Schumpeter was looking ahead to the possible future of the economics profession, but he was overlooking the social problems caused by the spreading Industrial Revolution and of Marxism in Germany and other European countries. Schumpeter suffered from a form of mental *astigmatism* as well. He had deformed images of the industrial masses around him. But the plight of those masses is precisely what the members of the *German Historical School of Economics*, under Schmoller's guidance, were concerned with. Schmoller wanted to solve the pressing social problems caused by the rapidly spreading Industrial Revolution and its assembly-line technology. With this in mind, a *Verein für Socialpolitik* was established in 1872, and Schmoller became one of its most ardent advocates.

Schmoller's interest in social welfare problems goes back to his 1870 book, *Zur Geschichte der deutschen Kleingewerbe im 19. Jahrhundert. Statistische und nationalökonomische Untersuchungen*, in which he noted that the rapidly spreading Industrial Revolution was bestowing "unequal benefits to different social classes" (p. 661). He was also upset about the fast-growing inequality of income and property distribution in Germany (p. 662), and felt that the social consequences of rapid industrialization had thrown Germany into near chaos and into "a class-struggle situation" (p. 663). Schmoller demanded social legislation to alleviate the misery and suffering of the factory workers (p. 693). He said the Prussian government had the obligation to protect the well-being of the lower classes and, at the same time, tame the short-sighted egotistical urges of the propertied classes. Already at that time, Schmoller was afraid of the possible consequences of spreading Marxist agitation among the working masses. Untrammeled laissez-faire was a social fiasco for him. Schmoller sincerely believed that the ideas of justice should be applied to build a better society.[17] Distributive justice was the key to his future legislative effort.

Government authorities had a duty, he said, to interfere in the market place to protect small businesses and economically weak segments of the population from strong, greedy, unscrupulous, or vicious representatives of the business community.[18] This problem represented the essence of what was known as the "Soziale Froge," or social question, in Germany.[19]

Schmoller knew that the doctrine of "natural harmony" of Adam Smith would not necessarily lead to "social harmony" in Germany. He had read *Die Lage der arbeitenden Klasse in England*, the shattering report of the conditions of factory workers in England that found eager acceptance in Germany.[20] In 1844, Germany itself had been shocked to the core by the massive *Weber-Revolte* of 1844 in Silesia. And in 1848, the *Communist Manifesto* was another powerful indictment of the social conditions of the factory workers. Marxists preached open class warfare and minced no words about their desire to overthrow the existing social order and replace it with the "dictatorship of the proletarians".

In 1848, Bruno Hildebrand (1812–1886) published his *Die Nationalökonomie der Gegenwart und der Zukunft*, in which he pleaded for the 'reconciliation between capital and labor and suggested the necessary incorporation of the German working class as a responsible member of the reformed capitalistic economic and social order.'[21] Hildebrand's aim was to bridge the wide gap between owners and non-owners of property via social legislation. He had no use for socialism or Marxism of any kind. To prepare adequately for legislative reforms, Hildebrand advocated careful and detailed monographs on social and economic questions of the times. A few decades later, his work had a profound influence on Schmoller. In 1853, Karl Knies (1821–1898) published his *Die politische Ökonomie vom Standpunkt der geschichtlichen Methode*, which argued that the English classical prescription of natural harmony and laissez-faire did not lead to social welfare. In fact, he felt that the negative social consequences of laissez-faire was actual a scientific justification of Marxist socialism. Later on, Schmoller saw with horror and consternation the unintended consequences of rapid industrialization of his native Germany. He feared the spreading revolutionary fervor, particularly after 1848. The much-discussed 'social question' boiled down to how to bridge the gap between the few rich factory owners and merchants and the propertyless industrial masses.[22] Schmoller feared and dreaded the Marxist message and mission in his bones. The *Verein für Socialpolitik* met regularly to discuss the pressing social and economic problems of the day and to propose draft legislation for their amelioration.[23]

Schmoller's concern for the well being of the German working classes inspired the work of the *Verein für Socialpolitik*. For Marxists, Schmoller and his friends were not authentic socialists. Eventually, the decade-long effort of the *Verein* led to the legislative measures, designed to smooth the harsh social edges of the laissez-faire system. Under Bismarck's leadership, Germany passed the *Sickness Insurance Law* in 1883, *The Accident Insurance Law* in 1884, and the *Old Age and Disability Insurance Law* in 1889.

For the young Schumpeter in Czernowitz this kind of legislative involvement was taboo. It was a form of "normative economics", and no serious scientist, no mathematical economist should touch that subject. Such work was a-scientific for him. Furthermore, the young Schumpeter subscribed to the virtues of the materialistic interpretation of history.[24]

At that time Czernowitz was only 15 miles away from the Russian border, and the Russian intelligentsia was virtually "hooked" on Marxism at that time. For the Russian intellectual elite, tsarist Russia was beyond repair. It could not be mended and must be destroyed. It did not matter what followed Tsarism. This was roughly the slogan that permeated the popular Russian mind.

Schmoller's writings at that time were dismissed as meaningless history by Russian economists. The German Historical School was dismissed as "Testimonium paupertatis!" For the Russian academic economists German "Kathedersozialismus" and Bismarck's welfare legislation of 1883, 1884, and 1889 was "too little, too late". The Russian Marxian zealots wanted more and they wanted it at once.[25] It is possible that during his stay at the University of Czernowitz, Schumpeter acquired his life-long inability to grasp the incredible contribution to the creation of the foundations of the contemporary capitalist welfare state by Schmoller. His biographers seem to agree that while in Czernowitz, Schumpeter wanted his colleagues to know that he was a brilliant economist from Vienna. Christian Seidl even wrote that Schumpeter made it pretty clear to his contemporaries that he was convinced that he was a genius, i.e., the best economist of the world. He shaped his life to match this claim.[26] He supposedly denigrated his colleagues. Seidl, Samuelson, and Allen, in their accounts of Schumpeter, suggest that Schumpeter maintained the pretense that he did not work hard, that only academic deadbeats toiled with painful intensity. Samuelson, for instance, writes that "one of Schumpeter's poses was that he did not work hard. He always had time for a cup of coffee and a spare hour in which to suffer fools gladly."[27]

Yet already in Czernowitz, for Schumpeter, pretense and reality were two different things. While he enjoyed himself at night, he worked like a dog during the day, to put it bluntly. All accounts of Schumpeter's two years in Czernowitz included vivid accounts of his sexual escapades in that city.[28]

The accounts of his research activities are not as numerous. Allen notes that Schumpeter spent his days in Czernowitz productively, "Head in book or pen in hand."[29] Swedberg has recorded the essays and a monograph in Czernowitz[30] Allen also writes that Schumpeter's writing projects required long hours of "reading, note-taking, and thought."[31] Alas, we do not know what exactly he did read. Yet Allen notes that in addition to familiarizing himself with all existing theories, Schumpeter needed time to ponder, formulate, reject and try on ideas."[32] According to Swedberg, Schumpeter's research and writing in Czernowitz "went exceedingly well".[33] His biographer, Allen, writes that "in Czernowitz, he wrote the book that made him world famous and became the foundation for all of his theoretical work for the four decades to come".[34] Stated differently, citing Allen again, ". . . in white heat in 1910 and early 1991, Schumpeter wrote his second book . . . the theory of economic development . . .".[35] Swedberg, his other biographer, claims that in Czernowitz Schumpeter "wrote the main part of his greatest work in economics," although not all of it.[36] The Preface to this book was dated in July 1911.[37] Thus, the question to be asked next is what exactly are the main contours of that book that made the young Schumpeter so famous?

3. The Salient Features of Schumpeter's Innovator

Schumpeter's innovator provided the economics profession with an attractive explanation of the nature and function of entrepreneurship. But do today's economists know as much as they think they do about the Innovative Entrepreneur?

In 1912, Schumpeter published his major work, *Theorie der wirtschaftlichen Entwicklung*. But in 1926, when the work was reprinted in Germany, chapter 7 – originally titled "Das Gesamtbild der Volkswirtschaft" (The Overall Structure of an Economy) and over 80 pages long, was left out.[38] It is still not available in English. Various reviewers had written that that particular chapter was too sociological and historical. For Schumpeter this was almost an insult. After all, he always advertised himself as a theoretical economist.

It was this 1926 German edition – minus the above-mentioned chapter – that became the basis for the English translation, as Schumpeter indicated in the Preface.[39] Yuichi Shionoya recently provided some information on how the work was translated. He writes that Schumpeter had planned to translate *Theorie der wirtschaftlichen Entwicklung* into English himself, but the translation was actually done by Redvers Opie, the son-in-law of Professor Frank Taussig, the eminent economics professor at Harvard. It was published by Harvard University Press in 1934 two years after Schumpeter's arrival in Boston in 1932. Had Schumpeter remained in Germany and continued his research in the same manner as before writing largely in German, it is doubtful whether he would have had such a profound influence in his field, although before World War II, Germany was undoubtedly an international language in the circle of economists.[40] Over the years, Schumpeter's innovator has been examined and re-examined, virtually "beaten to death." For this reason, I shall introduce Schumpeter's *dramatis persona*, his innovating entrepreneur, by referring to the first German version of the complete 1912 edition of the book.

The analytical framework for Schumpeter's notion of economic change consists first of the stationary economy, followed by a developing economy with the innovator as agent, of change followed by a return to the stationary economy.[41]

In the stationary economy, economic activity repeats itself year after year; staying in equilibrium with no innovational activity of any kind. Business runs on customary tracks, and businesspeople perform managerial functions as a mere routine. Pure profits tend to be zero and the business community earns what academic teachers of micro-economics call normal profits.[42]

The salient feature of Schumpeter's developing economy, as so succinctly stated by his student, Erich Schneider, is the fact that the "means of production which heretofore served certain static uses are diverted from this course and placed in the service of new purposes".[43]

Schumpeter calls this diversion the "effectuation of new combinations", and stresses that an innovation means taking a "step outside the boundary of routine . . . and it involved a new element".[44]

He identified an innovation as a new production function. More specifically, as spelled out in chapter two of the English translation, innovations take the form of producing new commodities, organizing technological changes in the production of commodities already in use, opening up new markets, discovering new sources of raw materials, and setting up new management organizations, like the creation of a monopoly position or the breaking up of a monopoly position.[45] By carrying out all of these innovations, singly or in combination, the innovating entrepreneur earns more than just the customary return on his business operations, and this extra profit represents the innovator's reward for doing new things in economic life.

This new element is the entrepreneurial function, a phenomenon of leadership in economic life. Schumpeter himself gave three reasons why the entrepreneurial function is rare and why it is difficult to become an innovating entrepreneur:

(1) If someone conceives a new idea on how to produce a new commodity, he is out of customary channels. He lacks the data, which normally influence the decisions of a manager. He must guess and depend on intuition rather than on facts.[46]
(2) The second difficulty lies within the businessman himself. The very fixed habits of thinking, and their energy-saving function, have become subconscious. They yield their results automatically and are proof against criticism and even against contradiction by individual facts.[47] To break through institutional preconceptions and prejudices requires personal force and vigor, which are rare; and this makes the entrepreneur something that is *sui generis*.
(3) In order to introduce a new product on the market, the entrepreneur has to "overcome" the reaction of social environment. In other words, he has to succeed in selling his new product, to convince people that his product is of superior quality. Therefore, to surmount this opposition, a special kind of task is necessary, which does not exist in customary life, a task which requires a special kind of conduct.[48]

An innovation enables the entrepreneur to produce an established commodity at a lower cost than other producers, and he earns pure profit. The important thing to remember is that, in Schumpeter's mind, it is the innovation process, not the routine-like management function of a businessman, that enables the entrepreneur to make pure profits.[49]

As long as he performs the entrepreneurial function (i.e., as long as he recombines the available production factors) he makes pure profits. His profit, however, is not permanent. A swarm of imitators, stimulated by the innovator's pure profits, copy the innovation in the hope of also making some profit. This imitation process obliterates the novelty of the innovation and ultimately deprives the innovator of pure profits.[50] Those of us who have taught or are still teaching microeconomics explain this process in terms of "price" and "cost" effects when we discuss the price-output adjustment process in pure competition. Thus, the process of imitation reduces the innovation to customary business practice, to mere work.

Routine work, according to Schumpeter, is no longer an entrepreneurial function. The latter consists of making "new" things and not working among the customary lines of routine. As the innovator's "new thing" becomes a customary practice, the innovator's function is not performed any more and the profit slips from the entrepreneur's grasp. Consequently, the entrepreneur becomes victim of what Schumpeter called the process of "creative destruction", the former profit-making entrepreneur is reduced to a mere manager, somebody who makes neither loss nor pure profit, but what the micro-textbooks call only a normal profit.

4. The Genesis of the Innovator's Concept

So much for the quick *Reader's Digest* version of the Schumpeterian innovator in action. The next question will be to ask where did Schumpeter get the idea of the innovating entrepreneur. What were the spiritual roots of Schumpeter's innovator? Which thinkers led Schumpeter to the incredibly fertile concept of the innovating entrepreneur? What were the exogenous influences on the young Schumpeter?

The *Entstehungsgeschichte* (Genesis) of the innovating entrepreneur has been discussed by a number of economists. Eduard März wrote that the innovator idea was not a "bolt from the blue" and cited, as influences, Marx, Wieser, Sombart, Wirth, Tarde and Pareto.[51] Robert L. Allen referred in Schumpeter's English preface to a Japanese translation of the *Theory of Economic Development*, in which Schumpeter acknowledges his dependence both on Walras and Marx.[52]

Erich Streissler in 1992 traced Schumpeter's innovator to the German and Austrian economics literature of the 19th century, summarizing in particular, the writings of such German economists as Gottlieb Hufeland, Karl H. Rau, Riedel and Wieser.[53] This is an extremely valuable, but incomplete survey because Streissler missed one major German economist who may have influenced Schumpeter more than the rest. More on this later.

Of course, we also have Streissler's essay of 1981, in which he referred to Pareto as one of the precursors of Schumpeter's entrepreneur.[54]

And we have a survey of the various theories of innovators by Robert F. Hèbert and Albert N. Link.[55] In one of the American Economic Thought textbooks, for instance, Ingrid Rima states that "the logic of Schumpeter's analysis of the far-reaching effects of innovation on the structure of society is quite reminiscent of Marx's analysis of the impact of changes in the mode of production."[56] She reminds readers that Schumpeter was intellectually hostile to Marx's analysis. Schumpeter, of course, believed that capitalism would eventually become sociologically untenable.[57]

In 1995, Nicolo De Vecchi analyzed Schumpeter's admission that Eugene

Von Philippovich, Albert Schäffle, and Schmoller influenced him.[58] According to Allen, all these outside, influences "had been forming in [Schumpeter's] mind for several years: [they] finally solidified in words in Czernowitz.[59]

Apart from these intellectual precursors, Schumpeter was also impressed with the dynamic entrepreneurial personalities leading the economic development of his native Austria during the second half of the 19th century.[60]

For example, Eduard März, wrote that "the most remarkable anticipation of Schumpeter's theory can be found in the book *Österreichs Wiedergeburt*, published in Vienna in 1876, whose author, the German economist Max Wirth, spent many years of his professional life in Austria."[61] Much like Schumpeter, Wirth saw that new products could bring huge profits to innovating entrepreneurs, attract a swarm of imitators, and eventually touch off a cyclical movement of capitalist economic activity.

Being a voracious reader, Schumpeter must have read Emile Zola who, between 1871 and 1893, published his monumental *Les Rougon-Macquart*, a work depicting the social history and economic fortunes of a French family under the Second Empire. In 1901, Thomas Mann wrote *Buddenbrooks*, in which he described the rise and fall of a German family's economic fortunes through three generations. In 1902, Werner Sombart published his early volume on *Modern Capitalism*, in which he analyzed business crooks and business heroes. In 1908, Sombart wrote a major essay on the nature and functions of the capitalist entrepreneur, and in 1913, in *Der Bourgeois*, he analyzed 19th-century entrepreneurial activity, the source of profits, the ironclad rationality of entrepreneurial behavior, and human relations among the entrepreneurs.[62]

Some of Schumpeter's biographers seek clues to where he, himself, introduced, in published form, the basic concept of the innovator. Allen refers to Schumpeter's article in the *Zeitschrift für Volkswirtschaft* of 1910,[63] and points out that, while in Czernowitz, Schumpeter worked both on his manuscript of the innovator and also on his lecture notes detailing the development of social sciences.

Yuichi Shionoya has studied this question and concludes that Schumpeter's innovator can be traced to his first major work on economics in 1908.[64] Regardless of the various precursors and roots of Schumpeter's innovating-entrepreneur, it is clear that the concept did not spring fully developed from his head. In this connection, Schumpeter's one-time student and life-long admirer, Wolfgang Stolper, indicated in his Schumpeter biography that "Nothing is really new under the sun!". But like Goethe he suggested that "das Alte neu zu sehen" is different! Stolper writes that

> "There is a fundamental difference between creative and adaptive acts with fundamentally different consequences, even when paradoxically adaptive acts involve creativity. It remains true that adaptation is also "creative" but the meaning of the word is subtly changed."[65]

As we shall see, the original concept that Schumpeter may have "creatively adapted" was first published in 1867.

5. The Overlooked Influence by Schäffle on Schumpeter

In the summer of 1981, when I was a visiting professor at the University of Frankfurt in West Germany, I had a chance to visit with Erich Egner, my professor at my alma mater in Göttingen. We spoke on many subjects of mutual interest and he asked me to read an essay by Knut Borchardt, who was teaching then at the University of Munich.[66] In Borchardt's view, Schäffle was the most Schumpeterian economist of the nineteenth century.[67] But who was Schäffle? Schäffle was born in 1831 and died in 1903. He was a government official, journalist, professor at the Universities Tübingen and Vienna, a minister of commerce in the Austro-Hungarian Empire in 1871, author of numerous books, and editor of the *Zeitschrift fur die gesamte Staatswissenschaft* for more than three decades.[68]

As a young man, Schäffle received an almost encyclopedic education. His economic views were shaped initially by Friedrich List, Bruno Hildeband, and Karl H. Rau. As a student, he read widely in the field of Roman and constitutional law, as well as in economic policymaking. His academic preparation included an acquaintance with the literature of technology, philosophy, and ethics. As a journalist, he learned to write uncommonly well and to edit. His knowledge of men, issues and social life was broad.

Finally, he was not tongue-tied in German, for he was also fluent in French and English.

In 1860, Schäffle became professor of economics at the University of Tübingen, and in 1868, he moved to the University of Vienna, where he remained for three years.

In 1870, Schäffle had published *Kapitalismus und Sozialismus*. The following year, when he was appointed Austrian minister of commerce, the book caused a storm of controversy. No sooner he had taken office, when every line of the book was scrutinized. He was repeatedly quoted out of context and made to appear to be a dangerous socialist and "a revolutionary trade minister".[69] At the age of 40, he lost his job as Minister of Commerce. In 1872, he returned to Germany and settled for the rest of his life in Stuttgart. He never got another teaching job, nor was he offered a position in Berlin's bureaucracy. He settled down as an independent scholar. In 1892, he was named editor of the *Zeitschrift für die gesamte Staatswissenschaft*, a post he held until his death in 1903. According to Fritz Karl Mann, a refugee scholar who for some forty years taught at the American University in Washington, D.C., Schäffle, forced by circumstances out of the academic and political life of Germany, was able to "develop a versatility and depth of knowledge that only very few social scientist of the nineteenth century had".[70] His literary output was vast, containing, according to the listing in his memoirs, thirty-three books. Virtually all of these works remain even today untranslated into English, save for his 1870 book, which appeared in English as *The Quintessence of Socialism*, and his 1885 volume, which was published under the title of *The Theory and Policy of Labor Protection*. Schäffle was a broad-based social scientist, but he was also an economic theorist, as so ably analyzed by Knut Borchardt forty years ago.

In 1867 Schäffle wrote his little-read book, *Die national-ökonomische Theorie der ausschliessenden Absatzverhältnisse, insbesondere des literarisch-artistischen Urhebberrechts, des Patent-, Muster-, u. Firmen-schutzes nebst Beiträgen zur Grundrentenlehre.* In English, the title would be: *The Economic Theory of Restrictive Sales Conditions in Relation to Literary-Artistic Copyrights, Patents, Trademarks and the Firm's Goodwill, Together with Contributions to the Rent Theory.* In this work we find Schäffle's ideas on entrepreneurship *scattered all over.* Since the focus of this essay is on the similarity or, rather, on the transformation of Schäffle's entrepreneur into the Schumpeterian innovator, some specific references are in order. For instance, on p. 268 (top), Schäffle differentiated between two kinds of innovations: (1) what he called *commercial innovations* (kommerzielle Neuerung), consisting of the discovery of new sources of inputs, that is, raw materials, and developing new markets, that is, marketing outlets (neue Bezugs-oder Absatzquelle); and (2) what he called *industrial innovations* (industrielle Neuerung) referring to the introduction of new products and/or new production methods for an existing commodity.

For Schäffle, an entrepreneur introducing one of the above innovations, singly or in combination with others, earns above normal rent (i.e., above normal profit or what today is known as pure or super normal profit). On p. 47, Schäffle referred to the successful entrepreneur who, by clever anticipation of future business conditions, could produce a low-cost item in demand, both in terms of quality and quantity, and thus earn an above normal rent (i.e., pure profit). Then Schäffle emphasized that these "above-normal rents" are of a temporary nature.

According to Schäffle, the incentive to create something new leads to the emergence of monopoly rents and, thus, directs economic progress. On the other hand, the incentive to copy successfully introduced innovations creates spread effects. This emulation process "democratizes" innovation-induced rents (i.e., profits) and entrepreneurs once again become ordinary business people who earn a mere normal rent or, in today's terminology, a normal profit. Schäffle described the emulation process by referring to such human qualities on the part of businessmen as diligence, industriousness, and average economic ability.

On the other hand, the trail-blazing entrepreneur, who successfully introduced *industrial* or *commercial* innovations and earned above-normal rents, was characterized as the "aristocratic" part of the process, gifted with the economic genius, sagacity, luck, and/or special talents of such men.

It is in these passages where we find a striking similarity between Schäffle and the Schumpeterian process of "creative destruction". Schäffle's successful entrepreneur either introduced new commodities or launched new production methods to produce an existing commodity at a cheaper cost to earn pure profits. These were what he called the "industrial innovations". When

Schäffle spoke about "commercial" innovations, he referred to the discovery of new sources of raw materials and/or the creation of new markets. In Schäffle's words, these different forms of innovations resulted in "monopoly rents", which supposedly gave economic progress its direction. Schäffle insisted that such "rents" were of a transitory nature because of emulation. Eventually all "monopoly rents" are competed away, and the entrepreneur is left with only what today is known as a normal return.

The previous presentation of Schumpeter's innovator revealed that the four basic types of innovations appear also on Schäffle's list, along with the breaking up or creating of a monopoly. Despite this striking similarity between the two authors, Schumpeter's innovator is set in the equilibrium-disequilibrium-and-back-to-equilibrium framework. In Schumpeter's stationary economy, there are no innovations and no pure profits; only normal profits prevail. Business life runs on customary tracks in the hands of custom-bound businessmen. Schumpeter disrupts this comfortable routine with an exogenous shock, or what he calls the setting up of a new production function: effectuation of new combinations in the form of new commodities, organizing technological changes in the production of commodities already in use, opening up new markets, discovering new sources of raw materials, and creating or breaking up of an existing monopoly lead to the emergence of pure profits. Pure profits, however, are not permanent.

Schäffle's emulators, in Schumpeter's book, have become "a swarm of imitators", who have reduced the innovation to customary business practice, to mere routine work. For Schumpeter, as for Schäffle, routine is not entrepreneurship. The former earners of "monopoly rents", or pure profits, have become victims of what Schumpeter called the process of "creative destruction." The economy has returned, once again, to equilibrium or the stationary economy. It is a world of routine whose businessmen are making customary normal profits. It is this analytical framework that makes the Schumpeterian analysis of the innovator appealing so highly.

6. Summary

Schumpeter wrote most of his famous work *The Theory of Economic Development* in Czernowitz. Economists have forever wondered who provided the intellectual impulse in the evolution of the Schumpeterian Innovator. My paper has attempted to provide an additional reference which might be of interest to fellow economists interested in the genesis of the Innovator. There are some startling similarities between the two prototypes of innovating individuals in Schäffle's and Schumpeter's writing. However, one is puzzled why Schumpeter did not acknowledge his intellectual debt to Schäffle. In fact, in 1914, in Schumpeter's *Epochen der Dogmen-und Methodengeschichte*, he gave a highly unflattering assessment of Schäffle. This work, translated into English in 1954, reads as follows:

> In fact it is difficult to place this powerful personality correctly in a history of economic doctrine. He absorbed most of the trends of his age in the field of *Sozialpolitik*, history and sociology, and he also was a theoretical economist. In everything he did, he was successful in his presentation, original in his formulations and systematic in his treatment, but he was not really a profound scholar . . . [His books] "have had an extremely stimulating effect, but it would be difficult to quote from them even a single permanent result, even a single interpretation that was at once original and fruitful."[71]

Obviously, Schumpeter had read all of Schäffle's books. Regardless of what Schumpeter wrote about Schäffle, the similarity of Schäffle's and Schumpeter's innovating entrepreneur is undeniable. Obviously it is not a matter of forgetting footnotes on Schumpeter's part. Schumpeter emphasized that Schäffle left not "even a single permanent result" for the posterity of the economics profession. Why such harsh words? What is undeniably Schumpeter's own is his attractive analytical framework for the appearance and disappearance of the innovator. What a coincidence, or, as Wolfgang Stolper wrote in his biography of Schumpeter, what an adaptive phenomenon? In view of the above, it is time to give Schäffle a footnote in the growing literature about Schumpeter's innovator at least.

Notes

[1] Allen, Robert L. (1991), *Opening Doors. The Life and Work of Joseph Schumpeter, Vol. 1: Europe*, New Brunswick, N.J., Transaction Publishers, pp. 96–102. See also, Schneider, Erich, (1970), *Joseph A. Schumpeter. Leben und Werk eines grossen Nationalökonomen*, Tübingen, J.C.B. Mohr (Paul Siebeck), p. 13.

[2] Tichy, Günther (1985), "Die endogene Innovation als Triebkraft in Schumpeter's Konjunkturtheorie," in *IFO-Studien*, Vol. 31, p. 16.

3 Hanusch, Horst (1999) "Schumpeter's Life, Work and Legacy," in Hanusch, Horst (ed.), *The Legacy of Joseph A. Schumpete*r, Elgar, Cheltenham, UK, p. XVI.

[4] Swedberg, Richard (1991), *Schumpeter. A Biography*, Princeton, N.J., Princeton University Press, p. 19.

[5] *Ibid.*, p. 18 and Allen, Robert L. *op. cit.*, pp. 98–99.

[6] Mann, Fritz K. (1965), "Vorwort," in Schumpeter, Joseph A., *Geschichte der ökonomischen Analyse*, Göttingen, Vandenhoeck & Ruprecht, p. V.

[7] Swedberg, Richard, *op. cit.*, p. 18.

[8] "Nekrolog von Friedrich von Kleinwächter (1838–1927), in Kurschners Deutscher Gelehrten-Kalender aus dem Jahr 1926, Berlin, Walter D. Gruyter, 1926, p. 943.

[9] Allen, Robert L. (1991), *op. cit.*, p. 97.

[10] Shionoya, Yuichi (2000), "Joseph Schumpeter and the German Historical School," in Koslowski, Peter (ed.), *The Theory of Capitalism in the German Economic Tradition*, Berlin, Springer, p. 9.

[11] Ebner, Alexander (2000), "Schumpeter and the 'Schmollerprogram': integrating theory and history in the analysis of economic development," *Evolutionary Economics*, Vol. 10, p. 356.

[12] Schumpeter, Joseph (1926), "Gustav von Schmoller und die Probleme von heute," in *Schmollers Jahrbuch*, Vol. 50, pp. 373–388.

[13] Mann, Fritz K. (1951), "Review," *Annals*, Vol. 278, p. 209.
[14] Schumpeter, Joseph A. (1967), Schumpeter, Joseph A., *Economic Doctrine and Method*, New York, Oxford University Press, p. 153.
[15] Schneider, Erich (1950), "Joseph A. Schumpeter – der Theoretiker," *Weltwirtschaftliches Archiv*, Vol. 65, p. 170.
[16] Erich Schneider's observation, see *Ibid.*, p. 171.
[17] Schmoller, Gustav (1893), "The Idea of Justice in Political Economy," *Annals of the American Academy*, Vol. 4, pp. 697–737.
[18] Schmoller, Gustav (1870), *Zur Geschichte der deutschen Kleingewerbe*, pp. 41–45.
[19] Hansen, Reginald (1996), *Die praktischen Konsequenzen des Methodenstreits. Eine Aufarbeitung der Einkommensbesteuerung*, Berlin, Duncker & Humblot, p. 185.
[20] Friedenthal, Richard (1981), *Karl Marx. Sein Leben und seine Zeit*, Munchen, R. Piper Verlag, p. 250.
[21] Eisermann, G. (1956), *Die Grundlagen des Historismus in der deutschen Nationalökonomie*, Stuttgart, F. Enke Verlag, p. 165.
[22] Teuteberg, Hans-Jurgen (1977), "Die Doktrin des ökonomischen Liberalismus und ihre Gegener dargestellt an der prinzipiellen Erörterung des Arbeitsvertrages im 'Verein für Socialpolitik' 1872–1905," in Coing, H. and Wilhem, W. (eds), *Wisenschaft und Kodifikation des Privatrechts im 19. Jahrhundert*, Frankfurt, M., Vittorio Klostermann, p. 52.
[23] Wittrock, G. (1939), *Die Kathedersozialisten bis zur Eisenacher Versammlung*, Berlin, p. 3.
[24] Mann, Fritz K. (1958), "Bemerkungen über Schumpeter's Einfluss auf die amerikanische Wirtschaftstheorie," in *Weltwirtschaftliches Archiv*, Vol. 81, p. 155.
[25] Balabkins, Nicholas W.(1988), "Schmoller in Tsarist Russia," in *Journal of Institutional and Theoretical Economics* (JITE), Vol. 144, pp. 584–585.
[26]. Seidl, Christian, "Joseph Alois Schumpeter: Character, Life and Particulars of his Graz Period," in Seidl, Christian (ed.), *Lectures on Schumpeterian Economics*, Berlin, Springer-Verlag, p. 187.
[27] Cited by Seidl, Christian (1984), *op. cit.*, p. 187, footnote 5.
[28] Haberler, G. (1965), "Joseph Alois Schumpeter (1883–1950) in *Lebensbiler grosser Nationalökonomen*, edited by Horst C. Recktenwald, Köln, Kiepenheuer & Witsch, pp. 504–505. See also, Harris, S. E., Editor (1951), *Schumpeter, Social Scientist*, Cambridge, Mass., Harvard University Press, 1951, 142 pp.
[29] Allen, R.L., *op. cit.*, p. 99.
[30] Swedberg, R., *op. cit.*, p. 19.
[31] Allen, R.L., *op. cit.*, p. 99.
[32] Allen, R.L., *op. cit.*, p. 100.
[33] Swedberg, R., *op. cit.*, p. 18.
[34] Allen, R.L., *op. cit.*, p. 95.
[35] Allen, R.L., *op. cit.*, p. 100.
[36] Swedberg, R., *op. cit.*, p. 18.
[37] Mann, Fritz K. (1958), "Bemerkungen über Schumpeter's Einfluss auf die amerikanische Wirtschaftstherie," *Weltwirtschaftliches Archiv*, Vol. 81, p. 158.
[38] Chapter 7 "Das Gesamtbild der Volkswirtschaft," in *Theorie der wirtschaftlichen Entwicklung*, Leipzig, Verlag von Duncker & Humblot, 1912, pp. 463–548.
[39] Schumpeter, Joseph A. (1934), "Preface to the English Edition," in *The Theory of Economic Development*, New York, Oxford University Press, pp. IX–XII.
[40] Shionoya, Yuichi (1997), *Schumpeter and the Idea of Social Science*, New York, Cambridge University Press, pp. 21–22.
[41] Oakley, Allen (1990), *Schumpeter's Theory of Capitalist Motion: A Critical Exposition and Reassessment*, Aldershot, UK and Brookfield, V.T., Edward Elgar, 256 pp.
[42] Schumpeter, Joseph (1928), "Unternehmer," *Handwörterbuch der Staatswissenschaften*, Vol. 8, Fena, Fischer, Verlag, p. 481.
[43] Schneider, Erich (1951), "Schumpeter's Early German Work, 1906–1917," in *Review of*

Economics and Statistics, Vol. 33, p. 107. See also, Schneider, Erich (1970), *Leben und Werk eines grossen Sozialökonomen*, Tübingen, J.C.B. Mohr, p. 24.

[44] Schumpeter, Joseph A. (1969) , *The Theory of Economic Development*, New York, Oxford University Press, (reprint), p. 84. See also, De Vecchi, Nicolo (1995), *Entrepreneurs, Institutions and Economic Change. The Economic Thought of J. A. Schumpeter* (1905–1925), Brookfield, Vermont, Edward Elgar Publishing Company, pp. 16–19 and pp. 144–146.

[45] Schumpeter, Joseph A. (1934), *The Theory of Economics Development*, Oxford University Press, 1934, (1969 reprint, p. 66).

[46] *Ibid.*, pp. 84–85.

[47] *Ibid.*, p. 86.

[48] *Ibid.*, p. 87.

[49] *Ibid.*, p. 101.

[50] *Ibid.*, pp. 128–156.

[51] März, Edward (1991), *Joseph Schumpeter. Scholar, Teacher and Politician*, New Haven, Conn., Yale University Press, p. 57. See also, März, E. "Zur Genesis der Schumpeterschen Theorie der wirtschaftlichen Entwicklung," published in Kowalik, Tadeucz (1964), Editor, *On Political Economy and Econometrics – Essays in Honor of Oscar Lange*, Warsaw, PWN-Polish Scientific Publishers, pp. 363–388.

[52] Allen, Robert L., *op. cit.*, p. 114, footnote 20.

[53] Streissler, Erich W. (1994), "The Influence of German and Austrian Economics on Joseph A. Schumpeter," in *Schumpeter in the History of Ideas*, edited by Shionoya, Yuichi and Perlman, Mark (1994), Ann Arbor, Michigan, The University of Michigan Press, pp. 13–38.

[54] Streissler, Erich (1981), "Schumpeter's Vienna and the Role of Credit in Innovation," in *Schumpeterian Economics*, edited by Frisch, H., Eastbourne, East Sussex.

[55] Hèbert, Robert F. and Link, Albert N. (1988), *The Entrepreneur Mainstream Views and Radical Critiques*, New York, Praeger, pp.178.

[56] Rima, Ingrid H. (1991), *Development of Economic Analysis*. 5th edition, Homewood, Illinois, Irwin, p. 407.

[57] *Ibid.*, p. 408.

[58] De Vecchi, Nicolo (1995), *Entrepreneurs, Institutions and Economic Change*. The Economic Thought of J. A. Schumpeter (1905–1925), Hants, UK, Edward Elgar Publishing Limited, p. 147.

[59] Allen, Robert L., *op. cit.*, p. 100.

[60] März, Edward (1991), *Joseph Schumpeter: Scholar, Teacher and Politician*, Yale University Press, pp. 36–44.

[61] *Ibid.*, p. 57.

[62] Sombart, Werner (1909), "Der kapitalistische Unternehmer," in *Archiv für Sozialwissenschaften und Sozialpolitik*, p. 689.

[63] "Über das Wesen der Wirtschaftskrisen," Vol. 19, 1910, pp. 271–325.

[64] Shionoya, Yuichi (1997), *op. cit.*, p. 147.

[65] Stolper, Wolfgang F. (1994), *Joseph Alois Schumpeter: The Public Life of a Private Man*, Princeton, N.J., Princeton University Press, p. 373.

[66] Borchardt, Knut (1961), "Albert Schäffle als Wirtscahftstheoretiker," in *Zeitschrift für die gesamte Staatswissenschaft*, Vol. 117, pp. 610–634.

[67] *Ibid.*, p. 611.

[68] Sauermann, Heinz (1978), "Die gesamte Staatswissenschaft im Spiegel dieser Zeitschrift," in *Zeitschrift für die gesamte Staatswissenschaft*, Vol. 134, pp. 1–11.

[69] Schäffle, Albert E. F. (1905), *Aus meinem Leben*, Vol. I, Berlin, Ernst Hofman and Co., p. 169.

[70] Mann, Fritz K (1956), "Albert Schäffle," *Handwörterbuch der Sozialwissneschaften*, Vol. 9, p. 103.

[71] Schumpeter, Joseph A. (1967), *Economic Doctrine and Method. An Historical Sketch* (Translated by R. Aris), New York, A Galaxy Book, p. 187.

References

Allen, Robert L. (1991). *Opening Doors. The Life and Work of Joseph Schumpeter, Vol. 1: Europe*, Transaction Publishers, New Brunswick, N.J., pp. 96–102.

Balabkins, Nicholas W.(1988). "Schmoller in Tsarist Russia." *Journal of Institutional and Theoretical Economics (JITE)*, Vol. 144, pp. 584–585.

Borchardt, Knut (1961). "Albert Schäffle als Wirtscahftstheoretiker." *Zeitschrift für die gesamte Staatswissenschaft*, Vol. 117, pp. 610–634.

De Vecchi, Nicolo (1995). *Entrepreneurs, Institutions and Economic Change. The Economic Thought of J. A. Schumpeter (1905–1925)*. Edward Elgar Publishing Company, Brookfield, Vermont, pp. 16–19 and pp. 144–146, and p. 147.

Ebner, Alexander (2000). "Schumpeter and the 'Schmollerprogram': Integrating Theory and History in the Analysis of Economic Development." *Evolutionary Economics*, Vol. 10, p. 356.

Eisermann, G. (1956). *Die Grundlagen des Historismus in der deutschen Nationalökonomie*, F. Enke Verlag, Stuttgart, p. 165.

Friedenthal, Richard (1981). *Karl Marx. Sein Leben und seine Zeit*, R. Piper Verlag, München, p. 250

Haberler, G. (1965). "Joseph Alois Schumpeter (1883–1950)." In Horst C. Recktenwald (ed.), *Lebensbiler grosser Nationalökonomen*, Kiepenheuer & Witsch, Köln, pp. 504–505.

Harris, S. E. (ed.) (1951). *Schumpeter, Social Scientist*, Harvard University Press, Cambridge, Mass., 142 pp.

Hansen, Reginald (1996). *Die praktischen Konsequenzen des Methodenstreits. Eine Aufarbeitung der Einkommensbesteuerung*, Duncker & Humblot, Berlin, p. 185.

Hanusch, Horst (1999). "Schumpeter's Life, Work and Legacy." In Hanusch, Horst (ed.), *The Legacy of Joseph A. Schumpeter*, Elgar, Cheltenham, UK, p. XVI.

Hèbert, Robert F. and Link, Albert N. (1988). *The Entrepreneur Mainstream Views and Radical Critiques*, Praeger, New York, p. 178.

"Nekrolog von Friedrich von Kleinwächter (1838–1927)." In *Kurschners Deutscher Gelehrten-Kalender* aus dem Jahr 1926, Walter D. Gruyter, Berlin, 1926, p. 943.

Mann, Fritz K. (1951). "Review." *Annals*, Vol. 278, p. 209.

Mann, Fritz K (1956). "Albert Schäffle." *Handwörterbuch der Sozialwissneschaften*, Vol. 9, p. 103.

Mann, Fritz K. (1958). "Bemerkungen über Schumpeter's Einfluss auf die amerikanische Wirtschaftstheorie." *Weltwirtschaftliches Archiv*, Vol. 81, p. 155 and p. 158.

Mann, Fritz K. (1965). "Vorwort." In Schumpeter, Joseph A., *Geschichte der ökonomischen Analyse*, Vandenhoeck & Ruprecht, Göttingen, p. V.

März, E. (1964). "Zur Genesis der Schumpeterschen Theorie der wirtschaftlichen Entwicklung." In Kowalik, Tadeucz (ed.), *On Political Economy and Econometrics – Essays in Honor of Oscar Lange*, PWN-Polish Scientific Publishers, Warsaw, pp. 363–388.

März, Edward (1991). *Joseph Schumpeter. Scholar, Teacher and Politician*, Yale University Press, New Haven, Conn., pp. 36–44 and p. 57.

Oakley, Allen (1990). *Schumpeter's Theory of Capitalist Motion: A Critical Exposition and Reassessment*, Edward Elgar, Aldershot, UK and Brookfield, V.T., 256 pp.

Rima, Ingrid H. (1991). *Development of Economic Analysis*, 5th edition, Irwin, Homewood, Illinois, p. 407.

Sauermann, Heinz (1978). "Die gesamte Staatswissenschaft im Spiegel dieser Zeitschrift." *Zeitschrift für die gesamte Staatswissenschaft*, Vol. 134, pp. 1–11.

Schäffle, Albert E. F. (1905). *Aus meinem Leben*, Vol. I, Ernst Hofman and Co., Berlin, p. 169.

Schmoller, Gustav (1870). *Zur Geschichte der deutschen Kleingewerbe*, pp. 41–45.

Schmoller, Gustav (1893). "The Idea of Justice in Political Economy." *Annals of the American Academy*, Vol. 4, pp. 697–737.

Schneider, Erich (1950). "Joseph A. Schumpeter – der Theoretiker." *Weltwirtschaftliches Archiv*, Vol. 65, p. 170.
Schneider, Erich (1951). "Schumpeter's Early German Work, 1906–1917." *Review of Economics and Statistics*, Vol. 33, p. 107.
Schneider, Erich (1970). *Joseph A. Schumpeter. Leben und Werk eines grossen Nationalökonomen*, J.C.B. Mohr (Paul Siebeck). Tübingen, p. 13.
Schneider, Erich (1970). *Leben und Werk eines grossen Sozialökonomen*, J.C.B. Mohr, Tübingen, p. 24.
Schumpeter, Joseph A. (1910). "Über das Wesen der Wirtschaftskrisen." *Zeitschrift für Volkswirtschaft*, Vol. 19, pp. 271–325.
Schumpeter, Joseph A. (1912). Chapter 7 "Das Gesamtbild der Volkswirtschaft." In *Theorie der wirtschaftlichen Entwicklung*, Verlag von Duncker & Humblot, Leipzig, pp. 463–548.
Schumpeter, Joseph (1926). "Gustav von Schmoller und die Probleme von heute." *Schmollers Jahrbuch*, Vol. 50, pp. 373–388.
Schumpeter, Joseph (1928). "Unternehmer." *Handwörterbuch der Staatswissenschaften*, Vol. 8, Fischer, Verlag, Jena, p. 481.
Schumpeter, Joseph A. (1934). "Preface to the English Edition." In *The Theory of Economic Development*, Oxford University Press, New York, pp. IX–XII.
Schumpeter, Joseph A. (1934). *The Theory of Economics Development*, Oxford University Press (1969 reprint, p. 66).
Schumpeter, Joseph A. (1967). Economic Doctrine and Method. An Historical Sketch, (Translated by R. Aris). A Galaxy Book, New York, p. 187.
Schumpeter, Joseph A. (1967). Schumpeter, Joseph A., *Economic Doctrine and Method*, Oxford University Press, New York, p. 153.
Schumpeter, Joseph A. (1969). *The Theory of Economic Development*, Oxford University Press, New York, (reprint). p. 84.
Seidl, Christian, "Joseph Alois Schumpeter: Character, Life and Particulars of his Graz Period." in, Seidl, Christian (ed.), *Lectures on Schumpeterian Economics*, Springer-Verlag, Berlin, p. 187.
Shionoya, Yuichi (1997). *Schumpeter and the Idea of Social Science*, Cambridge University Press, New York, pp. 21–22.
Shionoya, Yuichi (2000). "Joseph Schumpeter and the German Historical School." In Koslowski, Peter (ed.), *The Theory of Capitalism in the German Economic Tradition*, Springer, Berlin, p. 9.
Sombart, Werner (1909). "Der kapitalistische Unternehmer." *Archiv für Sozial-wissenschaften und Sozialpolitik*, p. 689.
Stolper, Wolfgang F. (1994). *Joseph Alois Schumpeter: The Public Life of a Private Man*, Princeton University Press, Princeton, N.J., p. 373.
Streissler, Erich (1981). "Schumpeter's Vienna and the Role of Credit in Innovation." In Frisch, H. (ed.), *Schumpeterian Economics*, Eastbourne, East Sussex.
Streissler, Erich W. (1994). "The Influence of German and Austrian Economics on Joseph A. Schumpeter." In Shionoya, Yuichi and Perlman, Mark (eds.), *Schumpeter in the History of Ideas*, The University of Michigan Press, Ann Arbor, Michigan, pp. 13–38.
Swedberg, Richard (1991). *Schumpeter. A Biography*, Princeton University Press, Princeton, N.J., p. 19.
Teuteberg, Hans-Jurgen (1977). "Die Doktrin des ökonomischen Liberalismus und ihre Gegener dargestellt an der prinzipiellen Erörterung des Arbeitsvertrages im 'Verein für Socialpolitik' 1872–1905." In Coing, H. and Wilhem, W. (eds), *Wisenschaft und Kodifikation des Privatrechts im 19. Jahrhundert*, Vittorio Klostermann, Frankfurt, M., p. 52.
Tichy, Günther (1985). "Die endogene Innovation als Triebkraft in Schumpeter's Konjunkturtheorie." *IFO-Studien*, Vol. 31, p. 16.
Wittrock, G. (1939). *Die Kathedersozialisten bis zur Eisenacher Versammlung*, Berlin, p. 3.

The Missing Chapter in Schumpeter's *The Theory of Economic Development*

PD Dr. Helge Peukert
University of Erfurt, Faculty of Economics, Law and Social Science, Nordhäuser Str. 63, 99105 Erfurt, Germany; E-mail: helge.peukert@uni-erfurt.de

Abstract: Many economists share the view that chapter seven of Schumpeter's *The Theory of economic development* is very important to understand Schumpeter's program and that it should be discussed more extensively. Unfortunately, it has not become the object of scholarly investigation. In this short contribution we will start to close this gap by recapitulating and discussing Schumpeter's chapter seven of *The Theory of economic development*.

Keywords: Schumpeter, Economic Style, Entrepreneurship, System Transformation, Vision.

J.E.L. Codes: B31, P20, P26.

J. A. Schumpeter is one of the most successful entrepreneurs in the social sciences. For almost a century now, his works and ideas have been discussed.[1] In this short contribution we will recapitulate and discuss chapter seven of the first edition of *The Theory of economic development* (henceforth TED).[2]

Chapter seven, the last part of the book with 86 pages, has neither been included in the German reprints of TED nor was it reprinted elsewhere, e.g. in collections of Schumpeter's articles. In the preface to the second German edition of TED Schumpeter (1926) argues that the part on cultural sociology in chapter seven arose most interest and distracted attention from the pure theoretical economic questions of the book. They should be in the center of attention. He also mentions that he received some fatal acclaim for the chapter without specifying this assertion.

Schumpeter does not argue that his deliberations were wrong or that the text was badly written. It has been mostly ignored by the secondary literature. In Shionoya's view chapter seven is very important to understand Schumpeter's program "and for this reason it is most unfortunate that it has not become the object of scholarly investigation" (1997, p. 33; see also Swedberg's sympathetic remarks on the chapter in 1991, pp. 37–39).

J. Backhaus (ed.), Joseph Alois Schumpeter, 221–231.

1. The Overall Configuration of the Economy

The final chapter was planned as a synthesis of the results and should present the overall configuration of the economy, as the title of the chapter indicates. In the previous parts Schumpeter dealt with interest, profit, business cycles, etc. Now the subject is economic development as such. A first step can be the relaxation of specific data in the confines of static theory. But the more important step is to analyze dynamic development where the waves of the sea of economic activity do not oscillate around a given level but a transition from one to another level takes place.

He explicitly rejects the connotation of progress when he speaks of economic development (a plea for value neutrality) and the combination of development with any evolutionary analogy (1912, p. 466). Further, for Schumpeter economic development can be analyzed as a problem of economic history or as a theoretical problem where the concentration is on the general mechanisms. The theoretical problem was Schumpeter's perspective in TED, i.e. the core process of the implementation of new combinations by entrepreneurs. It is interesting that he mentions the parallel with price theory and price history (1912, p. 467, fn. 2), because it seems not evident at first sight that a similar type of strict theoretical reasoning can also be applied for the implementation of new combinations because the intrusion of real novelty may outmode modeling. Schumpeter later talks modestly of a scheme, a depiction of the general mechanism (1912, p. 469).

2. The Core Process, External Data Changes and the Classics

He underlines that economic development would also occur if all the non-economic data would not change at all, economic development is intrinsic to the modern capitalist system. The metaphor of mechanics is misleading because when the forces in mechanics come to rest only external perturbations (in economics: cultural, social, geographical changes) reintroduce motion and activity. Schumpeter states that the mechanical perspective is exactly the vista of pure economics which formulates formal laws. But for Schumpeter this is not a methodological flaw and should lead to the rejection of pure economics. On the contrary: it is the adequate frame of reference to analyze the static real economy (1912, p. 471); many occurrences in the real economy are phenomena of adaptation. Schumpeter again does not discuss the difference in types of "theory'. But it is clear that pure theory describes phenomena of the real world, the economy in the state of equilibrium. Static adaptation and dynamics are based on analytically different principles, in the real world both moments, static adaptation and the introduction of new combinations, can be found side by side (see below). We can state that it is really not so easy to disentangle them because a lot of economic actions (if not all) can be framed as causal/functional or novel/intentional (to which category belongs e.g. Kirzner's arbitrage entrepreneur?).

But it is clear that Schumpeter does not follow the approach that dynamics comes into the economy only by changes in the non-economic environment. In an extensive deliberation, on 25 pages, he rejects the explanation of development by the classics (Smith, Ricardo, Mill), most explicitly stated by Marshall. According to Schumpeter the idea of the classical economists was that static action changed slowly the non-economic data like the wants, the increase in population, etc. This led to a theory of moving equilibria and organic growth in classical theory. The basic phenomenon would therefore be development in well-balanced proportions. Surely, the classics did not hold a similar theory of development. In our view Marshall had a more balanced and organic view as e.g. A. Smith (in 1976/1776).

Schumpeter does not argue that different phases of capitalism exist and their model describes the economic reality of the past. Instead, he tries to show that they were empirically and theoretically wrong and that discontinuous change is always the elementary and major fact of capitalism. This depends on his endeavor to show that innovations occur in rhythms, so that the economy is suddenly and vigorously brought out of equilibrium and – following the LeChatelier principle – swings back to a new equilibrium. It is an open question if he was really able to show that there will not be a more constant stream of innovations (compare the recent debate on the New Economy). "Why should we not conceive these applications of high entrepreneurial ability whether represented by one man or several, as flowing in a continuous stream, a stream magnified in a constant proportion by the efforts of the imitators?" (Kuznets 1940, pp. 262–263).

Further, he tries to show that the changes of non-economic milieu elements are not decisive for qualitative economic change and development. The increase of population e.g. will only lead cet. par. to an increase of the work force and a lower wage rate, but not to change and economic transformation. He tries to develop an opposite chain of causation (1912, p. 478): the increase of the population is possible because new combinations have paved the way to feed and employ an increasing population. In the same vein, not new inventions created capitalism but capitalism produced the new inventions (1912, p. 479). The development of needs is a product of the existing economic development, not its origin (1912, p. 485). In a certain way Schumpeter's arguments sound like a determinism of innovations or a single origin perspective. One of Schumpeter's problems is that he tries to think about society at large with a social, political, cultural, and economic sphere in a systematic perspective but without an all encompassing systems's theory. Sombart (1929) e.g. saw this necessity very early and consequently developed an approach of economic systems along the threefold classification of spirit, organization and technique. Schumpeter's reference to the new combinations as the inter-economic dominant driving force is not a full substitute. Is this one reason why Schumpeter dropped the chapter in further editions of TED?

His arguments are not completely convincing to save his major scheme of internal self-transformation because it can reasonably be argued that the increase of population in the 19th century was due to progress in medicine, exerted immense economic and political pressure and was a major driving force to introduce mass production systems. Finally, the difference between gradualists and punctuated bifurcation dissipates more or less because Schumpeter argues that these changes of data produce ("erzeugen", 1912, p. 486) static adaptation or they become the origin for new combinations ("sie werden zum fördernden Anlaß", 1912, p. 486). This challenge model is not incompatible with e.g. Marshall and the question if innovations should primarily be viewed as caused by some variable (e.g. population growth) or have a strong voluntaristic aspect (non-deterministic model) can be conceived as a question of epistemological choice. But it may also be a question of empirical research.

3. Organic Unity, Separate Phases and the Welfare Problem

For Schumpeter, the essence of the matter is that no dynamic equilibrium exists and that development is essentially a disturbance ("Störung," 1912, p. 489) of the existing static equilibrium. Development and equilibrium are opposites for him. Schumpeter then asks if the long-term economic development has to be regarded as an organic unity. On the one hand he argues that the partial waves of innovation are independent parts and are the reference unit of concern and reflection of the economic actors; every wave has its own life (1912, pp. 490–491). This is against the idea of organic unity and progress e.g. in the tradition of the historical school (on p. 492, fn. 1, Schmoller is mentioned). On the other hand he depicts the image of what we would call today a long-run growth trend of GDP around which the ups and downs of the business cycle develop (see e.g. Borchardt 1982, pp. 110–113). Schumpeter seems to favor the unilinear trend explanation and not the different stages or structural break explanation (see the discussion in Borchardt). Schumpeter states that the integrated long-term upward movement in the economy must exist, and that he can explain it completely (1912, p. 491).

The upward movement is the formal nature of the process because the reorganization of the economy has the function to propel new goods and enhance technical and commercial practicability (1912, p. 492). This sounds like a generalized welfare postulate. Opposite interpretations are the Marxist hypothesis of class-depending gains and losses and e.g. the Veblenian (1993) view of a secular history of economic and social decay due to emulation and conspicuous consumption. But Schumpeter hastens to add that this is only a formal statement and includes no value judgement. For him it is an open question if economic development will lead to social well-being or social misery. Schumpeter oscillates between the view of economic general progress due to discontinuous change and his rejection of universal historical statements in the German Hegelian tradition.

But it should be stressed that in contrast to modern evolutionary thought where the question if substantial progress takes place is mostly ignored

Schumpeter broadly discusses the topic. The subject as such is extremely relevant. In economic theory it is discussed in micro economics as part of the Pareto principle (plus the Hicks-Hansen side-payments) and then often forgotten in theoretical economic policy. In practical micro policy the problem is substituted by the strategy of cost-benefit-analyses. The assumptions are not always convincing (see e.g. the cost-benefit-'analysis' on the extension of Frankfurt airport). On a macro level usually the implicit argument or assumption is that economic development will improve the welfare of the vast majority in the longer run. This was at least the argument in the transformation process of the former socialist countries where considerable strata of society experience(d) grave losses after the system change.

Schumpeter starts with the fact that economic change always involves losses and gains. New products devalue old products, processes that imply losses. This is even true at the firm level. When an entrepreneur substitutes old machines, he incurs losses at first sight. But this is like the broken egg for an omelet (1912, p. 493). The progressive advantage for the entrepreneur is evident, but reorganization may not be beneficial for society at large because one strategy to make profit can be to reorganize a branch monopolistically. This would be harmful for the consumers (19912, p. 494). He does not argue in a Chicago tight prior equilibrium fashion but simply states that this case can be ignored because it is well known.

He stresses that it should be underlined that gains and losses may not accrue to the same national economies and economic agents. Besides profit and interest for new combinations also non-entrepreneurs gain unearned increments, i.e. they get something for nothing like owners of land (which was H. George's argument for the single-tax). Capitalists accumulate a persisting stock of wealth which continues to exist when the origin (profit for novelty) has already dissipated.

According to Schumpeter's theory before the new products are on the market rent and wages, prices and interest must rise (1912, p. 496). The feeling of being better-off in this phase is more psychological (illusory visions due to rising prices and incomes) then really welfare enhancing. Administered sticky incomes (e.g. by officials) have to be considered; they belong to a category of income receivers which is worse off afterwards. This *may* lead to a non-proportional income increase of less sticky wages and rents. The wage and rent increases may differ locally, but the consumer price changes follow more quickly the law of one price.

Schumpeter next includes a part on the history of economic thought. He criticizes Smith for his opinion that the wage level is more determined by the continual increase then by the actual greatness of national wealth (1912, p. 498). Citing Rae he reproaches to Smith (foreshadowing his negative judgement on Smith in his history of economic thought) that he only argues on the surface. He does not discuss Smith's dynamic approach. We would have expected that he discussed Ricardo's chapter on machinery because the rise of labor income is not self-evident if the rate of productivity increases faster then the rate of accumulation. Schumpeter finally states that before the new products enter the market gains and losses occur – that is all we can say in general.

New products mean competition with older substitutive products, but they may also increase the exchange value of complementary goods. Cet. par. the new combinations lead to a decrease of the price level (more goods and the same quantity of money or less labor is necessary for production) and fulfill the promised message of a better situation for the consumers, especially for those who receive rent and wage incomes. The gains for the lower classes in general are reduced real consumer prices. But the necessary assumption of his globally positive picture of the upward movement are non-decreasing real wages. The recent American experience differs from this assumption. "Real wages of the top-fifth of workers rose between 1979 and 1997, but wages of the bottom three-fifth fell, especially for the lowest fifth; meanwhile, the ratio of workers earning much below poverty wages tripled" (Crayo and Cormier 2000, p. 21). This may be irrelevant for Schumpeter who explicitly argued cet. par. The central assumption behind Schumpeter's discussion is that new combinations are not primarily labor-saving. In fact this did not take place in his prime example, the introduction of the railway system. He states that labor (and land) produce(s) more goods so that the fruits of this enhanced production finally falls into their hands (1912, p. 504). He does hardly specify the delicate theoretical assumptions for this assertion. But in the following process of adaptation more and more static economic units disappear, frictional gains are wiped out (1912, p. 503).

Everything is said on the relative gains and losses of groups or parts of economic actors and the overall welfare increase in the process of discontinuous change. But Schumpeter starts again. He now introduces the Ricardo-problem (1912, p. 505). It is not possible to say if – in a branch or industry – after the introduction of new combinations more or less workers will be employed (1912, p. 507). But he tries to show that this is not and cannot be the case for the economy as a whole. His argument is that a decrease of the prices of the means of production will lead to an increase of their demand and hence to an increase in the demand for labor. This is the 'efficient break'. The consequence is that a demand lack for labor and the means of production is impossible.[3] Unemployment has no explanation in pure (dynamic) theory (1912, p. 509), only temporary, frictional and local unemployment is possible. But the question is why should the efficient break work if the prices of the means of production decrease at the same rate as the prices of the finished goods? Schumpeter has no adequate analytical tool to analyze demand failures in a consistent way. We may call this the Keynes-problem in chapter seven.

He seems to feel that his deliberations are unsatisfactory and so he adds a supply and demand explanation: if unemployment would occur the wages would fall so long as unemployment ceases.[4] The starting point of Keynes in the *General Theory* – that falling wages may not help and even aggravate the lack of demand – is not considered by Schumpeter. It is conceivable that these wages may be near the subsistence level or at least a lower average real wage rate as before the introduction of the new innovation wave may ensue. This is not discussed by Schumpeter, it would question his thesis that generally labor, rent and capital owners are better off. Schumpeter seems to feel that there is a theoretical problem here. But he asserts (see footnotes two and three and pp. 508–510): only full-employed resources and welfare improvements are reasonable results of economic development.

4. On Statics and Dynamics

On the next 15 pages he deals with the relationship between static and dynamic theory. We will not discuss the part where he reiterates that rent, profit, interest and wages increase concurrently (1912, pp. 518–525). In a business cycle perspective this is an undisputed fact and Löwe (1926) pointed out that – as he called it – the solidary increase and decrease of the variables mentioned is the prime fact which has to be explained by business cycle theory.

In Schumpeter's view, static analysis should not be substituted by dynamic analysis. Schumpeter does not say that statics is unrealistic in general, but that it is inadequate for the analysis of evolutionary change and for social philosophy (1912, p. 511). Statics has a double character as a general cattalactics (theory of exchange) and as a realist analysis of a specific phase of the economic system. In the period of depression, statics explains really everything what has to be explained (1912, p. 513). Schumpeter sees static analysis as a general heuristic and as a realist description of reality at the same time.[5] The essential point is that Schumpeter regards the static economic theory and analysis (of his time) as a description of reality and not (only) as an abstract analytical tool or mere heuristic or simply as a wrong approach, as some 'old' institutionalists, evolutionary economists or followers of the historical school may see it.

Schumpeter's view depends on the 'twofoldness' of economic phenomena. In his opinion we can always – e.g. when reading business news in the newspaper – easily distinguish if an economic phenomenon belongs to the static or dynamic category (1912, p. 514). But, for example, if a little shopkeeper changes the price, is it really so easy to say if his behavior belongs to the static or dynamic category (if we have no hermeneutical understanding of his action)? At least Schumpeter has to make this assumption. There exists a great leap between static analysis at Schumpeter's time and today and between the assumed ontological connection between theory and reality. Arrow and Debreu would hardly assert that static analysis is an immediate description of the real economic world out there because the contents of statics and the degree of abstraction changed ramatically.

5. The Greatness of Entrepreneurs and Culture

Schumpeter underlines the distinction between statics and dynamics in highlighting his notion of the dynamic exclusiveness of the entrepreneur in distinction to the financial risk bearing of the capitalist, the organizing component of the manager, etc. Only the entrepreneur introduces creative novelty, workers and those who receive rents or are capitalists are passive elements. Depending on the definition it can be argued that workers also may exert creative activities in searching for new jobs, introducing overtly or discretely new micro combinations at the workplace, etc.

In sharp contrast to theories which see entrepreneurs as robber barons or absentee owners who sabotage technical progress, Schumpeter opts for an enlargement of their adequate sphere of influence.[6] They should also stand on top of the social pyramid, in more primitive societies they are the chiefs or bigmen (1912, p. 525). With this remark he broadens the horizon to cultural economics or sociology. The public recognizes the entrepreneur and his personality. His success fascinates, his voice is heard in the political sphere. Social life adapts to his needs and orientations. Money becomes the general index of social ranking. With Walzer (1989) it can be asked if his preponderance of the economic sphere is not a degeneration of at least the European pluralism of value spheres.

In societies with a pre-capitalist past like European countries some modifications exist so that there are also non-economic leaders. In contrast to his later writings on the self-destruction of capitalism (Schumpeter 1942) he sees no problem in a more or less overt supremacy of the entrepreneur as an economic and social leader. The leadership position is due to performance and character and not to status ascription and hereditary ties (1912, p. 529) so that a constant circulation of elites takes place. Schumpeter has a hierarchical understanding of society, a system of domination and obedience (1912, p. 530), a not untypical Austrian view which can also be found in Wieser's concept of masses and leaders (1910). Schumpeter delves here in the spheres of philosophy and sociology. It is regrettable that he does not discuss and include the relevant sociological and political science literature of his time (e.g. Durkheim, and Weber).

He continues with social conflict and rejects any economic or class explanation. He combines a national and an individualist perspective. Besides the community every individual and its interests are antagonistic to any other person. So an entrepreneur is not only antagonist to pay wages for the workers, he is also antagonistic to the profit which accrues to other entrepreneurs or the interest he has to pay to the capitalists (1912, pp. 533–534). The general grumbling in society does not say anything on relative welfare but expresses the fact that people always stick to the past for right or wrong and that the grumbling will be more intense in constantly changing societies.

At the end Schumpeter extends the distinction between static and dynamic economic analysis and phenomena to the spheres of politics, art, science, social life, etc. (1912, p. 536). In his view the analogy is a scientific discovery. So in art we have static reproduction and real novelty as two distinct types of activity, the explanation of a static situation or development. Practically, in his view this also solves the old philosophical or methodological quarrel between determinism and indeterminateness in human action (1912, p. 540). This hope seems exaggerated.

In every sphere static oriented persons and some leaders can be identified. The latter want to change and see the new in politics, in science and in the economy (1912, p. 543). These personalities need not be the originators of ideas or new economic combinations, but they have to push them through and make them known and respected (1912, pp. 543–544). The best ideas do not help or influence; they must be enforced by the leader. Power must be exerted on the static masses, they are not really interested in the new ideas, and often simply do not know what they are all about. The leader collects followers to found a school or movement to push through the program. The leader is more important then the idea or concept (1912, p. 545). Sometimes Schumpeter strongly expresses irrationalist convictions.[7] Schumpeter's view is very hierarchical, and even authoritarian.[8]

Finally he mentions again the static unity of cultural levels, the interdependence of the different spheres, the fact that all knowledge cannot exhaust the totality of the social realm and that new things can occur without any determinist explanation. He finishes with the remark that his concepts transcend the usual historical-philosophical contributions and that they are the opposite of ad hoc reasoning. They are the result of a well-founded method.

6. Conclusion

In the 1940s, Schumpeter extended and slightly changed his theory of the entrepreneur. Now, the function of the entrepreneur need not be embodied in a physical person, but also a collection of individuals could perform the function. Second, the function of banks to supply the new capital by credit creation may change and may be different in different countries (e.g. self-financing). Third, he stressed the importance of empirical data for theoretical construction which played no role in TED. We may leave open if Swedberg is correct to see in this a new theory of the entrepreneur (1991, pp. 171–177).

We saw that Schumpeter tried a synthesis in chapter seven. He set his model of discontinuous change against Marshall's more organic view as the empirically correct one. Static and dynamic processes are easily distinguishable. The only important driving force are the new combinations. We argued that an elaborated system's approach like Sombart's is missing. Schumpeter argues against the view of organic unity in a secular perspective, but he thinks in terms of a unilinear long-run growth trend; no structural system's break hypothesis can be found.

A strong part of the chapter is his discussion of the balance of losses and gains in economic systems with waves of entrepreneurial creative destruction. His global welfare discussion shows that a theory of demand failure and unemployment is missing.

In his excursion to cultural economics or sociology he underlines the importance of entrepreneurs and their dominance in society at large, including the cultural sphere. For Schumpeter, society is divided into forceful and energetic political, economic, etc. entrepreneurs and the more or less thumb masses. This can be identified as a hierarchical and even authoritarian worldview. Schumpeter did not discuss the social science literature of his days. Instead, he considers his distinction of static and dynamic processes as a valuable (and sufficient?) tool for the analysis of social and economic structures and processes.

The plan of a general theory of culture, society and economy, following the insight of chapter seven that the social process is one indivisible whole, was so far formulated but not already realized. *Capitalism, socialism and democracy* (1942) comes closest to this program. The text on Marx is interesting, but his hypothesis of the future and practicability of socialism is wrong. His reasoning on the future of capitalism in the second part is associative and has not proven to be correct. We must leave open here, if in the intermediate 30 years from TED to *Capitalism*, Schumpeter did get acquainted with the relevant social science literature and if his oeuvre did develop toward an encompassing theory of society, culture and economy. The aim of his missing chapter seven was to present a first outline in this direction.

Notes

[1] See e.g. the contributions in Wood ([ed.] 1991) and the books by Swedberg (1991), and Shionoya (1995).

[2] First published in English in 1934 by Harvard University Press, translation of the 2nd edition. The first edition in German was published in 1911, but on the cover we find the year 1912.

[3] "Since a decline in demand for original means of production *does not have to* happen in consequence of development and for a certain time period *cannot* go beyond a minimum, we will not put much emphasis on this special case of the process of the decline in status and class in general" (1912, p. 508; U. Backhaus' translation).

[4] "That case of permanent – and ever worsening – unemployment simply does not exist as such and only forms the basis of temporary unemployment" (1912, p. 510; U. Backhaus' translation).

[5] "As far as statics is nothing else but a logic of economic activity, it is valid in general. As far as it presents a psychology of economic activity, it fails in a very essential case. Here, it is not valid generally" (1912, p. 512, fn. 1; U. Backhaus' translation).

[6] For a critique of the dominance of the corporate system in the US see Dugger (1992).

[7] "The logical proof of the validity of a supposition is completely without value, as everyone knows, who ever followed a scientific controversy" (1912, p. 544, fn. 1; U. Backhaus' translation). We find many examples of a certain negativism in the text of the 29 years old which aggravated with the years (see the aphorisms from his private diary in Swedberg 1991, pp. 199–206).

8 "What to some friends was just crude anti-semitism and naive pro-fascism [in the 1940s] appeared in a different light to other friends, who swore that Schumpeter was just being outrageous and shocking" (Swedberg 1991, p. 3).

References

Borchardt, K. (1982). *Wachstum, Krisen, Handlungsspielräume der Wirtschaftspolitik*, Göttingen.

Crayo, C. and Cormier, D. (2000). "Job Restructuring as a Determinant of Wage Inequality and Working-Poor Households." *Journal of Economic Issues*, Vol. 34, pp. 21–42.

Dugger, W. M. (1992). *Underground Economics*, Armonk.

Kuznets, S. (1940). "Schumpeter's Business Cycles." *American Economic Review*, Vol. 30, pp. 257–271.

Löwe, A. (1926). "Wie ist Konjunkturtheorie überhaupt möglich?" *Weltwirtschaftliches Archiv*, Vol. 24/II, pp. 165–197.

Schumpeter, J. A. (1942). *Capitalism, Socialism and Democracy*, New York.

Schumpeter, J. A. (1926). *Theorie der wirtschaftlichen Entwicklung*, 2nd ed. Berlin.

Schumpeter, J. A. (1912). *Theorie der wirtschaftlichen Entwicklung*, Leipzig.

Shionoya, Y. (1995). *Schumpeter and the Idea of Social Science*, Cambridge.

Smith, A. (1976). *The Wealth of Nations*, ed. E. Cannan. Chicago, (1776).

Sombart, W. (1929). *Die drei Nationalökonomien*, München.

Swedberg, R. (1991). *Josef A. Schumpeter: A Biography*, Princeton.

Veblen, T. (1993). *A Veblen Treasury: From Leisure Class to War, Peace, and Capitalism*, ed. R. Tilman. Armonk.

Walzer, M. (1989). *Spheres of Justice*, Oxford.

Wieser, F. (1910). *Recht und Macht*, Leipzig.

Wood, J. C. (ed.) (1991). *J. A. Schumpeter: Critical Assessments*, 4 Vols. London.

The Lost Chapter of Schumpeter's 'Economic Development'

Prof. Dr. Marcel A. G. van Meerhaeghe*
University of Ghent, Kriekenbergdreef 21, B-9831 Deurle, Belgium;
E-mail: van.meerhaeghe@belgacom.be

Abstract: In the second edition of Schumpeter's 'Economic Development' the seventh chapter of the first edition is left out. This note wonders why this decision was wise. After giving a summary of the chapter it examines the reactions after the first and the second editions and in later publications. Then follows an appraisal of form and contents of the seventh chapter. A conclusion believes that an adapted seventh chapter in the second edition would have given a better idea of the Schumpeterian world.

During his lifetime Schumpeter stood in Keynes' shadow. Schumpeter's *Business cycles* published just before the war could not outdo Keynes' *General Theory* which came at the right moment. Since the seventies a Schumpeterian renaissance manifests itself. But already earlier Schumpeter's intellectual superiority is stressed.

Comparing him to Schumpeter Heimann (1950, p. 402) characterises Keynes as '(U)n homme qui était son égal par le génie et l'étonnante facilité, mais de combien inférieur par la patiente autodiscipline de l'érudition' and concludes – rightly in my opinion – that Schumpeter is 'en tant qu'homme de science, le plus grand des deux'[1] (p. 403). Joan Robinson believes that 'in retrospect he (Schumpeter) will prove to be a more commanding figure than he was among his contemporaries' (1953, p. 126). According even to H. Giersch '(T)he present quarter of the twentieth century is likely to become Schumpeter's age' (1984, p. 107).

In my textbook both Schumpeter and Keynes got a separate section. Schumpeter's section ends as follows:

> At a time when technical virtuosity in economics carries too much weight and has engendered many writings bearing little relation to reality, Schumpeter's publications remind us that a good economist must view economics in a broad setting and have a working knowledge of other sciences, such as history and sociology (Meerhaeghe 1971, p. 488).

Keywords: Economic Development, Economic Equilibrium, Entrepreneur, Keynes, Sociology.

J.E.L. Codes: B31, D50, O10.

Ab uno disce omnes
Virgil

If Schumpeter's work is known for its quality – most of his articles are still worth reading – his earlier publications give sometimes the impression of being lengthy. It applies to 'Theorie der wirtschaftlichen Entwicklung' (Theory of economic development) published in 1912. A second edition appeared in 1926.

J. Backhaus (ed.), Joseph Alois Schumpeter, 233–243.

Later German editions were merely reprints of the second edition. An abridged English translation of the second German edition was published in 1934.

The 'Theory' is considered as Schumpeter's 'most famous book' (Hanusch 1999, p. xiii). 'Today economists agree that it is Schumpeter's most influential publication' (Hanusch 1999, p. vxii).This book written with great self-assurance by a young man of 29 'established Schumpeter's international reputation' (Elliott 1983, p. 295). It is still the object of many studies and is dealt with as a classic in textbooks and remains the basis of his later work.

Hence, the 'Theory' justifies an investigation into one of its 'mysteries': Was it wise to leave out the first edition's seventh chapter in the second edition? In the English translation Schumpeter does not give any explanation (1934, p. ix):

> When, after it had been out of print for ten years, I consented, not without some reluctance, to a second edition, I omitted the seventh chapter, rewrote the second and the sixth, and shortened and added here and there.

He does so in the German edition.[2] He fears that the fragment on 'Kultursoziologie' in the seventh chapter could sometimes divert the reader's attention from 'problems of dry economic theory, which I would like to be solved' (1936, p. ix).

It is no lèse majesté to examine the soundness of this opinion, especially since today the disappearance of the seventh chapter is only exceptionally regretted. I first provide a summary of the chapter and then examine successively the reactions to the seventh chapter after the first edition, the response to its removal after the second edition and the views in respect of the forgotten seventh chapter in later publications. A final comment on the seventh chapter is followed by a conclusion.

1. Summary of the Seventh Chapter

Quotations in English are based on the recently available (rough draft) translation of the seventh chapter by Ursula Backhaus (2000).

1.1. Economic Part

Economic development examines how an economy reacts while passing from one level of economic activity to another (Schumpeter 1912, p. 466). However – as usual Schumpeter remains neutral – it is no synonym of 'progress'. Economic development can be descriptive (economic history) or theoretical (observation of regularities during the mechanism of change). Development occurs even when nothing changes in the non-economic world (Schumpeter 1912, p. 469).

Another view contends that economic equilibrium is maintained as long as there are no external disturbances: Pure economic facts are passive factors.

Schumpeter does not agree, without denying the importance of the social environment. The theory is 'leer und nichtssagend, soweit sie richtig ist, und falsch, soweit sie etwas sagt' ('empty and meaningless, as far as it is true, and wrong, as far as it leads to any conclusions, Schumpeter 1912, p. 471). Schumpeter examines successively the influence of environmental data, an increase in population, capital, inventions, progress in technical and commercial organisation, development of wants. His conclusions are unambiguous. Some examples:

> . . . bei der Bevölkerungszunahme (handelt es sich) nicht um eine originäre und prinzipiell interessante Ursache der wirtschaftlichen Entwicklung . . . Nicht die Erfindungen haben den Kapitalismus, sondern der Kapitalismus hat sich die nötigen Erfindungen geschaffen (Schumpeter 1912, p. 479). . . .Es besteht kein automatischer Fortschritt oder er besteht nur in einem ganz unbedeutenden Masse (Schumpeter 1912, p. 480). . . . Die Bedürfnisentwicklung, die wir in der Wirklichkeit wahrnehmen, ist ein Geschöpf der schon vorhandenen wirtschaftlichen Entwicklung, nicht ihr Motor' (Schumpeter 1912, p. 485).
>
> . . . the increase of population is not an original and principally interesting cause of economic development. . . . Not the innovations have created capitalism, but capitalism has created the innovations necessary for its existence. . . . There is no automatic progress, or it exists only to a very insignificant degree.
>
> . . .the development of desires, which we observe in reality, is a creation of the economic development that has already been present, it is not its motor.

In other words, economic development occurs, also without economic-structure changes. Its origin lies in the economy itself and is the result of a disturbance of static equilibrium (Schumpeter 1912, p. 489). The equilibrium of the economy is essentially static. There is no dynamic equilibrium.

Moreover, economic development consists of related, but relatively independent, partial developments. Global development is not an organic unity. It cannot be represented by one curve but by a wavelike movement (Schumpeter 1912, pp. 490–491). Profit and interest, but also cut out factories and production processes are the direct results of the process of economic development.

The introduction of new production processes causes a decline of demand for labour and land and hence unemployment. Pure theory can only explain temporary, small unemployment. Many local and time-tied factors cause unemployment.

A description of the upward and the downward movements gives rise to an elaboration on downgraded firms. When dynamic firms with newer production processes are created, the value of old, static firms and production processes decreases (Schumpeter 1912, p. 502). A process of downgrading, deterioration and decay is starting (Schumpeter 1912, p. 503).

The economic process is the result of six elements: the static circular flow, (pure) economic development, its actions and reactions, secondary static currents, the movement of population, capital and wants, other events, such as wars and political interventions (Schumpeter 1912, p. 515).

Schumpeter stresses the difference between the entrepreneur – whose role is decisive – 'nur ihm (entspricht) etwas reales und nur er (ist) auf die realen Vorgänge eingestellt' ('only to him corresponds something real, and only he reckons with the real processes', Schumpeter 1912, p. 516) – and the capitalist, who takes a position between entrepreneur and means of production. The capitalist is a 'quasi-static' subject (Schumpeter 1912, p. 516).

The other economic subjects, workers and landowners, are, from an economic point of view, a 'passives Element'. Politically they can, for example, impose protective tariffs, but economically they cannot move, they are moved. Hence, ground rent and wages generally increase and decrease together (Schumpeter 1912, p. 522), just as profit and interest (Schumpeter 1912, p. 524). Schumpeter also elaborates on the wage fund theory (Schumpeter 1912, 1926, pp. 519–522).

1.2. Sociological Part

The second part of the chapter consists of sociological considerations. Schumpeter refers to cultural sociology (see above). He wants to give a view of the social structure (Schumpeter 1912, p. 525).

The entrepreneur must be on top of the ladder, not only for economic, but also for social reasons (Schumpeter 1912, p. 525). Economic success guarantees success in other fields, such as culture and literature. As the knight in the middle-ages, the entrepreneur sets the tone (Schumpeter 1912, p. 526). Social power relations of former periods still manifest themselves (landowners, feudal aristocracy: Schumpeter 1912, pp. 527–528).

The social structure in capitalism rests on personal performance. The entrepreneur deploys his personality and only his personality. His position as entrepreneur is temporary and slips away from the successor who 'mit der Beute nicht auch die Klaue des Löwen geerbt hat' (who has not inherited with the prey also the claw of the lion). The brains of the founder of the firm cannot be nationalised. Hence it is difficult to speak of an entrepreneur's class because its members are continuously changing (Schumpeter 1912, p. 529).

Even if all produced means of production and all goods would be destroyed, the catastrophe would be soon forgotten, provided the leaders kept their authority. Important in this respect are hierarchy, willingness to work, the energy and purposes of the members of the national economy (Schumpeter 1912, p. 530).

Heritable, more or less lasting social positions can only be based on quasi-rents, 'Ertragssteigerungen infolge von Rückwirkungen der Entwicklung, . . . Zinseinkomen aus realisierten und angelegten Unternehmergewinnen und

Ersparungen' (increases in return due to repercussions of development, on incomes from interest from realised and invested entrepreneurial profits and savings, Schumpeter 1912, p. 531). This income, together with less occurring monopoly profit and the more important, in development mostly increasing income of natural means of production constitute the economic basis of the part of society which is usually called 'idle' ('müssig': Schumpeter 1912, p. 531).

Economic conflicts as such do not reflect class conflicts (Schumpeter 1912, p. 532). In a way each member of a 'class' is opposed to the members of other classes, but also to the members of his own class. There exists a conflict between entrepreneurs and workers, but there is also a community of interest. Both win or lose in many cases (Schumpeter 1912, p. 533). The conflict between entrepreneurs and workers is not more important than the conflict between entrepreneurs and capitalists. Entrepreneurs are interested in low wages and low interests. The sharp opposition between entrepreneurs and workers is due to superiority-insubordination relations. Trade-unions do not contest the economic function of the entrepreneur, but his absolute power (Schumpeter 1912, p. 534).

Similar explanations are possible for the moral climate of capitalism (Schumpeter 1912, p. 534). It is not the result of real economic events, but to a great extent of the downgrading process which was mentioned above. Not only those who suffer from this process, but also those whose economic significance (not their level-of living) or social position deteriorates, show their uneasiness. In almost all social groups there is envy and criticism towards the 'new men'. We all consider the new developments with standards of the past (Schumpeter 1912, p. 535), thus hampering economic development.

There are analogies in other fields of social life; such as politics and art: they also are influenced at any moment by data analogous to those having an impact on economics (Schumpeter 1912, pp. 537–538). But these external changes do not determine, for example, art life. Again, everything cannot be explained by external factors: many important events in all fields show a remarkable independence (Schumpeter 1912, p. 539).

As economics other sciences face two problems: the explanation of a certain situation on the one hand and that of development on the other hand (Schumpeter 1912, p. 540). The situation in a given field of social life (e.g. economics) is the result of data which are supposed to be constant. Among these data are the situations in all other fields of social life (for example social structure). But these situations are again the result of data which are supposed to be constant (among them economics). In other words, no longer causal relations, but general interdependence (Schumpeter 1912, p. 541).

For static theory this is an advantage, but dynamic theory loses ground. Since the passage from one situation to another can only be explained according to static rules which refer to adaptation phenomena social life can only be accounted for by interventions from abroad and natural data changes.

The mechanism of development in other fields of social life is similar to that of economics: in each field there are static-minded individuals, but also leaders who see something new, change the framework of their activity and the given data of their field. They create new parties, 'schools', art movements. A leader must not necessarily be the inventor of an idea, but he puts it into practice. What characterises him is energy of action, not of thought (Schumpeter 1912, pp. 543–544).

Finally, Schumpeter makes clear the organic unity of the social culture of a given period. He means the relationship between each element of a given field with the elements of other fields. The static explanation refers to the fact that the situation in each field of social life is the result of the situations in all other fields, given the general interdependence between them.

The developments in the different fields are relatively independent, because the leading groups do not consist of the same people (Schumpeter 1912, pp. 545–546). Nevertheless success in one field is accompanied by success in other fields. Interdependence is the rule. And there is also something that cannot be explained: 'ein unerklärtes Etwas' (unexplained something, Schumpeter, 1912, p. 547). We cannot say very much about the ultimate motives of cultural development. Culture cannot be measured and it forces us to accept an indeterminate view in this respect (Schumpeter 1912, p. 548).

The motive for the insertion of the last pages of chapter 7 is according to Schumpeter because they are the last element of a realistic reasoning based upon elementary experience and accepted science. And Schumpeter concludes: 'unsre Auffassung ist kein Schlagwort, auch nicht das Resultat von ad hoc angestellten Betrachtungen, sondern das Resultat einer Methode die sich bewährt hat' (Our concept is not a slogan, not the result of ad hoc considerations, but the result of a method which has already proven itself, Schumpeter 1912, p. 548).

2. Reactions

2.1. After the First Edition

In the reviews of the first edition there are few references to the seventh chapter. When it occurs it is to give an (incomplete) summary (Laskine 1913, p. 135).

Most reviews regret the lack of conciseness of the work: Naymier is clear: 'He (Schumpeter) is not satisfied with presenting to us his building, he presents us with all the scaffolding which he has used, and takes us over all the paths he has trodden. This, combined with frequent repetition, makes his book cumbrous' (1913, p. 106). The unfavourable review of von Navratil ('eine unproduktive Arbeit': an unproductive work) abounds in the same sense: 'eine so unglaublich weitschweifige Denk- und Schreibweise' (1913, p. 442). Larkine refers discretely to 'certaines lenteurs' (1913, p. 135).

2.2. After the Second Edition

Of the book reviews (Morgenstern 1927; Neisser 1934; Howey 1935; Hansen 1936) only one mentions the seventh chapter's disappearance (Morgenstern 1927, p. 281) but without any comment.

Nobody examines whether Schumpeter was right in dropping the text. One wonders whether the reviewers read the missing chapter, which required a good knowledge of German.

2.3. In Later Publications

After Schumpeter's lifetime the stream of publications devoted to his work continued. It is impossible to have read the more than two thousand entries on Schumpeter, but to my knowledge the seventh chapter remained a long time forgotten.

The way the second edition is sometimes circumscribed gives the impression that the omission of the seventh chapter is unimportant. Writing about the second edition, Elliott observes that it incorporates 'expository alterations, but no significant substantive changes' (1983, p. 277).

Even sociological studies ignore it. In a paper devoted to Schumpeter's economic sociology Swedberg regrets that 'many aspects of his works have not yet been given the attention that they deserve.' (Swedberg 1989, p. 508). He argues that 'some of Schumpeter's most original contributions to economic sociology can be found in what he himself considered to be his purely economic works, such as *Theorie der wirtschaftlichen Entwicklung . . . and Business Cycles*.' (Swedberg 1989, p. 509). However, Swedberg considers the entrepreneur, innovations and 'creative destruction' as sociological phenomena and does not pay attention to the originality of the seventh chapter.

Enfin Malherbe vint! In 1990 Yuichi Shionoya writes an article on the seventh chapter. Five years later he presents a new interpretation of Schumpeter's accomplishments in a standard reference work stressing Schumpeter's views on methodology and his idea of universal social science. An English translation of the work is published in 1997. He insists on the significance of the chapter because it includes an important clue to Schumpeter's research programme of this "universal social science" (Shionoya 1997, p. 33).

Among the recent literature on Schumpeter a paper in this book is exceptionally critical. First it forgets that ' il faut juger les écrits d'après leur date': writings should be judged according to their publication date (Mme de Staël). Schumpeter has the right to use the definitions he wants and we cannot criticise him because these definitions are not those of Debreu and Arrow.

Second, the paper cannot avoid 'irrational convictions'. It is inspired by Marxist considerations. Horresco referens: Schumpeter 'has a hierarchical understanding of society, a system of domination and obedience . . . He rejects any economic or class explanation'. And 'combines a national and an individualist perspective' And again: 'Schumpeter's view is very hierarchical, and even authoritarian. . . .'. Schopenhauer is right: 'Wie eine Arznei nicht ihren Zweck erwirkt, wenn die Dosis zu stark gewesen; eben so ist es mit Kritikern, wenn sie das Mass der Gerechtigkeit überschreiten'3.

3. Comment on the Seventh Chapter

3.1. Form

We must admit that chapter 7 is longwinded, as was mentioned above. Not only is it the longest chapter of the book (85 pages), it is no model for clear divisions and subdivisions. Numbering is lacking (even if Shionoya gives the impression that there is one: 1997, p. 315, note 2). Sections are very long (sometimes two pages).The same applies to paragraphs and sentences. In short, this chapter is a compact, shapeless mass of words.

We should, of course, bear in mind that in 1912 the author had not much experience in publishing books. But he was aware of the problem. In the preface to the second German edition he refers to the 'Weitschweifigkeit und selbstgefälligkeit der Jugend': verbosity and compacency of youth (Schumpeter 1926, p. XI).

The long-windedness can in some way be justified, partly because of the absence of modern notions and because what was new at that time is elementary knowledge today, partly because Schumpeter had to take for granted that his German colleagues had only a poor acquaintance of modern theory (Hennipman 1953, p. 291).

3.2. Contents

At the opening lines of the seventh chapter Schumpeter states the purpose of the chapter: to recapitulate and specify some points of the preceding chapters and to add some completing elements, meaning probably and respectively the economic and the sociological parts of his chapter. After all, the chapter's title is 'Das Gesamtbild der Volkswirtschaft' (The economy as a whole').

Economic Part

This part was more or less absorbed into the second German edition. Nevertheless some elaborations are no longer up to date: they do not correspond to the modified text of the second edition. Schumpeter has, for example, changed the definition of dynamic equilibrium of the first edition (Schumpeter 1934, p. 64). Development is now 'carrying out of new combinations' (Schumpeter 1934, p. 66).

However, only the seventh chapter stresses a major characteristic of the relationship between statics and dynamics:

> Es folgt aus der ganzen Anlage unsres Gedankenganges dass es kein dynamisches Gleichgewicht gibt. Die Entwicklung ist ihrem innersten Wesen nach eine Störung des bestehenden statischen Gleichgewichts ohne jede Tendenz, diesem oder überhaupt irgendeinem andern Gleichgewichtzustande wieder anzustreben. Sie ändert die Daten der statischen Wirtschaft . . . Entwicklung und Gleichgewicht . . . sind also Gegensätze, die einander ausschliessen. Es wird nicht die statische Wirtschaft durch ein statisches und die dynamische Wirtschaft durch ein dynamisches Gleichgewicht charakterisiert, sondern es gibt überhaupt nur in der erstern ein Gleichgewicht. Das Gleichgewicht der Wirtschaft ist essentiell ein statisches (Schumpeter 1912, p. 489).
>
> It follows from the entire outline of our train of thought that there is no dynamic equilibrium. Development is according to its most inner character a disturbance of the existing static equilibrium without any tendency at all to strive again for one particular or any other state of equilibrium. Development changes the data of the static economy . . . Development and equilibrium . . . are . . . opposites, which exclude each other. Neither is the static economy being characterised by a static equilibrium, nor is the dynamic economy characterised by a dynamic equilibrium, but an equilibrium at all can only exist in the former. The equilibrium of the economy is essentially a static one.

As mentioned above most observations of the seventh chapter are to be found in the second edition. Nevertheless sometimes better explanations are provided in the seventh chapter, for example in respect of the difference between entrepreneur and capitalist (cf. pp. 515–516 of the seventh chapter and p. 75 of the second edition).

The nature of economic development is better circumscribed and explained than in the remaining chapters of the second edition. A similar observation applies to the description of some parts of the cycle. Schumpeter refutes masterly the arguments of his opponents. His profound knowledge of other social sciences is an important asset.

Sociological Part

Although not referring specifically to the 'Theorie' Hanusch's contention that 'Schumpeter investigates important sociological problems which were as yet not adequately considered or even totally neglected' (Hanusch 1999, p. xxxiv), applies certainly to the seventh chapter of Schumpeter's first edition.

This part is undoubtedly the most important. Elliott speaks of 'a concluding sociological chapter' (Elliott 1983, p. 288). The 'Theorie' announces and contains already the main ideas of later publications, such as *Die sozialen Klassen im ethnisch homogenen Milieu* (Schumpeter 1927; 'Social classes in ethnic homogeneous environment').

Moreover it contains Schumpeter's research programme, the 'framework for Schumpeter's subsequent work' (Shionoya 1997, p. 33). In the seventh chapter

Schumpeter applies his methodology to all social areas in order to provide an overall view of social life and a universal social science. He kept to this opinion in the preface to the English edition and in *Business cycles* (cf. Shionoya 1997, pp. 32–33).

4. Conclusion

It would have been better to include an adapted seventh chapter in the second edition. It would have given a better idea of Schumpeter's world. An approach based only on economics gives an incomplete and wrong view of the Schumpeterian system. Of course, Schumpeter published later e.g. *Soziale Klassen* (1927) and other sociological works, but it is important to show that a multidisciplinary approach characterises already his first publications.

I regretted many times the development of economics in marked isolation from the other sciences (the last time: Meerhaeghe 2000). And I quoted Boulding: 'I have been gradually coming under the conviction, disturbing for a professional theorist, that there is no such thing as economics – there is only social science applied to economic problems' (Boulding 1950, p. vii). But Schumpeter wrote nearly twenty years earlier that 'the theory of cultural evolution (presents) in important points striking analogies with the economic theory of this book' (Schumpeter, 1934 p. xi).

Schumpeter was 'more aware than many other theoretical economists . . . that economic reality is only a part of total reality' (Stolper 1968, p. 68). He tried to combine abstract, logical analysis with a historical and sociological approach. He was able to do so thanks to his encyclopaedic knowledge. Schumpeter provides in the seventh chapter the elements for a *general* theory of development. The 'lost' chapter provides the clue to all the others.

Notes

* I thank Professor Jürgen G. Backhaus for his suggestion to deal with this subject. It proved an intellectually rewarding undertaking.

1 '(A) man who was his equal in respect of genius and amazing ease, but far inferior in the field of patient self-discipline of erudition' 'As a scientist Schumpeter was greater'.

2 There is a misprint in the second German edition : it refers to the sixth edition!

3 Medicine does not reach its purpose, if the dose has been too strong: neither do critics if they transgress the limits of reasonableness.

References

Anderson, Jr., B. M. (1915). "Schumpeter's Dynamic Economics." *Political Science Quarterly*, Vol. 30.

Boulding, K. E. (1950). *A Reconstruction of Economics*, Wiley, New York.

Clark, J. B. (1912). "Review of Schumpeter, J., *Theorie der wirtschaftlichen Entwicklung*." 1912, *American Economic Review*, Dec.
Elliott, J. E. (1983). "Schumpeter and the Theory of Capitalist Economic Development." *Journal of Economic Behaviour and Organisation*, Vol. 4.
Giersch, H. (1984). "The Age of Schumpeter." *American Economic Review*, May.
Hansen, A. H. (1936). "Review of Schumpeter J., *Theorie der wirtschaftlichen Entwicklung*." *The Journal of Political Economy*, August.
Hanusch, H. (1999). "Schumpeter's Life, Work, and Legacy." In Hanusch, H. (ed.), *The Lgacy of Joseph A. Schumpeter*, Elgar, Cheltenham, UK and Northampton, USA.
Hennipman, P. (1953). "Van en Over Schumpeter." *De Economist*, April.
Howey, R. S. (1935). "Review of Schumpeter J., *Theorie der wirtschaftlichen Entwicklung*." *American Economic Review*, March.
Kuznets, S. (1940). "Schumpeter's Business Cycles." *American Economic Review*, June.
Laskine, E. (1913). "Review of Schumpeter J., *Theorie der wirtschaftlichen Entwicklung*." 1912, *Revue d'Economie Politique*, Vol. XXXVII.
Meerhaeghe, M. (2000). "Econometrics: An Appraisal." *Journal of Economic Studies*, No. 4/5.
Meerhaeghe, M. (1971). *Economics. A Critical Approach*, Weidenfeld and Nicolson, London.
Morgenstern, O. (1927). "Review of Schumpeter J., *Theorie der wirtschaftlichen Entwicklung*." 1912, *American Economic Review*, June.
Navratil, von (1913). "Review of Schumpeter J., *Theorie der wirtschaftlichen Entwicklung*." Weltwirtschafliches Archiv, I. Band.
Naymier, L.B. (1913). "Review of Schumpeter J., *Theorie der wirtschaftlichen Entwicklung*." *The Quarterly Journal of Economics*, May.
Neisser, H. (1934). "Review of Schumpeter, *Theorie der wirtschaftlichen Entwicklung*." *Social Research*, 2.
Schumpeter, J. (1st ed. 1912) (2nd ed. 1926). *Theorie der wirtschaftlichen Entwicklung. Eine Untersuchung über Unternehmergewinn, Kapital, Kredit, Zins und den Konjunkturzyklus*, Duncker & Humblot, Berlin (the fifth German edition is a reprint of the second edition and contains prefaces of the first, second and fourth – 1934 – editions).
Schumpeter, J. (1934). *The Theory of Economic Development. An Inquiry into Profits, Capital, Credit, Interest, and the Business Cycle*, translated by R. Opie, Oxford University Press, New York. Fourth printing 1968, First published as a Galaxy book 1961. U. Backhaus translated the seventh chapter in 2000 (draft).
Shionoya, Y. (1990). "The Origin of the Schumpeterian Research Programme: A Chapter Omitted from Schumpeter's *Theory of economic development*." *Journal of Institutional and Theoretical Economics*, 1990, Vol. 146:2.
Shionoya, Y. (1997). *Schumpeter and the Idea of Social Science, A Metatheoretical Study*, Cambridge University Press, Cambridge.
Stolper, W.(1968). "Schumpeter, Joseph A." *International Encyclopaedia of the Social Sciences*, Vol. 13–14, Macmillan, New York, London.
Swedberg, R. (1989). "Joseph A. Schumpeter and the Tradition of Economic Sociology." *Journal of Institutional and Theoretical Economics*, 145, reprinted in H. Hanusch (ed.), *The Legacy of Joseph A. Schumpeter*, 1999, Elgar, Cheltenham UK, and Northampton USA.
Sweezy, P. M. (1943). "Professor Schumpeter's Theory of Innovation." *The Review of Economic Statistics*, February.

The Second Cleavage of the Austrian School: Schumpeter's German Writings on Economic Systems and Economic Policy in Comparison with Mises/Hayek

Günther Chaloupek
Chamber of Labour, Prinz-Eugen-Straße 20-22, A-1041 Wien, Austria;
E-mail: guenther.chaloupek@akwien.or.at

Abstract: After World War I, economists of the Austrian School became heavily engaged in economic policy debates. On the issue of socialization, Joseph Schumpeter and Ludwig Mises took opposite positions. Long time before publication of "Capitalism, Socialism and Democracy" Schumpeter, although cautious about concrete possibilities for socialism in Germany and in Austria, was convinced that capitalism would eventually transform into a socialist system. In his "Wesen des Geldes" (1932, published only 1970) he put forward the arguments about the theoretical feasibility of a socialist economy. Mises' thesis of the theoretical impossibility of socialism was first published 1920.

In his writings on questions of economic policy published in the German weekly journal "Der deutsche Volkswirt" Schumpeter approached issues of tax policy, wage formation, monetary policy, causes and cures of the Great Depression in a pragmatic way. Recurrent economic crises before and after currency stabilization made Schumpeter skeptical whether capitalism was a viable economic order for Germany under the economic conditions of the Versailles peace treaty and with a fragmented party system. For Mises, economic problems were caused by state interventions. The Great Depression was a crisis of interventionism and of anti-capitalist politics.

If the theoretical basis for Mises's verdict on an socialist economic calculation appears insufficient today, many of his specific conclusions anticipate the difficulties with real economic planning remarkably well – in 1920, before a new economic system had taken shape in reality in the Soviet Union. Later Hayek recast the argument and demonstrated the impossibility of replacing real by simulated market competition. Hayek's newly developed understanding of the market process based on dispersed knowledge and its functioning as a discovery procedure allowed him to reaffirm Mises' conclusions. Schumpeter thought that at a stage of high "maturity" of the capitalist system the economy could work – with some, but not a dramatic loss of efficiency – without the discovery procedure of real market competition. This can be ascribed to his relative neglect of the aspect of ignorance and uncertainty under which all economic decisions must be taken.

For Schumpeter, economic policy in a capitalist system was interventionist by its very nature. Schumpeter was always willing to face a situation with all its difficulties and looked for solutions which had a chance of being debated seriously by others. Mises more or less recommends only one solution for any kind of problem: to follow strictly the principles of liberalism and absolute non-interventionism. What is behind this approach is a Platonic image of market capitalism as a system which constitutes a final ideal state. For Schumpeter, development is a pervasive phenomeneon, with trends in the different spheres of the socio-economic system interfering with each other. Schumpeter criticized the lack of historical dimension in Hayek's thinking: instead of treating political ideas as if they were coming out of thin air, Hayek should have studied their historical origins. Then he would have discovered that they are a product of the social and economic system which he so dearly appreciates.

J. Backhaus (ed.), Joseph Alois Schumpeter, 245–260.

Differences in opinion on economic systems and on questions of economic policy between Schumpeter and Mises/Hayek demonstrate that a deep cleavage in the Austrian School appeared after World War I. The main contributions to the development of economics in the 20th century which came from the Austrian School have focussed on a specific concept of competition: competition as a protracted process of rivalry, as opposed to competition as an end-state in the rivalry between buyers and sellers. This applies to Schumpeter's economic dynamics, Mises' analysis of economic socialism, Hayek's insights on the use of knowledge in society and on competition as a discovery procedure. The more problematic judgements are based on the other type of concept of competition: Schumpeter's evaluation of socialism is based on Walrasian, neoclassical thinking; Mises' and Hayek's "Great Refusal" of the reality of the market economy is due to their preoccupation with ideal end-states. Hence, on both sides the "second cleavage" of the Austrian School is a consequence of a deviation from its essential teachings. As regards their main contributions to Austrian School economics in the 20th century, Schumpeter and Mises/Hayek are not contradictory, but rather complementary.

Keywords: Austrian Economic School, Schumpeter, Mises, Hayek; Economic Policy, Economic Systems, Interventionism, Socialism, Economic Calculation, Dispersed Knowledge, Tax Policy, Monetary Policy, Competition as an End State, Competition as a Discovery Procedure.

J.E.L. Code: B20, B31.

Today, Austrian economics – although primarily a branch of economic theory – is also strongly associated with a very distinct concept of economic policy which has gained considerable influence on economic policies of some countries (UK, USA) during the last quarter of the past century. A hundred years ago, before World War I, the Austrian School of economics was a new branch of economic theory which defined itself as an alternative both to old classical economics and to the German Historical School. Members of the Austrian School had participated in debates about various issues of economic policy and even been directly engaged in economic policy making,[1] but as a school it had not yet developed a comprehensive view on the economic policy issues of its time. Eugen von Philippovich, who was at least a sympathizer if not a member of the Austrian School, in his survey of the evolution of the different general concepts of economic policy during the 19th century did not make any mention of Austrian economics at all, not even in literature list.[2]

After World War I, the situation was completely different. Revolutionary movements and tendencies had put the fundamental issue of economic system – capitalism or socialism – on the political agenda. Governments and parliaments were faced with economic policy problems of historically unprecedented dimensions, especially war debt and inflation. Both kinds of issues presented tremendous challenges to economists which several of the younger members of the Austrian School did not hesitate to take up.

Joseph Schumpeter and Ludwig Mises, both members of the second generation of the Austrian School, became the leading protagonists of the school in theoretical economic policy debates in the 1920's and 1930's. The purpose of this paper is to show their divergent positions on economic systems and on main issues of economic policy during this period.

With regard to the latter, I more or less exclude the debate on how currency stabilization could be achieved. Instead, I concentrate on the second half of the 1920's and the period of the Great Depression until 1932, the year in which Schumpeter moved to the US and ceased to publish in German.

1. Economic Systems

The question whether socialism will at some point succeed capitalism as an economic system has two aspects. First, whether socialism can at all be considered a workable economic system from the viewpoint of economic theory; second, what are the conditions under which a transition from capitalism to socialism can be made sucessfully so that the new system can be established in reality. Although the first aspect logically precedes the second, in his publications Schumpeter first approached the issue from the aspect of transition.

For a few years after the war, "socialization" and socialism became a real issue of politics. Schumpeter first developed his positions on these subjects in the context of this debate in an essay of 55 pages "Sozialistische Möglichkeiten von heute".[3] He defined "genuine socialization" as a process of "gradual transformation ('Hinübergleiten') from an economy based on private ownership and private initiative to a socialist economy."[4] Political action promoting socialism "can only be successful if a historical, automatic, intrinsic process of socialization has already started, i.e.if the social development by itself is headed for socialism."[5] Genuine in this sense was the socialism of the Social-democratic labour movement, but not some "aristocratic or hierarchical socialism."[6] Schumpeter explicitly denies the socialist character of the Russian revolution: "A nation with a share of industrial workers of less than 5% can not be taken serious in its attempt to socialize at a time when the most advanced industrial nations do not yet socialize."[7] The tendencies in the capitalist system towards making socialization possible are identified by Schumpeter in terms very similar to the analysis in "Capitalism, Socialism and Democracy": concentration in industry and finance – if it is the result of imperialist power politics rather than of capitalist competition "this does not change the fact that trusts exist, that the economy is controlled by big bureaucratic organizations whose apparatus, once it exists, can be easily taken away from its leading men and operated by others";[8] rationalization and standardization of business practices; depersonalization of leadership; bureaucratization and automatization of economic and technical progress; separation of ownership from the function of leading an enterprise. Schumpeter also mentions capital saturation in this context, which "spontaneous capitalist development will provide for future generations."[9]

For Schumpeter, in the last instance the issue of socialization cannot be decided by scientific argument. The task of economics is to elaborate the consequences of alternative directions of policy, and in this sense he pointed out some negative consequences of socialization. Most importantly, socialization would reduce the productive potential and diminish the capabilities for swift reconstruction. It would also encounter severe resistance by the propertied classes. Therefore, socialization measures can be successful only to the extent "that they are acceptable to those capitalists affected by the measures, or to the bourgeoisie as a whole as a possible sacrifice . . . To go beyond that would be impossible in an absolute sense, or at least through parlamentary means."[10] In Germany socialization was facilitated by a special factor: "The disciplin of all classes, the habit of organized action, in particular of organized obeyance, the absence of any principal resistance against something done by the state because it is done by the state . . . all this is conducive to a benevolent acceptance of state or communal enterprise."[11]

With objections so strong, why, and in what sense, the reader asks, does Schumpeter consider socialization "possible" in Germany?[12] The answer is given only indirectly: Schumpeter obviously considered socialization measures if confined to a few branches of production an acceptable sacrifice which would satisfy widespread anti-capitalist sentiments and sympathies for socialism and thus help so resolve the deadlocks which paralyzed political decision making.

In the later 1920's, when socialization had ceased to be an issue and the influence of Social-democratic parties had diminished, Schumpeter continued to pursue some of his central ideas for economic policy which he had developed in the debate on socialization. Recurrent economic crises before and after currency stabilization made Schumpeter quite skeptical whether capitalism was a viable economic order for Germany under the economic conditions of the Versailles peace treaty and with a fragmented party system that rendered rational policy impossible. Reparation payments on an economy which was operating at a level considerably below the pre-war mark in an unstable political environment led to a tax burden which acted as a permanent brake on the dynamics of a capitalist economy. If this could not be reversed, "on should stop to think, to talk and to act as if this system paralyzed by ourselves were still the Alpha an the Omega and that we could still expect it to repeat the 19th century's performance. The search for new forms and means to replace impulses, goals and methods which we stifle . . . should be undertaken consciously and rationally." Schumpeter pointed to a recent move towards concentration as an indication that "the interest of the single entrepreneur in individual management of the enterprise is fading away rapidly."[13] What he had in mind was the promotion of the organization of interest of capital and labour which would help to establish an institutional basis for a kind of "concerted action" – although this is not Schumpeter's term – that would make goal-oriented economic and social policy possible. Schumpeter was convinced that tax burden and wage bill taken together were too high to allow for sufficient capital formation in Germany. The political conflict between capital and labour should be depoliticized and instead seen as a conflict between present and future interests which would make conflict resolution much easier. In his view there was an absolute necessity "that business and labour both sit together in order to discuss *uno actu* about wages, capital formation and taxation."[14] Schumpeter also doubted that in the particular German situation taxation alone was the adeqaute way of collecting government revenues: "We have to acknowledge that our's is not a competitive economy . . . but a planned economy whose organizational coherence is daily increasing. In such an economy it is more efficient for the state to tap returns directly instead of having incomes paid out to individuals first" and collecting taxes in a cumbersome way thereafter.[15] This cannot be interpreted other than as a hint for some socialization.

Not only in the context of the desparate situation of the German economy did Schumpeter advocate steps toward a system of comprehensive overall economic management. In two essays, both published in 1925,[16] he discussed very favourably the idea of a comprehensive system of credit control and banking policy aimed at "a general therapy for the economy, in particular with respect to the possibilties of softening or preventing sharp swings from boom to depression."[17] In the system of credit control proposed by Keynes[18] Schumpeter saw a method for "shaping economic life according to a plan, a new kind of planned economy. In the context of this planned economy currency policy does not serve its own purpose and its own aims but becomes the servant of general economic goals."[19] With the refinement of methods for observation and analysis of current economic developments Marshall's disciples, especially Pigou have created "something like a system of economic policy originating truly from scientific theory."[20]

In his lectures on "Old and new banking policy" held at Rotterdam in 1925, Schumpeter's evaluation of Keynes' program was distinctly more critical in as far as the program went beyond a refinement of crisis therapy. "In the given state of affairs, an attack on the fundamentals of the (capitalist) process would slow economic progress unless a great many more reforms of the capitalist economy are enacted simultaneously. If . . . the social institutions have yet to be established which can take over the functions of price level fluctuations, there is no deeper reason to turn away from the principles of old banking policy and from gold."[21]

In his articles in the German "Volkswirt" and on credit control Schumpeter did not discuss these issues under the general aspects of socialization as a transition towards socialism as a different economic system. Nonetheless these contributions are an expression of the continuity of his thinking from World War I to the publication of "Capitalism, Socialism and Democracy" in 1942. What he meant by "possibilities for socialism" was a kind of mixed economy as it was established after World War II in most "capitalist" countries in a variety of different forms. In his view partial nationalization of production and the introduction of institutional mechanisms for the overall control of the economy were steps on the way towards full-fledged socialism which would, however, take many more decades to come.

Apart from occasional hints, it was only in 1942 when Schumpeter published an elaborate account of his position on the theoretical side of the issue.[22] But he had analyzed the problem rigorously and extensively well before in

"Das Wesen des Geldes", a work written during his years in Bonn which remained, however, unpublished until 1970. In this seldom quoted book a whole chapter (IV) is devoted to the subject of accounting in a socialist economy. Schumpeter first discusses the possibility of rational accounting for the case that only consumer goods are produced by using labor as the only input. He then moves on to the case where intermediate goods are also produced and land in addition to labour is admitted as a factor of production. The hour of labour is used as accounting unit which does not imply that labour accounts for the total value of the whole product. Schumpeter then formulates rules of accounting for the reallocation of production factors if emerging excess demand/excess supply situations have to be corrected. The rate of substitution at the consumer goods level is equalized to marginal productivity of production inputs in alternative uses. The central planning authority has all the relevant information, and it can direct resources in such a way that marginal productivity of factors corresponds to marginal utilities. Schumpeter thus explicitly rejects Ludwig Mises' central argument why a socialist economy can not be a rational economic system.[23] All this holds true for the stationary state. In a "developing" economy the tasks of accounting become more complicated. But the nature of the resulting problems is not different from those of a developing capitalist economy.[24]

In contrast to Schumpeter, Ludwig Mises took Soviet-type socialism serious from the very beginning. But he also meant his verdict to apply to any attempt to establish a socialist economy in an industrially advanced country as well. Mises admitted a theoretical possibility of a socialism in a stationary economy. If one assumes that "the first disposition of the static socialist economy follows on the basis of the final state of a competitive economy, we might at all conceive of a socialist production system which is rationally controlled from an economic point of view." But even if one was prepared to leave aside the practical impossibility of a stationary state, a socialist economy would not be able to handle the transition process and to effectively move to a new equilibrium adjusted to the changed parameters in income distribution, consumption, etc. "Thus in the socialist commonwealth every economic change becomes an undertaking whose success can be neither appraised in advance nor later retrospectively determined. There is only groping in the dark. Socialism is the abolition of the rational economy."[25]

Paradoxically, there is some agreement between Mises and Schumpeter on a factual tendency towards sucialism. Mises was convinced that a more gradual transition from capitalism to socialism had already started long ago in the 19th century as economic policy became increasingly "interventionist". Mises' theory of interventionism is taken up in the following section.

2. Economic Policy and the Causes of Economic Crises[26]

Economic policy in Germany and in Austria between the two wars was confronted with tasks that were extremely difficult if not hopeless. Schumpeter had a plausible plan to contain post-war inflation (his *Vermögensabgabe*) which he did not succeed to put through parliament when he was Austria's finance minister. After stabilization, he was very pessimistic about Austria's future.[27] After his appointment in Germany he participated intensively in discussions on German economic policy issues.

With regard to tax policy Schumpeter thought that the tax burden on enterprises was excesssively high (main reason: Germany's reparation payments) and constituted the main impediment to sustained recovery of the German economy. In order to make more financial resources available for productive investment, Schumpeter pleaded for a reduction of corporate and personal income taxes which should be compensated by higher taxation of consumption (increases of the turnover taxes and of excise taxes). He attributed strong effects to changes in the tax structure. A small initial reduction of the overall tax burden, if appropriately structured as just described, would be able to produce significant change: "It suffices that paying taxes ceases to be the dominant fact, if the burden is relieved at the right places. The sufficient reserves (for productive investment, G. Ch.) will be formed and invested in the domestic economy so that the returns will be a multiple of the tax reduction."[28] If Schumpeter favoured taxation of consumption, he considered income taxation increasingly outdated. But he did not argue against tax progressivity. He suggested to compensate for the loss of progressivity due to a reduction of income taxes by an appropriate design of tax rates on consumer goods with a progressive effect. If Schumpeter pointed to negative effects of excessively high taxes, he did not make a general case for low taxes. For the state as a "parasite" of the capitalist economy[29] there were limits for tax rates beyond which the total tax revenue would be lower. But these limits are changeable according to economic, social and political conditions. A skillfull tax policy can enact tax increases without damaging economic performance.

In the field of wage policy Schumpeter considered a better mutual understanding essential for a better coordination of wage developments with other economic requirements. From the passage quoted above it is clear that he proposed some kind of "social partnership"-arrangement.[30] He also pleaded for a rationalization of collective bargaining for which the statistical information base about wages and wage developments would have to be substantially improved: "Unless the sources for economic facts do not flow more abundantly and the methods of economic analysis are not perfected substantially, strike ('Lohnkampf') will remain the only method to find out what is the 'correct wage rate' either in the sense of an equilibrium or a maximum rate."[31]

Schumpeter's central idea with respect to monetary policy is, of course, the flexibility of the monetary system to permit credit-financed innovations in the expansionary phase of the business cycle. Hence, he rejected any notion of absolute "neutrality of money". Nonetheless, he considered monetary stability essential for successful development, and therefore "maintaining the stability of exchange rates . . .is more important for the economy than Mr. Keynes admits".[32] Schumpeter conceded that a return to the gold-standard would require some sacrifices, but "the return to the gold-standard opens up an economic and social vista which would be jeopardized by the manipulation of individual currencies and economies – a vista of overcoming and working up the consequneces of the war, the adjustment of the world economy to the new data, the economic rapprochement of peoples, and also . . . the alleviation of socials contradictions."[33] In the same essay, Schumpeter is very sympathetic with Keynes's ideas for an active monetary and credit policy. If the present credit system tends to exacerbate depressions, Schumpeter acknowledges "the need for a greater or lesser degree of management not only of the currency but of the economy as a whole."[34]

For Schumpeter it was a consequence of several factors – economic, political, social – that the recession of 1929 developed into an economic and political catastrophy for Germany. According to the "Theory of Economic Development" recessions as such are not only unavoidable but also "productive". This could, of course, hardly be said of the economic setbacks of the 1920's and of the depression that had started in 1929 when the German economy had hardly experienced an expansionary phase before. The fundamental disruption of economic equilibrium by the war had required adjustments of a dimension "which would have been difficult and not without heavy sacrifices, even if the adjustment processs would not heve been impeded politically." As such impediments Schumpeter mentions "the reparations and all the political sources of unrest and danger", and the difficulties to restore a reliable international monetary system by returning to the pre-war gold-standard.[35]

Before 1929, he had rejected attempts to explain the high rate of unemployment by too high wages and insufficient labour mobility alone, arguing that the resorption of redundant labour could be expected to occur automatically only in a fully competitive economy from which the German economy was a far cry.[36] In the depression Schumpeter considered deflationary policies detrimental to recovery. "Crisis therapy . . . especially in its deflationary version as a policy aiming at the simultaneous reduction of prices and incomes has become an independent source of depression."[37] He called for a reduction of such interventions of economic planning which have created productions unfit for survival. He reemphasized the need for fiscal reform. The overall impression of his last articles published in the "Volkswirt" is, however, that he did not see a real chance for any short term strategy.

In his writings on economic policy questions Ludwig Mises does not deal with most of the specific problems on which Schumpeter worked so hard. Mises's book "Kritik des Interventionismus" (1929) contains a detailed discussion only of two kinds of interventions: interventions into conditions of production ("produktionspolitische Eingriffe"), and interventions of price policy. Under the former category Mises discusses the effects of tariffs, of regulations and restrictions of access to self-employed activity, and of legal provisions for job protection (laws regulating working hours, procedures of hiring and dismissal, etc.). Under the second category he also discusses the effects of minimum wages fixed by collective bargaining. All these interventions are rejected because they have a diminishing effect on national income.[38]

Mises' magnum opus "Die Gemeinwirtschaft" already includes a section on state interventions under the title "destructionism".[39] Provisions of protection at the work place, social insurance, trade unions' activities, taxation in toto are treated under a single aspect: they serve Social-democratic parties as a means to establish a socialist system in an indirect way by destroying the economic order based on private property. Even without such "bad" political intention, interventions inevitably push the whole system towards socialism."There is no other choice than this: either to refrain from isolated interventions into the free play of market forces, or to transfer control over production and distribution to the state. Either capitalism or socialism – there is no intermediate way."[40]

For Mises, the Great Depression of the 1930's was caused by state interventions. "Economics has predicted the consequences of interventionism and of state and communal socialism in the way as they have now become a fact. All warnings have been discarded. Policies of European nations have been anti-capitalist and ant-liberal for fifty or sixty years." Therefore, "the crisis from which the world suffers today is a crisis of interventionism and of state and communal socialism, in short: of anti-capitalist politics."[41]

3. Comparison

3.1. Socialism

With respect to the theoretical possibility of socialism, Schumpeter took Mises's setting of the problem (the possibility of rational accounting) as his point of departure. In "Das Wesen des Geldes" he arrived just at the opposite conclusion. The argument there in many ways resembles Oskar Lange's understanding of the problem which Schumpeter accepted with minor modifications later in "Capitalism, Socialism and Democracy". Only because the possibility of socialism was plausible theoretically, he could make sense of evolutionary trends within the capitalist system which ha saw at work in creating the conditions for the transition to socialism. He emphasized that transformation from capitalism to socialism would be process of very long duration – how long it would actually take was an empirical question.

Ludwig Mises' and later F. A. Hayek based their assertion of the inferiority, and therefore also the long term failure of a socialist economy essentially on theoretical considerations. If the theoretical basis for Mises's far-reaching judgement of an impossibility of rational economic calculation appears insufficient today, many of his specific conclusions anticipate the difficulties with real economic planning remarkably well – in 1920, before a new economic system had taken shape in reality in the Soviet Union. When Oskar Lange, in response to Mises' challenge, put forward his model of market socialism, it was Hayek who recast the argument and demonstrated the impossibility of replacing real by simulated market competition.[42] Hayek's analysis can explain why the Lange-model of market socialism has never been applied in practice. Hayek's newly developed understanding of the market process based on dispersed knowledge and its functioning as a discovery procedure allowed him to reaffirm Mises' conclusions.

Schumpeter thought that at a stage of high "maturity" of the capitalist system the economy could work – with some, but not a dramatic loss of efficiency – without the discovery procedure of market competition (which he replaces by "simulated competition"). This can be ascribed to his relative neglect of the aspect of ignorance and uncertainty under which all economic decisions must be taken. The following passage makes it very clear that Schumpeter underestimated the respective difficulties and therefore overestimated the capabilities of a central planning authority: "What in a socialist economy is achieved through the orders of a central planning bureau, in an economy based on private ownership is effected through the cooperation of enterpreneurs and banks in a mechanism of which price movements are an essential part. The meaning ('Sinn') of price reductions in the depression phase is the realization of the achievements of the upswing for all areas of the economy – with the exception of those interests tied to forms of production which have become technically or commercially obsolete. It is clear that an ideally functioning central planning bureau would accomplish the same task infinitely more perfectly."[43] This implies that the central planning authority can assemble all the knowledge which in a market economy is dispersed in a great number of independent businesses; furthermore, that the central authority can interpret these informations correctly, and that it can act accordingly. It matters little, whether one considers this impossible theoretically ore practically.

In this contribution, I do not evaluate Schumpeter's analysis of empirical trends of long term evolution of the capitalist system.[44] From the viewpoint of his time, this analysis appears to be quite plausible. But what Schumpeter overlooked or at least underestimated was the possibility of a reversal of such trends. This underestimation is even more characteristic for Mises's and Hayek's analysis of an interventionist economy.

3.2. Interventionist Economic Policies

For Schumpeter, economic policy in a capitalist system was interventionist by its very nature. The economic theorists' work on specific problems produces "the knowledge – detailed and tenable, though not to be put in slogans great-sounding and simple – of what can be achieved in a capitalist economy through regulations and interventions, and where such interventions hit at the strong and elastic framework so that they fail or counteract their own goals."[45] Schumpeter's intensive engagement in debates about concrete economic policy issues shows that he was convinced that the trained economist could substantially contribute to a better design of economic policies. But at the same time Schumpeter emphasized that policy making had to do with goal setting. If value judgements are involved, from the viewpoint of science nothing can be said whether they are good or bad, only what the consequences of such choices might be.[46] In this absolute sense, he considered scientific policy impossible. Similarly, conflicts between interests could not be decided scientifically, at least as long as no common goals can be defined – something which Schumpeter tried to promote in several instances. This is in sharp contrast to Mises (and also Hayek) who thought that his economic liberalism could be based on scientific judgements and that there are no real conflicts between interest because there is always a scientifically defined optimum.[47]

If economic policy in the interwar period made extensive use of protectionist trade policy measures, of direct price interventions and also of regulations restricting access to many activities, Schumpeter was largely in agreement with Mises about the detrimental effects of this kind of interventions. But Schumpeter was also a "realist" in the sense that he approached problems in their given real settings. With respect to market structures, e.g., Schumpeter agreed that free competition or something close to it would facilitate adjustment processes. But "free competition as defined by economics . . . has never been nor can it ever be realized. Even the question whether this theory can be seen as a sufficient approximation of reality must probably denied in the majority of cases."[48] Schumpeter was always willing to face a situation with all its difficulties and even despair and looked for solutions which had a chance of being debated seriously by others. Again, pretty much the opposite is true for Mises (and Hayek). As becomes clear from his book on interventionism or from his diagnosis of the Great Depression, Mises faced economic problems extremely selectively. Towards the most fundamental ones, Mises's attitude was more or less that things should not have come that way in the first place if principles of economic liberalism had been followed. Inflation, fundamental imbalances caused by the world war, social protection measures – they are seen only as elements of "destructionism" after which any kind of interventionism strives. For any kind of problem there is always only one solution recommended: to follow strictly the principles of liberalism and absolute non-interventionism. What is behind this approach is a Platonic image of market capitalism as a system which constitutes a final ideal state.

Such an approach to actual problems appeared utterly unsatisfactory to Schumpeter. "It is beside the point to ask, whether this should induce us to reapportion our blame for what has happened between the business and the political world. Nor is it in order for the economist to take melancholy satisfaction in the truth, that present calamities are, contrary to common opinion, in the nature of a verification of some of the oldest teachings of his science, which have been consistently ignored ever since 1914."[49]

For Schumpeter, development is a pervasive phenomeneon, with trends in the different spheres of the socio-economic system interfering with each other. Whether he liked these trends or not should not be relevant for the social scientist. In his review of "The Road to Serfdom" Schumpeter criticized the lack of historical dimension in Hayek's thinking. Instead of treating political ideas and principles as if they were coming out of thin air, Hayek should have studied their historical origins. Then he would have discovered that they are a product of the social and economic system which he so dearly appreciates.[50]

But the evolution of economy and society gets the interest of Mises and Hayek only in a very general, abstract sense. Essential lessons of social theory and policy are derived actually from the pre-history of the market economy. There is a deeper reason for this lack of interest in the development of capitalism or the "extended society" itself. For Hayek, the "time before men were aware of the existence of the Great Society or understood its operation"[51] is a kind of paradise because knowledge of its functioning that would eventually lead to intervention is not yet available. To study the historical evolution of the changing reality of capitalism would demonstrate that evolution can change its reality in a way that is inconsistent with its abstract, pure model.

However different the forces which were driving the capitalist economy towards socialism – endogenous in Schumpeter's case, outside interventions in Mises's and Hayek's view – there is one aspect on which they make the same assumption, perhaps more implicit than explicit: that development continues in one direction. They do not take into account the possibility of a reversal of trends. Our experience especially in the second half of the 20th century shows that "it is important, against those who envisage the future solely as an enforcement of existing tendencies, to take into consideration the potential of a reversal inherent in the tendencies themselves."[52]

4. Concluding Remarks

Differences in opinion on economic systems and on questions of economic policy between Schumpeter and Mises/Hayek demonstrate that a deep cleavage in the Austrian School appeared after World War I. In a sense, it could be called the "second cleavage", because there is the cleavage in pure theory between Schumpeter's dynamics and Böhm-Bawerk's more static approach on interest and development[53] which emerged first and which is reflected in the contrast between the business cycle theories of Schumpeter and Mises/Hayek. In concluding, I try to point out some implications and consequences of this second cleavage for Austrian economics as a school.

Schumpeter had expected that the main teachings of Menger, Böhm-Bawerk, Wieser, and probably also his own would eventually be incorporated in the corpus of mainstream economic thinking. When Schumpeter left Vienna for Bonn in 1925, he acted there as a representative of "modern economic theory" of which Austrian economics was an essential part.

Mises who had become the head of a group of economists following the theoretical approach of the founders stayed in Vienna with his circle for another ten years. But among the members of the Mises-*Privatseminar*, opinions were not homogeneous. Many participants held views on economic policy issues which were similar to Schumpeter's.[54] It was in the United States, where most of the members of the Austrian School had to emigrate after the *Anschluss*, that in the second half of the 20th century the label "Austrian economics" became more and more identified with the teachings of Mises and Hayek, especially with their – in my opinion: often sectarian – views on economic policy. My final question is, whether this is consistent with the "true essence" of the Austrian School.

In his paper "Is there really progress in economics?" Mark Blaug introduces a fundamental distinction between two alternative concepts of competition: "competition as an end-state in the rivalry between buyers and sellers and competition as a protracted process of rivalry that may or may not terminate in any end-state."[55] The main contributions to the development of the economic science in the 20th century which came from the Austrian School have focussed on the second aspect of competition: Schumpeter's economic dynamics, Mises' analysis of economic socialism, Hayek's insights on the use of knowledge in society and on competition as a discovery procedure.

On the other hand, the more problematic judgements are based on the other type of concept of competition: Schumpeter's evaluation of socialism as an economic system is based on Walrasian, neoclassical thinking; Mises' and Hayek's "Great Refusal" of the reality of the market economy is due to their preoccupation with ideal end-states whenever they deal with concrete problems of economic policy. Hence, on both sides the "second cleavage" of the Austrian School is a consequence of a deviation from its essential teachings. As regards their main contributions to Austrian School economics in the 20th century, Schumpeter and Mises/Hayek are not contradictory, but rather complementary.

Notes

1 E.g. Menger and Wieser in the debate on currency reform; Böhm-Bawerk who served the Austrian monarchy as minister of finance several times. For a short overview of these engagements and activities see Weber 1949, pp. 666 sseq.

2 Philippovich 1910.

3 Schumpeter 1921.

4 *Ibidem*, p. 458.

5 *Ibidem*, p.459.

[6] *Ibidem.*
[7] *Ibidem*, p. 482.
[8] *Ibidem*, p. 463.
[9] *Ibidem*, p. 472.
[10] *Ibidem*, p. 502.
[11] *Ibidem.*
[12] In contrast, Schumpeter did not see possibilities for socialism in Austria, mainly because Austria's economy had ist main strength in the financial sector of Vienna which could not continue to exist in a socialist environment (*ibidem*, pp 503 sseq.).
[13] Schumpeter 1926/27a, p. 62 seq.
[14] Schumpeter 1928/29a, p. 196.
[15] Schumpeter 1926/27b, p. 69 seq.
[16] Schumpeter 1925a and 1925b.
[17] Schumpeter 1925a, p. 126.
[18] Keynes 1923.
[19] Schumpeter 1925a, p. 154.
[20] *Ibidem*, p. 157.
[21] Schumpeter 1925b, p. 90.
[22] Schumpeter 1942, pp. 172 sseq.
[23] Schumpeter 1970, pp.100 sseq.
[24] *Ibidem*, p. 105.
[25] Mises 1920/1972, p. 80.
[26] Schumpeter's writings on economic policy during the interwar period have been competently analyzed and summarized in Wolfgang F.Stolper's book and also in Stolper's and Christian Seidl's introduction to the volume "Aufsätze zur Wirtschaftspolitik."
[27] Stolper 1994, pp. 330sseq.
[28] Schumpeter 1929/1930a, p. 118.
[29] Schumpeter 1918/1991, p. 112.
[30] In their introduction, Seidl and Stolper say that Schumpeter "anticipated the Austrian social partnership of the Second Republic to an extent as it could hardly be described today more realistically." (Schumpeter 1985, p. 41).
[31] Schumpeter 1928/1929b, p. 200seq.
[32] Schumpeter 1925a, p. 127.
[33] *Ibidem*, p. 140.
[34] *Ibidem*, p. 152.
[35] Schumpeter 1931/1932a, p. 144.
[36] Schumpeter 1926/1927c.
[37] Schumpeter 1931/1932b, p. 209.
[38] Mises 1929.
[39] Mises 1922, pp. 447 sseq.
[40] Mises 1929, p. 12.
[41] Mises 1932, p. 25, p. 29.
[42] Hayek 1935/1997.
[43] Schumpeter 1925a, p. 146 seq.
[44] See Chaloupek 1994.
[45] Schumpeter 1925c, p. 144.
[46] On Schumpeter's approach to questions of *Wissenschaftstheorie* see Shionoya 1997.
[47] Mises 1927/1985, especially p. 189.
[48] Schumpeter 1928/1929a, p. 189.
[49] Schumpeter 1934, p. 114.
[50] Schumpeter 1946 in 1987, p.87 seq.
[51] Hayek 1967/1984, p.367.
[52] Müller-Armack 1932, p. 127.

[53] 53 Böhm-Bawerk 1912. Böhm-Bawerk's review was a sharp rejection of Schumpeter's "Theory of economic development".
[54] See Chaloupek 1999.
[55] Blaug 2000, p. 6.

References

Blaug, Mark (2000). "Is There Really Progress in Economics?." paper presented to the 4th annual conference of the European Society for the History of Economic Thought (ESHET). Graz, February 24–27, 2000.

Böhm-Bawerk, Eugen von (1912). "Eine dynamische Theorie des Kapitalzinses." In Weiss, F. X. (ed.), *Eugen von Böhm-Bawerks kleinere Abhandlungen über Kapital und Zins*, Wien, 1926.

Chaloupek, Günther (1995). "Long-Term Economic Perspectives Compared: Joseph Schumpeter and Werner Sombart." *The European Journal of the History of Economic Thought*, Vol. 2:1, pp.127–149.

Chaloupek, Günther (1999). "Die Interventionismustheorie der Österreichischen Schule." In Helmedag, F. and Reuter, N. (eds.), *Der Wohlstand der Personen*. Festschrift zum 60.Geburtstag von Karl Georg Zinn, Metropolis-Verlag, Marburg.

Hayek, F. A. (1935/1997). *Socialism and War. The Collected Works*, Vol. 10, The University of Chicago Press, Chicago.

Hayek, Friedrich A. von (1944). *The Road to Serfdom*, with a new preface by the author, 1976, The University of Chicago Press, Chicago.

Hayek, Friedrich A. von (1967). "The Principles of a Liberal Social Order." In Nishiyama, Chiaki and Leube, K. R. (eds.) (1984), *The Essence of Hayek*.

Keynes, John M. (1923). *A Tract on Monetary Reform*, London.

Mises, Ludwig von (1920/1972). "Economic Calculation in a Socialist Commonwealth." In Nove, A. and Nuti, D. M. (eds.), *Socialist Economics*, Penguin Books, Harmondsworth.

Mises, Ludwig von (1922). *Die Gemeinwirtschaft*, Gustav Fischer-Verlag, Jena.

Mises, Ludwig von (1927/1985). *Liberalism in the Classical Tradition*, Cobden Press, San Francisco.

Mises, Ludwig von (1929). *Kritik des Interventionismus. Verstaatlichung des Kredits (1929)*, new edition with an introduction by F. A. Hayek, Wissenschaftliche Buchgesellschaft, Darmstadt.

Mises, Ludwig von (1932). "Die Legende vom Versagen des Kapitalismus." In *Der internationale Kapitalismus und die Krise*, Festschrift für Julius Wolf, Ferdinand Enke-Verlag, Stuttgart.

Müller-Armack, Alfred (1932). *Entwicklungsgesetze des Kapitalismus*, Junker und Dünnhaupt Verlag, Berlin.

Nishiyama, Chiaki and Leube, K. R. (eds.) (1984). *The Essence of Hayek*, Hoover Institution Press, Stanford.

Philippovich, Eugen von (1910). *Die Entwicklung der wirtschaftspolitischen Ideen im 19.Jahrhundert*, J.C.B. Mohr, Tübingen.

Schumpeter, Joseph A. (1918). "Die Krise des Steuerstaates." engl. translation in Schumpeter 1991, pp. 98–140.

Schumpeter, Joseph A. (1921). "Sozialistische Möglichkeiten von Heute." In Schumpeter 1952, pp. 455–510.

Schumpeter, Joseph.A. (1925a). "Kreditkontrolle." In Schumpeter 1952, pp. 118–157.

Schumpeter, Joseph.A. (1925b). "Alte und neue Bankpolitik." In Schumpeter 1993, pp. 78–93.

Schumpeter, Joseph.A. (1925c). "Edgeworth und die neuere Wirtschaftstheorie." In Schumpeter 1954, pp. 128–147.

Schumpeter, Joseph.A. (1926/1927a). "Steuerkraft und nationale Zukunft." In Schumpeter 1985, pp. 55–63.

Schumpeter, Joseph A. (1926/1927b). "Finanzpolitik." In Schumpeter 1985, pp. 63–70.
Schumpeter, Joseph A. (1926/1927c). "Arbeitslosigkeit." In Schumpeter 1985, pp. 154–160.
Schumpeter, Joseph A. (1928/1929a). "Lohnpolitik und Wissenschaft." In Schumpeter 1985, pp. 185–192.
Schumpeter, Joseph A. (1928/1929b). "Grenzen der Lohnpolitik." In Schumpeter 1985, pp. 192–201.
Schumpeter, Joseph A. (1929/1930a). "Was vermag eine Finanzreform?." In Schumpeter 1985, pp. 112–123.
Schumpeter, Joseph A. (1931/1932a). "Weltkrise und Finanzpolitik." In Schumpeter 1985, pp. 143–150.
Schumpeter, Joseph A. (1931/1932b). "Dauerkrise." In Schumpeter 1985, pp. 202–210.
Schumpeter, Joseph A. (1934). *Theorie der wirtschaftlichen Entwicklung* (4th edition). Duncker und Humblot, München and Leipzig.
Schumpeter, Joseph A. (1934). "Depressions." In Schumpeter 1951, pp. 108–117.
Schumpeter, Joseph A. (1942). *Capitalism, Socialism and Democracy*, 3rd edition, Harper and Row, New York.
Schumpeter, Joseph A. (1946). "Review of F. A. Hayek, *The Road to Serfdom*." German translation in Schumpeter, 1987.
Schumpeter, Joseph A. (1951). *Essays*, ed. R. V. Clemence, 2nd printing 1991, Transaction Publishers, New Brunswick and London.
Schumpeter, Joseph A. (1952). *Aufsätze zur ökonomischen Theorie*, J.C.B. Mohr-Verlag, Tübingen.
Schumpeter, Joseph A. (1954). *Dogmenhistorische und biographische Aufsätze*, J.C.B. Mohr-Verlag, Tübingen.
Schumpeter, Joseph A. (1970). *Das Wesen des Geldes*, ed. Fritz Karl Mann, Vandenhoeck & Ruprecht, Göttingen.
Schumpeter, Joseph A. (1985). *Aufsätze zur Wirtschaftspolitik*, ed. Wolfgang F. Stolper and Ch. Seidl, J.C.B. Mohr-Verlag, Tübingen.
Schumpeter, Joseph A. (1987). *Beiträge zur Sozialökonomik*, ed. Stephan Böhm, Böhlau-Verlag, Wien-Köln-Graz.
Schumpeter, Joseph A. (1991). *The Economics and Sociology of Capitalism*, ed. R. Swedberg, Princeton University Press, Princeton.
Schumpeter, Joseph A. (1993). *Aufsätze zur Tagespolitik*, ed. Christian Seidl and Wolfgang F. Stolper, J.C.B. Mohr-Verlag, Tübingen.
Shionoya, Yuichi (1997). *Schumpeter and the Idea of Social Science*, Cambridge University Press, Cambridge.
Stolper, Wolfgang F. (1994). *Joseph Alois Schumpeter. The Public Life of a Private Man*, Princeton University Press, Princeton, N.J.
Weber, Wilhelm (1949). "Wirtschaftswissenschaft und Wirtschaftspolitik in Österreich 1848 bis 1948." In Hans Mayer, *Hundert Jahre österreichischer Wirtschaftsentwicklung 1848–1948*, Springer-Verlag, Vienna.

Steeped in Two Mind-Sets: Schumpeter in the Context of the Two Canons of Economics

Erik S. Reinert
The Other Canon Foundation, Langestrandveien 59, 3148 Hvasser, Norway;
E-mail: esr@nifo.no

Abstract: In the first section of the paper, we point to Marx and Schumpeter as being the only well known economists from a long and distinguished tradition in economics. In section two we outline a potentially significant 'blind spot' in Schumpeter's *History of Economic Analysis* (1954). In part three we discuss Schumpeter's apparently different approach to that of traditional German economics as regards economics as a theory of practical action, and find that early in his life Schumpeter held a different view. In part four we discuss Schumpeter's theoretical duality in the context of a typology of economic theories. Section five outlines the contrasting basic assumptions of the two types of economic theory. While biographical analyses of Schumpeter's Harvard years have focused on his work in the Economics department, in section six of this paper we emphasize his activities at Harvard Business School and at the Research Center in Entrepreneurial History. In section seven we briefly discuss Schumpeter's 'failed' attempt to produce a work in the German historical tradition, *Business Cycles* (1939). Section eight provides the conclusion by putting Schumpeter's merited ascent as an economic theorist in a context where his thoughts are not as original as they appear today, but rather that the less understood part of Schumpeter was a logical extension of a long and noble economic tradition which has fallen into oblivion.

Keywords: Austrian Economic School, Business Cycles, Gay, German Historical Tradition, Leibnitz, Marx, Redlich, Typologies of Economic Theory, The Other Canon.

J.E.L. Code: B20, B31, P20.

'Seht ihn nur an – Niemandem war er Untertan' says Gottfried Haberler in his obituary to Schumpeter, quoting Nietzsche. 'Just look at him. He was inferior to no one' (Haberler 1950, p. 344). Schumpeter certainly deserves his reputation as a truly powerful independent and original figure in economics. Yet, we shall argue in this paper, that when seen in the contexts of pre-WW II and of German economics, Schumpeter's economic thinking was less original than we perceive it to be today. One part of Schumpeter was deeply rooted in a knowledge- and production-based academic tradition which today is only supported by a minority of economists; what we call 'The Other Canon' of economics. However, the tension between this economic tradition and Schumpeter's admiration for the logic, accuracy and elegance of the emerging mathematics-based economics was an important factor in producing the many paradoxes and contradictions of the man.

J. Backhaus (ed.), Joseph Alois Schumpeter, 261–292.

Both to his contemporaries at Harvard and in the context of the history of economic thought as studied today, Schumpeter's towering figure is perceived as being unique among 20th Century economists on three counts:

a) The originality of his thought;
b) His perceived independence of the 20th Century political axis from left to right;
c) The perceived contradictions and paradoxes of his teachings.

Our contention is that these three phenomena are closely interrelated, and can be better understood in their entirety by studying the philosophical and historical roots of non-Anglo-Saxon economic thinking. Both Schumpeter's originality and his political independence from the standard 20th Century political axis from right to left are, to an important degree, explained by examining the Other Canon economic tradition in which Schumpeter, the Austrian, had his intellectual roots. We argue that Schumpeter's academic schizophrenia was caused by his attempt at unifying two fundamentally incompatible world views, as they are contrasted in sections four and five of this paper.

The contradictions and paradoxes of his thinking and of his teachings, we shall argue, may be better understood if we examine Schumpeter's highly asymmetrical treatment of the philosophical foundations of economics in his *History of Economic Analysis* (Schumpeter 1954). To a surprising extent he deliberately disregarded the philosophical origins of German economics, without which it is difficult to appreciate this tradition. In contrast, Schumpeter uses much time and effort in order to explain the very different philosophical roots of English economics. This extreme historical asymmetry in favour of English philosophy, as it is evidenced in his *History of Economic Analysis*, in our opinion adds a new dimension to Schumpeter's surprising methodological schizophrenia; the fact that he in a sense tried to combine a theory that the world is flat with a theory that the world is round.

Schumpeter wished to be original, and wanted to be perceived as being independent of environmental influences. Haberler comments on his 'absolute refusal to be swayed by current fashions in science and politics' and his 'almost perverse pleasure in being unpopular and standing alone.' (Haberler 1950, p. 344). This solitary intellectual life Schumpeter – paradoxically as usual – combined with an unusual capacity to understand other people's views, a skill which is apparent both in his biographical essays and in the *History of Economic Analysis*.

Schumpeter was uniquely skilled in following the mental filiations of economic thought through history. In fact he states this as the main purpose behind the monumental *History of Economic Analysis* (Schumpeter 1954, p. 6). We shall argue that Schumpeter's reluctance to state *his own* intellectual filiations makes him appear more unique to posterity than he really was. As an example, the concept which today has almost become Schumpeter's trademark – 'creative destruction' – was first used by a German economist of the Historical School. What we observe is the same phenomenon which is revealed by Nicolas Balabkins' article in this volume, dealing with the relationship between Schumpeter and Schäffle on the taxonomy of entrepreneurship.

In the first section of the paper, we point to Marx and Schumpeter as being the only well known economists from a long and distinguished tradition in economics. The surprising similarity of these two economists who were located at the two extremes of the traditional political spectrum – a similarity Schumpeter himself pointed to – is, in our opinion, the result of this common heritage in strong opposition to the English economic tradition. In section two we outline a potentially significant 'blind spot' in Schumpeter's *History of Economic Analysis* (1954). We contemplate the possible connection between this fundamental blind spot and Schumpeter's 'theoretical schizophrenia'. In part three we discuss Schumpeter's apparently different approach to that of traditional German economics as regards economics as a theory of practical action, and find that early in his life Schumpeter held a different view. In part four we discuss Schumpeter's theoretical duality in the context of a typology of economic theories. Section five outlines the contrasting basic assumptions of the two types of economic theory.

While biographical analyses of Schumpeter's Harvard years have focused on his work in the Economics department, in section six of this paper we emphasize his activities at Harvard Business School and at the Research Center in Entrepreneurial History. We shall point out that in these institutions, as opposed to in the Harvard Economics Department, Schumpeter found researchers, traditions and institutions which were much closer to the *verstehende* Germanic tradition in economics. This includes the first Dean of Harvard Business School, Edwin Gay – an enthusiastic student of Gustav Schmoller – who anticipated Schumpeter's key notion of the clustering of innovations and entrepreneurship as the forces behind the cyclical movements of capitalism. In section seven we briefly discuss Schumpeter's 'failed' attempt to produce a work in the German historical tradition, *Business Cycles* (1939). Section eight provides the conclusion by putting Schumpeter's merited ascent as an economic theorist in a context where his thoughts are not as original as they appear today, but rather that the less understood part of Schumpeter was a logical extension of a long and noble economic tradition which has fallen into oblivion.

1. Schumpeter and Marx: Lost Sailors in a Sea of Anglo-Saxon Economics

During the last 150 years Karl Marx and Joseph Schumpeter stand out among the economists usually studied today as being particularly original. The axis from left to right that was created by the Cold War places Marx and Schumpeter on opposite ends of the political spectrum. Our contention is that in terms of *type of economic theory*, Marx and Schumpeter solidly belong in the 'The Other Canon' German tradition of economics. In the foreword to the Japanese edition of *The Theory of Economic Development*, Schumpeter himself clearly states his own mental affiliation to Marx. They both share 'a vision of economic evolution as a distinct process generated by the economic system itself' (Schumpeter in Clemence 1951, p. 160), but the similarities between Marx and himself are 'obliterated by a very wide difference in general outlook' (p. 161).

In our opinion, the fact that Schumpeter 'managed to shock and antagonize Philistines on the right and on the left at the same time' (Haberler 1950, p. 344) is largely explained by the fact that his intellectual roots lay in the soil of a tradition which was quite independent of the Ricardian intellectual tradition which during the 20th Century gave birth both to the political left and the political right. The common origin of both sides of the Cold War is discussed in section six of this paper in connection with the writings of Herbert Foxwell (1849–1936). (See also Stiglitz 1994 and Hodgson 1999.) German economics was situated in a position outside this right-left axis. In his book on *The Third Way* Anthony Giddens explains this alternative tradition, which we have called 'The Other Canon'. He correctly traces the origin of the welfare state to the German economic tradition and to Bismarck, to a system copied by many countries. 'The ruling groups who set up the social insurance system in imperial Germany in the late nineteenth century despised laissez-faire economics as they did socialism' (Giddens 1998).

Schumpeter's intellectual roots were close to those of the German Historical School and the economists that formed the *Verein für Sozialpolitik* and – with the political backing of Bismarck – created the welfare state. Schumpeter's perceived originality in the Anglo-Saxon environment is, in our view, to a large extent a product of the ignorance, outside Germany, of this tradition. Features that we today tend to associate with Marx and Schumpeter, the importance of technology, innovations and learning, indeed form a strong intellectual thread in all German economics from Gottfried Wilhelm von Leibniz and Christian Wolff, through 18th Century economists like Georg Heinrich Zincke, Johann Heinrich Gottlob von Justi and Johann Beckmann, and in the 19th Century to Friedrich List and to the two generations of the Historical School.

The focus of this German school of economics was very different from that of English economics. Simultaneously with Adam Smith's writings, focusing on *Man the Trader*, Johann Beckman, a professor of economics in Göttingen, wrote and edited voluminous works on technology, on *Man the Innovator and Producer* (Beckmann 1780). His journal on practical economics ran continuously from 1770 to 1806 (Beckmann 1770–1806). Some of his work was published in English as *A History of Inventions and Discoveries* in three volumes (Beckmann 1797), but – as later with the economics of Charles Babbage – such works tend to fall outside what in the English tradition is classified as economics. This is also the tradition on which Marx' analysis of the industrial revolution builds. Marx, however, added to this analysis Ricardo's 'labour theory of value'. Marx' adoption of this very un-German idea from Ricardo made German economists in general favourable to his historical analysis, but in deep disagreement with his solutions to the problems at hand.

The most influential 20th Century German economist in the period between the two world wars was Werner Sombart, whose monumental work on the history of capitalism has still not been published in English (Sombart 1902, 1928). In 1913 two books by Sombart appear, in which he discusses, respectively, the role of war and the role of luxury in promoting technological development and innovations in capitalism. (Sombart 1913a, 1913b). The concept that people today would see as the main heritage of Schumpeter – creative destruction – was first used here by Werner Sombart. On the last page of his *Krieg und Kapitalismus* the concept 'creative destruction', as far as we have been able to judge, appears for the first time.[1] This term, now so closely linked to Schumpeter's economics, is originally not his own.

To someone familiar with the German tradition in economics, Schumpeter's originality is considerably reduced. One of Sombart's biographers correctly, and indeed harshly, describes Schumpeter's 1942 book *Capitalism, Socialism and Democracy* as essentially a reworking of a German debate which had taken place decades earlier, where Schumpeter neither refers to the debate itself, nor to its protagonist Werner Sombart (Appel 1994, p. 260).[2] Schumpeter's reluctance to make his own intellectual 'filiation' traceable is not limited to one case, see also Balabkins' article in this volume.

We would argue that Schumpeter emanated from the Renaissance tradition of the German historical and *Staatswissenschaftliche* (State Science) schools, a tradition always torn between the importance of the creative individual and the collective need to build society. (Reinert and Daastøl 1997; Reinert 1999). Whereas traditionally the economists of this school had fought the use of static equilibrium theory and barter-based English economics, Schumpeter could not only see the advantage of both approaches, he tried to unite them. He spent his life on the hopeless task of formalising the creative essence of Renaissance economics – of entrepreneurship, novelty, and creative destruction – into the framework of dead equilibrium which is at the core of neoclassical economics.

The fundamental paradox of Schumpeter's dual vision of economics can be illustrated by contrasting his view of French economist Leon Walras with Alfred Marshall's view of the same French economist. Marshall, the founding neoclassical, wished to see economics as an evolutionary science, and he therefore disdained Leon Walras' mechanistic approach to economics as sterile. To Schumpeter, who today is hailed as the founder of evolutionary economics, Leon Walras was the greatest economist ever. Marshall's own theory in effect came to be based on the mechanical model, while Schumpeter's vision was clearly evolutionary. Schumpeter was to spend most of his life attempting to close the gap between his dynamic vision and Walras' statics. He strived in vain to unite two essentially incompatible world-views; his goal was to include his dynamic and essentially organic vision into the mathematical mechanics of Walras. In a sense both Marshall and Schumpeter ended up precisely in the spot they initially did not want to be, although Schumpeter often skilfully managed to be simultaneously in two places.

2. Schumpeter's Confusion and the Lacking Philosophical Roots

It is not easy to criticize Schumpeter's wonderfully encyclopaedic *History of Economic Analysis* on a systemic basis. But after 25 years of constant use, one surprising lacuna – one 'blind spot' – has caught the attention of this writer. And, we shall argue, on one level there is a logical connection between Schumpeter's continued paradoxical dual vision – his insistence in trying to amalgamate two fundamentally incompatible world views – and this blind spot in *History of Economic Analysis*.

Schumpeter's great work covers the philosophical roots of English economics thoroughly; there are 25 references to John Locke in the index, one covering four consecutive pages, 9 references to Thomas Hobbes, and 26 to David Hume. This contrasts very sharply, however, with Schumpeter's lack of attention to the equally, if not even more, important ties between German philosophy and the birth of German economics in the 18th Century.

Christian Wolff was undoubtedly the spiritual father of the German economic tradition, where economics was part of the science of *Statecraft* (Tribe 1988; Reinert and Daastøl 1997). In Schumpeter's *History of Economic Analysis*, however, Wolff does not even make it to the index. Being left out of an otherwise remarkably accurate index, Christian Wolff does indeed appear on p. 117 in the *History of Economic Analysis*, but only immediately to be dismissed: 'the great name of Leibniz and that of his faithful henchman, Christian Wolff, are left out advisedly: they were polyhistors, of course, and greatly interested, among other things, in the economic events and policies of their day, but they made no contribution to our subject.' We believe this to be a fundamental and far-reaching mistake on Schumpeter's part, one that prevented him from understanding the historical and philosophical foundations of German economics, and thus possibly also prevented him from appreciating the deep discrepancies that exist between English and German-type economics at the most fundamental level.

Schumpeter's approach here breaks radically with two works on the subject which he himself refers to in other contexts in the same book. In Wilhelm Roscher's history of economic thought in Germany, *Geschichte der National-Ökonomik in Deutschland* (Roscher 1874), the author devotes a whole chapter (Chapter 17) of fifty pages to Leibniz and Wolff. The history of philosophy used by Schumpeter, Wilhelm Windelband's *Geschichte der Philosophie* (Windelband 1918) is also crystal clear on the importance of Leibniz and Wolff. Among the many entries are the following: 'Germany was won for the Enlightenment already through Leibniz' philosophy and the huge success of Wolff as a teacher . . .' (Windelband 1918, p. 368) and 'The teachings and the school of Christian Wolff formed the centre of German scientific life in the 18th Century' (p. 372). Wolff taught at Halle, from which he was forced to flee in 1723 on account of his liberal views on the wisdom of the heathen Chinese, but was called back to Halle in 1740 under the greatest honours by Frederick the Great himself. The first university chair in economics in Germany was established in Halle in 1728, more than 100 years before the first such chair in England.

Schumpeter's deliberate and pre-meditated neglect of Leibniz and Wolff is all the more surprising when we consider that the two philosophers were more directly relevant to economics both in their practical investigations – e.g. in the problems of mining – and in their recommendations on economic policy than were their English counterparts. Windelband makes it clear that Christian Wolff is the person who invests the regents of Europe with the responsibility for economic development and for the education of the masses (Wolff 1750). This is the 'fatherly despotism' (Windelband 1918, p. 435) of European rulers that Roscher later termed 'enlightened despotism'. The German economists who followed Wolff also unequivocally state that they follow in his footsteps, from the voluminous tomes of Georg Heinrich Zincke's journal *Leipziger Sammlungen* (Zincke 1746–1767) to Johann Heinrich Gottlob von Justi's numerous writings.

Schumpeter also consciously disregards the great emphasis Roscher (1874) puts on Leibniz contribution to economics. This in spite of the fact that he has clearly read what Roscher reports on Leibniz: '(Leibniz') views on economics that have been collected with loving care by W. Roscher are too insignificant to be mentioned again' (Schumpeter 1954, p. 28). As already mentioned, we beg to disagree fundamentally with Schumpeter on this matter. Leibniz' economic analysis is very relevant to the pressing economic issues of his day, and also very straightforward when it comes to economic policy. The fundamental strategy of the time was a policy focusing on economic activities where innovations and 'learning by doing' (in today's terminology), could be found. This meant emphasising the development of the manufacturing sector, the sector where learning, innovations and increasing returns were found at the time. This targeting of economic sectors where innovations were to be found is, in this writer's opinion, a profoundly Schumpeterian policy (Reinert 2000). Leibniz compares a nation that sells raw materials, only to buy back goods manufactured from the same raw materials, to a person who gullibly buys back the horse which previously has been stolen from him (Roscher 1874, pp. 336–337). We have published a long list of targeted policy measures described as tools of 'Schumpeterian mercantilism' (Reinert 1999). In our opinion centuries of parallel targeting of increasing return activities in all European countries is an important factor in explaining the formation of the 'gap' between Europe and its later colonies.

Schumpeter makes a curious comment about Leibniz' economic theory: 'Leibniz' views on foreign trade have nothing whatsoever to do with his fundamental vision of the physical and the moral world and he could, so far as these are concerned, just as well have been a free trader' (Schumpeter 1954, p. 29). In our view this reveals a fundamental misunderstanding on Schumpeter's part. Leibniz worked in the Renaissance pre-Mandeville tradition, where it was Man's pleasurable duty to invent. In foreign trade policy this view manifested itself in making sure that every nation shared in the production of articles where innovations and increasing returns were found. Therefore there is indeed a crucial connection between what Leibniz sees as the duty of Man, a duty which will create national wealth, and his view of selling raw materials – i.e. concentrating in diminishing return activities – only to buy back the same material as a finished product, as a strategy detrimental to national wealth. On this practical matter, Leibniz is fully in line with the prevailing English theory and practice of the time (King 1721; Reinert 1998). The English theory on this was, however, much more pragmatically and less philosophically based.

The overwhelming scope of Leibniz' writing is illustrated by one work (Leibniz 1720) in which the author combines physics and metaphysics, philosophy and theology, traces Greek writings on the freedom of Man, criticizes the philosophy of Hobbes, and, in the same work, describes his invention of the binary numerical system which was to become the basis for modern computing and describes a calculating machine also of his invention. A plate illustrating the calculating machine is included.

Leibniz initiated the typical German economic tradition, building qualitative understanding (*verstehen*) from a myriad of details combined with a sweeping historical analysis. This approach requires a living interest in all aspects of society. 'No manure was him too dirty, no trash too small, no list of courses too dry and boring, no bookkeeping too unpoetic', says Roscher about Leibniz (Roscher 1872, p. 330). It is the unique combination of this unending love and interest in the details of life with philosophical speculations and a sweeping knowledge of world history that to Roscher is the hallmark of a truly great economist. This is paradoxically the approach Schumpeter chose for his *Business Cycles* (1939) which was not appreciated by his contemporaries.

Leibniz is also perhaps the first to argue the complementarity of national investments in agriculture and manufacturing. Leibniz polemises against the view that promoting manufacturing would damage agriculture, a view prevailing both in France and England at the time. (Roscher 1874, p. 337). Only 40–50 years after Leibniz' death – about 1750 – the view that manufacturing and agriculture mutually reinforce each other starts to prevail in Europe. This view, then spread by authors as different as Johan Peter Süssmilch, James Stueart and David Hume, was to influence economic policy and economic development profoundly all over Europe. Later, Mathew Carey, starting in 1820, propagated the same basic view in the United States: the mutually beneficial and synergetic effect of manufacturing and agriculture in a nation. This idea was to make the industrial policy of the United States acceptable to the farmers of that country through he rest of the 19th Century. Thus this insight, originally from Leibniz, came to have an enormous impact on 19th Century economic policy.

How could Schumpeter have missed all this evidence? Could it be that Professor Foxwell, who put together Kress Library, was not aware of the importance of Leibniz and Wolff to economics, so that in all its splendour, Kress Library – where Schumpeter spent the war years doing his research on the *History of Economic Analysis* – did not supply him with the material he needed? This is, at best, only a partial explanation. Hume, Hobbes and Locke are richly represented in Kress, but there are in fact no works by Leibniz. Christian Wolff, however, is represented by 10 works in the Kress Library, but most of them on law. Schumpeter was, since his days in Vienna, sceptical to the German tradition of academically blending law and economics, and this may have prevented him from delving into Wolff's mainly Latin texts in Kress. Wolff's work in English establishing it as the duty of the sovereign to develop his state (Wolff 1750) is not in Kress. Four works represent Zincke, but of the 23 years of his very influential journal *Leipziger Sammlungen* (Zincke 1746–1767), Kress only has the first year. The library also holds twenty-two of Justi's books (Kress Library catalogues, various years).

In summary, Schumpeter's methodological schizophrenia can be described as this: The last 300 years of economic theory in Europe have produced two entirely different types of economic theories, which – in our view – are mutually exclusive. Briefly put, the type of theory one would choose depends on one's view of Man. That is, if one believes in theory type A, theory type B becomes irrelevant, and vice versa. Type A: You believe that Man's brain is a passive *tabula rasa* inhabiting a pleasure-calculating machine, avoiding pain and maximising pleasure – a dog that has learned to barter – and you consequently favour a hedonistic and barter-based economics with corresponding value system and incentive system. Alternatively one believes in type B; That the essence of Man is a potentially noble spirit with an active brain – constantly registering and classifying the world around him according to set schemata – whose central feature is that he produces, not that he barters. The driving force of the second type of economy is not capital *per se*, but what Nietzsche calls *Geist- und Willens-Kapital,* i.e. Man's wit and will. The first view of Man makes it possible to produce a simple, calculable and quantifiable static economic theory. This second type of theory, of a much more complex Man, also needs a much more complex and dynamic theory, the core of which is *irreducible to figures and symbols*. The first view of Man calls for what Sombart calls an *ordnende* economic theory, the second for what he calls a *verstehende* economic theory, interspersed with the older *richtende* – or duty-based – economic system. (Sombart 1930). These contrasts are further elaborated in section four and five of this paper.

Schumpeter frequently provides brilliant insights into the weaknesses of *Type A* theory, yet he spends his life trying to remould and fit the richness of *Type B* economics into the barren tools of *Type A* economics. This task appears similar to that of converting an ox into a bouillon cube, and then expect all the vitality of the ox still to be there. On Ricardo's highly abstract construction he says: 'It is an excellent theory that can never be refuted and lacks nothing but sense.' (Schumpeter 1954, p. 473). In type A economics *capital*, of course, is the main factor that virtually accounts for economic growth. When discussing the economics of John Rae, as already quoted, Schumpeter indirectly criticises standard economics, labelling it 'the pedestrian view that it is the accumulation of capital *per se* that propels the capitalist engine' (Schumpeter 1954, p. 468). John Rae is a typical economist of The Other Canon, one of the few economists where Schumpeter has difficulties finding the 'filiations' backwards in time and influence.

In his first book, *Wesen und Haupteinhalt der theoretischen Nationalökonomie* (Schumpeter 1908, no English translation), Schumpeter denounces the *Methodenstreit* – partly a doctrinal battle between type A and type B view of Man – as a waste of time. To Schumpeter, different models of research are needed for different purposes. To him each method has its concrete areas of application, and it is useless to struggle for universal validity. Schumpeter suggests pragmatically that we should first state the question we want to address, and then enter into the theory at a level of abstraction where an answer is likely to be found.

In his foreword to Zeuthen (1932), Schumpeter makes this argument even clearer: The economist and the reader, he says, 'will have to make up his mind, whether he wants simple answers to his questions or useful ones – in this as in other economic matters he cannot have both.' Type A economics gives us Paul Samuelson's factor price equalisation, very simple and elegant, but in practice totally irrelevant and harmful to Man's welfare in the economic periphery. Schumpeter sees the basic problem in principle, but yet he fails so utterly in drawing the practical consequence that the complexities of Type B theory are incompatible with Type A tools (See also Drechsler 2001).

3. Schumpeter's Separaton of Theory and Policy

In one important aspect Schumpeter appears to differ greatly from the German tradition from Leibniz and Wolff, via Zincke and Justi to List and the historical schools. In the German tradition the ideal was *praxisnah* – near to the praxis of real life – a type of academia where the link from theory to policy and practice was very short. The *ivory tower* could be conceived of as being the exact opposite of this ideal. Traditionally German economics centred around Man and his needs; *der Mensch und seine Bedürfnisse*. In this tradition theory and practice are highly complimentary: the purpose of theory is to be able to act rationally and effectively. The older Schumpeter, in contrast, repeatedly states that theory and politics, for from being complementary, are actually incompatible (see e.g. his colleague Leontief 1950, p. 103). This was not always so, however. The case of Schumpeter was rather that of a person being twice burned – both in politics and in business – and consequently thrice shy.

As a young man, in 1918–1919, Schumpeter did not do well in a position as Minister of Finance in an early republican government in Austria. His best friend, Gustav Stolper, evaluated Schumpeter's short-lived political career thus: 'My personal opinion is that Schumpeter failed because of his boundless ambition, which he wanted to use not in the scientific, but in the political field. If he succeeds in concentrating once more on scientific work, he will, with his intellectual capacity' soon overcome this unpleasant intermezzo' (Quoted in Allen 1994, pp. 1, 180)

In the early 1920's, Schumpeter was involved in business dealings that proved to be very speculative. He became chairman of the board of a bank – M.L. Biederman & Co. – in Vienna. When the bank failed, Schumpeter got into serious financial trouble from which he would not be freed for years. By the age of 42, Schumpeter had failed markedly both as a politician and as a businessman. Seen on this background, his later insistence – in the US – on breaking the German tradition of bridging economics with business and politics, was relatively understandable. Later Schumpeter also tragically failed to influence economic policy with his monumental, but perhaps unnecessarily long volumes on *Business Cycles* (Schumpeter 1939).

What is not so easy to explain is Schumpeter's frequent disdain towards other economists, who, like the members of the *Verein für Sozialpolitik*, successfully managed both to be economists and directly to influence the real world. Perhaps his own failure with *Business Cycles* contributed to this negative attitude to this kind of theorising in the *History of Economic Analysis*, written immediately afterwards. We may in fact also observe an Austrian streak here, breaking with the long German tradition of economics. In the wide scope of his work on *The Austrian Mind*, William Johnston describes the 'impracticality' of Young Vienna at the time Schumpeter grew up there: 'intellectuals would converse for hours without seeking to alter reality'. (Johnston 1972, p. 119). Schumpeter's 'impracticality' in day-to-day matters was a marked personal characteristic. 'Austrian authors devoted vastly more energy to diagnoses than to cure' (Johnston 1972, p. 400). Schumpeter's *Capitalism, Socialism and Democracy* has indeed been characterised as brilliant after-dinner discussion, much in the tradition that Johnston describes as typically Austrian in Schumpeter's generation.

4. Typologies of Economic Theory and Schumpeter's Duality

We have recently argued that when focusing on very long-term longitudinal trends in economics, two ideal types of economic theory appear to have co-existed parallel over an extended period of time (Reinert and Daastøl 2001) These ideal types can be seen as constituting two separate *filiations*[3] – to use Schumpeter's term – and they come into occasional methodological clashes.

Werner Sombart fittingly calls the first tradition *activistic-idealistic*, a tradition born with the Renaissance. The second type of economic theory he calls *passivistic-materialistic* (Sombart 1928, Vol. 2, p. 919), a tradition having its origins with Mandeville and Adam Smith and solidifying as the 'a-priori method' with David Ricardo. As a historian of economic thought, Schumpeter shows an almost unique ability to grasp and to explain the thought of his fellow economists of both filiations. The purpose of this section is to outline the characteristics of the two traditions, the tradition behind today's mainstream and 'The Other Canon'.

In most sciences, periodical and radical *gestalt-switches* terminate old theoretical trajectories and initiate new ones. In a Kuhnian paradigm shift the scientific world moves from a situation when everybody knows that the world is flat, to a new understanding when everybody knows that the world is round. This happens in a relatively short time. Lakatos' idea of a 'degenerating scientific research programmes' that gradually shift to 'progressive' ones conveys a similar idea. In this respect economics is different. In economics the theory that the world is flat has been living together with the theory that the world is round for centuries. We describe this apparent lack of paradigm shifts in economics by the co-existence of these two long-term parallel *filiations*, where weight and influence periodically tilt back and forth between two alternative *Weltanschauungen*.

Today evolutionary economics – based on a tradition founded by Schumpeter – represents the most important challenge to the mainstream. However, evolutionary economics has, in our view, so far had an unnecessarily limited scope. This tradition now focuses relatively narrowly on innovations, including neither Schumpeter's own interest in financial matters, nor addressing to any extent the broader issues of uneven economic growth and employment on a world level which are, at their origin, intimately tied to Schumpeterian mechanisms. And, by bringing simple 'Schumpeterian' variables into mainstream equilibrium models, his message is being domesticated and made innocuous. As in the case of Keynes, the mainstream again shows a great ability to usurp, absorb, and subdue threatening alternative theories.

As already indicated, the two different canons are based on fundamentally different *Weltanschauungen*. The lines of the two canons can be traced back to the period when the term economics was first used, to ancient Greece (Reinert and Daastøl 1997). While today's standard economics is based on a mechanistic and barter-centred tradition, Renaissance economics – The Other Canon – is dynamic, activistic-idealistic, and production-centred. The first tradition belongs to what Werner Sombart calls *ordnende Nationalökonomie*, which is concerned about *organising* the economic sphere. The second tradition is what Sombart calls *verstehende Nationalökonomie* (Sombart 1930), what Nelson and Winter (1982) refer to as appreciative economics. The first tradition typically explains Man's economic activities in terms of physics (of dead matter), the second in terms of biology (of living matter *and* of Man's wit and will). The first tradition is represented by Malthus' *dismal science*, the second by Christopher Freeman's *Economics of Hope* (Freeman 1992) – by the *never-ending frontier of human knowledge* which Schumpeter shared. 'Schumpeter was an optimist in his belief in the boundless progress of the inquiring mind' said Schumpeter's Harvard colleague Wassily Leontief in his obituary (Leontief 1950, p. 110)

Present mainstream economic theory places itself solidly in a canonical sequence descending from the Physiocrats, via Adam Smith and Ricardo to the neo-classical tradition beginning with Jevons and Marshall. The sequence has been made clear to generations of economists as the 'Family Tree of Economics' featured on the inside back cover of many editions of Paul Samuelson's *Economics.* The alternative canon in economic theory runs parallel in time with the tradition of Samuelson's 'Family Tree'. We have named this alternative type of theory *The Other Canon* or *Renaissance Economics.* The latter because never before and never after have the values which this canon represents dominated the world picture as they did during the Renaissance. The mainstream canon is clearly a product of the next philosophical period – The Enlightenment – that was in opposition to Renaissance values and outlook on important matters. Rationality and individuality during the Renaissance were based on an image of man as a spiritual being: creative and productive. The Enlightenment had a more materialistic understanding of human rationality and individuality: mechanical and consuming. Today the Renaissance canon – The Other Canon – tends to disappear in the history of economic thought, as this branch of economics more and more concentrates on the predecessors of neo-classical economics.

In 19th Century United States, The Other Canon dominated economic policy and the land-grant universities, while the standard canon dominated at the Ivy League universities. Typically Cornell University, as the only university that was both land-grant and Ivy League, was for a while teaching two kinds of economics: the British system and the American System. In all presently wealthy nations, an economic policy based on The Other Canon has served as a *mandatory passage point* in the history of economic policy. We would claim that the absence of the *History of Economic Policy* as a branch of Economics to some extent explains why The Other Canon has been brought into virtual oblivion.

As already mentioned, Renaissance economics is optimistic: the *never-ending frontier of knowledge* stands in sharp contrast with Malthus' *dismal science* and with the production theory of mainstream economics, the foundation of which is still today fundamentally a formalisation of Ricardo's static corn economy. Here the main agents of change, new knowledge and the entrepreneur, are both absent. In the middle of the Cold War, in 1955, Nicholas Kaldor made the extremely important point that 'the Marxian theory is really only a simplified version of Ricardo, clothed in a different garb' (Kaldor 1955/1960, p. 211). It was not at all obvious to most people at the time that the two political extremes were based on what were really only nuances of the same basic Ricardian economic theory. Only long after the fall of the

Berlin Wall, in the late 1990's, arguments stressing the similarities of the two political extremes have again surfaced in books by Stiglitz (1994) and Hodgson (1999). As we shall see in section six of this paper, the first economist to renounce David Ricardo as the root of both the evils of communism and of liberalism was Herbert Foxwell, the creator of the Kress Library where Schumpeter made his research for the *History of Economic Analysis*.

The cold war between what were in effect two versions of Ricardian economics led to the present crisis of The Other Canon. As it now is, the healthy Galbraithian balance of countervailing powers between the standard Anglo-Saxon theory and The Other Canon no longer exists. A hundred years ago the need for a balance of induction and deduction was generally recognised in all schools. On this matter the neo-classical founder Alfred Marshall approvingly quotes the historicist Gustav Schmoller as saying that 'Induction and deduction are both needed for scientific thought as the right foot and left foot are both needed for walking' (Marshall 1961, p. 29). In the beginning of the 20th Century most observers seemed to consider these two approaches as *alternative* sets of binoculars through which to observe the world. Schumpeter's frustration seems to have originated in attempt to produce one single set of binoculars from two views that to most others were seen as being incompatible. Since then induction has to a very large extent been lost in economics, making mainstream economics tilt very heavily towards the left side of the brain. The essentially mechanical neo-classical economics now dominates the field, and the prominent 'Other Canon' aspects of both Alfred Marshall's early neo-classical economics and Carl Menger's early Austrian economics have largely been lost.

Several observers have in fact pointed to the similarities between the economics of Alfred Marshall and of Carl Menger. (This is discussed in Reinert, forthcoming.) In this forthcoming paper we argue that the theories that these two economists founded – neo-classical and Austrian – suffered a gradual and parallel loss of their Other Canon aspects over the course of the 20th Century. Although, as usual not in a clear-cut way, it may indeed be argued that Schumpeter himself participated in this drift away from the non-quantifiable induction towards quantifiable and mechanical deduction. The elimination of chapter 7 in the second (1926) edition of *Theorie der wirtschaftlichen Entwicklung* (Schumpeter 1912) is one marked step in this direction. This change in approach would clearly make Schumpeter more eligible for a job in the United States.

The following are main characteristics of Other Canon economics: The fundamental cause of economic welfare is Man's productive creativity and morality; the *immaterial* production factors. In order for these ideas to materialise, capital is needed. Capital *per se* is in this tradition sterile. The Renaissance tradition can be contrasted with mainstream using Schumpeter's description of the economics of John Rae – a 19th Century US economist of the Renaissance canon: 'The essential thing is the conception of the economic process, which soars above the pedestrian view that it is the accumulation of capital *per se* that propels the capitalist engine' (Schumpeter 1954, p. 468). Whereas classical economics focused on barter, exchange, and the accumulation of material capital, the Renaissance tradition focuses on production based on human creativity. For this reason Renaissance economics emphasises education, science, incentives, and entrepreneurship.

Mainstream economics defines its origins in the French school of *physiocracy* (i.e. 'the rule of nature'), where value is created by Nature, and harvested by Man. In a true 'other canon' frame of mind, Schumpeter says about physiocracy that 'Its analytical merit is negligible, but all the greater was its success', (Schumpeter 1954, p. 175). In Renaissance economics value originates through Man's wit and will (i.e. 'ideocracy' – 'the rule of ideas'). During the mechanisation of the world picture, which took place during the materialistically oriented Enlightenment, the defenders of the Renaissance tradition were the anti-physiocrats. The Renaissance tradition is holistic and idealistic – not atomistic and materialistic. Nevertheless, at the core of the system is the individual, set in a complex web of synergetic interrelations. The beneficial effects of these interrelations first became evident in Renaissance towns giving birth to the Renaissance expression of the *common weal* (*il bene comune, das Gemeinwohl*) – a synergetic understanding of Society as being more than the sum of its parts (see Reinert 1999 for a discussion).

We have elsewhere (Reinert and Daastøl 2001) argued that the two types of economics – the same types that brought about Schumpeter's dualist view – have come into conflict at various times through history. The conflicts, or *canonical Methodenstreite*, are the following:

- Canonical Methodenstreit 1: Misselden vs. Malynes (1622–1623)
- Canonical Methodenstreit 2: Anti-physiocracy vs. Physiocracy & Adam Smith (ca. 1770–1830)
- Canonical Methodenstreit 3: The American System vs. The British System (19th Century United States)
- Canonical Methodenstreit 4: The Historical School vs. Marginalism (1883–1908)
- Canonical Methodenstreit 5. The US Institutional vs. The Neoclassical School (20th Century)

5. The Two Canons Contrasted as Ideal Types[4]

STARTING POINT FOR THE STANDARD CANON:	STARTING POINT FOR 'THE OTHER CANON':
Equilibrium under *perfect information* and *perfect foresight*	Learning and decision-making under uncertainty (Schumpeter, Keynes, Shackle)
High level of abstraction	Level of abstraction chosen according to problem to be resolved

Man's wit and will absent	Moving force: *Geist- und Willenskapital:* Man's wit and will, entrepreneurship
Not able to handle *novelty* as an endogenous phenomenon	*Novelty* as a central moving force
Moving force: 'capital per se propels the capitalist engine'	Moving force: New knowledge which creates a demand for capital to be provided from the financial sector
Metaphors from the realm of physics	Metaphors (carefully) from the realm of biology
Mode of understanding: Mechanistic ('begreifen')	Mode of understanding: Qualitative ('verstehen'), a type of understanding irreducible only to numbers and symbols
Matter	*Geist* precedes matter
Focused on *Man the Consumer* A. Smith: 'Men are animals which have learned to barter'	Focused on *Man the Innovator and Producer.* A. Lincoln: 'Men are animals which not only work, but innovate'
Focused on static/comparative static	Focused on change
Not cumulative/history absent	Cumulative causations/'history matters'/backwash effects (Myrdal, Kaldor, Schumpeter, German Historical School)
Increasing returns to scale and its absence a non-essential feature	Increasing returns and its absence essential to explaining differences in income between firms, regions and nations (Kaldor)
Very precise ('would rather be accurately wrong than approximately correct')	Aiming at relevance over precision, recognizes the *trade-off between relevance and precision* as a core issue in the profession
'Perfect competition' (commodity competition/price competition) as an ideal situation = a goal for society	Innovation- and knowledge-driven Schumpeterian competition as both engine of progress and ideal situation. With perfect competition, with equilibrium and no innovation, capital becomes worthless (Schumpeter, Hayek)

The market as a mechanism for setting prices	The market also as an arena for rivalry and as a mechanism selecting between different products and different solutions. (Schumpeter, Nelson and Winter)
Equality Assumption I: No diversity	Diversity as a key factor (Schumpeter, Shackle)
Equality Assumption II: All economic activities are *alike* and *of equal quality* as carriers of economic growth and welfare	Growth and welfare are *activity-specific* – different economic activities present widely different potentials for absorbing new knowledge
Both theory and policy recommendations tend to be *independent of context* ('one medicine cures all')	Both theory and policy recommendations highly *context dependent*
The economy largely independent from society	The economy as firmly embedded in society
Technology as a *free good*, as 'manna from heaven'	Knowledge and technology are *produced*, have cost and are protected. This production is based on incentives of the system, including law, institutions and policies
Equilibrating forces at the core of the system and of the theory	Cumulative forces are more important than equilibrating ones, and should therefore be at the core of the system
Economics as *Harmonielehre*: The economy as a self-regulating system seeking equilibrium and harmony	Economics as an inherently unstable and conflict-rich discipline. Achieving stability is based on Man's policy measures (Carey, Polanyi, Weber, Keynes)
Postulates the representative firm	No 'representative firm'. All firms are unique (Penrose)
Static optimum. Perfect rationality	Dynamic optimisation under uncertainty. Bounded rationality
No distinction made between real economy and financial economy	Conflicts between real economy and financial economy are normal and must be regulated (Minsky, Keynes)

Saving caused by refraining from consumption and a cause of growth	Saving largely results from profits (Schumpeter) and saving *per se* is not useful or desirable for growth (Keynes)

6. Schumpeter and the Other Canon at Harvard: The Business School and the Research Center in Entrepreneurial History

The Charles River divides the Harvard University campus in two. From the point of view of the world of economics, the river also divides the two canons of thought. The economics department with its increasingly mechanical and *ordnende* approach to economics is on the Cambridge side, while Harvard Business School with a *verstehende* approach to the economic world rests on the opposite bank, technically in Boston. Disenchanted 'with his colleagues in the economics department Schumpeter turned elsewhere for inspiration', says Swedberg (1991, p. 168). We shall argue that at Harvard Business School Schumpeter found the time and opportunity to focus on the 'verstehende' economics in the German tradition. Schumpeter was a co-founder and active participant in the Harvard Center for Entrepreneurial Studies. This center technically had an independent status under the Faculty of Arts and Sciences (Research Center in Entrepreneurial History 1949, p. vii), but the centre's executive director, Arthur Cole, was based at the Business School.

It was at the Kress Library at the Harvard Business School that Schumpeter, 'spent the war years almost as a monk' (Allen 1994, pp. 2, 158) researching for what was to become his monumental *History of Economic Analysis*. To Schumpeter and his second wife, Kress was 'a scholar's paradise' (McCraw 1991, p. 386). We shall focus our analysis around three persons whose spirit and/or personality were present at the Harvard Business School in Schumpeter's time, influencing the anti-Ricardian 'Other Canon' part of Schumpeter paradoxical economics: Herbert Foxwell, Edwin Gay, and Fritz Redlich.

6.1. Herbert Somerton Foxwell (1849–1936): The Spirit of Kress Library

Few people today are aware of the strong ties that existed between Harvard Business School and the German – and even English – anti-Ricardian 'Other Canon' economic tradition at the time Schumpeter worked at Harvard. Going up the steps to the Kress Library inside the large Baker Library at Harvard Business School, Schumpeter would pass the life-size portrait of Herbert Somerton Foxwell, the Cambridge University economist who assembled what still to date are the two largest and most comprehensive libraries of economics, Kress Library at Harvard and Goldsmiths' Library at the University of London.

We know Herbert Foxwell through a thorough and sympathetic obituary by Keynes, first published in the *Economic Journal* in 1936 (Keynes 1972).

Like his German counterparts at the time, Foxwell argued strongly against the abstract economic methods of David Ricardo, and like the members of the German Historical School, he equally disliked liberalism and communism. Foxwell wrote several pieces on the history of English socialist economics and 19th Century economics in general. Together with Edwin Seligman of Colombia University (another serious collector of economics books), Foxwell is a main source of information on minor English economists, both socialists and anti-Ricardian, of the 19th Century. Importantly, Foxwell focused his criticism of Ricardo's negative influence on economics on two accounts (Foxwell 1899): Ricardo both gave the whole course of mainstream economics a 'wrong twist', making it unhistorical and unrealistic, and his 'crude generalisation' gave 'modern socialism its fancied scientific basis'.

Foxwell thus very early saw the point that lately has been made by Stiglitz (1994) and Hodgson (1999) that both communism and liberalism have the same intellectual roots in David Ricardo. So strong was Foxwell's dislike of Ricardo, that he failed to deliver his Presidential Address on Ricardo to the Royal Economic Society 'on the ground that his onslaught of the man, who had convinced the world of the dreadful heresy of a necessary conflict between the interests of capital and labour, would have been too provocative' (Keynes 1972, p. 270). Foxwell also wrote on finance and banking, emphasising the advantages of the continental banking practices over English.

It was indeed Foxwell who spelt out the danger of what Schumpeter later labelled 'The Ricardian Vice' in economics:

> Ricardo, and still more those who popularised him, may stand as an example for all time of the extreme danger which may arise from the unscientific use of hypothesis in social speculations, from the failure to appreciate the limited applications to actual affairs of a highly artificial and arbitrary analysis. His ingenious, though perhaps over-elaborated reasonings became positively mischievous and misleading when they were unhesitatingly applied to determine grave practical issues without the smallest sense of the thoroughly abstract and unreal character of the assumptions on which they were founded (Foxwell 1899, p. xli).

Foxwell's collection of economics books – still today the core of Kress Library – reflects the collector's understanding that economics must be studied in its economic and social context, and Foxwell's 'special sympathy for all heretics against the bondage of economic orthodoxy' (Keynes 1972, p. 281). Schumpeter's own defiance of economic orthodoxy – of the normally uncontested superiority of the canonical writings from the Physiocrats to 'A. Smith' – is very much in the spirit of Foxwell and of his book collection, based on which Schumpeter wrote the *History of Economic Analysis*. Schumpeter's well known scepticism towards 'A. Smith' is paralleled in Foxwell's critical attitude towards the English tradition. Schumpeter is indeed open to see positive aspects of most economic ideas, perhaps with the exception of the German Romanticists. This may again be related to our discussion in section two of this paper.

Being an English economist, Foxwell was unique in his intuitive closeness to the German philosophical and economic approach from which Schumpeter came. Against the backdrop of Foxwell's own economics and his book collection, Schumpeter stands out as a kindred spirit. He refers to Foxwell five times in the *History of Economic Analysis*, but – somewhat surprisingly – always only as a collector or editor, never as an economist and historian of economic thought in his own right.

The work on Schumpeter's 'affiliations' of economic thought was continued in Kress Library through publications on bibliographical matters and on unknown economists. In the 1970's Kenneth Carpenter, the Kress Librarian, did very important work on Schumpeterian filiation of ideas in economics. Carpenter worked both on establishing the impact and influence of economics books published before 1850 (this year is the cut-off point for Foxwell's collection, the year after his birth) and on tracing the spread and influence of economic ideas through translations (Carpenter 1977). His *Economic Bestsellers before 1850* (Carpenter 1975) is a standard reference work for economic books. Carpenter's thorough, impressive and well-indexed work *Translations of Economic Literature before 1850 into Swedish* remains, to our knowledge, still unpublished.

Unfortunately this work came to an end when Harvard Business School needed office space and planned to close this unique scholars' paradise. While Harvard wanted to mothball the world's best collection of economics books, Japanese universities continued their practice of purchasing all the important economics collections which came on the market. 'Short-term America' vs. 'long-term Japan' was a theme much discussed at the time, and the different treatment in the US and in Japan of the genetic material for understanding our economic past provided a case in point. In the end, after a period of closure, Kress Library was saved, partly as the result of David Landes' protests in the Harvard Library Committee. However, parts of Foxwell's collection of books from after 1850 were lost when, in the ominous year of 1984, Baker Library decided to sell all books which had not been lent out for a period of 50 years.

6.2. Edwin Francis Gay (1867–1946): Gustav Schmoller, The Case Method, and Business Cycles

At Harvard Business School (HBS) Schumpeter met an academic tradition that is no longer associated with business schools. Here he encountered the intellectual heritage of Gustav Schmoller, the founder of the younger German Historical School, brought to the Business School by Edwin Gay (1867–1946), a student and great admirer of Schmoller. Gay, an economic historian, was crucial in establishing the Business School and was its Dean during its first

10 years of existence (1908–1919). How different both the economics profession and business schools were before WW II compared to now, is illustrated by the fact that Gay – an economic historian and former dean of a business school – was elected President of the American Economic Association.

Edwin Gay was one of those great American scholars who brought home both their scientific methods and their social consciousness from Germany. He was an inspired teacher, and his former students edited a massive *Festschrift* in his honour (Facts and Factors 1932) and commissioned his biography (Heaton 1952). After an MA at Michigan, Gay spent 12 years studying in Europe, mainly in Berlin, Zürich and Leipzig. Studying under Adolf Wagner and Gustav Schmoller, he received his Ph.D. in Economic History in Berlin in 1902. All the founders of the American Economic Association had studied economics in Germany, so Gay's *Wanderjahre* at German and Swiss universities was the rule rather than the exception at the time.

Edwin Gay developed the famous case method of Harvard Business School, supported by economist and trade theorist Frank Taussig. Together with his colleagues Arthur Cole (a student of Gay's) and Edward Mason, Schumpeter was later to praise this method of teaching in Taussig's obituary in the *Quarterly Journal of Economics* (Schumpeter, Cole & Mason 1941). The man who inspired Gay and the case method was Gustav Schmoller, a key economist in the Other Canon tradition. Says Gay's biographer: 'It was Schmoller . . . who really fired Gay's attentive interest and enthusiasm'. (Heaton 1952, p. 38).

The case method at Harvard Business School fits the description of the German tradition as discussed in section two of this paper: Building qualitative understanding (*verstehen*) from a myriad of details combined, collected, and interpreted with the view to the good of the whole. At HBS, the focus of analysis in most cases was the firm. In fact HBS case studies can only be read successfully in Leibniz' spirit as Roscher describes it: 'No manure was him too dirty, no trash too small, no list of courses too dry and boring, no bookkeeping too unpoetic' (Roscher 1872, p. 330).

Gay held the position of Dean of HBS until 1918, but spent the war years in Washington organising US foreign trade, minimising international trade (maximising autarky!) in order to free as much tonnage as possible of ocean freighters for the war effort. It was here Gay met Herbert Hoover, who later put him in charge of the 1929 Hoover Report (Gay 1929). From 1919 to 1923 Gay worked as the editor of the New York *Evening Post*, and started what became the *Saturday Reveiw of Literature*. From 1923 to 1933 Gay shared the direction of the National Bureau of Economic Research with Wesley Claire Mitchell. He was the first secretary-treasurer of the Council of Foreign Relations, and was the 'moving spirit' in launching *Foreign Affairs* in 1922.

Gay was very active in promoting better labour legislation and a new Factory Act; again a typical attitude of a German economist at the time. His colleagues emphasised that Gay always saw the 'altogetherness of everything', what we would call the Faustian *Ganzheit*. One colleague comments that 'He is an exceedingly important part of the bridge between the social sciences and the humanities'. As a observer of economic history, Gay clearly saw successive waves of industrialisation, a sequence of what Perez and Freeman later labelled techno-economic paradigms. These periods were based on different basic technologies; periods dominated by strong individuals bringing in new ways of doing things, alternating with periods of 'normal' management once the technological trajectory (not his term, of course) reached a mature stage. In Gay we find Schumpeter's idea that innovations and innovators are clustered in time, giving rise to the business cycles. Under the heading 'Swings of the Pendulum', a history of Harvard Business School states the following about its first Dean:

> . . . he developed a dynamic vision of economic history: it was, he concluded, a record of swings of the pendulum between periods when social controls dominated, and periods dominated by the actions of aggressive individuals. The former periods were static, characterized by security and stability. The latter periods, ushered in by the introduction of new tools, weapons, or other forces, were controlled by the powerful individuals who introduced these forces. (Cruikshank 1987, p. 29)

Without stretching our interpretation too much, we could say that Edwin Gay here bridges the discrepancy between Schumpeter's two types of entrepreneurs, the individualist of his first writings and the later emphasis on the entrepreneurial *function*, more than the *individual*. Gay very sensibly seems to identify two types of management as belonging to different stages of each techno-economic paradigm. In the famous Hoover Report edited by Gay (Gay 1929) – so optimistic before the 1929 crash – his is the only paper that senses that something is not right in the US economy.

At Harvard Business School Schumpeter found raw materials for his work. In *Business Cycles* (Schumpeter 1939) he quotes his Harvard Business School colleagues Edwin Gay and Fritz Redlich (see below) several times. It should also be noted that a surprising number of the most prominent US economic historians of their generation had been students of Edwin Gay at Harvard. His students include the two best-known US historians on the Spanish economy: Earl Hamilton and Julius Klein. Schumpeter quotes three of Gay's students several times in *Business Cycles*: Hamilton, Arthur H. Cole and Abbott Payson Usher. Both Cole and Usher worked at Harvard in the 1930's and 40's – Cole at the Business School (see below) – while Hamilton had moved on to Duke and later to the University of Chicago. Allen (1994, vol. 2, p. 6) mentions Usher as a Schumpeter's frequent companion for lunch.

As already mentioned, Gay was also elected President of The American Economic Association. Today it is of course absolutely unthinkable that a former Dean of Harvard Business School should be elected President of the American Economic Association. Presently, mainstream economics operates at a different mental level from that of a business school, but at the time of

Edwin Gay mainstream US economics was still *praxisnah* – near to reality. Gay is also an example of how much more intimately the leading economists – in the German tradition – were integrated into the practical life of the nation. 'In and out of the ivory tower' is the appropriate heading of a chapter in Gay's biography (Heaton 1952).

At the root of the present problem of economics is the loss of the educational tradition that produced people like Edwin Gay. The practice lives on, like in the case method that Gay introduced at Harvard Business School – a tool right out of Schmoller's Historical School of Economics – and in the businessmen, politicians and intellectuals who disregard textbook economic theory. US academic history holds a treasure of 'Other Canon' personalities like Gay, they just become fewer and fewer in economics as the mechanical world view increasingly takes over economics after WW II, contaminating the healthy instincts of abductive reasoning in the profession. Most prominent US economists had studied in Germany, and US 'mainstream' institutional economics essentially belonged to the Other Canon of economics until just after WW II.

Edwin Gay's US pragmatism is – in contrast to modern economics – inductive and 'abductive'. Nowhere are the principles of inductive reasoning being put so consciously to work as by Gay at Harvard Business School (see Copeland 1958, Chapter 9). Three case studies a day for two years forcing students to make decisions from real-life cases produce an 'artificial experience'. In the German tradition the incessantly active human mind – as opposed to the passive mind of the English philosophical tradition – develops and fine-tunes an underlying and subconscious system of production of hypotheses, and their *constant and continuous modification*. This is indeed the continuation of the Renaissance tradition and of Schmoller's approach to a qualitative *verstehen*.

6.3. Fritz Redlich (1892–1978): A Survivor of The German Historical School at The Center for Entrepreneurial Studies at Harvard

Of Schumpeter's main biographers, Swedberg (1991, Chapter 8) devotes the most space to Schumpeter's work at the Center for Entrepreneurial Studies. Allen (1994, vol. 2, pp. 165 and 183) only comments briefly with an explaining endnote. While Swedberg, no doubt correctly, points out that Schumpeter's ideas were far from being generally accepted at the Center, our aim here is to emphasize the similarity both of the Center's approach and that of Harvard Business School to German and Other Canon economics. Herbert Foxwell and his Kress Library, Edwin Gay and his students, and Fritz Redlich and the historical study of entrepreneurship all synergetically kept alive The Other Canon of economics that was slowly being lost in the Harvard Economics Department during the latter part of Schumpeter's stay there.

We have already mentioned the connections between Herbert Foxwell and Edwin Gay on the one hand, and Arthur H. Cole, the executive director of the Center for Entrepreneurial Studies, on the other. Cole was the Head Librarian of Baker Library, and consequently also of Kress Library, a frequent contributor to Kress publications, and also a student of Edwin Gay. Typically of the German tradition, Cole 'drew no hard boundary lines between the social sciences and encouraged different perspectives' (Swedberg 1991, p. 172).

During my own time at Harvard Business School in the mid-1970's there were still reminiscences of Schumpeter around. Across the River Charles, in the economics department, Schumpeter's former student and probably closest friend in Cambridge at the time of his death, Arthur Smithies, taught my course in the history of economic thought. The course developed into a course in Schumpeterian economics more than anything else, and my interest was fired. This happened, however, during the ebb years of attention to Schumpeter's writings, as measured by the publications referring to his work (Augello 1990, p. 22). When attempting to buy a copy of the *Theory of Economic Development* at the Harvard University Press store, I was directed to drive to a far-away deposit, where a reprint was found.

The Center for Entrepreneurial Studies at Harvard Business School had closed already in 1958, but the person from the Center whose background was the closest to Schumpeter's own was still on campus. Fritz Redlich, as Schumpeter, of a *Grossbürgerlich* (high bourgeoisie) German-speaking background, almost daily visited the Kress Library where Schumpeter had spent most of the World War II years researching the history of economic thought. To the two young European librarians in Kress, Redlich's *gestalt* and manners brought flashbacks of a culture that had ceased to exist in Europe. Ken Carpenter, the Kress curator, phoned Redlich daily to ascertain that he was in good health. Schumpeter had been vividly interested in the work of Redlich on business and entrepreneurial history 'which would create the foundations for his own theories' (Redlich 1964, p. 21). The title of this paper is inspired by a title by Redlich: *Steeped in Two Cultures*.

Although they were both in one sense in exile from Nazi Austria and Germany, Schumpeter and Redlich were both equally atypical as German scholars in exile. None of them had been persecuted by the Nazi regime; they could both probably have continued their work in Germany or Austria undisturbed. Hans Jaeger, Redlich's biographer in Hagemann and Krohn (1999, vol. 2, p. 553) states his reason for leaving Germany in March 1936 as his 'disgust with the system that made it impossible for him to stay in Germany'. Already in the early 1940's, while teaching at the University of Georgia, Redlich established contacts to Harvard, where Schumpeter and Taussig encouraged him to continue his historical studies on entrepreneurship. In 1943 he received his US citizenship and moved to Boston, where he held various non-academic positions while continuing to publish, mostly on entrepreneurship. From 1950 to 1958 he was Senior Associate of the Center for Entrepreneurial Studies. His work was later acknowledged also in Germany, where – in the 1960's – he received honorary doctorates at the University of Erlangen and at the Free University of Berlin.

My wife Fernanda worked as a librarian in the Kress Library during my two years at Harvard. In this way I came both to know this 'scholars' paradise' very well, and to meet and discuss economics with Redlich. Already then it was clear to me that with Fritz Redlich I had a unique chance to get to know a last member of an otherwise extinct economic species of the same German *Grassbürgerliche* – high bourgeoisie – pre-War academic tradition as Schumpeter represented.

Three impressions stand out today from my conversations with Redlich: First of all his profound sigh of disappointment when I, as a young European who had studied economics in a German-speaking university – albeit in Switzerland – had never heard the name of what to Redlich clearly was a towering figure in economics: Werner Sombart. I have never felt as ignorant as right then under the eyes of the old Fritz Redlich, then 84. This made me study Sombart, and I consequently came to find the strong, but mostly unacknowledged, influence of Sombart on Schumpeter's writings. My second recollection was his despair that US students and scholars of entrepreneurship would take for granted that the great achievers in society necessarily would go into *business*. That might be logical in the US tradition, but in other traditions – as Redlich own work had shown – the entrepreneurial type could dedicate his skills to other than moneymaking activities. My third recollection was his deep regret that he had lost the productive 30's of his own life in business rather than in research and in academia. I often came to recollect his regrets as I followed exactly the same path, though with less regrets.

An indication of Redlich's own intellectual debts may be found in his own references. In a collection of his articles (Redlich 1964) there are 14 references to Gustav Schmoller, 21 to Werner Sombart, and 40 to Joseph Alois Schumpeter. Another tie to the old German tradition is that Redlich's book was published with the financial assistance of the List-Gesellschaft, the society which published the books and articles of and about Friedrich List.

Fritz Redlich went to the very roots of entrepreneurship and innovations in the history of economic thought when he published an article on Francis Bacon's 1625 *Essay on Innovations*: 'The Role of Innovations in a Quasi-Static World. Francis Bacon and His Successors' in *Explorations in Entrepreneurial History* (Redlich 1954). Redlich here links Bacon's early piece on innovations with later writings on innovations like those of Daniel Defoe and Malachy Postlethwait in England and Johann Joachim Becher and Jacob Marperger in Germany. Francis Bacon indeed represents an important starting point in Other Canon economics. The movements against Ricardian economics in the 1830's, by Reverend Jones in England and John Rae in the United States, were both attempts to re-Baconise economics. One link between Redlich and recent work at the Harvard Business School in the unacknowledged tradition of Other Canon economics is that he published two articles jointly with Alfred Chandler Jr. in *Business History Review*.

The quarterly journal of the *Research Center in Entrepreneurial History – Explorations in Entrepreneurial History* – where Redlich published the Bacon article, only existed for 10 years, from 1949 to 1958. As a printed publication, the journal is not very impressive. Often produced with the inexpensive duplication technology of the time on cheap paper. The bindings, sometimes made with the kind of metal mechanisms which were normally used to bind letters in a file, point to a fairly small circulation. However, the range of authors which contributed to this humble publication indicates its importance at the academic intersection point between economic history, business history and economics: Alfred Chandler, James Duesenberry, Alexander Gerschenkron, Bert Hoselitz, David Landes, Douglass North, Henry Rosovsky and Paul Sweezy.

Even today, the spirit of the research at Harvard Business School is much closer to the methods of the German Historical School than to that of economics, i.e. the research is pragmatically problem-driven rather than tool-driven. Scholars like Bruce Scott, Michael Porter and Thomas McCraw today work and publish in the huge and largely uninhabited field of meso-economics, at a level of abstraction between economics and the real world of business. This is the area where the loss of the German Historical School has left a huge vacuum in academic economics. The following statement from a 1991 Harvard Business School folder on 'Intellectual Innovation at the Harvard Business School' is illustrative of this type of research at its best: After constantly observing and studying and thinking, you stumble across something and think 'I don't understand that. There's some mismatch of existing theory and my observation of reality. It doesn't fit. I think it's important – and either I've got it wrong, or they've got it wrong. I want to find out'.

7. *Business Cycles*: Schumpeter's Unsuccessful Work in the Spirit of the German Historical School

The failure of his 1939 *Business Cycles* (Schumpeter 1939) to rival the massive influence of Keynes' *General Theory* was a big disappointment to Schumpeter. His disappointment is understandable. Simply put, it may be said that Schumpeter gave us the explanation of the Great Depression – the key mechanisms that brought it about – while Keynes already three years earlier had the medicine. As long as the medicine worked, not enough people cared about fully understanding the complex mechanisms behind the illness itself. The fact that Schumpeter was too conservative to approve of Keynes' activist medicine did of course not help his situation with the public in general.

Business Cycles is truly a work in the old German tradition of economics, full of detailed facts covering a long period of time. It is also the only work where Schumpeter several times quotes his 'Other Canon' colleagues from Harvard Business School: Edwin Gay and Fritz Redlich, and three of Gay's students in economic history, among them Arthur Cole, the head of the libraries at Harvard Business School, and his lunch mate Abbot Payson Usher. While modern economics is characterized by the application of an increasingly limited set of tools to economic problems, *Business Cycles* is written in the German tradition searching for and using any data or technique which may lead to a qualitative understanding (*verstehen*) of the questions at hand. This approach requires a living interest in all aspects of society, and is the tradition which was started by Leibniz. It is the unique combination of this unending love and interest in the details of life with philosophical speculations and a sweeping knowledge of world history, as we already quoted Roscher as defining as the hallmark of a truly great economist.

In his typically paradoxical way, Schumpeter's greatest failure as an economist occurred when he went back to writing *Business Cycles* in the style of the German Historical School; combining vast amounts of historical data with economic theory. Like in *Capitalism, Socialism and Democracy*, this is a project very much in the spirit and style of Werner Sombart, whose two tomes on the history and development of capitalism published in 1902 (Sombart 1902), by 1928 had developed into 6 voluminous tomes with a total of about 3.300 pages (Sombart 1928). Again, as in *Capitalism, Socialism and Democracy* (see Appel 1992), Schumpeter is shying away from acknowledging any intellectual debt to Sombart. He does not refer to Sombart's monumental work on capitalism, and when he refers to Sombart three times in volume 1 of *Business Cycles*, it is not in order to acknowledge his debt to him, but rather to criticize Sombart and to establish a distance to him.

In *Business Cycles* Schumpeter, so typically of German economics and of The Other Canon, uses biological metaphors arguing for the need to see the problem at hand holistically:

> Cycles are not, like tonsils, separable things that might be treated by themselves, but are, like the beat of the heart, of the essence of the organism that displays them. I have called the book *Business Cycles* in order to indicate succinctly what the reader is to expect, but the subtitle (A Theoretical, Historical and Statistical Analysis of the Capitalist Process) really renders what I have tried to do. (Schumpeter 1939, p. v)

Likewise, Schumpeter argues for the importance of the non-quantifyable; also typical of Other Canon economics: 'There is no warrant for the view that what we cannot measure does, therefore, not exist' (Schumpeter 1939, p. 6). Fritz Redlich quotes how Schumpeter satirized modern economics. 'If you can quantify it, quantify it; if you cannot quantify it, quantify it just the same' (Redlich 1964, p. 21)

Schumpeter's arguing for the unquantifiable was, as could be expected, in vain in the US context, at the time. At the time a school of 'measurement without theory' (as the National Bureau of Economic Research was sometimes accused) was fighting a growing neoclassical school of 'theory without measurement', and the *verstehende* German theory was being crowded out. The most thorough review of *Business Cycles* was that of Simon Kuznets (Kuznets

1940, pp. 257–271), who argued to the contrary that 'business cycles are essentially quantitative phenomena, and can't be dealt with in the qualitative way preferred by Schumpeter in this book, nor through the spurious models devised by Kondtratieff . . .'

Shionoya (2000, pp. 7–8) agrees to the similarity of *Business Cycles* to the methodology of the German Historical School, and adds that 'the book was not a success because it did not appeal to economists who had been seriously infected with the Keynesian Revolution.' Curiously, the excessive length and unnecessary detail of the book was the kind of criticism which today is made of the style of writing of old German economists like Christian Wolff (Tribe 1988).

When Schumpeter himself applied the methods of traditional German economics in *Business Cycles*, he did not use this tradition to support and substantiate his own previous approach. Tragically, Schumpeter fell victim to the same kind of criticism that he himself at times came to voice against this type of methodology. We can only speculate if the failure of Schumpeter's work in the Historical School tradition negatively influenced his writing on this type of economics in the *History of Economic Analysis*; written in the Kress Library during the years immediately following the publication of *Business Cycles*.

8. Conclusion: Schumpeter Ascending and Put in Context

Schumpeter's life was haunted by paradoxes. Schumpeter was, indeed, 'a living, breathing contradiction' as Philip Mirowski puts it (Mirowski 1994, p. 5). We have tried to throw light on Schumpeter's apparent paradoxes and contradictions by showing that these may be better understood as a result of Schumpeter being steeped simultaneously in two mutually exclusive mind-sets. While other economists of the German type saw the basic incompatibility between the two approaches, Schumpeter attempted to unite them. We have argued that Schumpeter's lack of attention to the crucial differences in the philosophical foundation of the two types of theories – English and German – may explain his inability to see the basic incompatibilities of the approaches he tried to unify.

'I give up Harvard. In this soil no more do any of my roses blossom' wrote Schumpeter in his diary in the 1940's (Allen 1994, vol. 2, p. 237). As equilibrium mathematics and the Cowles' Commission increasingly set the agenda for the Harvard Economics Department, we have tried to show that several intellectual currents associated with Harvard Business School provided a sanctuary where Schumpeter encountered the *verstehende* meso-level economics that was an important part of his intellectual upbringing. While most of the elements have been known, we have tried to show the synergies between these elements and their common roots in non-neoclassical Other Canon economics: Herbert Foxwell, his economics and his library, Edwin Gay, his vision of the clustering of innovation and his many students who became Schumpeter's friends and colleagues, and Fritz Redlich, another idiosyncratic German, an equally atypical academic refugee as Schumpeter, and the *Center for Entrepreneurial Studies.*

The vicissitudes of Schumpeter's intellectual legacy are well documented by Augello (1990). *Schumpeter Ascending* is an appropriate title of a 1991 article by Thomas McCraw of Harvard Business School (McCraw 1991). The present Schumpeter boom started in the early 1980's and 'Schumpeterian' variables slowly started creeping into equilibrium models. As with Keynes theory, mainstream economics absorbed and usurped essential features of Schumpeter's vision, but left out most of the spirit of the argument. A truly evolutionary model is only achieved when all static and restrictive assumptions are lifted simultaneously, not by including a 'Schumpeterian' variable in an equilibrium model. At the core of a true Schumpeterian vision in the Other Canon tradition lies what Nietzsche called *Geist- und Willens-Kapital* – Man's wit and will – as the true engine of capitalism. This 'Man the Producer' – essentially what separates human beings from other animals, not the ability to barter – is the unquantifiable nucleus of economics. The two *Weltanschauungen* remain as incompatible as they were in Schumpeter's time.

At the recent turn of the century Schumpeter achieved true mainstream status when Alan Greenspan declared that Schumpeter was the economist who could best explain the sustained combination of economic growth and low inflation in the United States of the 1990's. This paper has attempted to see the Schumpeter boom in a wider perspective, which de-emphasizes his perceived originality by putting him in context. This context includes both the pre-World War II intellectual framework in continental Europe, and the philosophical foundations of German economic tradition that Schumpeter consciously omitted in his *History of Economic Analysis.* A by-product of this exercise is that, like Nicolas Balabkins' paper in this volume, it exposes Schumpeter's tendency not to reveal his own intellectual filiations, the same filiations he was so focused on and skilled at discovering in other economists.

Notes

[1] *Wiederum aber steigt aus der Zerstörung neuer schöpferischer Geist empor*; der Mangel an Holz und die Notdurft des täglichen Lebens drängten auf die hin, drängten auf die Auffindung oder die Erfindung von Ersatzstoffen für das Holz hin, drängten zur Nutzung der Steinkohle als Heizmaterial, drängten zur Erfindung des Kokesverfahrens bei der Eisenbereitung. Daß dieses aber die ganze Großartige Entwicklung des Kapitalismus im 19. Jahrhundert erst möglich gemacht hat, steht für jeden Kundigen außer Zweifel.

[2] 'Ohne auf Sombart und die allgemeine Literatur der zwanziger und dreißiger Jahre hinzuweisen, bot Schumpeter' (in *Kapitalismus, Sozialismus und Demokratie*) im wesentlichen nur daß, was bereits Jahrzehnte zuvor in den deutschen Diskussionen über die 'Zukunft der Kapitalismus' geschrieben und gesagt worden war, wobei er freilich die gesellschaftlich

konservativen Folgerungen, die bei Sombart in der Forderung nach Reagrarisierung und Autarkie gipfelten, nicht übernahm.'

[3] 'The relation of one thing to another from which it may say to be descended or derived; position in a genealogical classification.', The Oxford English Dictionary, Oxford 1933, Vol. 4, p. 212.

[4] I am grateful to my co-authors of this set of ideal types, produced at the Other Canon meetings in Cambridge, UK and Cambridge, Massachusetts in 1999: Leonardo Burlamaqui, Ha-Joon Chang, Michael Chu, Peter Evans and Jan Kregel.

References

Allen, Robert L. (1994). *Opening Doors. The Life and Work of Joseph Schumpeter*, Transaction Publishers, New Brunswick.

Appel, Michael (1992). *Werner Sombart. Theoretiker und Historiker des modernen Kapitalismus*, Metropolis, Marburg.

Augello, Massimo (1990). *Joseph Alois Schumpeter. A Reference Guide*, Springer Verlag, Berlin.

Balabkins, Nicolas (2001). "Schumpeter's 'Creatively Adapted' Innovator", in this volume.

Beckmann, Johann (1770–1806). *Physikalisch-ökonomische Bibliothek worinn von den neusten Büchern, welche die Naturgeschichte, Naturlehre und die Land- und Stadtwirthschaft betreffen, zuverlässige und vollständige Nachrichten ertheilet werden*, im Verlag der Wittwe Vandenhoeck und im Vandenhoek und Ruprechtschen Verlage, Göttingen, 23 Volumes.

Beckmann, Johann (1780). *Anleitung zur Technologie, oder zur Kenntniss der Handwerke, Fabriken und Manufacturen, vornehmlich derer, die mit der Landwirthschaft, Polizey und Cameralwissenschaft in nächster Verbindung stehen*, 2nd edition, Wittwe Vandenhoeck, Göttingen.

Beckmann, Johann (1797). *A History of Inventions and Discoveries*, translated from the German by William Johnston, J. Bell, London, 3 volumes.

Carpenter, Kenneth (1975). "The Economic Bestsellers before 1850", Bulletin # 11 of the *Kress Library of Business and Economics*, Harvard Business School, Boston.

Carpenter, Kenneth (1977). *Dialogue in Political Economy*, Kress Library of Business and Economics, Harvard Business School, Boston.

Copeland, Melvin T. (1958). *And Mark an Era. The History of Harvard Business School*, Little, Brown, Boston.

Cruikshank, Jeffrey L (1987). *A Delicate Experiment. The Harvard Business School 1908–1945*, Harvard Business School Press, Boston.

Facts and Factors in Economic History. Articles by Former Students of Edwin Francis Gay (1932). Harvard University Press, Cambridge.

Foxwell, H. S. (1899). *Foreword* to Menger, Anton, *The Right of the whole Produce of Labour*, Macmillan, London.

Freeman, Christopher (1992). *The Economics of Hope*, Pinter, London.

Gay, Edwin (ed.) (1929). *Recent Economic Changes in the United States* ('The Hoover Report'). McGraw-Hill, New York.

Giddens, Anthony (1998). *The Third Way. The Renewal of Social Democracy*, Polity Press, Cambridge.

Hagemann, Harald and Claus-Dieter Krohn (eds.) (1999). *Bibliographisches Handbuch der deutschsprachigen wirtschaftswissenschaftlichen Emigration nach 1933*, Saur, Munich.

Haberler, Gottfried (1950). "Joseph Alois Schumpeter, 1883–1950." *Quarterly Journal of Economics*, Vol. 64, August 1950, pp. 333–372.

Heaton, Herbert (1952). *A Scholar in Action – Edwin F. Gay*, Mass. Harvard University Press, Cambridge.

Hodgson, Geoffrey M (1999). *Economics and Utopia*, Routledge, London.

Johnston, William M. (1972). *The Austrian Mind. An Intellectual and Social History 1848–1938*, University of California Press, Berkeley.

Kaldor, Nicholas (1955). "Alternative Theories of Distribution." *Review of Economic Studies*, Vol. XXIII, No. 2, 1955–56. Reprinted in *Essays on Value and Distribution*, Free Press, Glencoe, Ill., 1960

Keynes, John Meynard (1936/1972). "Herbert Somerton Foxwell." *The Collected Writings of John Meynard Keynes*, Vol. X, pp. 267–296.

King, Charles (1721). *The British Merchant or Commerce Preserv'd*, John Darby, London.

Kress Library (1940–1967). *The Kress Library of Business and Economics. Catalogue*, 4 Volumes, Baker Library, Harvard Business School.

Kuznets, Simon (1940). Review article of Schumpeter's *Business Cycles, American Economic Review*, Vol. 30, June, pp. 257–271.

Leibniz, Gottfried Wilhelm (1720). *Essais de Theodicée, oder Betrachtungen der Gütigkeit Gottes, der Freyheit der Menschen und des Ursprungs des Bösen. Samt angehängten Anmerkungen über Mons. Hobbes*, C. Boudenstein, Amsterdam (really Hannover & Leipzig, Förster).

Leontief, Wassily (1950). "Joseph A. Schumpeter (1883–1950)." *Econometrica*, Vol. 18 (2), April 1950.

McCraw, Thomas (1991). "Schumpeter Ascending." *The American Scholar*, Vol. 60, No. 3.

Marshall, Alfred (1890/1961). *Principles of Economics*, 9th (variorum) edition, Macmillan, London.

Mirowski, Philip (1994). "Doing What Comes Naturally: Four Metanarratives on What Metaphors are For." In Mirowski (ed.), *Natural Images in Economic Thought*, Cambridge University Press, Cambridge.

Nelson, Richard and Winter, Sidney (1982). *An Evolutionary Theory of Economic Change*, Harvard University Press, Cambridge, Mass.

Redlich, Fritz (1954). "The Role of Innovation in a Quasi-Static World. Francis Bacon and His Successors." *Explorations in Entrepreneurial History*, Vol. VII, No. 1, October, pp. 12–25.

Redlich, Fritz (1964). *Der Unternehmer. Wirtschafts- und Sozialgeschichtliche Studien*, Vandenhoeck & Ruprecht, Göttingen.

Research Center in Entrepreneurial History, Harvard University (1949). *Change and the Entrepreneur. Postulates and Patterns for Entrepreneurial History*, Harvard University Press.

Reinert, Erik S. (1998), "Raw Materials in the History of Economic Policy; or, Why List (the Protectionist) and Cobden (the Free Trader) Both Agreed on Free Trade in Corn." In Parry, G., *Freedom and Trade. 1846–1996*, Routledge, London.

Reinert, Erik S. (1999). "The Role of the State in Economic Growth." *Journal of Economic Studies*, Vol. 26, No. 4/5, 1999. A short version of this paper is published in Toninelli, Pier Angelo (ed.), *The Rise and Fall of State-Owned Enterprises in the Western World*, Cambridge University Press, 2000.

Reinert, Erik S. (2000). "Compensation Mechanisms and Targeted Economic Growth: Lessons from the History of Economic Policy." In Vivarelli, Marco and Mario Pianta, *The Employment Impact of Innovations*, Routledge, London.

Reinert, Erik S. (2001). "Austrian Economics and 'The Other Canon'. The Austrians between the Activistic-Idealistic and the Passivistic-Materialistic Traditions of Economics." In Backhaus, Jürgen (ed.), *Modern Applications of Austrian Thought*, London.

Reinert, Erik S. and Daastøl, Arno (1997). "Exploring the Genesis of Economic Innovations: The Religious Gestalt-Switch and the Duty to Invent as Preconditions for Economic Growth." *European Journal of Law and Economics*, Vol. 4, No. 2/3, and in *Christian Wolff. Gesammelte Werke, Materialien und Dokumente*, Georg Olms Verlag, Hildesheim, 1998, pp. 233–283.

Reinert, Erik S. and Daastøl, Arno (2001). "The Other Canon and Uneven Economic Development: Renaissance Economics as an Immaterial and Production-based Canon in the History of Economic Thought and in the History of Economic Policy." In Reinert, Erik (ed.), *Evolutionary Economics and Income Inequality*, Edward Elgar, Aldershot, 2000.

Roscher, Wilhelm (1874). *Geschichte der National-Ökonomik in Deutschland*, Oldenbourg, Munich.

Schumpeter, Joseph Alois (1908). *Wesen und Haupteinhalt der theoretischen Nationalökonomie*, Duncker & Humblot, Leipzig.

Schumpeter, Joseph Alois (1912). *Theorie der wirtschaftlichen Entwicklung*, Duncker & Humblot, Leipzig.

Schumpeter, Joseph Alois (1939). *Business Cycles*, Macmillan, New York.

Schumpeter, Joseph Alois (1942). *Capitalism, Socialism and Democracy*, Harper, New York.

Schumpeter, Joseph Alois (1949). "Economic Theory and Entrepreneurial History." In *Change and the Entrepreneur. Postulates and Patterns for Entrepreneurial History*, edited by Research Center in Entrepreneurial History, Harvard University Press, Cambridge, Mass.

Schumpeter, Joseph Alois (1951). *Essays* (edited by Richard V. Clemence). Addison-Wesley, Cambridge, Mass.

Schumpeter, Joseph A. (1954). *History of Economic Analysis*, Oxford University Press, New York.

Schumpeter, Joseph Alois, A.H. Cole & E.S. Mason (1941). "Frank William Taussig." *Quarterly Journal of Economics*, Vol. 55, May 1941, pp. 337–363.

Shionoya, Yuichi (1997). *Schumpeter and the Idea of Social Science*, Cambridge University Press, Cambridge.

Shionoya, Yuichi (2000). "Joseph Schumpeter and the German Historical School." In Koslowski, Peter (ed.), *The Theory of Capitalism in the German Economic Tradition*, Springer, Heidelberg, pp. 3–24.

Sombart, Werner (1913a). *Krieg und Kapitalismus*, Duncker & Humblot, Munich & Leipzig.

Sombart, Werner (1913b). *Luxus und Kapitalismus*, Duncker & Humblot, Munich & Leipzig.

Sombart, Werner (1902). *Der moderne Kapitalismus. Der Genesis des Kapitalismus & Die Theorie der kapitalistischen Entwicklung*, Duncker & Humblot, Leipzig, 2 volumes.

Sombart, Werner (1928). *Der moderne Kapitalismus*, Duncker & Humblot, Munich & Leipzig, 1928, 6 volumes. Titles of individual tomes & volumes: I.1 & I.2: Die vorkapitalistische Wirtschaft. II.1 & II.2 Wirtschaftsleben des Fruhkapitalismus. III.1 & III.2
Wirtschaftsleben des Hochkapitalismus.

Sombart, Werner (1930). *Die drei Nationalökonomien*, Duncker & Humblot, Berlin.

Stiglitz, Joseph (1994). *Wither Socialism?*, MIT Press, Cambridge, Mass..

Stolper, Wolfgang E.(1994). *Joseph Alois Schumpeter. The Public Life of a Private Man*, Princeton University Press, Princeton.

Tribe, Keith (1988). *Governing Economy. The Reformation of German Economic Discourse 1750–1840*, Cambridge University Press, Cambridge.

Wolff, Christian (1747). *Vernünfftige Gedancken von dem gesellschafftlichen Leben der Menschen und insoderheit dem gemeinen Wesen zu Beförderung der Glückseelihkeit des menschlichen Geschlechts, den Liebhabern der Wahrheit mitgetheilet*, Rengerische Buchhandl(ung). Frankfurt.

Wolff, Christian (1750). *The Real Happiness of a People under A Philosophical King Demonstrated*, printed for M. Cooper, at the Globe, London.

Zincke, Georg Heinrich (1746–1767) (ed.). *Leipziger Sammlungen von Wirthschaftlichen Policey-Cammer- und Finantz-Sachen.* Erster (bis) Sechzehender Band (und) General-Register, Leipzig. 192 parts in 17 Volumes.

The Role of Technical Change and Diffusion in the Schumpeterian Lines

George M. Korres[1], Irene Lionaki[2] and George Polichronopoulos[3]
[1] *Department of Economics, University of Thessaly, Argonauton and Filelelinon, Bolos 38220, Greece, E-mail: GKorres@hol.gr;* [2] *Athens University of Economics and Business, Department of International and European Economics, 76 Patission Street, Athens 10434, Greece;* [3] *School of Business Administration and Economics, Technological Educational Institute, Ag. Spyridonas Street, Aegalo, Athens, Greece*

Abstract: The importance of diffusion of technology for economic growth has been emphasised by economic literature. Much of the recent work on economic growth can be viewed as refining the basic economic insights of classical economists. The recent debate on the determinants of output growth has concentrated mainly on the role of knowledge, typically produced by a specific sector of the economy. This paper attempts to examine the role of diffusion and technical change (research and development) on output growth according to Schumpeterian lines. Following on the Schumpeterian tradition, this paper starts from the recognition that there are two main patterns of innovations: the first one is the creative destruction pattern and the second one is a creative accumulation pattern. Also, it emphasizes the role and the impact of the diffusion of technology in the inter-country and international economic contexts. Finally, it attempts to analyze the empirical implementation of the diffusion models through epidemic, probit analysis and technological substitution models.

Keywords: Technical Change, Innovation, Diffusion, Modernization, Competitiveness.

J.E.L. Code: 01, 012, 014.

The term of *diffusion of technology* is used to include both voluntary and involuntary spread of technology, whereas the term of *technology transfer* is defined as the voluntary dissemination, while the involuntary dissemination is labelled *imitation.* According to the definition given by Nasbeth and Ray (1974), *imitation* is the process by which an envious firm attempts to duplicate an imperfectly observed success. The first important point is to distinguish between diffusion and the adoption of technology. In the analysis of adoption one considers the decisions taken by agents to incorporate a new technology into their activities. A typical measure of adoption would be the proportion of eligible firms in an industry which use a given technology. By contrast, in the analysis of diffusion one is concerned with measuring the changing economic significance of a technology with the passage of time. In a sense, the analysis of diffusion is closely related to the analysis of *technological substitution* in which the displacement of one technology by another is the focus of attention. The spread of new technology occurs in a number of dimensions. The potential buyers of a technology can be public institutions, firms and households. The adoption by other users as well as more exten-

J. Backhaus (ed.), Joseph Alois Schumpeter, 293–312.

sive use by the original innovator. More generally it encompasses all those actions at the level of the firm or organisation taken to exploit the economic benefits of the innovation", (OECD 1992).

According to the Schumpeterian tradition, this paper starts from the recognition that there are two main patterns of innovations: the first one is the *creative destruction pattern* where innovations introduced by firms that did not innovate before and fundamental role played by entrepreneurs with new ideas and the new firms in innovative activities and in methods of production and also the second one is a *creative accumulation pattern* where innovations introduced by firms that innovated before with the large established forms and the accumulated stock of knowledge with the presence of relevant barriers to entry small firms. As a consequence, on cumulative pattern the current knowledge and the innovation activities form the base that building blocks on the future innovations.

Schumpeter states that the major long-term fluctuations in economic development cannot be explained by terms of conventional short and medium term business cycle theory but require an additional dimension of analysis. This involves the rise of new technologies, the rise and declined of entire industries, major infrastructural investments, changes in the international location of industry and technological leadership and other related structural changes, for instance, in the skills and composition of labour force and the management structure of enterprises.

Many studies (such as Abramovitz 1986; Fagerberg 1987, 1988, 1994) have suggested that there is a close correlation between technological development and the productivity level. Technological knowledge involves various degrees of specify, complexity and independence and many differ across technologies. Generic knowledge refers to a very broad knowledge nature, while specific knowledge refers to specialised knowledge and specific applications. Economists have analysed different possible views of why productivity growth has declined. These alternative explanations can be grouped into the following categories:

(a) the capital factor, for instance investment may have been inadequate to sustain the level of productivity growth;
(b) the technology factor which affects the productivity level, for instance a decline in innovation activities can affect productivity growth;
(c) the increased price of raw materials and energy;
(d) government regulations and demand policies that affect the productivity level;
(e) the skills and experience of labour force may have deteriorated or moreover workers may not work as hard as they used to;
(f) the products and services produced by the economy have become more diverse;
(g) productivity levels differ greatly across industries.

Technological gap models represent two conflicting forces, innovation which tends to increase the productivity differences between countries and diffusion which tends to reduce them. In the Schumpeterian theory, growth differences are seen as the combined results of these forces. We have applied a model for economic growth that based on the Schumpeterian logic. Essentially, the technological-gap theory of economic growth is an application of Schumpeter's dynamic theory of capitalist development, which was developed in a closed economy, to a world economy characterised by competing capitalist nations. Schumepter analyses economic development as a disequilibrium process characterised by an interplay by two conflicting forces: innovation which tends to increase technological and economic differences between countries and imitation or diffusion which tends to reduce them. The outcome of the international process of innovation and diffusion, with regard to the economic development of different countries, is uncertain.

This *technological gap model* gives a good explanation for the differences among various countries. The empirical estimates suggest that the convergence hypothesis applies among industrialized countries. Research on *why growth rates differ* has a long history which goes well beyond growth accounting exercises.

The idea that the poorer countries should catch up on the richer ones was advanced already in the nineteenth century, in order to explain continental Europe's convergence with Britain. In the 1960s one of the most basic was the Marx-Lewis model of abundant labour supplies which explained the divergent growth experience in the Western European countries.

To achieve safe results, it is necessary to apply a cross country multi sectoral analysis, in order to be able to examine how technological activities affect the different sectors. According to our estimates there is a relationship between the level of economic growth and growth of technological activities.

The studies of Scmookler, Kendrick (1991), Abramovitz (1986), have recognised the interaction between technological change and productivity. In these studies, factor prices were used to weight the various inputs so as to get a measure of total input growth. The approach which was developed by Abramovitz (1986), Solow (1957), Denison (1962), refers to the common method for decomposition of output growth into its various sources, which can be defined as the *growth accounting and residual method*.

Growth accounting theories began with Kuznets and were developed by Abramovitz (1986). Growth accounting tries to explain changes in real product and TFP. These studies were mainly based on comparison between the growth of inputs (capital and labour) and the growth of output; one part of actual growth could not be explained and it has been classified as *unexplained total factor productivity growth* (or the so called *residual*).

Solow expanded the work of John Stuart Mill and developed the *neoclassical growth models*. The *neoclassical growth theory* as developed by Solow and his followers dominated in the literature of *long term or trend movements* in per capita income for more than three decades. The starting *neoclassical growth models* of Solow are important studies for economic growth and convergence. In these models, the rate of exogenous technical progress is the key parameter that determining the steady state growth rate of per capita income.

The recent debate on the determinants of output growth has concentrated mainly on the role of knowledge, typically produced by a specific sector of the economy. This approach considers the economy in a three sector framework (Romer 1990a, 1990b), where the Research and Development sector produces knowledge to be used as an input by firms producing capital goods. Output growth rate is indigenously determined by the allocation of human capital in the research and manufacturing sectors and is not affected by other crucial variable such as the unit cost of production of new capital goods. Furthermore, this approach does not take into account the possible effect of diffusion on the growth rate.

The use of capital goods in the consumer durable sector is taken at its equilibrium (or post diffusion) level. This implies a condition of stationary, as la the variables are at their equilibrium level. The aim of the present analysis is to relax this implication, which crucially affects the conclusion of previous models. Particularly, we are interested in considering the effect of diffusion on output growth. This paper analyses the diffusion of technology both of inter-country and the international approach; in addition, it examines the probit analysis and the substitution diffusion models.

1. Inter-Country and International Diffusion Approach: The Theoretical Framework

1.1. The Inter-Country Approach Diffusion Approach

Inter-country differences tend to be explained in terms of three groups of variables:

(a) the most popular are the measurement of proxies for *the profitability of innovation* in the different countries;
(b) *technological and institutional differences* which are mentioned in a number of cases;
(c) *economic industrial characteristics* (such as the growth and the size of market, the size of firms and the age of existing equipment).

The literature in the diffusion of technology incorporates three different approaches. The most well-known is the *inter-industry innovation approach* pioneered by Mansfield (1969). They studied diffusion in one or more innovations in a number of industries and they attempted to explain empirically the variance of the speed of diffusion in terms of differences in the attributes of the industries and innovations concerned.

The *inter firm approach* also pioneered by Mansfield concentrates on individual innovations diffusing in single industries and attempts to explain the differences between firms in the time taken to adopt. Mansfield (1969) suggested that if other things were equal, then the length of the time that a firm waits before use of the new technique will be inversely related to its size. Large firms are more likely to have more units to replace and also the conditions usually are more favourable and better for a large firm (such as financial resources, engineering and research departments).

For these reasons, large firms would be expected in general to use a new technique more quickly than small firms. According to the Mansfield's analysis, as the firm's size increases the length of time to introduce a new technology tends to decrease at an increasing rate; also the length of time that a firm makes to introduce a technology tends to be inversely related to the returns that obtain from the innovation. The most striking contribution in this area has been produced by an international consortium of economic research institutes who have studied the diffusion of ten major process innovations in six countries, Nasbeth and Ray present a final report. However, because each institute was responsible for a separate innovation, a number of quite different methodologies have been pursued and a brief summary of their conclusions cannot be comprehensive.

In the *inter-firm model*, at any point of the diffusion process the number of users acquiring the technology is related to risk attached to acquisition, the expected profitability of acquisition and the number of potential adopters. According to the inter-firm decision theories, the most important elements that contribute to determine the actual cost of entry can be considered to be the following:

(a) fixed investment costs;
(b) the cost of scientific and technical knowledge required to assimilate the innovation;
(c) the cost of acquiring the experience required to handle it and successfully bring it to the market;
(d) the cost of overcoming any locational disadvantages related to the general infrastructure and other economic and institutional conditions.

For any innovation, the costs of entry for the innovator can be represented as the sum of the following components: the fixed investment cost in plant and equipments, the cost incurred by innovator in acquiring the scientific and technical knowledge which was not possessed by the firm at the beginning of the innovation process, the cost incurred by the innovator in acquiring the relevant experience (know-how in organisation, management, marketing or other areas) required to carry the innovation through and the cost borne by the innovator to compensate for whatever relevant externalities are not provided by the environment in which the firm operates.

Imitators will compare the cost of buying the technology with the cost of developing it themselves, if they can. According to analysis of Perez, the imitator will know exactly where it stands and exactly where it is going. The imitator can purchase from the innovator all the required equipment, plant, knowledge, and know-how. Whether the imitator has lower costs of entry than the innovator will depends on the relative starting positions of the innovator and imitator in terms of relevant knowledge, experience and location. The scientific and technical knowledge required for an innovation generally includes a fair amount which serves as a platform for generating the new or innovation-bound knowledge. The actual costs for the innovator will consequently include not only that of generating the new innovation-bound knowledge, but also the cost of acquiring that part of *freely available knowledge* which the innovator did not possess to begin with.

The capacity to absorb the new knowledge is greater the larger the amount of relevant knowledge already possessed. In terms of cost, this would imply that the closer to the required *frontier terms of knowledge*, the less costly it will be to acquire an additional unit of information. However, the imitator's knowledge related to the entry costs will depend crucially on his own initial scientific and technical knowledge base in the relevant areas, (consequently, his entry costs may be much higher or much lower than the innovator's, depending on their relative starting positions in the knowledge level of the firm). Moreover, government regulations, taxes, tariffs and other relevant policies will affect strongly the *environment* and the actual cost for an innovator. Specifically, the difficulty of *catching-up* for industries/firms in the developing countries is because scientific and technical knowledge, the practical experience and locational advantages may be lower than in the more advanced countries while of technology may be higher.

In the diffusion context, two factors are critical but each works in opposite directions; if the early adopters are large, medium or small firms will depend upon the importance of cost/risk considerations relative to innovativeness considerations and upon the way in which qualities vary with the firm size. This approach can be applied so as to investigate the diffusion of the same innovation in a number of different countries and to explain the observed differentials in the diffusion performance in the terms of the characteristics of the countries and industries concerned.

1.2. The International Diffusion Approach

The international diffusion of technology has been a major factor behind most industrial nations economic growth. Information and the particular characteristics of each country are the key points for the international diffusion of technologies through different countries. Moreover, the *international approach* attempts to explain international differences in the speed of diffusion of innovations in terms of the characteristics of the countries and industries concerned. An overall assessment of international differences in the rate of diffusion of new innovation technologies is extremely difficult to make for a variety of technical applications and for innovations that are continuously are introduced. *International diffusion* can be considered in connection with *international technology transfer* (through multinationals and licensing); in addition included to various variables (such as profitability and transfer cost). An important factor which affects the level of diffusion is the nature of competition in the user's industry. It has also been argued that firms are more likely to experiment with new products and methods during a phase of increasing competition.

The framework of international diffusion can be considered through the following approaches:

(a) The *Schumpeterian approach* that tried to investigate and to explain long-waves in the economic activity (*the Kondratieff cycle*). The Schumpeterian hypothesis is concerned with the implications of new technology in the economy. In Schumpeterian theory, the entrepreneur introduces the innovations and the resulting profits that derived from the new innovations giving the signal and attribute to imitate that from other entrepreneurs. The introduction of new technologies would result in the reduction of factor and product prices. The change of prices will induce the non-adopters to use the new technology.
(b) The *vintage approach*; the great strength of the vintage model is that it is perfectly rational for the entrepreneurs to use the old technologies even when new best-practice techniques exist. Introduction of new technologies under perfect competition will depend on the age structure of the capital stock, the improvements in new technologies over time and movements in relative prices. The *old machines* can still yield a contribution to profits if price covers operating costs. One disadvantage of the vintage models is for instance that all investment in machines involves the latest type. Moreover, these models give us no guarantee that the diffusion will be sigmoid. The length of time between an initial innovation and an imitation in another country defines the *innovation lag*.

According to the classification analysis of Posner and Soete (1988), the *innovation-lag* can be viewed as a sum of the following components:

(a) The *foreign reaction* lag, as the product innovations are usually introduced into foreign markets through exports from the country in which the innovation initially occurred. The length of the foreign reaction lag depends on the magnitude of the threat to the foreign industry's market resulting from imports of the new innovated product, (the greater the competitiveness between domestic and foreign producers for the share of the market then the shorter will be the *foreign reaction-lag*).
(b) The *domestic reaction lag* can be considered as the time elapsing between a positive *foreign reaction* to an innovation and the actual decision to imitate. The length of time that an industry waits before imitating tends to be inversely related to its size. Generally, large industries produce a wide range of products and usually have better facilities and technical skills for the improvement or introduction of products.

(c) Finally, the *learning period*, where the international communications channels tend to accelerate the diffusion of innovations.

The most important determinants in the diffusion lag can be considered the following:

(a) The *size of the country*; according to Mansfield (1969), and Metcalfe (1981) size plays a positive role in the reduction of diffusion-lags. Small countries seems to have better opportunities than large ones to adopt earlier innovations that originate abroad and also they are more receptive to innovation that originates elsewhere.
(b) *Technological capability* of the country; many studies (Antonelli 1986) have suggested that the R&D influence reduces diffusion-lags.
(c) The *origin of the technology* seems important in explaining diffusion lags. According to Metcalfe (1981), the diffusion process of an innovation is affected by the characteristics of supply and demand of technology. Firms are more able to capitalise on technological opportunities when the origin of the technology is internal. Moreover, as Benvignati (1982) has shown the domestic technologies diffuse much quicker than foreign ones.
(d) *Multinational firms*; according to Antonelli (1986), multinational firms have played an important role in the diffusion of technology. However, it seems that multinational firms can help spread product innovations rather than process innovations. In fact, product innovations are introduced in the imitating countries by multinational firms that have already benefited from capitalised know-how and research spending in the innovating country.

2. An Overview of Technological Diffusion on Economic Analysis

The economic analysis of international diffusion patterns of technological innovations distinguishes four different aspects:

(a) the *speed* with which a country initially tries a new product or the demand-lag;
(b) how quickly the use of the product *spreads* among consumers after introduction into the domestic market, as indicated by the growth in the country's consumption;
(c) the *speed* with which the country acquires the production technology from abroad or the *imitation lag rate*;
(d) how quickly the domestic producers *adopt* the technology once it is transferred from abroad, as indicated by the growth of the country's output.

Diffusion models have a methodological similarity with some of the models of industrial and economic growth which were developed in the 1930s by Kuznets and Schumpeter. According to Schumpeter (1934) the diffusion process of major innovations is the driving force behind the trade cycle (the *long term Kondratieff cycle*), however the forces driving the diffusion process per se are not made explicit. The conception is that the entrepreneur innovates and the attractiveness of attaining a similarly increased profit and cost reductions encourages others to imitate, this imitation representing a diffusion process.

The diffusion of technology can be defined as the process by which the use of an innovation spreads and grows. Diffusion is very important in the process of technological change. On the one hand diffusion narrows the technological gap that exists between the economic units of an industry and thus the rate of diffusion determines to a large extent the rate of technological change measured as the effect of an innovation on productivity increase in an industry. On the other hand, diffusion plays an important part in the competitive process in the sense that diffusion deteriorates the competitive edge which is maintained by the originator of successful innovations. Schumpeter had classified technological change in the following steps: (a) the invention; (b) the innovation and (c) the diffusion. Diffusion is the last step in the economic impact of a new product or process. Diffusion is the stage in which a new product or process comes into widespread use.

Figure 1 indicates the importance of diffusion in the process of technological change, (Chen 1983). *The current state of technological knowledge* (stage I) gives rise to the second stage (II) of *invention*, however, sometimes it gives rise to *innovation* and to *diffusion*. At the second stage, the results of *invention* can give rise to a *new state of technical knowledge*, where in this case a new stage is created and the cycle begins again. Most of the diffusion literature is focused on the theoretical arguments that underlying the traditional, *S-shaped epidemic diffusion curve*.

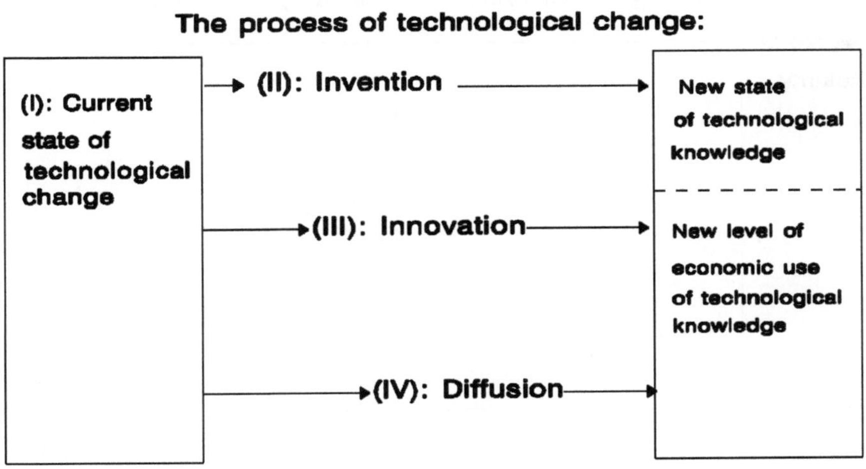

Figure 1. The process of technological change.

Figure 2 illustrates the different phases of the diffusion process, where improvements are achieved slowly in the first stage, then accelerate and finally slow down. Figure 2 (Malecki 1991) shows diagrammatically the following diffusion phases:

(a) *phase I is the period of first introduction*, where the innovation has to perform adequately and break successfully into the market;
(b) *phase II is the period of rapid market growth*, once the product is basically defined and its market tested the focus shifts to the process of production;
(c) *phase III of maturity*, where market size and rate of growth are well known and the relationship between product and process has been optimised;
(d) *phase IV of decline*, where both the product and its process of production are standardised.

3. Epidemic and Probit Analysis and the Technological Substitution Models

3.1. The Epidemic Approach and Logistic Curve in a Diffusion Context

Many diffusion models (Davies 1979; and Stoneman 1987), are based on the approach of the theory of epidemics. Epidemic models can be used to explain how the innovation spreads from one unit to others, at what speed and what can stop it. The epidemic approach starts with assumption that a diffusion process is similar to the spread of a disease among a given population. The basic epidemic model was based on three assumptions:

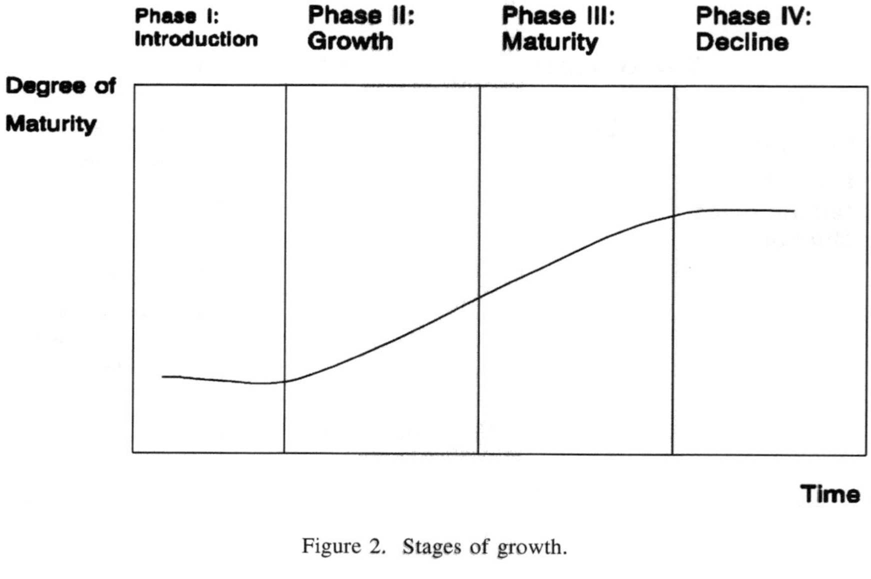

Figure 2. Stages of growth.

(a) the potential number of adopters may not be in each case the whole population under view;
(b) the way in which information is spread may not be uniform and homogeneous;
(c) the probability to optimise the innovation once informed, is not independent of economic considerations, such as profitability and market perspectives.

The spread of new technology among a fixed number of identical firms can be represented as follows: Let us assume that the level of diffusion is D which corresponds to mt number of firms in a fixed population of n which have adopted the new innovation at time t and to $(n - m_t)$ firms that remaining as the potential adopters. Let us assume the probability of an adoption is a constant term b. Then Dm_t, the expected number of new adopters between t and D_t, will be given by the product of this probability (between one non-adopter and one adopter to lead to an adoption during the period of time D_t). The number of individuals contracting the disease between times t and $t + 1$ is proportionate to the product of the number of uninfected individuals and the proportion of the population already infected, both at time t. The magnitude of b will depend on a number of factors, such as, the infectiousness of the disease and the frequency of social intercourse.

This is rationalised by assuming that each uninfected individual has a constant and equal propensity to catch the disease (as reflected by b), from the contact by an infected individual and that the number of such contacts will be determined by the proportion of the population who is already infected (assuming homogeneous mixing). At each instant t, every individual can meet randomly with another member of population and then the expected number of encounters (between adopters and non-adopters) during the time D_t, is:

$$[m_t(n - m_t)]D_t, \tag{1}$$

It follows that Dm_t is equal to:

$$m_{t+1} - m_t = b\,\frac{(n - m_t)m_t}{n}, \qquad (b > 0) \tag{2}$$

where, the parameter b (usually called the *speed of the diffusion or the rate of the diffusion*). This is rationalised by assuming that each uninfected individual has a constant and equal propensity to catch the disease (as given by b) from the contact with an infected individual and the number of such contacts will be determined the proportion of the population who are already infected. If the period, is very small then equation (2) can be rewritten, as:

$$\frac{dm_t}{dt}\left(\frac{1}{n - m_t}\right) = \frac{bm_t}{n}, \tag{3}$$

This differential equation has the following solution (***logistic function***):

$$\frac{m_t}{n} = \{1 + \exp(-a - bt)\}^{-1} \tag{4}$$

where a is a constant of integration.

If one plots m_t against the time t, the profile will follow an *S-shaped curve* (or the *sigmoid curve*). The empirical tests are straightforward using the linear transformation:

$$\log\left(\frac{m_t}{n - m_t}\right) = a + bt, \tag{5}$$

A huge literature exists on the *law of logistic growth*, which must be measured in appropriate units.[1] The growth process was supposed to be represented by a function of the form (3) with t to represent the time. Different studies for plants and animals were found to follow the *logistic law*, even though these two variables cannot be subject to the same distribution. Population theory relied on the logistic extrapolations. The only trouble with the theory is that not only the logistic distribution but also the normal, the Cauchy, and other distributions can be fitted to the same material with the same or better goodness of fit.

Examining the logistic curve, we can summarise the following disadvantages:

(a) the infectiousness of the disease must remain constant over time for all individuals, that means b must be constant, however, in the increasing resistance on the part of uninfected or a reduction in the contagiousness of the disease suppose that b falls over the time;

(b) all individuals must have an equal change of catching-up the disease. That means, b is the same for all groups within the population. There are a number of other assumptions which may prove unrealistic for the logistic solution (for instance, constant population is required).

3.2. *The Probit Analysis*

The probit analysis was already a well established technique in the study of diffusion of new products between the individuals. This approach concentrates on the characteristics of individuals in a sector and is suitable not only to generate a diffusion curve, but also gives some indications of which firms will be early adopters and which late.

Given the difficulties which are associated with the linear probability model, it is natural to transform the original model in such a way that predictions will lie between (0, 1) interval for all X.[2] These requirements suggest the use of a *cumulative probability function* (F) in order to be able to explain a dichotomous dependent variable (the range of the *cumulative probability function* is the (0, 1) interval, since all probabilities lie between 0 and 1. The resulting probability distribution might be represented as:

$$P_i = F(a + bX_i) = F(Z_i) \tag{6}$$

Under the assumption that we transform the model using a *cumulative distribution function* (CDF), we can get the constrained version of the linear probability model:

$$P_i = a + bX_i \tag{7}$$

There are numerous alternative cumulative probability functions, but we will consider only two, the *normal* and the *logistic*. The probit probability model is associated with the cumulative normal probability function. To understand this model, we can assume that there exists a theoretical continuous index Z_i which is determined as an explanatory variable X. Thus, we can write:

$$Z_i = a + bX_i \tag{8}$$

The probit model assumes that there is a probability Z_i^* that is less or equal to Z_i, which can be computed from the *cumulative normal probability function*. The standardised cumulative normal function is written by the expression (8), (that is a random variable which is normally distributed with mean zero and a unit variance). By construction, the variable P_i will lie in the (0, 1) interval (P_i represents the probability that an event occurs). Since this probability is measured by the area under the standard normal curve, the event will be more likely to occur the larger the value of the index Z_i. In order to be able to obtain an estimate of the index Z_i, we should apply in (8) the inverse of the cumulative normal function of:

$$Z_i = F - 1(P_i) = a + bX_i \tag{8'}$$

In the language of probit analysis the unobservable index Z_i is simply know as the *normal equivalent deviate* (n.e.d.) or simply as *normit*.

The central assumption underlying the probit model is that an individual consumer (or a firm/country) will be found to own the new product (or to adopt the new innovation) at a particular time when the income (or the size) exceeds some critical level. Let us assume, that the potential adopters of technology differ according to some specified characteristic, z, that distributed across the population as $f(z)$ with a cumulative distribution $F(z)$. The advantage of the probit diffusion models is that relate the possibility of introducing behavioural assumptions concerning the individual firms (firms). Also, the probit model offers interesting insights into the slowness of the technological diffusion process. Let us consider, that we have two set of innovations, the first group concerns the innovation A which follow a *cumulative lognormal diffusion curve* (this can be considered as the simple and the relative cheap innovation), while the second group concerns the innovation B which follow a *cumulative normal diffusion curve* (this can be considered as the more complex and expensive innovation):

$$P_t = N \frac{\log t}{m_D, s_D^2} \tag{9}$$

$$P_t = N \frac{t}{m_D, s_D^2} \tag{9'}$$

For estimation purposes both equations can be linearized by the following transformation:

$$P_t = N \frac{Z_t}{0, 1}, \tag{10}$$

where: Z_t may be defined as the *normal equivalent deviate or normit* of P_t, where given values for P_t, Z_t can be read off from the standard normal Tables.

Re-arranging the equations (9) and (9′) in terms of the standard normal function, it follows that:

$$Z_t = \frac{\log t - m_D}{s_D}, \tag{11}$$

$$Z_t = \frac{t - m_D}{s_D}, \tag{11'}$$

for group (11), and for group (11′), respectively.

For empirical purposes, it must be remembered that P_t refers to a probability that a randomly selected firm has adopted the innovation at time t. This can only be measured by the proportion of firms having adopted m_t/n. However, to employ the variable Z_t as dependent variable in the regression equation, we will violate one of the assumptions of the standard linear regression model (which is the dependent variable and thus the disturbance term is not homoskedastic).

In fact, this problem is always encountered when use the *probit analysis*. In the past, two alternative estimators have been advocated under these circumstances: the first concern the *maximum likelihood* and the second concerns the *minimum normit* x^2 *method*. In this context, the *minimum normit* X^2 *method* amounts the following weighted regressions

$$Z_t = a_1 + b_1 \log t \tag{12}$$

(for group A which corresponding to the cumulative lognormal),

$$Z_t = a_2 + b_2 t \tag{13}$$

(for group B which corresponding to the *cumulative normal*), where: Z_i refers to the normal equivalent deviate of the level of diffusion (m_t/n) in year t where diffusion is defined by the proportion of firms in the relevant industry who have adopted.

3.3. Technological Substitution Models

A number of economists (such as Mansfield 1969; Sahal 1977a) consider diffusion as a disequilibrium phenomenon. Usually, when a new technology or a new method is introduced, it is less developed than the older with which it is competing. Therefore, it is likely to have greater potential for improvement and for reduction in cost. The introduction of a new product or process broadens the range of choice of producers and consumers and the equilibrium is altered. In the real world, there is only a *gradual adjustment* over the course of time to the new equilibrium level. A simple formulation of this adjustment process would be to assume that the percentage adjustment in any one period is proportional to the percentage difference between the actual level of adoption of innovation and the level which corresponds to the new equilibrium. The essence of the technological substitution hypothesis lies on the disequilibrium characteristic of the diffusion process. We can assume that the system-wide disequilibrium caused by the gap in the use of two techniques. The equilibrium levels of the use of two techniques can be indicated by K_2 and K_2, while the intra-equilibrium gaps can be denoted by:

$$\frac{K_1 - Y}{Y} \quad \text{and} \quad \frac{K_2 - Y}{X}. \tag{14a}$$

Particularly, we can assume that the use of one technique as a percentage of the other is some fixed proportion g of the percentage of intra-equilibrium gaps, that is:

$$\log f(t) - \log f'(t) = g[\log (X) - \log (Y)] \tag{14b}$$

or otherwise using the differential equation of the well-known logistic function, we can find that:

$$\log f(t) - \log f'(t) = g\left(\log \frac{K_2 - X}{X} - \log \frac{K_1 - Y}{Y}\right) \tag{15}$$

where, $\log(K_2 - X)/X = a_2 - b_2 t$ and $\log(K_1 - Y)/Y = a_1 - b_1 t$ and a is the constant depending on the initial conditions, K is the equilibrium level of growth and b is the rate of growth parameter.

Another interesting result is that the coefficient g is a *measure of the speed* with which movement from an equilibrium to the other takes place. According to the previous analysis, the greater the disparity in the use of two techniques, the faster the speed the substitution will be. Using one technique as a proportion of the other, this can be indicated by f/f', we can reach in the following equation:[3]

$$\log \frac{f}{1-f} = a_1 + b_1 t \tag{16}$$

Moreover, assuming that $X(t)$ is the adoption of new technique at the time t and $Y(t)$ is the old technique at time t, then the fractional adoption of the new technique at time t is given by:

$$f(t) = \frac{X(t)}{X(t) + Y(t)} \tag{17}$$

and

$$f'(t) = \frac{Y(t)}{X(t) + Y(t)} \tag{17'}$$

so that $f(t) + f'(t) = 1$.

Both X and Y can follow an S-shaped pattern of growth, Sahal and Nelson (1981), and Sahal (1982). The simplicity of the model is that it contains only two parameters. Any substitution that has gained a few percent of the available market has shown economic viability and hence the substitution will proceed to 100 percent. The substitutions tend to proceed exponentially in the early years (as for instance, with a constant percentage annual growth increment) and to follow an S-shaped curve. The simplest curve is characterised by two constants: the early growth rate and the time at which the substitution is half-complete.

According to this analysis, the substituted fraction can be given by the relationship:

$$f = \frac{1}{2}\,[1 + \tan h\ a(t - t_0)], \tag{18}$$

where: a is the half annual fractional growth in the early years and where t_0 is the time at which $f = 1/2$. A more convenient form of the substitution expression can be given as:

$$\frac{f}{1-f} = \exp[2\ a(t - t_0)] \tag{19}$$

4. Conclusions

The international diffusion of technology is undoubtedly a historical well-recognised factor in the industrialisation of both Europe and the United States in the nineteenth century, and even more strikingly of Japan in the twentieth century. Technological diffusion is the process by which innovations (by the new products or new processes) spread within and across economies. The various factors which might influence the incidence of innovation and the speed of its diffusion are the following: (a) *the technical applicability*; (b) *profitability*; (c) *finance* (lack of financial resources might delay the diffusion of new processes); (d) *size, structure and organisation*; (e) *management attitudes* (which is the most difficult to assess or to quantify, but nevertheless they may be as important as economic factors in influencing the rate of adoption of new methods); (f) *other factors*, such as research and development activities, access to information, the labour market availability of certain skills, licensing policy, the market situation and more precisely the growth of demand for the product as well as the competitive position with special regard to the import competition.

A vast literature exists on the diffusion of innovations. Most of this literature has developed along two separate paths:

(a) the diffusion adopted by household or individuals;
(b) the diffusion of innovations adopted by firms. Both of them have in common a heavy reliance on the mathematical theory of epidemic models.

Many studies explain the diffusion patterns by focusing mainly on the way that information spreads, the influence of expected profitability and the size of firms. Diffusion is the core of the process of modernisation. The diffusion analysis of new process can split into three parts:

(a) in the *intra firm diffusion* and the *inter-firm diffusion* and
(b) in the *economy-wide (inter country and international) diffusion*.

Standard diffusion models seem readily able to account for the situations which are open to empirical investigations. Both the epidemic approach and the probit approach are defined in positioning the place of firms relative to others.

The diffusion path can be interpreted by two theoretical forms:

(a) the *cumulative lognormal curve* and
(b) the *cumulative normal curve*.

According to Schumepter there are two conflicting forces: innovation which tends to increase technological and economic differences between countries and imitation or diffusion which tends to reduce them. The process may generate a pattern where countries follow diverging trends, as well as a pattern where countries converge towards a common mean.

In this paper proposed that the specific pattern of innovative activity can be explained as the outcome of different technological regimes (learning and knowledge) that are implied by the nature of technology. The theory which analysed in this paper concerns the form of the two models of technological substitution. The first of the model focus on the temporal aspects while the other concentrates on the phenomenon of the spatial aspects. We can considered that the two models are complementary in this respect.

Notes

[1] In the literature, widely different models have been employed to generate the S-shaped trends. Such examples are the logistic function, the Gompertz function, the modified exponential function, the cumulative normal distribution function, the cumulative log-normal distribution function. Chow has introduced the following logistic curve (the *Chow logistic curve* of equation a):

$$dn/dt = g(t)n_t(n^* - n_t) \tag{a}$$

This differs from sigmoid logistic curve by: $1 - (n_t/n^*) = (n^* - n_t)/n^*$. Of course, the sigmoid curve need not be logistic. Another curve which has been used is *Gompertz curve* deriving from the following equation (b):

$$dnt/dt = k(t)n_t(\log n^* - \log nt) \tag{b}$$

Where $k(t)$ is the speed of diffusion and in the case where $k(t)$ is a constant then the curve has an infection point at $n_t = 0.37n^*$. However, the logistic and Gompertz curves are just two of a whole class of curves that may be labelled sigmoid. The logistic curve is no more that the cumulative density curve derived from a *chi-squared or (logistic) frequency distribution*. For each bell-shaped distribution there will be exist an S-shaped curve which can be used in a diffusion study. For a more detailed analysis see Stoneman (1983).

[2] The requirement for such a process is that it translates the value of the attribute X, which may range the value over the entire real line, to a probability which ranges in value from 0 to 1. We should also like the transformation to maintain the property that increases in X are associated with increases (or decreases) in the dependent variable for all values of X. The probit model is more appealing that the linear probability model, however, it involves the non-linear maximum-likelihood estimation. For a more detailed analysis see Pindyck and Rundinfield (1991), pp. 254–256.

[3] It also can be verified that the logistic curve is a symmetrical S-shaped curve with a point of infection at 0.5 K. The higher the coefficient g, the less the difference between the rates of the adoption of the two techniques will be: $b = g(b_1 - b_2)$, where: $a_1 = g(a_2 - a_1)$, and $b_1 = g(b_1 - b_2)$. For a more detailed analysis see Sahal and Nelson (1981), and Sahal (1980).

References

Amendola, G. and Perrucci, A. (1992). "European Patterns of Specialization in High Technology Products: A New Approach." In *Proceedings of the Joint EC-Leiden Conference on Science and Technology Indicators*, DSWO Press, Leiden.

Antonelli, C. (1985). "The Diffusion of an Organizational Innovation. International Data Telecommunications and Multinational Industrial Firms." *International Journal of Industrial Organisation*, Vol. 3, pp. 109–118.

Antonelli, C. (1986). "The International Diffusion of New Information Technologies." *Research Policy*, Vol. 15, pp. 139–147.

Antonelli, C. (1988). *New Information Technology and Industrial Change: The Italian Case*, Kluwer.

Antonelli, C. (1989a). "A Failure Inducement Model of Research and Development Expenditures, the Italian Evidence in the Early Eighties." *Journal of Economic Behaviour and Organization.*

Antonelli, C. (1989b). "The Role of Technological Expectations in a Mixed Model of International Diffusion of Process Innovations." *Research Policy*, October.

Antonelli, C. (1990). "Profitability and Imitation in the Diffusion Process of Innovations." *Rivista Internazionale di Science Economiche e Commerciali*, February.

Antonelli, C., Petit, P. and Tahar, G. (1990). "The Diffusion of Interdependent Innovations in the Textile Industry." *Structural Change and Economic Dynamics.*

Antonelli, C., Petit, P. and Tahar, G. (1992). *The Economics of Industrial Modernization*, Academic Press.

Benvignati, A. M. (1982). "The Relationship Between the Origin and Diffusion of Industrial Innovation." *Economica*, Vol. 49, pp. 313–323.

Bresschi, Stefano; Franco, Malerba and Luigi, Orsenigo (2000). "Technological Regimes under Schumpeterian Patterns of Innovation." *Economic Journal*, Vol. 110, No. 463, April, pp. 388–410.

Camagni, R. (1985). "Spatial Diffusion of Pervasive Process Innovation." Papers of the Regional Science Association, Vol. 58.

David, P. A. (1969). "A Contribution to the Theory of Diffusion." *Research Center in Economic Growth*, Stanford University.

David, P. A. (1975). *Technical Choice, Innovation and Economic Growth*, Cambridge University Press.

Davidson, R. and Mackinnon, G. J. (1993). *Estimation and Inference in Econometrics*, Oxford University Press.

Davies, S. (1979). "Diffusion Innovation and Market Structure." In Sahal D. (ed.), *Research, Development and Technological Innovation*, Lexington, Massachussetts.

Dosi, G., Freeman, Chr., Nelson, R., Silverberg, G and Soete, L. (1988). *Technical Change and Economic Theory*, Pinter Publishers, London.

Ireland, N. and Stoneman, P. (1986). "Technological Diffusion, Expectations and Welfare." *Oxford Economic Papers*, Vol. 38, pp. 283–304.

Jovanovic, B. and Lach, S. (1993). "Diffusion Lags and Aggregate Fluctuations." NBER Working Paper N. 4455.

Korres, G.(1995). *Technological Performance in Greece within the European Community*, Ph.D dissertation at the University of London, Queen Mary and Westfield College.

Korres, G. (1996). *Technical Change and Productivity Growth: An Empirical Evidence from European Countries*, Avebury-Ashgate Publishing Company, London.

Malecki, E. J. (ed.) (1991). *Technology and Economic Development: The Dynamics of Local Regional and National Change*, Longman Scientific and Technical.

Mansfield, E. (ed.) (1969). *Industrial Research and Technological Innovation: An Econometric Analysis*, Longman & Green Publishers.

Mansfield, E. (1977). *The Production and Application of New Industrial Technology*, W. W Norton.

Mansfield, E. (1988). "The Speed of Cost of Industrial Innovation in Japan and the United States: External vs. Internal Technology." *Management Science*, Vol. 34, No. 10.

Metcalfe, J. S. (1981). "Impulse and Diffusion in the Study of Technical Change." *Futures*, Vol. 18, No. 4.

Metcalfe, J. S. and Gibbons, M. (eds.) (1991). "The Diffusion of the New Technologies a Condition for Renewed Economic Growth." In OECD, *Technology and Productivity – the Challenge for Economic Policy.*

Nasbeth, L. and Ray, F. G. (eds.) (1974). *The Diffusion of New Industrial Processes: An International Study*, Cambridge University Press.

Nelson, R. (1993). *National Innovation Systems: A Comparative Analysis*, Oxford University.

OECD (1981). *New Technologies in the 1990s: A Socio-Economic Strategy*, Paris, France.

OECD (eds.) (1992). *Technology and the Employment – the Key Relationships, TEP* (Technology Economic Performance). Paris, France.

River-Batiz, Luis A. and Roomer, P. (1991). "Economic Integration and Endogenous Growth." *Quarterly Journal of Economics*, Vol. 106, pp. 531–556.

Romer, P. (1990a). "Endogenous Technological Change." *Journal of Political Economy*, Vol. 98, S71–S102.

Romer, P. (1990b). "Capital, Labor and Productivity, Brookings Papers on Economic Activity." *Macroeconomics*, pp. 337–420.

Robertson, T. and Gatignon, H. (1987). "The Diffusion of High Technology Innovations: A Marketing Perspective." Chapter 8 in Pennings, J. M. and Buitendam, A. (eds.), *New Technology as Organizational Innovation: The Development and Diffusion of Microelectronics*, Ballinger Publishing Company.

Sahal, D. (1975). "Evolving Parameter Models of Technology Assessment." *Journal of the International Society for Technology Assessment*, Vol. 1, pp. 11–20.

Sahal, D. (1977a). "Substitution of Mechanical Corn Pickers by Field Shelling Technology – an Econometric Analysis." *Technological Forecasting & Social Change*, Vol. 10, pp. 53–60.

Sahal, D. (1977b). "The Multidimensional Diffusion of Technology." *Technological Forecasting and Social Change*, Vol. 10, pp. 277–298.

Sahal, D. (1980). *Research, Development and Technological Innovation: Recent Perspectives on Management*, Lexington, Massachussetts.

Sahal, D. and Nelson, R. R. (1981). *Patterns of Technological Innovation*, chapter 5, Addison Wesley Pub., Massachusetts.

Schumpeter, J. A. (1912). *The Theory of Economic Development*, Duncker and Humblot, Leipzig.

Schumpeter, J. A. (1934). *The Theory of Economic Development*, Harvard Economic Studies, Cambridge, MA.

Schumpeter, J. A. (1939). *Business Cycles I–II*, McGraw-Hill, New York.

Schumpeter, J. A. (1942). *Capitalism, Socialism and Democracy*, Harper, New York.

Soete, L. (1985). "International Diffusion of Technology, Industrial Development and Technological Leapfrogging." *World Development*, Vol. 13, No. 3, pp. 409–422.

Soete, L. and Turner, R. (1984). "Technology Diffusion and the Rate of Technical Change." *The Economic Journal*, Vol. 94, pp. 612–623.

Stokey, N. L. (1979). "Intertemporal Price Discrimination." *Quarterly Journal of Economics*, Vol. 93, pp. 355–371.

Stoneman, P. (1983). *The Economic Analysis of Technological Change*, Oxford University Press.

Stoneman, P. and Ireland, N. J. (1983). "The Role of Supply Factors in the Diffusion of New Process Technology." *The Economic Journal*, supplement, March, pp. 65–77.

Stoneman, P. (1986). "Technological Diffusion: The Viewpoint of Economic Theory." *Richerche Economiche*, Vol. XL, No. 4, pp. 585–606.

Stoneman, P. (1987). *The Economic Analysis of Technology Policy*, Oxford University Press.

Stoneman, P. (1995). *Handbook of the Economics of Innovations and Technological Change*, Blackwell.

Swan, P. (1973). "The International Diffusion of an Innovation." *The Journal of Industrial Economics*, Vol. 22, September, pp. 61–70.

Zander, U. (1991). "Exploiting a Technological Edge-Voluntary and Involuntary Dissemination of Technology." Institute of International Business (IIB). Stockholm School of Economics.

Edward Bellamy and Joseph Schumpeter in the Year 2000

Prof. Dr. Peter R. Senn*
1121 Hinman Avenue, Evanston, Illinois 60202, USA; E-mail: senn1121@delphi.com

Abstract: Joseph Schumpeter, in his great *History of Economic Analysis*, dismisses the most influential vision of the future America ever had. Because the hero in Edward Bellamy's novel, *Looking Backward, 2000–1887*, woke up in the year 2000, fifty years after Schumpeter's death, after sleeping since 1887, a reappraisal is timely. Schumpeter was within his rights to exclude Bellamy. The introduction briefly summarizes Schumpeter's views about Utopias. He may have made a mistake about the utopian work he thought highly of, Sir Thomas More's Utopia. After this comes a discussion of Bellamy's background and a short synopsis of the novel. Many of Bellamy's predictions are described and then analyzed with respect to their accuracy. Schumpeter's views on prophecy are stated. Although he sometimes hedged them, Schumpter made many predictions. Some of these are discussed. Most were wrong. The paper concludes with reasons both were so wrong and comments about attempts to foresee the future.

Keywords: Capitalism, Democracy, Economic Analysis, Joseph Schumpeter, Edward Bellamy, Economic History, Socialism.

J.E.L. Codes: P00, B250.

In his classic *History of Economic Analysis*, Joseph Alois Schumpeter (1883–1950) has two brief discussions of Utopia. The first occurs in his comments about Plato's *Politeia* (The Republic). Schumpeter thinks this kind of work best fits the category defined by the German term *Staatsromane* (state novels) but reluctantly settles for Utopia. Because reasoning of an analytic nature is not "pursued as an end itself" its contribution "does not go very far." (55)

The second discussion of Utopias occurs in a "Note on Utopias." (206–208). It is in a footnote to this discussion that Schumpeter mentions Edward Bellamy (1850–1898) and his classic, *Looking Backward, 2000–1887*. In footnote two, Schumpeter states that "we shall have no occasion to mention any of these more modern Utopias in this book." (206). This was primarily because Schumpeter emphasized the distinction between economic thought and economic analysis in his history. (3)

Schumpeter also mentions Bellamy in connection with Thomas More (Sir, Saint) in *Capitalism, Socialism, And Democracy*. "Sir Thomas More's (1478–1535) *Utopia*, read, admired and even copied right into the nineteenth

J. Backhaus (ed.), Joseph Alois Schumpeter, 313–325.

century – witnesses the success of Cabet and of Bellamy – unfolds the picture of a frugal, moral and equalitarian society that was the exact opposite of English society in More's day." (306)

1. A Possible Problem

Most of the "Note on Utopias" in the *History of Economic Analysis* is devoted to More's *Utopia*, of which Schumpeter thinks highly. He concludes the Note with the quotation that follows. "And he [More – PRS] introduced the word and concept of oligopoly in exactly the same sense in which we use it now." (208)

Despite the fact that I have carefully studied More's work, I have not been able to find any mention of the term "oligopoly" in it. I have also searched the text by computer with the same result. Schumpeter refers to the English translation of 1551. (Footnote 4, 207) I used the modernized version of this translation so it is unlikely that I missed finding the term because of the use of a different translation.

Is it possible that this is one of the mistakes in this magisterial work? Even if it is a mistake, it would not make this classic less useful.

2. Edward Bellamy in the Year 2000

Looking Backward, although in form a fanciful romance, is intended, in all seriousness, as a forecast, in accordance with the principles of evolution, of the next stage in the industrial and social development of humanity, especially in this country; . . . (Postscript, 220)

2.1. His Life

Edward Bellamy (1850–1898) was born in Chicopee Falls, Massachusetts. He was the son of a Baptist minister. All of Bellamy's biographers agree with the verdict in the online *Encyclopædia Britannica*. "Bellamy first realized the plight of the urban poor at 18 while studying for a year in Germany." (Edward Bellamy, Britannica.com) Upon his return home he studied law at Union College. He was admitted to the bar in 1871 but never practiced.

His career was as a journalist and writer. He wrote his utopian vision of the future, *Looking Backward*, as a romance novel in 1881. It was not published until 1887. It was enormously popular, with sales of more than a million copies in the United States alone.

2.2. His Influence

"Bellamy's ideas influenced not only society at large but also such important individuals as William Dean Howells, Upton Sinclair, Eugene Debs, Norman Thomas, and members of the New Deal." (Bowman, 1986, Preface)

Its influence in the rest of the world was also great. In 1906, Bellamy founded "The League For The Organization of Progress." Among its members were: Eduard Beneš (1884–1948), later Czechoslovakia's Minister of Foreign Affairs (1918–1935) and President (1921–1922, 1946–1948); Emile Vandervelde who became a member of the Belgian parliament; James Ramsay MacDonald (1886–1937), then a Labor member of the Britsh parliament who later was Prime Minister (1924, 1929–1935); Aristide Briand, then a member of the French parliament who later was Premier eleven times; and Karl Renner (1870–1950), a Liberal member of the old Austro-Hungarian parliament and, later, the first Chancellor of the Austrian Republic (1918–1920, and 1945) and then President (1946–1950) of the Austrian Republic.

Sylvia E. Bowmam's book, *Edward Bellamy Abroad; An American Prophet's Influence*, documents its popularity and influence in more detail. In 1935, Charles Austin Beard (1874–1948) and John Dewey (1859–1952) ranked *Looking Backward* second only in importance to Karl Marx's *Capital* in books published since 1885.

Ballamy's attraction was primarily to socialists, not communists. The Communist, Louis Boudianoff Boudin (1874–1952), asserted that *Looking Backward* was "an influential factor in retarding the growth of our movement during its entire existence." (quoted in Bowman 1986, p. 26)

A year before his death, in 1897, Bellamy wrote a second novel, *Equality*. It has the same main characters and little plot. It was designed to respond to his critics and fill the gaps in *Looking Backward*. It was nowhere near as successful or influential as *Looking Backward*.

Bellamy, although describing what most would call a socialist world, never used the term "socialism." He used the term "Nationalism." Hundreds of Nationalist Clubs were formed which called for socialistic reforms. He described a new society to take the place of capitalism.

There is a large literature about Bellamy including articles in the *Encyclopaedia of the Social Sciences*, and the *Encyclopædia Britannica*. There are several biographies, see, for examples, those by Arthur Ernest Morgan (1878–1975) and Sylvia E. Bowman. There are many studies, see, for example, the centenary essays in Daphne Patai (b 1943). There is an even larger literature about Utopias and Disutopias. See the Internet for literature about Utopias. For a sample of a Disutopia see Eugen Richter (1838–1906).

2.3. The Story

Looking Backward describes what the hero, Julian West, finds when he wakes up in Boston in the year 2000. Because he suffered from insomnia, West used hypnosis to bring sleep in a chamber deep underneath his house. The house burned down on the night of May 30, 1887. One hundred thirteen years later, a kindly, wise and very understanding character, Dr. Leete, finds the room him while digging in his garden and wakes him up.

The key female character is Dr. Leete's daughter, Edith. West falls in love with her. Most of the book consists of explanations, in answer to West's numerous questions, by Dr. Leete and Edith about the new social and economic institutions. The focus is on the principles of national cooperation and the transformations which emancipated the individual from the horrors of the economic system of West's time.

2.4. Pie in the Sky – Where Bellamy was Right

Utopias are often more about the time in which they are written than about the future because of the implicit and explicit critiques that they make about society. Utopian visions have two main components. One is "pie in the sky." It tells of all the great things a new society will bring to people. The other describes the social and other institutions that will characterize the new society. Bellamy's novel follows this pattern.

It is stretching the language to call Bellamy right about some of the things he correctly predicted. The reason is that Bellamy thought they could only come about in a society organized in the collectivist fashion he envisioned. Some of the things he envisioned did come about but by an entirely different process than he imagined.

He was right about the cleaner air and the absence of chimneys and smoke in Boston. (45) He foresaw the widespread use of "mellow artificial light." (46) Many people still enjoy cigars. (51) There was music everywhere (87), including musical wake up calls, by telephone. (102) He predicted longer life expectancies, to ages of eighty-five or ninety (137) and more leisure time. (138)

He also predicted the use of credit cards although they are not used as extensively as he thought they would be. His imaginary society did all of its buying with credit cards which had holes punched out for purchases and were not transferable. (71–72)

Depending on how you look at things, a case might be made that there was no big change in men's clothing (44) and there is little difference in speech. (47) His description of production could be construed as an anticipation of the modern practice of "just in time" ordering based on statistical analysis. (128)

Perhaps Bellamy was also right about an increase in the kind of isolation of the individual in the community like that provided by the Internet of today in which face-to-face personal contact does not occur in many social transactions. Most musical performances, like most sermons, were heard in "acoustically prepared chambers connected by wire". (182) Families did not shop for food, prepare meals or eat at home but in private, elegant dining-rooms, organized by the state, in which the families were ordered and numbered. (111)

2.5. Social Institutions, Where Bellamy was Wrong

Bellamy, like the authors of most socialist and collectivist visions of the future, was mostly wrong about both the product and processes of the economic system he misunderstood so badly.

Among his most notorious failures were his predictions of no war (55), no parties, no politicians, no corruption and changed motives of human action. (56) There were no banks or stores and no buying or selling. (70) There was no money, and no trade with all goods being directly distributed from national storehouses. Because the nation was the sole producer of "all sorts of commodities, there was no need of exchanges between individuals." (71) There was no need or incentive to save (73) because everyone had the same share. (75)

In general his technological predictions were very weak despite his correct anticipation of "an era of mechanical invention, scientific discovery, art, musical and literary productiveness to which no previous age of the world offers anything comparable." (116) He did not understand the relationship of the growth of science to technology and the impact on society of technological change. The things he missed would not be worth mentioning if he had not tried to predict so many. He missed, just to name a few things, computers, automobiles, television, space exploration, the four-minute mile, cloning and gene research.

3. Schumpeter's Visions After Fifty Years

> Hence it is as unreasonable to expect the economist to forecast correctly what will actually happen as it would be to expect a doctor to prognosticate when his patient will be the victim of a railroad accident and how this will affect his state of health. (*Business Cycles*, Vol. I, 13)

Schumpeter was one of the most famous economists of this time. His fame rests on his contributions to many subjects. Among these are his criticisms of Marx and Keynes, his work on economic development and crisis, his theory of entrepreneurship, his work on business cycles, his history of economic thought, his econometric initives, how he relates economic phenomena and ideas to the wider context of social analysis, and his vision of a socialist society.

His unfulfilled prophecies are important because of the stimulus they have given to the study of the forces that govern economic and social change. In an important work edited by Arnold Heertje (b 1934) nine well known economists evaluated Schumpeter's vision of socialism in *Capitalism,*

Socialism, And Democracy. Heertje points out that they "sometimes for different and sometimes for the same reasons, have come to the conclusion that they must disagree with Schumpeter's main thesis, although they share admiration and esteem for his observations and insights" (x)

3.1. Schumpeter's Hedges

Schumpeter played a double game when he wrote about the future. He constantly prophesied. At the same time he hedged his predictions both on methodological grounds and when they would come about. Nowhere is this more evident than in *Capitalism, Socialism, And Democracy* from which most of the following quotations are taken.

> What counts in any attempt at social prognosis is not the Yes or No that sums up the facts and arguments which lead up to it but those facts and arguments themselves. They contain all that is scientific in the final result. Everything else is not science but prophecy. Analysis, whether economic or other, never yields more than a statement about the tendencies present in an observable pattern. And these never tell us what *will* happen to the pattern but only what *would* happen if they continued to act as they have been acting in the time interval covered by our observation and if no other factors intruded. "Inevitability" or "necessity" can never mean more than this. (*Capitalism, Socialism, And Democracy*, 61)
>
> It is therefore necessary to emphasize again that my extrapolation is not intended to forecast the actual behavior of output in the future. Beyond illustrating the meaning of past performance, it is merely intended to give us a quantitative idea of what the capitalist engine might conceivably accomplish if, for another half century, it repeated its past performance – which is a very different matter. (72)
>
> Strictly speaking we do not even know whether socialism will actually come to stay. For to repeat: perceiving a tendency and visualizing the goal of it is one thing and predicting that this goal will actually be reached and that the resulting state of things will be workable, let alone permanent, is quite another thing. (163)
>
> More important is that, however, to make it quite clear that I do not 'prophesy' or predict it. [socialism – PRS] Any prediction is extra-scientific prophecy that attempts to do more than to diagnose observable tendencies and to state what results would be, if these tendencies should work themselves out according to their logic. In itself, this does not amount to prognosis or predictions because factors external to the chosen range of observation may intervene to prevent that consummation. (416)
>
> I do not pretend to prophesy; I merely recognize the facts and point out the tendencies which those facts indicate. (424)

Despite these hedges, Schumpeter evidently thought that some social processes were inevitable. "However, whether favorable or unfavorable, value judgments about capitalist performance are of little interest. For mankind is not free to choose." (129)

3.2. Schumpeter's Unhedged Predictions

Despite his careful disclaimers, Schumpeter made many predictions. Some were not qualified. Some were qualified. Some examples of unqualified predictions follow. "I have tried to show that a socialist form of society will inevitably emerge from an equally inevitable decomposition of capitalist society." (xiii) "Can capitalism survive?. No. I do not think it can." (61)

> Since capitalist enterprise, by its very achievements, tends to automatize progress, we conclude that it tends to make itself superfluous-to break into pieces under the pressure of its own success. (134)
>
> Faced by the increasing hostility of the environment and by the legislative, administrative, and judicial practice born of that hostility, entrepreneurs and capitalists – in fact the whole stratum that accepts the bourgeois scheme of life – will eventually cease to function. (156)
>
> Whatever the fate of particular socialist *groups*, there cannot be any doubt that the present conflagration will – inevitably, everywhere, and independently of the outcome of the war – mean another great stride toward the socialist *order*. [original italics] An appeal to our experience of the effects of the First World War on the social fabric of Europe suffices to establish this prognosis. This time however the stride will be taken also in the United States. (374)

3.3. Schumpeter's Qualified Predictions

Some examples of qualified prophesy follow.

> We have rediscovered what from different standpoints and, so I believe, on inadequate grounds has often been discovered before: there is inherent in the capitalist system a tendency toward self-destruction which, in its earlier stages, may well assert itself in the form of a tendency toward retardation of progress. (162)
>
> Prognosis would, in this country more than in any other, have to take account of the likelihood that there will be interventions or even reversals; of the effects of 'acclimatization' and of the fact that, if our schema is to be trusted, recovery and prosperity phases should be more, and recession and depression phases less strongly marked during the next three decades that may have been in the last two. (*Business Cycles*, Vol. II, 1050)

Was Schumpeter Ever Wrong?

It is hard to say if Schumpeter was right or wrong about his predictions for several reasons. In addition to the hedges and qualifications, he rarely dated them and defined a very personalized kind of socialism.

Schumpeter not only hedged his predictions on methodological grounds as in the examples given above. He also hedged them by the way he dated them. For him, the short run varied according to what he was discussing. Sometimes it was fifty, sometimes, one hundred years. In chapter (XXVIII), "The Consequences of the Second World War," he writes of "our diagnosis concerning the chances of the private-enterprise system, at least for a short run of fifty years or so." (382) In chapter (XIV), "Decomposition," "a century is a 'short run'." (163)

Writing of the social situation "not only in the United States but also the world" he says the factors he has been discussing will be dominant. "But only for the next half century or so. The long run diagnoses elaborated in this book will not be affected." (398)

Often he thought his predictions would come true "in the fullness of time."

> We shall see later that, at least in the case of socialism in the fullness of time, the conditions for moral acceptance of the socialist order of things and for a transfer of loyalties to it are likely to be met, and that there need be no commissars to thwart and to insult. (207)

If fifty years is enough for the fullness of time, he was wrong about many predictions he made in the following quotation. These included the rate of progress, the rate of interest, investment opportunities and capitalist motivations.

> Most of the argument of Part II may be summed up in the Marxian proposition that the economic process tends to socialize *itself* – and also the human soul. [original italics] By this we mean that the technological, organizational, commercial, administrative and psychological prerequisites of socialism tend to be fulfilled more and more. Let us again visualize the state of things which looms in the future if that trend be projected. Business, excepting the agrarian sector, is controlled by a small number of bureaucratized corporations. Progress has slackened and become mechanized and planned. The rate of interest converges toward zero, not temporarily only or under the pressure of governmental policy, but permanently owing to the dwindling of investment opportunities. Industrial property and management have become depersonalized – ownership having degenerated to stock and bond holding, the executives having acquired habits of mind similar to those of civil servants. Capitalist motivation and standards have all but wilted away. The inference as to the transition to a socialist regime in such fullness of time is obvious. (219)

Despite these errors, it cannot be said of Schumpeter that he misunderstood capitalism as Bellamy did. Schumpeter certainly understood more about it. Where Schumpeter went wrong was not only in his understanding and projections of tendencies but also in his conceptualization of socialism. Any discussion of socialism must begin with a clear definition of it. A central problem of socialist thought has always been that there has never been widespread agreement about what socialism is among those who call themselves socialists.

Schumpeter had a vision of socialism that was shared by no one else, see Chapter XVI "The Socialist Blueprint". The fact is that, of the myriad of socialist parties and organizations, none either followed or follow his thinking. As Wolfgang F. Stolper (b 1912) so delicately puts it, "His definitions of capitalism and socialism differ substantially from the generally accepted ones," (106) It may even be said, without much exaggeration, that he defined socialism in such a way that it fit his view of what capitalism would evolve into.

To be certain that I am not misunderstood, I emphasize that the problems discussed above apply only to his prophecies and not to those other works that made him one of the preeminent economists of his time.

4. Reflections on Prophesies About Social Organization

Many things draw Schumpeter and Bellamy together. Both predicted the coming of a socialist society according to their vision of it. Both made important attempts at social prognosis. Both made the fundamentally wrong assumption common to socialists, that people can control major events and social institutions on a grand scale and in detail.

There seems to be two Schumpeters on this question of social control. His statement that "mankind is not free to choose" quoted above does not square with the fact that few of the processes in his important works on business cycles, technological change, and entrepreneurship have inevitable and predetermined outcomes. When he was young, Schumpeter had political ambitions which implies that mankind has choices to make. Strong evidence that he was not a historical determinist comes from the explicit restrictions he places on the meanings of "prediction" "prophesy" and "prognosis."

Their motives were entirely different. Bellamy wanted to change the social structure of the United States. His motives were ideological and political. Schumpter wanted to put his theories to practical use. Perhaps, if we accept Yuichi Schionoya's view, one of Schumpeter's aims was also to construct a universal social science addressing the evolution of mind and society.

Bellamy was a social critic who presented a picture of an ideal society. In many ways he was bolder than Schumpeter. He dated his prophecies. Schumpeter sometimes did, but almost always hedged them. The result was that for many of his predictions Schumpeter could always be said to be right, if we only wait long enough.

The work of both Schumpeter and Bellamy raises fundamental questions about auguries, forecasts, predictions, prophesies, prognosis, blueprints, plans and projections. Those terms do not mean quite the same thing. What the have in common is that all of the terms refer to the act of stating something about the future. The variety of terms draws our attention to the possibility of different kinds of predictions.

The reason that prediction is a central issue for the science of economics stems from the fact that modern economic systems and their components require estimates of future conditions. The necessity of budgeting for both governments and businesses is but one example. We have already seen that the motives behind any attempt to foretell the future can be very different.

Much that is important about predictions depends on the subject of the prediction, the process of change upon which the prediction is based, the time involved and the conditions under which the change is expected to occur.

Many builders, as for example architects, airplane designers, and builders of space ships require a blueprint before they start their work. Their blueprints embody, before construction is begun, a very precise prediction of what the future result will be. This kind of prediction comes true because the probabilities are high that those who make the prediction can make it come true. They are cases of self-fulfilling predictions. There are many others of this type, like roads that often generate more traffic.

Scientific predictions are of a very different kind. Is it significant that Schumpeter, in his role as econometrician, did not use probabilities in the vast majority of his prophesies? He often claimed to be scientific. But it has long been commonplace that "*Scientific predictions* state outcomes as calculated probabilities after the role and relationship of key factors have been subject to precise measurement." [Original italics] (Lazersfeld and Franzen, 261)

This brings up another issue. Predictions in the social sciences, although also scientific, are of a different kind altogether than those of the physical and biological sciences. Consider the prediction of marriage success or voting outcomes. The one relies on correlations of all sorts of data, the other on inferences made from public opinion polls.

Simulations are the source of still another kind of prediction in all the sciences. This kind of prediction is based on a model of a process or situation. Simulations almost always use probabilities. When the models are constructed with factors and processes that are well understood, as in much computer, air and space travel design, they result in predictions accurate enough so people stake their lives on them.

Modern government and business require planning, a method of stating goals and achieving them. Planning requires prediction and focuses our attention on a critical part of any foretelling of the future – the time the prediction is supposed to come true. In general, the shorter the time horizon, the more accurate are the results to be expected.

Predictions with long time horizons, such as those of a calamitous type often made about the environment, must always be treated with suspicion. They rest on two assumptions. One is that people in the future will not be able to deal with the problems they face. The other is that it is possible to foretell the future. Both are questionable.

In one sense, all attempts at social prediction can teach us. In hindsight it seems clear that the predictions of both Bellamy and Schumpeter went wrong primarily because of developments they could not foresee and knowledge they could not have had.

Both were concerned with social organization. Both underestimated the forces that changing technology brought into play. While acknowledging scientific development, they did not realize that the technologies which resulted from the growth of the sciences often brought about unanticipated social change.

Neither recognized the fundamentally different kind of technological product produced by the social sciences (computer programs, organization manuals, bowing and tounging techniques in music) as opposed to the products of technology produced by the physical sciences (computers, cell telephones) and the biological sciences (DNA analysis, genome mapping, cloning). One result was that they did not take into account the fact that different kinds of technological products have different effects on social development.

In the physical and biological sciences, if methods do not produce results that are can be translated into products that work, something is felt to be lacking. Either the theory or practice is changed until what is predicted by the theory works. Product is what counts. This is not the case in the social sciences where policy is the hoped for product.

The economics of the late twentieth century provide an example of the situation in the social sciences. Policy recommendations are one of the products in the social sciences. Economics today is economics of the model. As David Colander (b 1947) puts it,

> Modeling is not seen as an end in itself; there is a continual discussion of the need to empirically test, and the formal modeling is undertaken in large part to make the model empirically testable, and applicable to policy, with formal statistical techniques. (137)

Methods are what count.

The complexities of empirically testable models applicable to policy are such that predications made from them are usually not very reliable. The important theoretical point is that neither the theory nor the practice can change in the same way in the social sciences as they do in the physical and biological sciences.

Neither Bellamy nor Schumpeter were aware of the importance of scale factors. The population of the world was about a billion and a half people in Bellamy's day and about two and a half billion in 1950. In early 2000 it is over six billion people. They could not know that the theories and social organizations that fit their worlds would not fit the world of 2000. They could not have foreseen the development of a service economy or the changes resulting from globalization.

Both Bellamy and Schumpeter were brave men. They tried to defy the gods. Their failures can teach us much about both the follies of long run prediction and the problems of trying to prepare for the immediate future.

Note

* Jürgen Backhaus, Wolfgang Drechsler, Merle Kingman and other conference participants helped me with, useful critiques for which I thank them. I am particularly obligated to Mary Stone Senn who, in addition to making many specialized computer searches, was helpful in countless other ways. Thanks also to Anita Lauterstein who did much of the typing. Any errors are my own.

References

Bellamy, Edward (1888). *Looking Backward, 2000–1887*, Ticknor and Company, Boston.

There have been dozens of editions since. I worked from the New American Library of World Literature edition, 1960, New York, Signet Classic series. There are copies on the Internet. See http://xroads.virginia.edu/~HYPER/BELLAMY/FRONT.html and http://english-www.hss.cmu.edu/fiction/bellamy/contents.html

Bellamy, Edward (1897). *Equality*, D. Appleton and Company, New York. There is also a 1970 reprint, New York AMS Press.

Bowman, Sylvia E. (et al.) (1962). *Edward Bellamy Abroad; An American Prophet's Influence*, Twayne Publishers, New York. Preface by Maurice Le Breton.

Bowman, Sylvia E. (1986). *Edward Bellamy*, Twayne Publishers, Boston. Series: Twayne's United States authors series.

Colander, David (2000). "The Death of Neoclassical Economics." T*he Journal of the History of Economic Thought*, Vol. 22, No. 2 (June), pp. 127–143.

Heertje, Arnold (ed.) (1981). *Schumpeter's Vision: Capitalism, Socialism And Democracy After 40 Years*, Praeger, New York.

Hertzler, J. O. (1930). "Bellamy, Edward." In Seligman, Edwin R. A. (ed.), *Encyclopaedia of the Social Sciences*, The Macmillan Company, New York, Vol. II, p. 504.

Lazarsfeld, P. F. and Franzen, R. H. (1945). "Prediction Of Political Behavior In America." *American Sociological Review*, Vol. X.

More, Thomas (1516). *Utopia*, Louvain. The book was written in Latin. I worked from the standard English translation originally made by Ralph Robynson in 1551 in modernized form. There are dozens of editions. The three I used were of those in *Famous Utopias of the Renaissance*, 1946, Hendricks House, Farrar Straus, New York, *Ideal Empires and Republics*, 1901, M. Walter Dunne, New York and London.There are at many computer searchable versions on the Internet. I used those at http://eserver.org/fiction/utopia.txt and http://www.d-holliday.com/tmore/utopia.htm and http://askjeeves. (July 25, 1999).

Morgan, Arthur Ernest (1974). *Edward Bellamy*, Porcupine Press, Philadelphia. This is a reprint of the edition published by Columbia University Press, New York, which was issued in 1944 as no. 15 of Columbia studies in American culture.

Patai, Daphne (ed.) (1988). *Looking backward, 1988–1888: Essays on Edward Bellamy*, University of Massachusetts Press, Amherst.

Richter, Eugen (1891). *Sozialdemokratische Zukunftbilder – Frei nach Bebel* (1891). translated as *Pictures of the Socialist Future*, trans. H. Wright, introduction by Thomas Mackay (Sonnenschein, London, 1907).

Shionoya, Yuichi (1997). *Schumpeter and the Idea of Social Science: A Metatheoretical Study*, Cambridge University Press, Cambridge.

Schumpeter, Joseph A. (1939). *Business Cycles; A Theoretical, Historical, And Analysis Of The Capitalist Process*, first edition, McGraw-Hill Book Co., New York and London.

Schumpeter, Joseph A. (1950). *Capitalism, Socialism, And Democracy*, third edition, Harper & Row, New York. The first edition was in 1942.

Schumpeter, Joseph A. and Schumpeter, Elizabeth Boody (ed.) (1954). *History of Economic Analysis*, Oxford University Press, New York.

Stolper, Wolfgang F. (1994). *Joseph Alois Schumpeter: The Public Life of a Private Man*, Princeton University Press, Princeton.

Schumpeter's Gap and the Economic Thought In Hellenistic Times

Christos P. Baloglou
Hellenic Telecommunications Organization, Provision Department, 4 Antigonis Str., 141 22 Iraklion Attikis, Greece

Abstract: This paper aims to prove that Schumpeter's "Great Gap" thesis which concerns with the Economic Thought in the Hellenistic Times does not hold anymore; to the contrary the Hellenistic Period (323–31 B.C.) makes up a whole period of the History of Economic Thought, which is even today challenging for the historians of economic thought.

Keywords: Schumpeter, Economic Thought, Hellenistic Times.

J.E.L. Code: B 19, N 00

The economic thought during the Hellenistic period (323–31 B.C.) has not been studied extensively. Histories of economic thought, when they refer to ancient thought, usually pass directly from Aristotle or his immediate successors to medieval economic Aristotelianism;[1] even the most recent and up-to-date of these histories are no exception. It would seem that ancient economic thought, having reached its zenith in Aristotle's *Politics*, disappeared, only to reappear as a catalyst for the reflections of medieval commentators.[2]

It may be noted, however, that given the environment in which knowledge in general evolved in the West, one does not observe much attention of the Schools and authors of the Hellenistic Times in literary history, including economics.[3]

Another motivation, a bit more fundamental, has to do with the "gap" in the evolution of economic thought alleged by Joseph A. Schumpeter (1883–1950) in his classic, ***History of Economic Analysis*** (1954): "*So far as our subject is concerned we may safely leap over 500 years to the epoch of St. Thomas Aquinas (1255–74), whose Summa Theologica is in the history of thought what the southwestern spire of the Cathedral of Chartres is in the history of architecture*".[4] Schumpeter classified several pre-Latin-European scholastic centuries as "blank", suggesting that nothing of relevance to economics, or for that matter to any other intellectual endeavor, was said or written anywhere else. Such a claim of "discontinuity" is patently untenable. A substantial body of contemporary social thought, including economics, is traceable to the Hellenistic writers, of the Hellenistic Times.

This paper aims to investigate whether Schumpeter's statement and opinion

J. Backhaus (ed.), Joseph Alois Schumpeter, 327–335.

is right. On discussing this matter it will be investigated first Schumpeter's relation to the economic thought of the Greeks (Section 1). The level of research on the economic thought of the Hellenistic Times as it appears in the textbooks which Schumpeter used is the issue of the second section. Section 3 shows the progress of the research concerning the Hellenistic economic thought after the publication of the "History of Economic Analysis". Finally, the conclusions summarize the findings of this paper.

This reference and relation between Schumpeter's statement and the development of Hellenistic economic thought acquires in our view a special meaning if we consider that in the past the 'Great-Gap' thesis has been underlined and the development of Arab-Islamic Economic Thought and it has been proved the irrelevance of this thesis.[5] A comparison between Hellenistic economic thought and the 'Great-Gap thesis' has not been made until today, as far as we know.

1. Schumpeter and the Greek Economic Thought

It is known that Schumpeter was a man of great culture, wide reading and the possessor of a classical education. He had an excellent Gymnasium education, giving him a familiarity with Greek and Latin philosophical schools, and a working knowledge of German, French, Italian, English, and some ability to read other European languages.[6] Schumpeter's coming of age in the overcharged decade of the declining Hapsburg Monarchy, and his knowing personally the leading economists in his own country and in German, France, Britain and America, plus his ambitious, possibly arrogant, showmanship, gave him both a sophistication and a range of personal contacts that no other major historian of the whole discipline has had. Moreover, he generalized easily and often imaginatively. Most of all, he escaped the usual constraints of having been educated within the bounds of British Utilitarianism, and even though for much of his life he apparently had a weakness for the effortless superiority of the English gentleman-scholar, he was in the important sense an intellectually superbly equipped outsider.[7]

The "History of Economic Analysis" (henceforth HEA) upon which J. A. Schumpeter worked during the last nine years of his life (1941–1950)[8] and which he had not quite finished, makes up a real achievement and is a product of a long preparation and tiring and systematic research. The work is even today impressive in its bibliographic completeness and its detailed range of description. The HEA was the result of his intention to translate, revise, and bring up to date the "little sketch of doctrines and methods" (*Epochen der Dogmen – und Methodengeschichte*) written for the first volume of Max Weber's Grundriss, which was published in 1914.[9] This was a long essay of a little more than hundred pages which was divided into four parts. The four main headings in the Epochen were as follows:[10]

I. Die Entwicklung der Sozialokonomik als Wissenschaft.
II. Die Entdeckung des wirtschaftlichen Kreislaufs.
III. Das klassische System und seine Auslaufer.
IV. Die historische Schule und die Grenznutzentheorie.

An examination of the table of contents will show that the first chapter of the *Epochen* is treated in much more detail in Part II in HEA entitled "*From the beginnings to the first classical situation (to about 1790)*"; this part reflects Schumpeter's greatest relative strengths. This second part describes the development and the fortunes of scientific analysis in the field of economics, from Graeco-Roman times to 1790.

At this point arises the question on the evaluation of Greeks by Schumpeter.

In the *Epochen* he declares that the most significant influences which come to us by the Greeks are these by Aristotle, Plato, the Stoics and Epicureans.[11] The great part of this chapter is dealing with Aristotle (pp. 5–8), a little attention will be given to Xenophon (p. 8) and a brief reference will be given also to the Stoics and Epicureans (p. 9). This reference serves only the fact that it makes a connection of Greek with the Roman thought.

By the writing of the chapter Schumpeter uses the Histories of G. Kantz, *Geschichtiiche Entwicklung der Nationalokonomie und ihrer Literatur.* Wien 1860, J. Bonar, *Philosophy and Political Economy in some of their historical relations*. London 1896, and A. Souchon, *Les theories economiques dans la Grece antique*. Paris 1898.[12]

In the first chapter of Part II of his HEA entitled "*Graeco-Roman Economics*", Schumpeter recalls the distinction between "Economic Thought" and "Economic Analysis" and emphasizes that "*the history of economic analysis begins only with the Greeks*".[13]

In spite of that, he refers to the Ancient Egyptians, Babylonians and Assyrians and to the Chinese political thinkers.[14]

The greatest part of the chapter is dealing with Aristotle (pp. 57–65). There is a little reference to Xenophon, – and only in a note (p. 54, n. 1), – and there is also a reference to the work "Eryxias" which does belong to the Hellenistic period.[15]

Schumpeter does cite the M. L. W. Laistner's collection Greek Economics (London 1923), and Souchon's work once again.[16]

From the Hellenistic Period he devotes a unit entitled Greek Philosophy referring only to the various Schools of the Hellenistic Times: Skeptics, Stoics, Epicureans, and Neo-Platonists (p. 65). It is worth-noting that he devotes one page to Epicurus himself and especially his philosophical thought. He does not mention or refer to any economic matters dealing with these Schools.

Another issue, which as far as concerns, is of interest, is that Schumpeter, when dealing with Plato, characterized the '*Politeia*' as a '*state novel*' and compared it with the other Utopias of the Hellenistic Age. He refers to the term '*Staatsroman*', a term which has been introduced by E. Rohde,[17] and recognized that these works did influence the literature of the Rennaissance.[18] He quotes Ed. Salin's work entitled '*Platon und die griechische Utopie*' (Munchen und Leipzig 1921) and appreciated it.[19]

2. Hellenistic Economic Thought in Other Textbooks prior HEA

At this point arises the question whether Schumpeter had a knowledge on the Hellenistic Age. To what extend had there been published any studies on economy and economic thought during the Hellenistic Times before the publication of HEA?

Rostovtzeff's opus magnum entitled *The Social and Economic History of the Hellenistic World* (3 vols., Oxford 1941) was published when Schumpeter began to write his HEA and as it seems it was unknown to him. From the other books which he cited, Bonar's and Kautz's textbooks do refer to the economic thought of the Hellenistic Times.

Schumpeter does not know Trever's dissertation,[20] which devotes a chapter to the Hellenistic economic thought, and he does not quote Andreades's opus magnum entitled *A History of the Greek Public Financ*e, the English translation of which appeared by Cambridge University Press in 1933.[21]

Andreades devotes a large chapter to Xenophon's Poroi, and to the work "Oeconomica", which belongs to the Hellenistic Age. It was written by a member of the Peripatetic School. This work has an extraordinary significance both of the introduction of the term "*political economy*"[22] and of its diffusion in Renaissance.[23]

However, we should make a note that the brief references he makes to the Schools of the Hellenistic Times he derives several facts from Bonar's book and Bailey's basic textbook on Epicurus. Apart, however from the Schools, it is interesting to note that Schumpeter did know the Hellenistic "Utopias", because he mentioned Salin's book. Salin devoted the most part of his book to Plato[24] and the rest to Aristotle,[25] Xenophon's Cyropaedie,[26] Zeno's Politeia,[27] and the four Hellenistic "Utopias": Theopompus' Meropian Land, Hecataeus Cimmerian State, Euhemerus' Sacred Chronicle and Iambulus' Sun Polis.[28] Finally, he devoted a chapter to Cicero.[29]

Schumpeter did know Salin's book very well, he evaluates it very positively, as we saw, and he writes: "*This literature naturally reflects the social movements of its time, a subject into which it is impossible to enter here*".[30]

It would be interesting to trace on those thoughts of Schumpeter's which reflect to a certain extent his position that there did not exist any economic thought in the Hellenistic Times.

Schumpeter writes a History of Economic Analysis and not a History of Economic Doctrines or Social and Economic Theories. From this point of view we could assume that did not engage with the tradition of economic thought in the Hellenistic Times.

Apart from this, however, we should mention that the information available in respect to the economy of the Hellenistic Period was enough at the time of writing the HEA. We still wonder on the fact that although the works of Salin and Pohlmann were known to Schumpeter, he did not extensively occupy himself with those issues. The fact that this II Part has not been completed by him is certainly not a factor that holds us back.

Finally, it is worth noting another assumption. Frank Knight expressed the view that Schumpeter's HEA was limited to Western economic thinking. This view justifies the fact that Schumpeter did make a brief reference to the contribution of the Asian world. This explains also the fact that he did not make any reference to the Arab-Islamic World.

3. The Development of the Research in the Study of the Economic Thought of the Hellenistic Times

It is characteristic that Schumpeter's statement concerning the 'Gap' after Aristotle has played a decisive role in assessing and accepting the Hellenistic Age by the historians of economic thought. Indeed, as far as we know, the most of the textbooks in this field do not refer to the authors and Schools of the Hellenistic Times. The research, philological and philosophical, has been rapidly developed in the last years and this can be identified by the numerous editions of the surviving fragments of the authors and the synthetic histories of Hellenistic philosophy which have been published. In spite of this, we cannot express support to the view that the economic literature of the Hellenistic Times has been developed to a satisfactory level and neither has it reached a satisfactory point. This is proved by the fact that only Spiegel's large book does refer to the authors of the Hellenistic Times.

The absence of any systematic analysis of the authors of the Hellenistic Age is to a certain point justifiable, since no such works of those authors are in existence, as there are only fragments to the most extent.

As far as our work is concerned, we have tried to show that several Hellenistic schools do refer to economic problems.[31] Several post-Aristotelian texts on the topic of *oikonomike* (περί οικονομίας) survive from the Hellenistic period: the three books of "Oeconomica" written by a member of Aristotle's Peripatetic School,[32] the treatise Περί οικονομίας (On household economics) written by Philodemus of Gadara (110–40),[33] the Οικονομικός of the Neopythagoreans Bryson and Callicratidas. Aside from the works entitled Οικονομικός, Diogenes Laertius informs us that several authors wrote works, entitled περί πλούτου (on wealth).

4. Conclusions

Schumpeter wrote a great work which acquired him a lot of favourable criticism on an international level. Unfortunately, he died early enough, so he was not able to see it published and completed, otherwise he could have been capable to improve and complete it.

His assumptions concerning the 'Great Gap' do not hold anymore, but, nevertheless, he was able to demonstrate that this makes up a whole period of the History of Economic Thought, which is even today challenging for one who would search further into the matter.

Acknowledgements

The author acknowledges the help of D. Kerantzakis for correcting his English.

Notes

[1] J. C. Glaser 1865 p. 313 expressed the view that we do not find any interesting economic topics during this period. Many books do not deal with the economic thought during the Hellenistic period. From the older bibliography see F. Ferrara 1841 [repr. 1955 pp. 381–433], P. Rossi 1857, L. Cossa 1878, A. Souchon 1898, M. L. W. Laistner 1923, G. Barbieri 1958, *Idem.* 1964, M. Oprisan 1964 and from the later literature see B. Gordon 1975, W. N. A. Klever 1986, S. Todd Lowry 1987, L. Houmanidis 1990, L. Baeck 1994.

[2] There are other works, though not extensively, which are dealing with the economic thought of the Hellenistic period, such as J. Bonar 1896, ch. III, A. A. Trever 1916, pp. 125–145, D. Stephanidis 1948, pp. 172–181, G. Tozzi 1955, pp. 246–286, *Idem.* 1961, pp. 209–242, H. Spiegel 1971, pp. 34–39 on the Cynics, Stoics and Epicureans (on p. 672 an interpretative bibliography), C. Baloglou and A. Constantinidis 1993, pp. 163–177, C. Baloglou 1995, ch. 11. The interesting article by C. Natali 1995 is dealing with the term "oikonomia" in the Hellenistic period.

[3] I tried in my recent studies to cover this period and to demonstrate that there are authors who seem to have economic interest. Cf. Baloglou 1992, *Idem.* 1998a; *Idem.* 1998b; *Idem.* 1999a; *Idem.* 2000.

[4] J. Schumpeter 1954 [1994]. p. 74.

[5] See S. M. Ghazanfar 1991; *Idem.* 1995; *Idem.* 1998.

[6] G. Haberler 1951, pp. 335–336; M. Perlman 1994, p. xxi.

[7] L. Robbins 1955, pp. 1–22.

[8] E. B. Schumpeter 1954, p. xl.

[9] The book is entitled: J. Schumpeter, *Epochen der Dogmen und Methoden-geschichte*. Tubingen: J.C.B. Mohr. There is a Greek translation by N. Giannoulatos entitled Ιστορία Οικονομικών Θεωριών και Δολμάτων (History of Economic Theories and Doctrines). Athens: Papazisis, 1939 and an English by R. Aris entitled Economic Doctrine and Method: An Historical Sketch. New York: Oxford University Press, 1954. We are referring to the Greek edition.

[10] J. Schumpeter 1939, p. 1.

[11] J. Schumpeter 1939, p. 5.

[12] J. Schumpeter 1939, pp. 1, 2, 4n.

[13] J. A. Schumpeter 1954 [1994], p. 52.

[14] J. A. Schumpeter 1954, p. 52. F. Knight 1954, p. 261 took care to notice that if Schumpeter was willing to start with the Babylonians, albeit with only a brief reference, he surely should have been able to make some, even if limited, references to Indian and presumably other Asian sources, e.g. Zoroaster, as well. It is not without worth to note that Kaulla 1860 did make extensive references to the Asian sources.

[15] J. A. Schumpeter 1954, p. 57.

[16] J. A. Schumpeter 1954, p. 54, n. 1.

[17] E. Rohde 1914.
[18] J. A. Schumpeter 1954, p. 55.
[19] "The best interpretation of Greek *Staatsromane* that I know of – and one that is itself a work of art – is Edgar Salin's . . ." J. Schumpeter 1954, p. 55, n. 3.
[20] Trever 1916 [1975].
[21] A. M. Andreades 1933. It is the revised and enlarged Greek edition of 1928.
[22] *Oeconomica* B I 1345, b12–14.
[23] For the reception of the work "Oeconomica" in Renaissance, see J. Soudek 1958, *Idem.* 1968, C. Baloglou 1999b.
[24] Ed. Salin 1921, pp. 1–162.
[25] Ed. Salin 1921, pp. 163–180.
[26] Ed. Salin 1921, pp. 188–198.
[27] Ed. Salin 1921, pp. 181–187.
[28] Ed. Salin 1921, pp. 199–207 (Theopompus' *Meropean Land*); pp. 208–219 (Hecataeus' *Aigyptiaca*); pp. 220–234 (Euhemerus' *Sacred Chronicle*) and pp. 235–241 (Iambulus' *Sun State*).
[29] Ed. Salin 1921, pp. 242–265.
[30] J. Schumpeter 1954, p. 55, n. 3.
[31] Baloglou and Peukert 1992; 1996[2]; There is a literature concerning the Schools of Hellenistic Age.
[32] See Fr. Susemihl 1887; B. A. van Groningen et A. Wartelle 1968.
[33] Maniatis and Baloglou 1994.

References

Andreades, Andreas (1933). *A History of Greek Public Finance. Introduction by Ch. J. Bullock. Revised and enlarged edition* transl. by C.N. Brown. Harvard University Press, Cambridge (Mass.).

Baeck, Louis (1994). *The Mediterranean Tradition in Economic Thought*, Routledge, London and New York.

Baloglou, Christos (1992). "Αι οικονομικαί αντιλήψεις των στωϊκών Ιεροκλέους και Μουσωνίου Πούφου (summary in German)", *ΠΛΑΤΩΝ*, vol. 44, pp. 122–134.

Baloglou, Chirstos (1995). *Η οικονομική σκέψη των Αρχαίων Ελλήνων* [Summary in German: Das ökonomische Denken der Alten Griechen]. Foreword by Bas. A. Kyrkos, Historical and Folk-Cultural Society of Chalkidike, Thessalonike.

Baloglou, Chirstos (1998a). "Hellenistic Economic Thought." In Todd, Lowry, S. and Gordon, Barry (eds.), *Ancient and Medieval Economic Ideas and Concepts of Social Justice*, Leiden-New York-Koln, pp. 105–146.

Baloglou, Chirstos (1998b). "The Economic Thought of the Early Stoics." In Demopoulos, Georgios; Korliras, Panayiotis and Prodromidis, Kyprianos (eds.), *Essays in Economic Analysis. Festschrift in Honor of Professor Theocharis*, Sideris, Athens, pp. 18–36.

Baloglou, Chirstos (1999a). "Η οικονομική φιλοσοφία των Κυνικών (Summaries in English and French)", *Mesogeios*, vol. 4, pp. 132–146.

Baloglou, Chirstos (1999b). "The Influence of the Work "Oeconomica" on the Formation of Economic Thought and Policy in the Middle Ages and in the Renaissance." in Koutras, Demetrios (ed.), *Aristotle's Political Philosophy and Its Influence*, Athens, pp. 23–36.

Baloglou, Chirstos (2000). "Die okonomische Philosophie des Kynikers Krates von Theben", *III. International Congress of Boeotian Studies*. Thebes, 4–8. September 1996. *Επετηρίς Εταιρείας Βοιωτικών Μελετών*, vol. III, Athens.

Baloglou, Christos und Peukert, Helge (1992). *Zum antiken okonomischen Denken der Griechen (800–31 v.u.Z). Eine kommentierte Bibliographie*, Metropolis, Marburg, 2nd edn 1996.

Baloglou, Christos und Constantinidis, Anestis (1993). Die Wirtschaft in der Gedankenwelt der alten Griechen. P. Lang, Frankfurt/M.-Bern.

Barbieri, Gino (1958). *Fonti per la storia delle dottrine economiche dall' Antichita alla prima scolastica*, Marzorati, Milano.

Barbieri, Gino (1964). "Le dottrine economiche nell' Antichita Classica." In Padovani, Antonio (ed.), *Grande Antologia Filosofia*, Vol. II, Milano, pp. 823–925.

Cossa, L. (1978). "Di alcuni studii storici teorie economiche dei Greci." In Cossa, L. (ed.), *Saggi di Economia Politica*, Milano, pp. 3–14.

Ferrara, Francesco (1841). "Economia Politica degli Antichi." *Giornale di Statistica*, Vol. 6, pp. 323–377 [repr. in: *Opere complete di Francesco Ferrara*, Ragazzi, B. R. (ed.), vol. I, Roma, 1955, pp. 381–433].

Ghazanfar, S. M. (1991). "Scholastic Economics and Arab Scholars' The 'Great Gap' Thesis Reconsidered." *Diogenes: International Review of Human Sciences*, Nr 154, April–June, pp. 117–140.

Ghazanfar, S. M. (1995) "History of Economic Thought: The Schumpeterian 'Great Gap', the 'Lost' Arab-Islamic Legacy, and the Literature Gap." *Journal of Islamic Studies*, Vol. 6, Nr 2, July, pp. 234–253.

Ghazanfar, S. M. (1998). "Post-Greek/Pre-Renaissance Economic Thought: Contributions of Arab-Islamic Scholastics during the 'Great Gap' Centuries." *Research in the History of Economic Thought and Methodology*, Vol. 16, pp. 65–89.

Glaser, Johann (1865). "Die Wirthschaftslehre der Griechen." *Jahrbucher fur Gesellschafts – und Staatswissenschaften*, Vol. 4, pp. 283–313.

Gordon, Barry (1975). *Economic Analysis before Smith: From Hesiod to Lessius*, Barnes & Noble, New York.

Groningen B. A. van et Warterle Andre (1968). *Aristote Economique*. Texte etabli par B. A. Groningen et A. Warterle. Traduit et annote par A. Warterle, Les Belles Lettres, Paris.

Haberler, Gottfried (1951). "Joseph Alois Schumpeter, 1883–1950." *Quarterly Journal of Economics*, Vol. 64, pp. 333–372.

Houmanidis, Lazaros (1990). *Οικονομική Ιστορία της Ελλάδος*, Vol. I, Papazisis, Athens.

Kaulla, G. (1860). *Die geschichtliche Entwicklung der Nationalokonomik und ihrer Literatur*, Wien [repr. Taunus i. G. 1970].

Klever, W. N. A. (1986). *Archeologie van de economie: De economische theorie in de Griekse oudheid*, Nijmegen, Utrecht.

Knight, Frank (1954). "Schumpeter's History of Economics." *Southern Journal of Economics*, Vol. 21, pp. 261–272.

Laistner, M. L. W. (1923). *Greek Economics: Introduction and Translation*, New York.

Lowry, S. Todd (1987). *The Archaeology of Economic Ideas: The Classical Greek Tradition*, Duke University Press, Durham (USA).

Maniatis, Eustathios and Baloglou, Christos (1994). Φιλόδημος, Πεπί οικονομίας [Philodemus, On household-economics). Eleftheri Skepsis, Athens.

Natali, Carlo (1995). "Oikonomia in Hellenistic Political Thought." In Laks, A. and Schofield, M. (eds.), *From Justice and Generosity*, Cambridge Univ. Press, Cambridge (UK). pp. 95–128.

Oprisan, Mircea (1964). *Gindirea Economica di Grecia Antica*, Academy of Univ. Press, Bucarest.

Perlman, Marc (1994) "Introduction." In J. A. Schumpeter, *History of Economic Analysis*. Routledge, London, pp. xvii–xxxix.

Robbins, Lionel (1955). "Schumpeter's History of Economic Analysis." *Quarterly Journal of Economics*, Vol. 44, pp. 1–22.

Rohde, Erwin (1914). *Der griechische Roman und seine Vorlaufer*. Berlin [repr. Hildesheim: G. Olms, Hildesheim 1960].

Rossi, Pelegrino (1857). "Fragments d' histoire de l' economie politique chez les Grecs." *Melanges d' economie politique d' histoire et de philosophie*, Vol. I, Paris, pp. 36–150.

Salin, Edgar (1921). *Platon und die griechische Utopie*. Munchen und Leipzig: Duncker & Humblot, Munchen und Leipzig.

Souchon, Auguste (1898). *Les theories economiques dans la Grece antique*, Les Belles Lettres, Paris.

Soudek, Joseph (1958). "The Genesis and Tradition of Leonardo Bruni's Annotated Latin Version of the (Pseudo) Aristotelian Economics." *Scriptorium*, Vol. 12, pp. 260–268.
Soudek, Joseph (1968). "Leonardo Bruni and His Public: A Statistical and Interpretative Study of His Annotated Latin Version of the (Pseudo) Aristotelian Economics." *Studies in Medieval and Renaissance History*, Vol. 5, pp. 49–136.
Schumpeter, Elisabeth Boody (1954) "Editor's Introduction." In Schumpeter, *Joseph History of Economic Analysis*, Allen & Unwin, London, pp. xl–xlviii.
Schumpeter, Joseph (1939). *Ιστορία Οικονομικών Θεωριών και Δογμάτων*, Greek transl. By N. Giannoulatos,. Papazisis, Athens.
Schumpeter, Joseph (1954). *History of Economic Analysis*, Allen & Unwin London [repr. Routledge, London 1994].
Spiegel, Henri (1971). *The Growth of Economic Thought*, Duke University Press, Durham (NC).
Stephanidis, Demosthenes (1948). *Η Κοινωνική Οικονομική εν τη ιστορική της εξελίξει*, vol. I, Athens.
Susemihl, Franz (1887). *Aristotelis quae feruntur Oeconomica*, Teubner, Lipsiae.
Tozzi, Glauco (1955). *Economisti Greci*, Siena.
Tozzi, Glauco (1961). *Economisti Greci e Romani*, Feltrinelli, Milano.
Trever, Andrew (1916). *A History of Greek Economic Thought*. Diss. Chicago [repr. Porcupine Press, Philadelphia, 1975].

Schumpeter and the Crisis of the Tax State

Prof. Dr. Karl-Heinz Schmidt*
Department of Economics, University Paderborn, D-33098 Paderborn, Warburger Str. 100, Germany; E-mail: Karl_Schmidt@notes.uni-paderborn.de

Abstract: Starting from the question, why J. A. Schumpeter wrote his basic article on "The Crisis of the Tax State" in 1917/1918, the contents and interpretations of that article are object of the following reinterpretation. It is based on recent contributions to the biographical literature, history of economic thought, public finance and economic and social policy. Schumpeter's view of the Tax State is pointed out, in order to investigate, if – according to his vision – the Tax State will go bankrupt necessarily or not. Furthermore, different views of the Tax State which were developed after World War II, entitled as Neo-Schumpeterianism etc., are considered to some extent. Also, the impact of the Tax State on the modern Welfare State is pointed out. Finally, the results are summarized and exposed by conclusions.They demonstrate that Schumpeter's view of the Tax State still matters, because it is an analytical concept on the study of the longterm development of the economic system and the Welfare State.

Keywords: Goldscheid, Schumpeter, Repropriation of the State, Schumpeterianism, Entrepreneurship, Innovations, System Transformation, Welfare State, Stability of the State, Fiscal Potential, Public Debt, Burden of Taxation.

J.E.L. Codes: B10, B20, H20, H30, I30, 010, 030.

1. Problems, Definitions and Outline

Though it is well known that Joseph A. Schumpeter published several basic contributions to economics, public finance and sociology after the First World War, the publication of the article "Die Krise des Steuerstaates" (1918) induced a variety of questions and answers, to some extent being of speculative character. As Richard Swedberg pointed out in his biographical book on Schumpeter's life and work (1991/1994), the time span from 1910 to 1919 was a very successful period in Schumpeter's life. He published diverse important monographs and articles, he got the position of a university professor, and he was appointed to act as Minister of Finance in Austria. Being only 36 years of age, this appointment was the peak of his career. But the downswing phase followed very soon: in october 1919, only seven months since his nomination, Schumpeter was dismissed, because he was insulted to have been disloyal to the Government (Swedberg, R., 1994, p. 89). Considering

J. Backhaus (ed.), Joseph Alois Schumpeter, 337–351.

the difficult and changing political and social framework conditions of Schumpeter's work and career, three related questions are to be investigated and discussed:

(1) Why did Schumpeter write and publish his article on "The Crisis of the Tax State"?
(2) How did Schumpeter explain the foundation and the crisis of the modern "Welfare State"?
(3) Which is the impact of "The Crisis of the Tax State" on the crisis of the modern "Welfare State"?

To answer these questions, it is necessary to expose Schumpeter's definitions of the "Tax State", of the "Crisis" and of the relations between state, economy and society. In this regard, Jürgen Backhaus' former contribution on "The Tax State . . ." (1997) will be most relevant (Backhaus, J. G. (ed.): Essays on Social Security and Taxation, Marburg 1997, pp. 259–288).

The outline of the following interpretation of Schumpeter's article can be pointed out by reference to the subsequent paragraphs. First, Schumpeter's questions and interests in the study of the "Tax State" are exhibited. Secondly, Schumpeter's view on the history and sociology of public finance will be explained. Thirdly, the mechanism of the tax state is pointed out. Fourthly, the crucial question underlying Schumpeter's original article is put forward, if the tax state will go bankrupt necessarily or not. Having demonstrated Schumpeter's view, two further paragraphs will turn to different views of the tax state which were developed after World War II and which may be covered by titles like Schumpeterian Economics, Post-, Neo- or some other kind of Schumpeterianism proclaimed in the literature (Hansch, H. (ed.), 1988; Bloch, H., 2000, pp. 343–353). Finally the impact of the Tax State on the modern "Welfare State" is to be pointed out. The results of the exposed views, theses and arguments will be summarized in the last paragraph, the conclusions.

The following citations refer to the original version of Schumpeter's articles having been written in German. But as the text of the "Tax State" has been translated into English, the English versions will be considered, too, in the subsequent paragraphs (International Economic Papers, Vol. 6, 1954, pp. 5–38, repr. in Swedberg, R. (ed.), 1991: The Economics and Sociology of Capitalism, Princeton University Press, Princeton).

2. Schumpeter's Questions and Interests in the Study of the Tax State

Referring to the aforementioned first question – Why did Schumpeter write his article on "The Crisis of the Tax State"? – it is obvious that the author himself is expected to expose his motives and interest by questions which he puts at the beginning of his text. Indeed Schumpeter exposes such questions in the first paragraph of his article. As he wrote it in 1917/1918, he started from the then very exciting question, if the Austrian State would be capable to finance by taxes all of the public expenditures forthcoming after the War, or if the Economic Constitution of the Austrian State had to be changed so that in future "something new" would exist. According to the visions available in the literature Schumpeter exposed three different perspectives: the total breakdown of the system of "peak-capitalism", or the stabilization of economic liberalism or the transformation to an administrated economy. Anyway, the breakdown of the system of capitalism was evaluated to be unavoidable, because the state was said to have failed.

Schumpeter, yet, complained about that discussion, because neither the "Bourgeois" nor the "Intellectual", if any, may be the "Socialist", attempts to explain such statement on the grounds of scientific thinking (Schumpeter, J. A., in: Hickel, R. (ed.), 1976, p. 329). Schumpeter, instead, asked more precisely, if the War was just the external event which exposes a more basic failure of the social order, the financial pattern of which was the tax state. According to his view, the financial problems opened the sociologically important outlook, this indeed meeting his real interest. Here, we find Schumpeter's motivation to interfere in the scientific discussion on the "Tax State". Therefore, he started putting his questions, f.e.: What is the meaning of failures of the Tax State? How did the Tax State come into existence? Which are the social processes underlying the mere figures of the budget? (Schumpeter, J. A., in: Hickel, R. (ed.), 1976, p. 330).

But Schumpeter probably had also practical interests in mind which made him write his article on that topic. As Horst Zimmermann has pointed out, it was written for a particular reason at a particular point in time (Zimmermann, H., 1986, p. 1). Schumpeter referred to Rudolf Goldscheid's article on "Staatssozialismus oder Staatskapitalismus" (1917), presumably because he wanted to answer Goldscheid's contention that the tax-financed capitalist state could not levy enough taxes to pay for the necessary expenditures and that the state had to finance the public expenditures at increasing percentages by public debt. Goldscheid argued, that this method of financing would lead to the fiscal crisis (Goldscheid, R., 1917, 1926, 1976). This was an exciting scenario in 1918, because the financing of World War I brought about an enormous increase of the public debt. Goldscheid therefore recommended that the state had to be changed from the indebted tax state to a powerful economic state by "repropriation" (Hickel, R. (ed.), 1976, p. 7 ff).

At this time Schumpeter probably was interested in policy-making, especially in getting involved in public finance decision-making, eventually following his teacher's former professional career; (Eugen von Böhm-Bawerk also had acted as Austrian Minister of Public Finance). R. Swedberg reports that Otto Bauer, the Austrian Minister of Foreign Affairs in Karl Renner's new coalition government since March 1919, knew Schumpeter from their former studies at the University of Vienna. Moreover, Otto Bauer proposed Schumpeter as candidate of Minister of Public Finance, because Bauer had been impressed and convinced by Schumpeter's analysis of the financial situation of the Austrian State in the article "The Crisis of the Tax State". Furthermore, Swedberg speculates, if Bauer even had listened to Schumpeter, when he lectured on the "Tax State" in Vienna 1918. Whatever the truth may be, Swedberg emphasizes that Schumpeter's article is of great interest, because it contains important informations on Schumpeter's ideas and impressions about the economic and financial situation of Austria towards the end of World War I (Swedberg, R., 1991, German version 1994, p. 88). Instead, Swedberg would be wrong, if he would insist on his statement, that in Schumpeter's terminology the "Tax State" is the identification of the capitalist state. Schumpeter had pointed out, that the capitalist system consists of two sectors: the private economy and the public sector, and that the latter is financed by the tax state. Conclusively, the private or "free economy", the competitive economy of entrepreneurs and capitalists, is the complement of the tax state in Schumpeter's view. Therefore the decisive question would be, if Goldscheid's idea of the "recapitalisation", the restructuring of the war-economy to the peace-economy after the war, would be carried out by the "free economy", or if a transformation of the capitalist system to a new system turned out to be necessary (Schumpeter, J. A., 1976, S. 366 f). To answer this question was an important, if not the decisive interest of Schumpeter, when he wrote his article.

3. Schumpeter's View on the History and Sociology of Public Finance

Prior to Schumpeter former authors analysed the taxes as financial means of the state: the German Cameralists and authors of "Finanzklassizismus", especially Lorenz von Stein (1885/1975) should be mentioned. Schumpeter's view of the tax state is based mainly on his article of 1918, but he obviously has broadened it to apply it as a concept, which – as Jürgen Backhaus has put it – ". . . is central to the common core of German theory on public finance, (but which) is not a central term in modern public finance any more" (Backhaus, J. G., 1997, p. 259). Instead, Backhaus characterizes the concept of the tax state to have been applied by Schumpeter ". . . throughout his work, whenever he tried to focus on the politico-economic aspect of a particular problem, i.e. on the interaction between economics and politics." Not belonging to the analytical methods of "pure theory" in the modern sense, as Backhaus points out, ". . . it is a central concept in Schumpeter's characteristic approach to political economy ("Sozialökonomik") or public choice economics, as we might say today" (Backhaus, J. G., 1997, p. 261).

Though this argument may be acknowledged, the following question will be obvious: Where did Schumpeter find the basic idea of that concept? As he wrote at the beginning of his 1918-article: in Rudolf Goldscheid's articles. Therefore it is necessary, (1) to refer shortly to the basic idea of Goldscheid's work on the tax state, then (2) to describe Schumpeter's core idea of the concept, and furthermore (3) to point out some of Schumpeter's later applications of "his concept".

To begin with Goldscheid's basic idea, we refer to his studies on "State socialism or state capitalism" and on "State, public budget and society" (Hickel, R., 1976, p. 40 ff).

Facing the enormous financial and physical burdens being the consequences of the war, Goldscheid complained about the dangerous plans which were proclaimed in order to reintroduce the equilibrium of the public budget. He enumerated several examples, mainly the most exorbitant taxes on wealth, financial contributions to be paid by private property, but without restructuring the "Capitalist power-state", or the instrument of war-indemnities. Instead, Goldscheid proposed a basic "repropriation of the State" and additionally a broad expansion of the social economy ("Gemeinwirtschaft"). His pamphlet should explain, why the "solution of the social question" would be even more difficult in future than before, if the traditional indebted tax state is continued. He wrote:

> (Meine Arbeit) enthält den Programmentwurf für eine derartige, das Wohl des Ganzen garantierende Staatsrepropriation, indem sie zugleich darlegt, warum bei Aufrechterhaltung des überkommenen verschuldeten Steuerstaates die Lösung der sozialen Frage künftig noch weit mehr erschwert sein müßte als je zuvor (Hickel, 1976, S. 43).

Contrasting to Goldscheid's ideas and proposal, Schumpeter's core idea of the tax state is connected with Goldscheid's studies on state socialism and on the public budget by reference to the – in 1918 – actual problem of the increasing deficit of the public budget and moreover by reference to the longterm development of the public budget, i.e. on the history of public finance. Schumpeter pointed out explicitly, that it was Goldscheid's merit to have been the first one, who emphasized this view of the history of public finance, exposing that it is the budget which is a collection of hard facts still open for investigations in the field of sociology, or in original Goldscheid-Schumpeter terminology:

> . . . daß das Budget das >> aller täuschenden Ideologien entkleidete Gerippe << des Staates ist – ein Gemenge harter, nackter Tatsachen, die erst noch in den Bereich der Soziologie gezogen werden müssen (Hickel, 1976, S. 331).

But while Goldscheid concluded from his extensive historical analysis of public finance that the fiscal constitution of a state corresponded inevitably to the political activities of the state and that the expropriation of profitable industries by the state were necessary in order to repay the debt out of profits having been earned in those industries, Schumpeter did not agree with Goldscheid's idea. Goldscheid obviously had two objectives in mind: (a) the power of the state should be restored, and (b) the power of the state should be used in order to fulfill the interests of the society, or, as J. Backhaus expressed it:

"in the interests of the citizenry" (Backhaus, J. G., 1989, p. 9). Schumpeter, though applying a historical perspective of public finance, too, concluded from his analysis, that a property tax of expropriative nature should be levied, but only once, and it should be levied up to an amount being high enough to pay back the bulk of the war debt, with a remaining debt to be paid out of the normal tax revenues of the state in later years (Backhaus, J. G., 1989, p. 9).

The decisive differences between Goldscheid's and Schumpeter's proposals, yet, concerned the different definitions and functions of the state in relation to the economy. Goldscheid was deeply convinced that the state had to achieve a balanced budget by taxes or by means of transfer of profitable property to the state, thus using industrial property as a base of public debt. Therefore he demanded expropriation of profitable industries, so that the public debt could be repaid by profits being earned in those industries; profits instead of taxes, public debt or creation of money. Instead, Schumpeter identified the state directly with the concept of the tax state. Therefore he did not agree with Goldscheid's proposal. He wished the state to be distinct and distant from profitable industries and from economically successful entrepreneurial activities in the economy (Backhaus, J. G., 1989, p. 9).

To point out some later applications of Schumpeter's concept, we have to refer again to diverse recent contributions to the interpretation of Schumpeter's article on the tax state (Backhaus, J. G., 1989, p. 5 ff; Swedberg, R., 1991, 1994; Stolper, W., 1994; a.o.). We shall come back to this objective after having pointed out Schumpeter's concept of the mechanism of the tax state. This will be the aim of the following paragraph.

4. The Mechanism of the Tax State

In his study on "The Crisis of the Tax State" Schumpeter describes the transformation of the feudal power system to the capitalist system consisting of two sectors: the "free economy" and the tax state. As the expenditures of the sovereign were increased by wars, administration and consumption at the court, the sovereign had to transfer rights and privileges to the guilds and merchants. The continuing increase of the expenditures of the court, yet, brought about an enlargement of the public debt: the sovereign asked the representatives of the citizens being on the social and economic upgrade to allow the sovereign for levying specific taxes. The problem of financing the state turned out to be the driving force and a true pattern of the social and political changes designating the longterm transformation of the economic and political system. In Schumpeter's words: "So bildete sich ein landständisches, von einer ständischen Bureaukratie verwaltetes Steuerwesen aus . . . Der neugeborene Staat gewann ein festes Gerüst, schuf sich Organe, wurde zu einer besonderen Macht. Man erhob die Steuern nicht mehr bloß für die Zwecke, für die sie der Landesfürst erbat, sondern auch für andre . . . Der Steuerstaat war da – Idee und Maschine" (Schumpeter, J. A., in: Hickel, 1976, p. 339 f).

According to Schumpeter's historical description of the transformation process the existing sources of revenue did not suffice to finance the rising expenditures of the princes. The crisis of the financial system brought about an interim period of high indebtedness followed by the introduction of a new form of revenues of the princes or the sovereign: the taxes. This statement may be generalized: "If taxes do not yield enough revenue to finance these expenditures, this then seems to imply that the same type of fiscal crisis as described for the transition to the "tax-state" is existent or imminent" (Zimmermann, H., 1986, p. 3).

The mechanism of the tax state thus is characterized by (1) a longterm change of the source of revenues from the disposal on natural resources and privileges to indebtedness and subsequently to taxes, (2) a longterm change of the social structure, and (3) a longterm change of the political system.

Comparing Goldscheid's and Schumpeter's views of the state and public finance, the conclusion may be, that Goldscheid's concept is more of a dynamic character than Schumpeter's concept, if Goldscheid's emphasis on the necessity of entrepreneurial initiatives carried out by the state is taken to be a realistic assumption. Schumpeter's concept instead seems to be oriented to entrepreneurial activities and innovativeness not in the state and public administration sector, but in the private sector, the "free economy".

Additionally, Schumpeter did not trust the political feasibility, nor the efficiency of bureaucratic measures, proposed by Goldscheid's concept. In a nutshell: While Goldscheid – as former authors of German and Austrian Cameralism – considered innovation to be developed and diffused by state entrepreneurship, Schumpeter argued, that in the public sector there are no state entrepreneurs who strive for extra rents. Historical studies, yet, have demonstrated that – especially during the period of Cameralism – innovative entrepreneurs have started new enterprises in diverse sectors of the economy, but it was also proved that these enterprises were less efficient or existed for a relatively short period. Therefore Schumpeter's arguments of low-level entrepreneurship of the state and of a bureaucratic inefficiency seems to be sustained by empirical experience.

Furthermore, the fact that Schumpeter did not consider profits as important financial means of the state but emphasized taxes as the basic category of public revenues, should not be interpreted as a consequence of having neglected Cameralism, instead as an effect of his longterm analysis of the economic development in real terms. He therefore concluded that the state can press the citizens only to pay either monopoly-profits or (direct and indirect) taxes (Backhaus, J. G., 1989, p. 16; discussion at the 13. Heilbronn Symposium, comments by Ursula and Jürgen Backhaus on the proposals of Cameralists to develop the economic basis of taxation and to increase profits to be earnt by the state).

From this point of view and under consideration of the increase of the public debt in the modern democratic states it is nevertheless surprising that Schumpeter did not consider and analyse more intensively the phase of increased public debt in his historical study of the tax state. Moreover, it becomes obvious, that Schumpeter did not consider the extension of the crisis of the tax state under the conditions of a welfare state. If the welfare state, yet, is in crisis because of a limited potential of raising taxes – considering the growing resistance against the payment of taxes and social security fees –, Schumpeter's mechanism of the tax state indeed turns out to be applicable to the analysis of the welfare state, too (see below, paragraph 7).

Schumpeter's view, instead, has been acknowledged also by the juridical approach. The tax state then may be understood to describe (1) the structure of financing the public expenditures, including taxes, debt, fees, revenues etc., and (2) the relation of the state and the remaining part of the economy, that is the two-sectoral structure of the economy as a whole (Vogel, K., 1991, p. 369).

In J. G. Backhaus' view the mechanism of the tax-state covers different phases of economic development. To demonstrate this, Backhaus points out the relation between Schumpeter's approach and Werner Sombart's analysis of the "modern capitalist system". It becomes obvious again, that according to both approaches the tax state is functioning as complement of the capitalist system, but that the two systems also support each other mutually and even determine each other's mode of operation, these modes being completely different (Backhaus, J. G., 1997, p. 272). In Schumpeter's longrun perspective social life can be organized without the state: in a primitive horde, and on the other hand in a socialist society, because – by development of socialism – the state would destroy its existence, (d.h. (daß) ". . . der Staat durch seine eigene Entfaltung sich selbst aufheben" (würde) (Schumpeter, J. G., in: Hickel, 1976, p. 342).

It is therefore necessary to answer the question, if in Schumpeter's view the tax state is expected to be stable.

5. Stability or Instability of the Tax State?

According to R. Swedberg's interpretation, Schumpeter's article on the tax state was mainly focused on the performance of a specific program for the development of social economics; he firstly aimed at expanding the economist's field of activities, as he intended to bring about by his further publications on sociological problems. But did Schumpeter really want to discover new topics for the economic science, as R. Swedberg seems to assume? And even furthermore: Is it correct to say that around 1918 economists had little to say about the state, because the state seemed to be no economic phenomenon (Swedberg, R., 1991, 1994, p. 132)? Contrasting to Swedberg's statement, economists did prove their capability to analyse measures of public finance, especially the effects of taxes, though they were connected intensively with the political functions of the state. In fact the economists had explored the validity of economic logic also in the field of taxation and public finance much earlier than 1918. There are many publications written by the German Cameralists, by authors of the Historical School and by authors of neoclassical economics which demonstrate that the basic methods of tax analysis were available when Schumpeter wrote his contribution on the crisis of the tax state. Schumpeter referred to Goldscheid explicitly, when he pointed out, that it is the public budget which contains the bulk of informations on the effects of taxes and other instruments of public finance on the modern economy and by that on the modern human mentality and attitudes (Schumpeter, in: Hickel, 1976, p. 331). Schumpeter did recommend finance sociology as a new field for economists, but he maintained his basic view of the two sectors of the economy: the private sector and the public sector (p. 345).

Concerning the problem of stability of the state, Schumpeter indeed pointed out (1) that the modern state had come to existence out of a situation of fiscal need, and (2) that a tendency towards instability in terms of a financial crisis is directly inherent to the capitalist state. Again Swedberg's comment may be doubted, if an economist around 1918 was really unable to analyse the history of the modern state. The opposite seems to be true: Schumpeter intended to argue that a steady economic development of the two sectors may be possible, but that distinct conditions would have to be fulfilled. These conditions may concern the institutional framework, but also the organisation of the enterprises and economic activities. Both sectors, the public and the private sector, must be coordinated as being complementary to each other (Schumpeter, J. A., in: Hickel, 1976, p. 341 ff). As he had demonstrated in his earlier theory of economic development (Schumpeter, J. A., 1911/1912), the introduction and diffusion of "new combinations of productive resources" was exposed to determine the path of economic development, the adequate institutional framework and social relations being given. Otherwise, yet, Schumpeter did not exclude the future breakdown of the economy, concerning the private sector and the public sector, i.e. the tax state. He distinguished two problems: a financial problem and a real-economic problem, the reestablishment of the functioning of the two sectors of the economy ("Retablierung") (Schumpeter, J. A., in: Hickel, 1976, p. 354 f). The financial problem – as Schumpeter saw it – could be solved by specific measures, a property tax ("Vermögensabgabe"), but also the real-economic problem could be solved. Schumpeter's answers to these two problems, yet, do not mean that a breakdown of the economic system including the tax state will be excluded forever. He just said, that the decisive hour has not yet come (p. 370). According to Günther Chaloupek the subjects "socialism" and "socialization" are discussed by Schumpeter, too, in his diverse publications. He obviously had in mind a partial nationalization of production and the introduction of institutional mechanisms for the control of the economy (Chaloupek, G., 2000, p. 4).

6. Schumpeterian, Post-Schumpeterian and Neo-Schumpeterian Views of the Tax State

Facing the broad variety of publications referring to Schumpeter's wide scientific oeuvre, it is necessary to distinguish his original contributions on public finance and the great many of his studies and comments focusing on specific problems and views. The tax state, though being identified as a basic concept of his original contributions, is not the obvious and central topic in all of his publications. The reader must know the structure of Schumpeter's way of thinking and the targets of his writings in order to find out, in how far the concept of the tax state is part of the ideas and conclusions which are developed in a specific article or chapter of his books. The early article on the tax state offers this concept most clearly, but it can be found also in his later publications. Therefore the later writings have to be investigated under consideration of arguments which refer to the earlier concept of the tax state.

While Schumpeterian studies sustain and refer directly to Schumpeter's ideas and conclusions, Post-Schumpeterian studies go further than Schumpeter to reveal basic conflicts of the economy and society, mainly in the field of comparative economic systems and transformation of economic systems. Neo-Schumpeterian studies instead are orientated to the problems of the economic development of the competitive economy, mainly in the market system. In all of the economic systems, yet, Schumpeter's idea of the two-sector-model holds: the "free economy" needs the tax state, and the tax state needs the "free economy", even if the tax state is not dealt with directly. The tax state is thought of being the complement of the "free economy", whatever the structure and the phase of economic development may be.

7. Tax State and Welfare State

Schumpeter's approach of the tax state has been characterized as ". . . an approach sui generis" (Backhaus, J. G., 1997, p. 273). It applies a longterm perspective, it therefore must consider all of the determinant factors of the economic development as variables, and it thus has to go beyond standard economic analysis of taxes. It is not even satisfying to apply the standard micro-economic and macro-economic analyses, nor the "new" versions of micro- and macro-economic methodologies. What is needed additionally, is the integration of new economic, political, institutional, historical and sociological aspects . Evolutionary economics and endogenous growth theory may be applied in order to analyse the longterm development of the two sectors of the economy, the "free economy" and the public sector, and to intensively investigate the interdependence of both sectors. Herewith, the longterm effects of both sides of the public budget – revenues and expenditures – have to be taken into account as variables of the longterm economic development. Comparing this interpretation of the tax state, yet, with Schumpeter's original article and with the contributions to public finance in his diverse writings, we find additional comments on direct and indirect taxes and on special fees like the property tax claimed in the original article on the tax state, but little can be found on public debt. This statement is somewhat surprising, because the indebtedness of the state had been the main reason of Goldscheid to publish his articles on the crisis of the tax state. Schumpeter referred to Goldscheid's articles in his original study on the tax state, but with different conclusions.

Moreover, Schumpeter did not comment explicitly on the effects of the social security system on the economic development, though – in Germany – social security institutions had been introduced since Bismarck's respective political activities. The consideration of the social security system instead turns out to be necessary when the financial limits and the "crisis" of the tax state are to be analysed. Such investigation demonstrates the impact of the tax state on the welfare state. In fact, Schumpeter pointed out several consequences of the crisis of the tax state on to the welfare state, though he did not apply the latter term.

Schumpeter having demonstrated the interdependence between the economy and the tax state, emphasized the limits to its fiscal potential. These limits are described to vary according to the national and social structure and wealth of a country. But he pointed out that they also differ according to the amount and structure of the expenditure of the state, to the power and attitude of the bureaucracy and to the "state-consciousness" of the people in the considered countries. Regarding the expenditure of the state, he especially identified the military expenses and the debt service (Backhaus, J. G., 1997, p. 275). As to taxation, he distinguished the direct and indirect taxes and investigated mainly the effects of income taxes according to the types of income.

Compared to taxation, yet, little was said by Schumpeter about the public debt, though the indebtedness of the state was very high in Austria and Germany during and after the First World War. Obviously, it was Schumpeter's interest in a longterm real-economic perspective, which made him concentrate on the analysis of the allocation of resources in the two sectors: the "free economy" and the state. In his view ". . . the state is dependent on what it can wring from the private economies" (Schumpeter, J. A., 1918, in: Swedberg, R., 1991, p. 111 f; Backhaus, J. G., 1997, p. 276), though the state can force them to pay taxes. The private economies, yet, have different opportunities to avoid tax-payments. Furthermore taxes would have to be paid in the long run even if the state finances public expenditure by public debt. The same conclusion would be valid if social security is financed by taxes. The reactions of the "free economy" on leving taxes may turn out to be similar to the reactions on levying social security fees. Therefore the limits of the tax state are also effective as limits of the public dept and of the welfare state.

To consider these limits of the tax state including the limits of the welfare state was the result of Schumpeter's longterm and real-economic perspective. Following the view of the classics in economics, he investigated the transfer of productive resources from the "free economy" to the production of public goods and services. As the transfer can be financed in different ways – by taxes, fees, contributions, quantities of production or property rights – Schumpeter demonstrated, that under the conditions of the historical and present structure of the two-sector-economy – the private economies and the state – the ability of the economic system to bear the burden of taxation ("Tragfähigkeit") is the most effective limit of the system. Schumpeter's concept thus is much broader and more basic than many modern concepts of taxation like Arthur Laffer's "curve of tax revenue" or than Oliver Blanchard's reconsideration of the concept of "ability to bear the burden" in the analysis of public debt (Backhaus, J. G., 1997, p. 276; Gandenberger, O., 1988, pp. 482, 487 ff; Blanchard, O., 1985, p. 223 ff; Blankart, C.B., 1998, p. 341). Also diverse contributions to the analysis of the welfare state turn out to be covered by Schumpeter's concept (OECD (ed.) 1981, p. 10 f). These studies tend to expose that all kinds of taxes, fees etc. are limited by the nature of the driving forces of the "free economy". With this statement by a researcher, politician or adviser in mind, it should be possible to put forward some conclusions.

8. Conclusions

Neither R. Goldscheid's article on the crisis of the tax state nor J. A. Schumpeter's original contribution on the same topic was considered throughout the later development of public finance. In spite of this fact Schumpeter's article of 1918 must be regarded as a solid element of Schumpeter's concept of politico-economic analysis. To summarize the peculiar characteristics of this concept as far as they are represented in his 1918-article on the tax state, the following points are exposed:

(1) The methodology of the tax state analysis is based on a longterm dynamic view.
(2) Schumpeter follows Goldscheid as far as the historical study of the tax state is concerned, but he is opposed to Goldscheid's conclusions, according to which the financial problems of the tax state (after World War I) should be solved by the "recapitalisation" and "repropriation" of the state.
(3) In Schumpeter's view the tax state is an analytical concept focused on the study of the longterm development of the economic system. In this regard it is close to Werner Sombart's analysis of economic systems.
(4) Schumpeter's concept of the tax state is more complex than the analytical instruments of public finance, because the elements of the public budget are interpreted as variables and the crisis of the tax state is not only understood as a financial crisis but – even more important – as a legal and political crisis.

(5) The concept of the tax state is also valid for the analysis of the welfare state, because the limits of the tax state are simultaneously effective as limits of the welfare state. Therefore the discussion on opportunities to reorganize the tax state – by transfer of responsibility for specific social risks and individual safety to social groups, families or non-government organizations – is being continued.

(6) In spite of having been disregarded for a long time, Schumpeter's early original article on the "Crisis of the Tax State" still matters, in future probably even at a larger extent than in former years and at the present time. This conclusion was also covered by diverse comments on Schumpeter's article on behalf of the 13. Heilbronn-Symposium. Main arguments differentiating the contents and considerations of Schumpeter's study on the "Tax State" concerned the relationship between innovations and taxability (E. Reinert), the structure of revenues of the tax state (J. Backhaus), the effects of growing needs for public goods on taxation (H. Peukert), Schumpeter's oscillating position as to the evaluation of the relationship of taxation and investment (G. Chaloupek) and the doubt of Schumpeter's influence after 1918 (R. Hansen). All of the arguments demonstrate again: Schumpeter's study on the "Tax State" matters.

Note

* For comments and inspiring ideas the author is grateful to the participants of the 13th Heilbronn-Symposium (23–25 June 2000).

References

Andersen, E. J. (1994). *Evolutionary Economics: Post-Schumpeterian Contributions*, New York, Pinter, London.

Audretsch, David B., Thurik, A. Roy (2000). "Capitalism and Democracy in the 21st Century: from the Managed to the Entrepreneurial Economy." *Journal of Evolutionary Economics*, Vol. 10, Nr.1, 2, pp. 17–34.

Backhaus, J. G. (1989). "Taxation and Entrepreneurship: An Austrian Approach to Public Finance." *Journal of Economic Studies*, Vol. 16.2, pp. 5–22.

Backhaus, J. G. (ed.) (1997). *Essays on Social Security and Taxation. Gustav Schmoller and Adolph Wagner Reconsidered*, Metropolis-Verlag, Marburg.

Biervert, Bernd and Held, Martin (ed.) (1992). *Evolutorische Ökonomik. Neuerungen, Normen, Institutionen*, Frankfurt/Main, Campus Verlag.

Blanchard, O. J. (1985). "Debt, Deficits, and Finite Horizons." *Journal of Political Economy*, Vol. 93, pp. 223–247.

Blankart, C. B. (1998). *Öffentliche Finanzen in der Demokratie*, 3. Auflage , Vahlen, München.

Bloch, Harry (2000). "Schumpeter and Steindl on the Dynamics of Competition." *Journal of Evolutioary Economics*, Vol. 10, Nr. 3, pp. 343–353.

Chaloupek, Günther (2000) "The Cleavage of the Austrian School: Schumpeter and Mises/Hayek on Economic Systems and Economic Policy." Paper presented at the 13. Heilbronn-Symposium, Heilbronn, manuscript, pp. 1–16.

Ebner, A. (2000). "Schumpeter and the 'Schmollerprogramm': Integrating Theory and History in the Analysis of Economic Development." *Journal of Evolutionary Economics*, Vol. 10, No, 3, pp. 55–372.
Eheberg, v., N. N. (1926). *Steuer, Handwörterbuch der Staatswissenschaften*, 4. edition, Vol. 7, Gustav Fischer, Jena, pp. 1046–1082;
Eisermann, G. (1965). "Joseph Schumpeter als Soziologe." *Kyklos*, Vol. 18, pp. 288–315.
Frisch, Helmut (ed.) (1981). *Schumpeterian Economics*, Praeger, New York.
Gandenberger, O. (1988). *Öffentliche Verschuldung II, Handwörterbuch der Wirtschaftswissenschaft*, Vol. 5, Gustav Fischer et al., Stuttgart, pp. 480–504.
Goldscheid, Rudolf (1917). *Staatssozialismus oder Staatskapitalismus. Ein finanzsoziologischer Beitrag zur Lösung des Staatsschulden-Problems*, Anzengruber Verlag, Wien, repr. in: Hickel 1976, pp. 40–252.
Goldscheid, Rudolf (1926). "Staat, öffentlicher Haushalt und Gesellschaft. Wesen und Aufgabe der Finanzwissenschaft vom Standpunkte der Soziologie." *Handwörterbuch der Finanzwissenschaft*, Vol. 1, Mohr (Siebeck). Tübingen, pp. 146–184.
Grauhan, Rolf Richard and Hickel, Rudolf (eds.) (1978). "Krise des Steuerstaats? Widersprüche, Perspektiven, Ausweichstrategien. Leviathan." *Sonderheft* 1/1978, Westdeutscher Verlag, Opladen.
Groth, K.-M. (1978). *Die Krise der Staatsfinanzen. Systematische Überlegungen zur Krise des Steuerstaats*, edition suhrkamp 918, Suhrkamp Verlag, Frankfurt am Main.
Hanusch, H. (ed.) (1988). *Evolutionary Economics: Applications of Schumpeter's Ideas*, Cambridge University Press, Cambridge.
Hauser, R. (ed.) (2000). *Die Zukunft des Sozialstaats. Schriften des Vereins für Socialpolitik*, N.F. 271, Ducker & Humblot, Berlin.
Heertje, Arnold (1981). "Schumpeter's Model of the Decay of Capitalism." In Frisch, Helmut (ed.), *Schumpeterian Economics*, Praeger, New York, pp. 84–93.
Hickel, R. (ed.) (1976). *Rudolf Goldscheid, Joseph Schumpeter: Die Finanzkrise des Steuerstaats, Beiträge zur politischen Ökonomie der Staatsfinanzen*, edition suhrkamp 698, Suhrkamp Verlag, Frankfurt a.M.
Isensee, Josef, "Steuerstaat als Staatsform." In *Hamburg, Deutschland, Europa. Beiträge zum deutschen und europäischen Verfassungs-, Verwaltungs- und Wirtschaftsrecht.* Festschrift für Hans Peter Ipsen zum siebzigsten Geburtstag, herausgegeben von Rolf Stödter und Werner Thieme, J.C.B. Mohr (Paul Siebeck). Tübingen, pp. 409–436.
Kisch, H. (1979). "Joseph Alois Schumpeter." *Journal of Economic Issues*, Vol. XIII, 1, pp. 141–157.
Lotz, W. (1926). *Staatsschulden, Handwörterbuch der Staatswissenschaften*, 4. edition, Vol. 7, Gustav Fischer, Jena, pp. 811–830.
Mann, F. K. (1937). *Steuerpolitische Ideale*, Gustav Fischer, Jena, repr. Stuttgart 1978.
Mann, F. K. (1959). *Finanztheorie und Finanzsoziologie*, Vandenhoeck & Ruprecht, Göttingen.
Musgrave, R. A. (1992). "Schumpeter's Crisis of the Tax State: An Essay in Fiscal Sociology." *Journal of Evolutionary Economics*.
O'Connor, J. (1973). *The Fiscal Crisis of the State*, St. Martin's Press, New York.
OECD (ed.) (1981). *The Welfare State in Crisis*, Paris.
Schanz, G. (1909). "Bibliographie deutscher Werke über öffentliches Schuldenwesen seit 1800." *Finanzarchiv*, 26, p. 444 ff.
Scherer. F. M. (1984). *Innovation and Growth. Schumpeterian Perspectives*, Cambridge.
Schumpeter, Joseph Alois (1911/1912, 1961). *The Theory of Economic Development*, Oxford University Press, New York.
Schumpeter, J. A. (1918). *Die Krise des Steuerstaates. Zeitfragen aus dem Gebiet der Soziologie*, repr. in: Hickel 1976, pp. 329–379.
Schumpeter, J. A. (1953). *Aufsätze zur Soziologie*, Mohr (Siebeck). Tübingen (Swedberg, R. (ed.) (1991). pp. 99–140.
Schumpeter, J. A. (1927). *Die Wirtschaftstheorie der Gegenwart*, Julius Springer, Wien.

Schumpeter, J. A. (1939, 1961). *Konjunkturzyklen. Eine theoretische, historische und statistische Analyse des kapitalistischen Prozesses*, Vol. II, Vandenhoeck & Ruprecht, Göttingen.

Schumpeter, J.A. (1954). Dogmenhistorische und biographische Aufsätze, Mohr (Siebeck). Tübingen.

Schumpeter, J. A. (1954, 1965). *Geschichte der ökonomischen Analyse*, Vol. I, II, Vandenhoeck & Ruprecht, Göttingen.

Schumpeter, J. A. (1985). *Aufsätze zur Wirtschaftspolitik*, Mohr (Siebeck). Tübingen.

Schumpeter, J. A. (1970). *Das Wesen des Geldes. Aus dem Nachlaß herausgegeben und mit einer Einführung versehen von Fritz Karl Mann*, Vandenhoeck & Ruprecht, Göttingen.

Sombart, W. (1928). *Der moderne Kapitalismus*, Dritter Band, 1. und 2. Halbband, Duncker & Humblot, München, Leipzig.

Stein, von, Lorenz, 1975, *Lehrbuch der Finanzwissenschaft*, 4 Teile in 2 Bänden. Die Finanzverfassung Europas. Die Finanzverwaltung Europas. Nachdruck der Ausgabe von 1885. Georg Olms Verlag, Hildesheim, New York.

Stolper, Wolfgang F. and Richard Abel Musgrave (1954). "Translation of: Schumpeter, J. A. (1918)." *International Economic Papers*, Vol. 4, pp. 5–38.

Stolper, W. F. (1994). *Joseph Alois Schumpeter. The Public Life of a Private Man*, Princeton University Press, Princeton, N.J.

Sultan, H. (1928). *Über das Verhältnis von Steuerstaat und Unternehmerstat*, Festgabe für Georg von Schanz, Vol. I, Mohr (Siebeck). Tübingen.

Swedberg, Richard (1991). *Joseph A. Schumpeter. His Life and Work*, Blackwell Publisheres, Cambridge, Oxford.

Swedberg, R. (1994). *Joseph A. Schumpeter. Eine Biographie*, Klett-Cotta, Stuttgart.

Swedberg, R. (ed.) (1991). *Joseph A. Schumpeter: The Economics and Sociology of Capitalism*, Princeton University Press, Princeton.

Timmermann, M. (ed.) (1987). *Die ökonomischen Lehren von Marx, Keynes und Schumpeter*, Verlag W. Kohlhammer, Stuttgart.

Vogel, K. (1991). *Der offene Finanz- und Steuerstaat. Ausgewählte Schriften 1964 bis 1990*, hrsg. von Paul Kirchhof, C.F. Müller Juristischer Verlag, Heidelberg.

Zimmermann, H. (1986). "Fiscal Pressure on the 'Tax State'." Paper presented at the International Symposium of the International J. A. Schumpeter Society, Augsburg, typescript.

Affiliations

Introduction

Prof. Dr. Jürgen G. Backhaus Lic. jur.
University of Erfurt
Krupp Chair in Public Finance and Fiscal Sociology
Nordhäuser Str. 63, 99105 Erfurt
Germany
Tel.: ++49-361-737-4551
Fax: ++49-361-737-4559
E-mail: juergen.backhaus@uni-erfurt.de

The Theory of Economic Development

Dr. Joseph Schumpeter
[463] Seventh Chapter.
The Economy as a Whole
Leipzig, Verlag von Duncker & Humblot. 1912.
Translator: Ursula Backhaus, Diplom-Volkswirt, MSc.
Magdeburger Allee 55, 99086 Erfurt
Germany

The Institutional Analysis of Entrepreneurship: Historist Aspects of Schumpeter's Development Theory

Dipl.-Vw. Dipl.-Pol. Alexander Ebner
Assistant Professor
University of Erfurt
Faculty of Economics, Law and Social Science
Nordhäuser Str. 63,
99105 Erfurt
Germany
Tel: ++49-361-737-4552
Fax: ++49-361-737-4559
E-mail: alexander.ebner@uni-erfurt.de

The Influence of Schumpeter's German Writings on the Mainstream Economic Literature in English

Prof. Dr. Peter Senn
1121 Hinman Avenue
Evanston, Illinois 60202
USA
Tel.: +1-847- 3283767
Fax: +1-847-8690312
E-mail: senn1121@delphi.com

Schumpeter and Schools of Economic Thought

Prof. Dr. Mark Perlman
University of Pittsburgh
Department of Economics
5622 Bartlett Street
Pittsburgh, PA, 15217
USA
Tel.: 001-412 648-1745
E-mail: mperlmann@pitt.edu

On a Virtually Forgotten Essay: Joseph A. Schumpeter's "The Sociology of Imperialisms"

Prof. Dr. Günter Krause
Max Planck Institute for European Legal History
Frankfurt/Main
Germany
E-mail: Guewekr@t-online.de

Joseph A. Schumpeter's "Soziologie des Geldes"

Doz. Dr. sc. Ulrich Busch
Rosa-Luxembur-Stiftung
Franz-Mehring-Platz 1
10243 Berlin
Germany
Tel.: 030-44310130
E-mail: busch@rosaluxemburgstiftung.de

Adaptation Without Attribution? The Genesis of Schumpeter's Innovator

Nicholas W. Balabkins
Lehigh University
Department of Economics
Rauch Business Center 37
Bethlehem PA 18015-3117
USA
Tel.: 001-610-7583420
Fax: 001-610-7584677
E-mail: nib2@lehigh.edu

The Missing Chapter in Schumpeter's *The Theory of Economic Development*

PD Dr. Dr. Helge Peukert
University of Erfurt
Faculty of Economics, Law and Social Science
Nordhäuser Str. 63
99105 Erfurt
Germany
Tel.: ++49-361-737-4553
Fax: ++49-361-737-4559
E-mail: helge.peukert@uni-erfurt.de

The Lost Chapter of Schumpeter's 'Economic Development'

Prof. Dr. Marcel A.G. van Meerhaeghe
Kriekenbergdreef 21
B-9831 Deurle
Belgium
Tel.: 0032-9-2825700
Fax: 0032-476898971
E-mail: van.meerhaeghe@belgacom.be

The Second Cleavage of the Austrian School: Schumpeter's German Writings on Economic Systems and Economic Policy in Comparison with Mises/Hayek

Günther Chaloupek
Chamber of Labour
Prinz-Eugen-Straße 20-22
A-1041 Wien
Austria
Tel.: 0043-222-50165
E-mail: guenther.chaloupek@akwien.or.at

Steeped in Two Mind-Sets: Schumpeter in the Context of the Two Canons of Economics

Dr. Erik S. Reinert
The Other Canon Foundation
Langestrandveien 59
3148 Hvasser
Norway
Tel.: 0047-33 393391
E-mail: esr@nifo.no

The Role of Technical Change and Diffusion in the Schumpeterian Lines

Dr. George M. Korres
Department of Economics
University of Thessaly
Argonauton and Filelelinon
Bolos 38220
Greece
Fax/Tel.: (++301)2011663
E-mail: GKorres@hol.gr

Schumpeter's Gap and the Economic Thought In Hellenistic Times

Christos P. Baloglou
Hellenic Telecommunications Organization
Provision Department
4 Antigonis Str.
141 22 Iraklion Attikis
Greece
Tel.: 0030-1-6115334
Fax: 0030-1-6826799

Schumpeter and the Crisis of the Tax State

Prof. Dr. Karl-Heinz Schmidt
Department of Economics
University Paderborn
D-33098 Paderborn
Warburger Str. 100
Germany
Tel.: + 5251-60-2083
Fax: + 5251-60-3546
E-mail: Karl_Schmidt@notes.uni-paderborn.de

MIX
Papier aus verantwortungsvollen Quellen
Paper from responsible sources
FSC® C105338

If you have any concerns about our products,
you can contact us on
ProductSafety@springernature.com

In case Publisher is established outside the EU,
the EU authorized representative is:
Springer Nature Customer Service Center GmbH
Europaplatz 3, 69115 Heidelberg, Germany

Printed by Libri Plureos GmbH
in Hamburg, Germany